21世纪高职高专财经类规划教材

21SHIJI GAOZHIGAOZHUAN CAIJINGLEI GUIHUA JIAOCAI

财务会计

——含企业会计准则与小企业会计准则

Caiwu kuaiji

贾永海 ◎ 主编

张晓冬 宋红尔 ◎ 副主编

21SHIJI GAOZHIGAOZHUAN CAIJINGLEI GUIHUA JIAOCAI

人 民 邮 电 出 版 社

北 京

图书在版编目（CIP）数据

财务会计 : 含企业会计准则与小企业会计准则 / 贾永海主编. -- 北京 : 人民邮电出版社, 2014.4
21世纪高职高专财经类规划教材
ISBN 978-7-115-34493-9

Ⅰ. ①财… Ⅱ. ①贾… Ⅲ. ①财务会计－高等职业教育－教材 Ⅳ. ①F234.4

中国版本图书馆CIP数据核字(2014)第035176号

内容提要

“财务会计”是会计类专业的一门核心课程。本书根据我国高职高专教育的特点及企业实际需要，同步介绍《企业会计准则》与《小企业会计准则》核算规范的不同之处。每章内容除设计了“知识拓展”、“学中做”、“请思考”等栏目外，还做了“本章小结”，并附有“教学做一体化训练”。

本书主要内容包括货币资金、应收及预付款项、存货、投资、固定资产、无形资产、负债、所有者权益、收入、费用和利润、财务报表等。

本书提供电子课件、电子教案、习题参考答案、模拟试卷等资料，索取方式参见“配套资料索取说明”。

本书适用于高职高专会计类专业教学，也可供会计教师、会计从业人员及自学者学习和参考，还可以作为小企业在职会计人员岗位培训用书。

◆ 主　　编　贾永海
副 主 编　张晓冬　宋红尔
责任编辑　万国清
责任印制　焦志炜

◆ 人民邮电出版社出版发行　　北京市丰台区成寿寺路 11 号
邮编　100164　　电子邮件　315@ptpress.com.cn
网址　http://www.ptpress.com.cn
北京中新伟业印刷有限公司印刷

◆ 开本：787×1092　1/16
印张：22.75　　2014 年 4 月第 1 版
字数：572 千字　　2014 年 4 月北京第 1 次印刷

定价：49.80 元

读者服务热线：(010)81055256　印装质量热线：(010)81055316
反盗版热线：(010)81055315
广告经营许可证：京崇工商广字第 0021 号

前言

“财务会计”是会计类专业的一门专业核心课程，是会计专业知识结构中的主体部分，也是企业会计工作中最重要、最基本的内容，它提供了从事会计职业的必备知识和技能。

目前出版的《财务会计》教材，在内容上依据的会计法规大都是2006年财政部颁布的《企业会计准则》、《企业会计准则应用指南》和《企业会计准则讲解2010》。上述会计法规规范的主要是上市公司，其次是大中型企业的会计核算。

但从我国企业的规模分类来看，97.8%的企业属于小企业；从高职高专会计类专业学生毕业后从事的工作岗位来看，绝大多数也是小企业的会计工作岗位。根据工学结合的原则，高职高专《财务会计》教材内容应以小企业会计核算工作的需要为主。高职高专会计类专业财务会计教材以《小企业会计准则》为主要依据进行编写，不但能更好地满足学生初始就业岗位的需要，而且可以降低学生初次学习财务会计的难度，更好地实现课程的教学目标。

因此，本书编者以财政部2011年11月公布的《小企业会计准则》（2013年1月1日开始执行）为主要依据，编写了这本《财务会计》教材。考虑到读者会计从业资格考试的需要，同步介绍《企业会计准则》与《小企业会计准则》核算规范的不同之处。

本书定位于高等职业教育，编写的目的是使其内容更能适应高职高专会计类专业学生毕业后进入初始会计工作岗位的需要。本书教学内容，以就业为导向，以工作任务为载体，集教、学、做于一体，突出仿真性和互动性，实现工学结合。

本书的编写队伍除了有高职高专教师外，还邀请辽宁省鞍山新兴会计师事务所有限公司高级会计师、注册会计师张晓冬先生参加，通过校企合作编写教材，使教材从内容到形式能更好地做到与企业实践需要无缝对接。

本书所体现的主要特点有以下几个方面。

（1）贯穿课程改革。本书强调“以能力为本位，以学生为主体，以教师为主导，以实践为导向”的教学指导思想，注重学生综合职业能力形成的过程，在内容的设计上，既考虑理论教学安排，又考虑学生实际动手能力的训练，做到理论与实践相结合。

（2）结构新颖实用。每个模块前有“学习目标”和“导入案例”栏目，中间穿插“学中做”、“小知识”、“知识拓展”等小栏目，模块后配有“教学做一体化训练”项目。这种结构通俗、生动，趣味性强，符合高职学生的认知特点。

（3）突出实训环节。本书以常见的经济业务为重点，在理论知识够用的基础上，重点突出了实训环节。在每个会计核算项目中都安排专项的技能演练任务，让学生通过演练检验自已会计理论的学习效果，找到自已存在的不足，进一步激发学生主动学习的意识，实现会计专业的培养目标。

（4）考虑教法改革。随着社会的发展，学生的学习需求也变得多元化，从而对教师组织教学提出了更高的要求。因此，要提高课堂教学的效率与效益，教师在对教学内容进行精心设计与组织的同时，还要注意教学方式的改革创新。为此，本书的内容力求与之相适应。

本书由贾永海教授任主编，高级注册会计师张晓冬、注册会计师宋红尔任副主编。贾永海教授对全书进行总纂、修改和定稿。

本书适合于高职高专院校会计类专业财务会计课程的教学，同时也适用于小企业在职会计人员自学和培训。

本书提供电子课件、电子教案、习题参考答案、模拟试卷等配套学习、教学资料，索取方式参见本书末页“配套资料索取说明”。

本书在编写过程中参考了国内有关著述、教材和论文，在此对有关作者表示衷心的感谢。

基于工作过程开发高职高专教材的工作还在不断深入、丰富和发展，限于编者的水平，书中难免有错误和不当之处，敬请广大读者批评指正。

编　者

2014 年 1 月

目录

第一章 货币资金

【学习目标】

知识目标 了解货币资金的内容、管理与控制制度；掌握各种货币资金的核算和清查方法；熟悉常用银行结算方式的种类、适用范围以及结算的基本规定。

能力目标 能进行现金和银行存款的序时核算及总分类核算，能进行其他货币资金的账务处理；能合理选用银行结算方式。

【导入案例】

出纳对货币资金的处理实例

星海公司出纳员小王刚参加工作不久，对于货币资金业务管理和核算的相关规定不甚了解，所以出现一些不应有的错误。有两件事情让他印象深刻，至今记忆犹新。第一件事是在工作第一年的6月8日和10日两天的现金业务结束后例行的现金清查中，分别发现现金短缺50元和现金溢余20元的情况，对此他经过反复思考也弄不明白原因。为了保全自己的面子，同时又考虑到两次账实不符的金额又很小，他决定采取下列办法进行处理：现金短缺50元，自掏腰包补齐；现金溢余20元，暂时收起。第二件事是星海公司对其银行存款的实有数经常心中无数，有时会影响到公司日常业务的结算。公司经理因此指派有关人员检查一下小王的工作，结果发现，他每次编制银行存款余额调节表时，只根据公司银行存款日记账的余额加或减对账单中企业的未达账项来确定公司银行存款的实有数，而且每次做完此项工作以后，小王就立即将这些未达账的款项登记入账。

请思考：

1. 小王对上述两项业务的处理是否正确？为什么？
2. 你能给出正确答案吗？

第一节 货币资金概述

货币资金是指企业暂时停留在货币形态上的那部分资金，货币资金核算的内容有库存现金、银行存款和其他货币资金。

一、货币资金核算的重要性

货币资金在企业资金循环周转过程中起着连接和纽带的作用，大量的经济活动都是通过货币资金的收支来进行的。例如，原材料的购进，商品的销售，工资的发放，税金的交纳，股利、利息的支付以及进行投资活动等，都需要通过货币资金进行收付结算。同时，一个企业货币资金量的多少，标志其偿债能力和支付能力的大小，是投资者和债权人分析、判断企业财务状况的重要指标。为了确保企业生产经营活动的正常进行，企业必须经常保持一定数量的货币资金，既要防止不合理地占压资金，又要保证业务经营的正常需要，并按照货币资金管理的有关规定，对各种收付款项进行结算。

二、货币资金的内部控制

货币资金是企业流动性最强、控制风险最高的资产。大多数贪污、诈骗、挪用公款等违法乱纪行为都与货币资金有关。因此，必须加强对企业货币资金的管理和控制，建立健全货币资金内部控制制度，确保企业货币资金的安全与完整。

（一）货币资金内部控制目标

内部控制目标是企业管理当局建立健全内部控制的根本出发点。货币资金内部控制目标有四个。

（1）货币资金的安全性。即通过良好的内部控制，确保企业库存现金安全，预防被盗窃、诈骗和挪用。

（2）货币资金的完整性。即检查企业收到的货币是否已全部入账，预防私设“小金库”等侵占企业收入的违法行为的出现。

（3）货币资金的合法性。即检查货币资金取得、使用是否符合国家财经法规，手续是否齐备。

（4）货币资金的效益性。即合理调度货币资金，使其发挥最大的效益。

（二）货币资金内部控制环境

货币资金内部控制环境是对企业货币资金内部控制的建立和实施有重大影响的因素的统称。控制环境的好坏直接决定着企业内部控制能否实施或实施的效果，影响着特定控制的有效性。货币资金内部控制环境主要包括以下几方面因素。

1. 管理决策者

管理决策者是货币资金内部控制环境中的决定性因素，特别是在推行企业领导个人负责制的情况下，管理决策者的领导风格、管理方式、知识水平、法制意识、道德观念都直接影响货币资金内部控制执行的效果。因此，管理决策者本人应加强自我约束，同时通过党政联席会议等制度加强对管理决策者的监督。

2. 员工的职业道德和业务素质

在内部控制的每个环节中，各岗位都处于相互牵制和制约之中，如果任何一个岗位的工作出现疏忽大意，都可能导致某项控制失效。例如，空白支票、印章应分别由不同的人保管，如果保管印章的会计警惕性不高，出门不关抽屉，将使保管空白支票的出纳有机可乘。由此造成出纳盗窃挪用公款甚至携款潜逃的案件也屡见不鲜。

3. 内部审计

内部审计是企业自我评价的一种活动。内部审计可协助管理当局监督控制措施和程序的有效性，能及时发现内部控制的漏洞和薄弱环节。内部审计力度的强弱同样影响货币资金内部控制的效果。

请思考

某单位工会为了工作方便，将工会的支票和工会财务专用章由出纳员一人保管。你认为他们这种做法是否合适？为什么？

第二节　库存现金

一、库存现金的管理

现金的概念有广义和狭义之分。广义的现金包括一切可以流通与转让的交易媒介，即库存现金、银行存款、支票、银行汇票、邮政汇票、信用卡、库存现金等；狭义的现金是指现行流通的人民币和部分外币，在企业会计核算中指企业的库存现金。

库存现金是企业为了满足日常经营过程中零星支付需要而保留的货币资金，是企业中流动性最强的资产。在日常的库存现金管理过程中，企业应严格遵守库存现金收支的有关规定。

小知识

现金管理规定

1. 现金使用范围

根据《中华人民共和国现金管理暂行条例》（国务院令第 12 号 1988 年 9 月 8 日颁布）第五条的规定，库存现金的使用范围主要包括以下八个方面：①职工工资、津贴。②个人劳动报酬。③根据国家规定颁发给个人的科学技术、文化艺术、体育等各种奖金。④各种劳保、福利费用以及国家规定对个人的其他现金支付。⑤向个人收购农副产品和其他物资的价款。⑥出差人员必须随身携带的差旅费。⑦转账结算起点（1 000 元）以下的零星支出。⑧中国人民银行确定需要支付现金的其他支出。

2. 遵守库存现金限额

库存现金限额是指为保证企业日常零星支付的需要，按规定允许留存的现金最高数额。按照国家规定，库存现金限额一般由开户银行根据企业 3～5 天的零星开支核定。边远地区、交通不便地区可以多于 5 天，但最长不得超过 15 天的零星开支需要量。限额一经核定，企业必须遵守。库存现金不足限额应及时补足，超过限额的现金应及时送存银行。

3. 不得"坐支"现金

坐支现金，是指企业从现金收入中直接支付现金的行为。按照《现金管理条例》及其实施细则的规定，企业支付现金，可以从企业库存现金限额中支付，也可以从开户银行提取，但不得擅自坐支现金。因特殊情况需要坐支库存现金的单位，应当事先报经开户银行审查批准，并在核定的范围和限额内进行。

4. 其他规定

企业在现金收付存管理方面，除了遵守上述规定以外，还需遵守：企业收入的现金应当于当日送存银行，当日送存确有困难的，由开户银行确定送存时间；不能编造和谎报用途套取现金；不能利用支票等结算凭证套换现金；不能用借条、白条等不符合会计制度的凭证顶替库存现金，即不得“白条顶库”；不能将企业现金收入作为个人储蓄存入银行，即不得“公款私存”；不得设置“小金库”等有关管理制度。

二、库存现金的核算

库存现金的核算包括总分类核算和序时核算两个方面。

（一）库存现金的总分类核算

为了总括反映和监督库存现金收入、支出和结存情况，进行库存现金的总分类核算，应设置由会计负责登记的“库存现金”总分类科目。该科目属于资产类科目，借方登记库存现金的增加，贷方登记库存现金的减少，期末余额在借方，表示企业实际持有的库存现金的金额。有外币现金的企业，还应当分别按照人民币和外币进行明细核算。

企业发生的每笔库存现金收入和库存现金支出业务，都必须根据审核无误的原始凭证编制记账凭证，由会计主管人员或指定人员审核后据以记账，记入“库存现金”科目。

对于收入的库存现金，借记“库存现金”科目，贷记“主营业务收入”、“其他业务收入”等有关科目；对于支出的库存现金，借记“原材料”等有关科目，贷记“库存现金”科目。

1. 现金收入的核算

企业常见的现金收入来自从银行提取现金和日常业务的现金收入两种。

（1）从银行提取现金。企业因向职工支付工资、支付差旅费、购买办公用品等事项需要从银行提取现金时，其账务处理为借记“库存现金”科目，贷记“银行存款”科目。

（2）日常业务的现金收入。当企业对外销售商品或提供劳务取得现金收入时，应借记“库存现金”科目，贷记“主营业务收入”、“其他业务收入”以及“应交税费——应交增值税（销项税额）”等相关科目。

2. 现金支出的核算

当小企业发生的业务属于库存现金使用范围时，库存现金会流出企业，常见的现金支出业务有以下几种。

（1）将现金存入银行。企业将现金存入银行时，应借记“银行存款”科目，贷记“库存现金”科目。

（2）支付职工出差费用等原因所需的现金时，按支出凭证所记载的金额，借记“其他应收款”、“管理费用”等科目，贷记“库存现金”科目。

在库存现金总分类核算过程中，会计可以根据现金收、付款凭证和银行收、付款凭证直接登记“库存现金”总分类科目。如果企业日常库存现金收支较频繁，为了简化核算工作，可以采用汇总记账凭证或科目汇总表等核算形式，根据汇总收付款凭证或科目汇总表定期或月终登记“库存现金”总账。采用汇总方式登记的“库存现金”总账格式见账簿 1.1。

账簿 1.1

总分类账

账户名称：库存现金

2013年		凭证		摘要	借方											贷方											借或贷	余额										
月	日	字	号		亿	千	百	十	万	千	百	十	元	角	分	亿	千	百	十	万	千	百	十	元	角	分		亿	千	百	十	万	千	百	十	元	角	分
2	28			期初余额																							借							8	1	8	0	0
3	31	现收	01	收入						3	0	5	0	0	0												借						3	8	6	8	0	0
	31	银付	02	收入						5	0	0	0	0	0												借						8	8	6	8	0	0
	31	现付	01	付出																	7	9	0	0	0	0	借							9	6	8	0	0
3	31			本月合计及余额						8	0	5	0	0	0						7	9	0	0	0	0	借							9	6	8	0	0

学中做

A 企业 2013 年 3 月份发生如下现金收支业务，请编制记账凭证中的会计分录。

（1）从银行提取现金 2 000 元。原始凭证为现金支票存根。

借：

贷：

（2）出售材料，收入现金 351 元，其中含增值税 51 元。原始凭证为销售发票。

借：

贷：

（3）采购员王强因公外出，预借差旅费 1 000 元。原始凭证为借款单。

借：

贷：

（4）将出售材料收入的 351 元现金送存银行。原始凭证为银行进账单。

借：

贷：

（5）采购员王强公出归来，报销差旅费 850 元，交回余款 150 元。原始凭证为差旅费报销单和收据各一张。

借：

贷：

（二）库存现金的序时核算

为了及时、详细地反映库存现金收付动态和结存情况，加强对库存现金的管理，企业除进行现金总分类核算外，还要设置“库存现金日记账”进行序时核算。

企业的库存现金，应该由财会部门的出纳人员负责管理。出纳人员根据“收款凭证”或“付款凭证”收付款后，应在收付款凭证上签名盖章，并在所附的原始凭证上加盖带有日期的“库存现金收讫”或“库存现金付讫”戳记。

“库存现金日记账”一般采用“三栏式”格式，由出纳人员根据审核无误的现金收入、付款凭证及所附原始凭证，根据库存现金业务发生的顺序逐笔登记。每日业务终了，应加计收付总数，结算出库存现金账面结存额，以便和库存现金的实有数额进行核对。“库存现金日记账”的登记见账簿 1.2。

账簿 1.2

库存现金日记账

币种：人民币　　　　第 10 页

2013年		凭证		摘要	对应科目	借方（亿千百十万千百十元角分）	贷方（亿千百十万千百十元角分）	余额（亿千百十万千百十元角分）
月	日	字	号					
2	28			期末余额				81800
3	1	付	1	提现	银行存款	200000		281800
	1	收	1	出售材料	其他业务收入	30000		311800
	1	收	2	出售材料	应交税费	5100		316900
	1	付	1	预付差旅费	其他应收款		100000	216900
	1	付	2	付办公用品费	管理费用		18500	198400
	1	付	3	销售款	银行存款		35100	163300
	1	收	3	收回欠款	其他应收款	30000		193300
	1			本日合计		265100	153600	193300

三、库存现金的清查

为保证库存现金资产的安全，确保账款相符，防止库存现金发生差错、丢失或被贪污、挪用，企业应当按规定进行库存现金清查。所谓库存现金清查，就是对企业库存现金的盘点与核对，包括出纳人员每日终了进行的账款核对和企业财产清查时进行的定期清查和不定期清查。

库存现金清查的基本方法是实地盘点法。清查时，出纳人员必须在场，清查的内容主要是检查是否挪用现金、是否白条抵库、是否超额留存现金以及账款是否相符等。在现金清查中，如果发现有挪用现金、白条抵库等情况，应及时予以纠正；对于超限额留存的现金，应及时送存银行。

库存现金清查后，应根据清查结果填制“现金盘点报告表”，注明现金短缺或是溢余，并由出纳人员和盘点人员签字盖章。现金实存数小于账存数称为现金短缺，现金实存数大于账存数，称为现金溢余。对有待查明原因的现金短缺或溢余，在没有查明原因之前，应先记入“待处理财产损溢—待处理流动资产损溢”科目中，待查明原因后，再根据批复意见进行转账处理。

（一）现金短缺的核算

对发生的现金短缺，在查明原因之前，应先借记“待处理财产损溢——待处理流动资产损溢”科目，贷记“库存现金”科目。对于现金短缺，查明原因后应按以下情况处理：①属于应由责任人赔偿的部分，借记“其他应收款——应收现金短缺款（××个人）”或“库存现金”（当即赔偿）科目，贷记“待处理财产损溢”科目；②属于应由保险公司赔偿的部分，借记“其他应收款——应收保险赔款”科目，贷记“待处理财产损溢”科目；③属于无法查明原因的部分，根据管理权限，经批准后，借记“营业外支出”科目，贷记“待处理财产损溢”科目。

【例 1.1】 B 企业于 2013 年 5 月 31 日现金清查时发现现金短缺 1 200 元。经查，其中 500

元属于出纳王某保管不力造成；另外 700 元短缺原因不明。企业处理决定由李某赔偿 500 元。B 企业的账务处理如下。

（1）发现库存现金短缺：

借：待处理财产损溢——待处理流动资产损溢　1 200

　　贷：库存现金　1 200

（2）决定由李某赔偿 500 元：

借：其他应收款——出纳王某　500

　　贷：待处理财产损溢——待处理流动资产损溢　500

（3）李某交纳现金赔款：

借：库存现金　500

　　贷：其他应收款——出纳李某　500

（4）确认无法查明的现金短缺损失：

借：营业外支出　700

　　贷：待处理财产损溢——待处理流动资产损溢　700

（二）现金溢余的核算

对发生的现金溢余，在查明原因之前，应先借记“库存现金”科目，贷记“待处理财产损溢——待处理流动资产损溢”科目。对于现金溢余，查明原因后应按以下情况处理：①属于应支付给有关人员或单位的，应借记“待处理财产损溢”科目，贷记“其他应付款——应付现金溢余”科目；②属于无法查明原因的现金溢余，经批准后，借记“待处理财产损溢”科目，贷记“营业外收入——现金溢余”科目。

【例 1.2】 C 企业于 2013 年 6 月 30 日现金清查时发现现金溢余 500 元。原因无法查明。C 企业的账务处理如下。

（1）发现现金溢余，编制如下会计分录。

借：库存现金　500

　　贷：待处理财产损溢——待处理流动资产损溢　500

（2）确认无法查明的现金溢余收益，编制如下会计分录。

借：待处理财产损溢——待处理流动资产损溢　500

　　贷：营业外收入——现金溢余　500

四、库存现金的保管与送存

1. 库存现金的保管

企业应经常从以下几个方面加强库存现金的保管。

（1）安排现金出纳员以外的人，适时地检查现金出纳员手头保管的库存现金。

（2）现金出纳员要切实做好库存现金、支票簿、存折、印鉴的保管工作。

（3）库存现金出现短缺的情况，应及时做好确认的手续与账目处理，迅速报告主管人员加以处理。

（4）以制度规定禁止将收到的库存现金直接拿来付款的行为发生。

（5）收入的库存现金应该当天存入银行。

（6）向银行存入巨额库存现金时，必须采取防止危险措施。

（7）未存入银行的库存现金应有妥善的管理方式。

（8）当日结账后所收到的库存现金，应建立妥善的管理方式。

（9）不能有未记入账簿的库存现金。

（10）作为准备付款的库存现金余额，必须设有最高额度限制。

（11）库存现金余额应每天与库存现金日记账的余额核对，并且有主管人员的认同。

（12）主管人员、经办者以外的人，或内部监察经办者，要定期或不定期地以预先不告知的方式检查出纳员手头所保管的库存现金与账簿记录。

2. 库存现金的送存

企业所收到的库存现金与准备付款用的库存现金，如果放在一起保管、管理，就会发生库存现金过剩或不足的现象。因此，收入库存现金的渠道与付出库存现金的渠道要分开，所收到的库存现金一定要存入银行。

库存现金送存银行的一般程序是：首先由企业出纳人员清点票币，将同面额的纸币摆放在一起，按每一百张为一把整理好，不够整把的，从大额到小额顺放；将同额硬币放在一起，壹元、伍角、壹角硬币，按每伍拾枚用纸卷成一卷，分币按每一百枚用纸卷成一卷，不足一卷的一般不送存银行，留作找零用。款项清点整齐核对无误后，由出纳人员填写库存现金缴款单存入银行。

库存现金缴款单为一式三联或一式二联，第一联为银行留存，此联由收款人开户银行作凭证；第二联为回单，此联由银行盖章后退回存款单位；第三联为副联，是银行出纳留底联。企业出纳人员在填写库存现金缴款单时，要用双面复写纸复写。交款日期必须填写交款的当日，收款人名称应填写全称。款项来源要如实填写，大小写金额的书写要标准，然后将款项同缴款单一并交银行收款柜收款。银行核对后盖章，将第二联（回单）交存款单位作记账凭证。库存现金缴款单的格式见凭证 1.1。

凭证 1.1

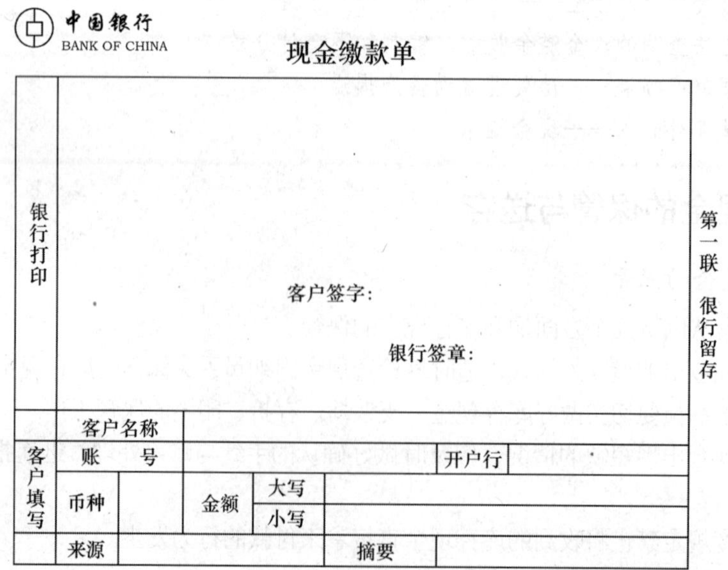

中国银行 BANK OF CHINA

现金缴款单

银行打印

客户签字：

银行签章：

第一联 银行留存

客户填写	客户名称				
	账　号			开户行	
	币种		金额	大写	
				小写	
	来源		摘要		

第三节 银行存款

一、银行存款的管理

银行存款是指企业存放在银行和其他金融机构的货币资金。企业银行存款包括人民币存款和外币存款两种。

企业应着重从以下几个方面加强银行存款管理。

（1）根据国家有关规定，凡是独立核算的单位都必须在当地银行开设账户。企业要严格遵守国家银行的各项结算制度和现金管理条例，接受银行监督。

（2）企业的各种经济往来，除了按照国家现金管理的规定可以使用现金以外，都必须通过银行办理转账结算。

（3）企业在银行开立账户，只能供本企业经营范围内的资金收付，不准出租、出借或转让账户。

（4）严格支票管理，不得签发空头支票。空白支票必须严格领用注销手续。

（5）企业办理各种收付款时，必须如实填写款项来源或用途，不得巧立名目，套取现金。

（6）企业在银行的账户必须有足够的资金保证支付。

（7）按月与开户银行对账，保证账账、账款相符。平时开出支票，应尽量避免跨月支取，年终开出支票，要当年支款，不得跨年度。

（8）出纳、会计应按月编制银行存款余额调解表，逐月与银行核对余额，防止错账、乱账。

二、银行存款的核算

银行存款的核算也包括总分类核算和序时核算两个方面。

（一）银行存款的总分类核算

为了总括地反映和监督银行存款的收入、支出和结存情况，企业应设置由会计负责登记的“银行存款”科目，对银行存款进行总分类核算。该科目属于资产类科目，借方登记银行存款的增加额，贷方登记银行存款的减少额，期末余额在借方，表示企业存在银行或其他金融机构的各种款项结存金额。有外币银行存款的小企业，还应当分别按照人民币和外币进行明细核算。

企业在银行的其他存款，如外埠存款、银行本票存款、银行汇票存款、信用卡存款、信用证保证金存款等，在“其他货币资金”科目核算，不在“银行存款”科目核算。

当存入银行存款时，应借记“银行存款”科目，贷记有关科目；当付出银行存款时，应借记有关科目，贷记“银行存款”科目。

1. 银行存款收入的核算

银行存款收入的核算有以下两种情况。

（1）企业将款项存入银行或收到款项时，应借记“银行存款”科目，贷记“库存现金”、“应收账款”等科目。

（2）企业对外销售货物或提供劳务直接通过银行转账取得收入时，应按照取得的银行存款金额，借记“银行存款”科目，贷记“主营业务收入”、“其他业务收入”以及“应交税费——应交增值税（销项税额）”等科目。

2. 存款利息的核算

企业的存款账户一般都是按季计算利息，计算日为每季度末月的20日，如3月20日、6月20日、9月20日、12月20日。单位撤销或转移存款账户，还清借款时，于结清账户时随时结算利息。计息期实行“算头不算尾”，也就是说，从有存款业务发生的当日起计算；到业务终止（存款支取）前一日止，按实际存款天数计算利息。

对于逐笔计算的存款，其计息时期，满月的按月计算，有整月又有零头天数的，可全部化成天数按天数计算；满月不论月大月小，均按30天计算，零头天数则按实际天数计算。

企业的存款在银行存款存续期间产生的利息，应作为融资费用的冲减，借记“应收利息”科目，贷记“财务费用”科目；收到这部分利息时，借记“银行存款”科目，贷记“应收利息”科目。

【例1.3】 2013年8月31日，A企业确认本月银行存款产生的利息总额为600元. 并于2013年9月20日收到7—9月份的存款利息1 700元。A企业的账务处理如下。

（1）8月31日确认8月份的利息收入时：

借：应收利息 600

　　贷：财务费用 600

（2）9月20日收到7—9月份存款利息时：

借：银行存款 1 700

　　贷：应收利息 1 700

3. 银行存款支出的核算

银行存款支出的核算有以下两种情况。

（1）企业从银行提取款项或以银行存款支付款项时，应按支出金额借记“库存现金”、“应付账款”等科目，贷记“银行存款”科目。

（2）企业以银行存款向供货方或提供劳务方进行支付时，按支出金额，借记“库存商品”、“原材料”等科目，贷记“银行存款”科目。

银行存款总账的格式和登记方法与现金总账基本相同，这里不再重复。

学中做

M企业2013年3月份发生如下银行存款收支业务，请编制记账凭证中的会计分录。

（1）4日，交纳上月所得税款3 000元。原始凭证为税款单回单联。

借：

　　贷：

（2）5日，支付管理部门电话费1 500元。原始凭证为话费发票和银行结算凭证。

借：

　　贷：

（3）10日，将现金2 000元存入银行。原始凭证为现金缴款单。

借：

　　贷：

（4）15 日，销售产品一批，价款 100 000 元，增值税款 17 000 元，款项通过银行收妥。原始凭证为销售发票和银行结算凭证。

借：

贷：

（二）银行存款的序时核算

为了及时、详细地反映银行存款的收入、付出和结存情况，加强对银行存款的管理，企业除进行银行存款总分类核算外，还要设置“银行存款日记账”进行序时核算。“银行存款日记账”采用订本式账簿，按照开户银行和其他金融机构、存款种类等设置，由出纳人员根据收付款凭证，按照经济业务的发生顺序逐笔登记。每日终了，应结出余额。企业要指定非出纳人员将企业银行存款日记账的记录与银行对账单上的记录定期进行核对，至少每月核对一次。

有外币业务的企业应分别按人民币和外币设置银行存款日记账进行序时核算。银行存款日记账的登记见账簿 1.3。

账簿 1.3

银行存款日记账

开户银行：工商银行　　　　第 12 页

2013 年		凭证		摘 要	结算方式		对应科目	借 方										贷 方										余 额									
月	日	字	号		种类	号数		千	百	十	万	千	百	十	元	角	分	千	百	十	万	千	百	十	元	角	分	千	百	十	万	千	百	十	元	角	分
3	1			期初余额																										2	6	0	0	0	0	0	0
	4	付	1	缴纳税金	转支	4012	应交税费															3	0	0	0	0	0			2	5	7	0	0	0	0	0
	5	付	2	电话费	转支	4013	管理费用															1	5	0	0	0	0			2	5	5	5	0	0	0	0
	10	付	2	存现	交款	2015	库存现金					2	1	0	0	0	0													2	5	7	6	0	0	0	0
				…																																	

三、银行存款的清查

为了防止记账差错，掌握银行存款实有数，企业应定期对银行存款进行清查。

1. 银行存款清查的方法

银行存款的清查一般采用核对账目的方法。银行存款核对的内容包括账证核对、账账核对、账单核对三个环节。账证核对是指企业银行存款日记账与银行存款收、付款凭证互相核对，做到账证相符。账账核对是指企业出纳员记的银行存款日记账与会计记的银行存款总账互相核对，做到账账相符。账单核对是指将本企业银行存款日记账与银行转来的对账单逐笔核对。如果两者余额不符，可能有以下两个原因：一是双方各自的记账错误，这种错误应由双方及时查明原因，予以更正；二是存在未达账项。所谓未达账项，是指企业与银行之间对于同一笔业务，由于凭证传递上的时间差，一方已经取得结算凭证登记入账，而另一方因未取得结算凭证尚未登记入账的款项。

未达账项有以下四种类型：①企业已登记存款增加，而银行未收到结算凭证尚未登记；②企业已登记存款减少，而银行未收到结算凭证尚未登记；③银行已登记存款增加，而企业未收到结算凭证尚未登记；④银行已登记存款减少，而企业未收到结算凭证尚未登记。

出现任何一种未达账项，都使企业银行存款日记账与银行对账单余额不符。

2. 银行存款清查结果的处理

未达账项的产生是因为企业与银行取得结算凭证的时间不同，造成登记入账的时间差异。因此，对未达账项可以通过编制“银行存款余额调节表”进行调节。

银行存款余额调节表的具体编制方法是：在银行对账单与企业银行存款日记账账面余额的基础上，分别加上各自尚未登记的增加款项，减去各自尚未登记的减少款项，然后再计算出各自的调节后余额。编制银行存款余额调节表所依据的基本公式为

企业银行存款日记账余额＋未达账项③－未达账项④

＝银行对账单余额＋未达账项①－未达账项②

【例 1.4】 某企业 2013 年 9 月 30 日银行存款日记账的余额为 185 300 元，而银行对账单上的存款余额为 176 500 元，经逐笔核对后，发现有以下未达账项：

（1）企业 9 月 30 日存入转账支票 18 200 元，银行尚未入账。

（2）企业 9 月 30 日开出一张转账支票 6 200 元，由于持票人尚未到银行办理转账手续，故银行尚未记账。

（3）委托银行代收的货款 5 900 元，9 月 30 日银行已经收到登记入账，由于收账通知未送达企业，故企业尚未入账。

（4）电信公司委托银行代收企业应付电话费 2 700 元，9 月 30 日银行已从企业存款中支付，由于付款通知单尚未送达企业，故企业尚未记账。

根据上述资料，企业 2013 年 9 月 30 日编制“银行存款余额调节表”，见表 1.1。

表 1.1 银行存款余额调节表

2013 年 9 月 30 日

项 目	金 额	项 目	金 额
企业银行存款日记账余额	185 300	银行对账单余额	176 500
加：银行已登记增加企业未记	5 900	加：企业已登记增加银行未记	18 200
减：银行已登记减少企业未记	2 700	减：企业已登记减少银行未记	6 200
调节后余额	188 500	调节后余额	188 500

调节后的双方余额相等，表示双方记账基本没有错误，调节后的余额就是企业目前银行存款的实有数。但要说明的是，企业在调节表上调整的未达账项不是记账依据，也不能据此做账面调整，要待结算凭证到达企业后再进行账务处理，登记入账。经调节后，双方余额如果仍不相等，则表明企业或银行记账有错漏，应及时查明原因，进行错账更正。属于本企业原因的，应按规定的改错方法进行更正；属于银行方面原因的，应及时通知银行更正。

如果发生银行存款损失，则应先记入“待处理财产损溢——待处理流动资产损溢”科目，待批准核销时，再转入“营业外支出”等科目。

请思考

某单位将与银行核对账目的工作完全交由出纳员一人办理。这种做法是否可行？为什么？

导入案例解析

星海公司出纳员小王对 6 月 8 日和 6 月 10 日两天的现金清查结果的处理方法都是错误的。他的处理方法的直接后果可能会掩盖公司在现金管理与核算中存在的诸多问题，有时可能会是重大的经济问

题。因此，凡是出现账实不符的情况时，必须按照有关的会计规定进行处理。按照规定，对于现金清查中发现的账实不符，即现金溢缺情况，首先应通过“待处理财产损溢——待处理流动资产损溢”科目进行核算。现金清查中发现短缺的现金，应按短缺的金额，借记“待处理财产损溢——待处理流动资产损溢”科目，贷记“库存现金”科目；在现金清查中发现溢余的现金，应按溢余的金额，借记“库存现金”科目，贷记“待处理财产损溢——待处理流动资产损溢”科目，待查明原因后按批准的决定进行处理。

银行存款实有数与企业银行存款日记账余额或银行对账单余额并不总是一致，原因一般有两个方面，第一存在未达账项，第二企业或银行双方可能存在记账错误。小王在确定企业银行存款实有数时，只考虑了第一个方面的因素，而忽略了第二个方面的因素。如果企业或银行没有记账错误的话，小王的方法可能会确定出银行存款的实有数，但如果未达账项确定不全面或错误的话，也不会确定出银行存款实有数的。另外，小王以对账单为依据将企业未入账的未达账项记入账内也是错误的。这是因为银行的对账单不能作为记账的原始凭证，企业收款或付款必须取得收款或付款的原始凭证才能记账。这是记账的基本要求。

第四节 其他货币资金

其他货币资金是指除库存现金、银行存款以外的其他各种货币资金。从性质上看，其他货币资金与库存现金、银行存款同属于货币资金，但是由于其存放地点和用途不同，是指定了专门用途的存款，不能像银行存款那样可随时安排使用。其他货币资金主要包括外埠存款、银行汇票存款、银行本票存款、信用卡存款、信用证保证金存款、备用金等。

为了反映和监督其他货币资金的增减变化和结存情况，会计上要求专设“其他货币资金”总分类科目。该科目属资产类科目，借方登记其他货币资金的增加额，贷方登记其他货币资金的减少额，余额在借方，表示其他货币资金的结存额。

本科目应根据银行汇票或本票、信用卡发放银行、信用证的收款单位、备用金管理单位、外埠存款的开户银行，按“银行汇票”、“银行本票”、“信用卡”、“信用证保证金”、“外埠存款”、“备用金”等明细科目，分别进行明细分类核算。

企业增加其他货币资金，借记“其他货币资金”科目，贷记“银行存款”科目；减少其他货币资金，做相反的会计分录。

一、外埠存款的核算

外埠存款是指企业到外地进行临时或零星采购时，汇往采购地银行开立采购专户的款项。企业发生“外埠存款”业务时，其具体的会计核算过程以例 1.5 进行说明。

【例 1.5】 2013 年 5 月 7 日，A 企业为临时采购需要在 F 地工商银行开设外埠存款账户，存入 50 000 元；5 月 20 日，从 F 地归来的采购员交来供货单位的发票，货物总金额为 40 000 元，增值税额 6 800 元，货物尚未收到；5 月 23 日多余的资金 3 200 元转回原开户银行。A 企业的账务处理如下。

（1）开设外埠存款账户时：

借：其他货币资金——外埠存款　　50 000

　　贷：银行存款　　50 000

（2）收到供货单位发票时：

借：在途物资　40 000

　　应交税费——应交增值税（进项税额）　6 800

　　贷：其他货币资金——外埠存款　46 800

（3）多余的资金 3 200 元转回原开户银行时：

借：银行存款　3 200

　　贷：其他货币资金——外埠存款　3 200

二、银行汇票存款的核算

银行汇票存款是指企业为取得银行汇票，按照规定存入银行的款项。银行汇票是汇款人将款项交存当地银行，由银行签发给汇款人据以办理转账结算或支取现金的票据。企业应向银行提交“银行汇票委托书”并将款项交存开户银行，其会计核算过程以例 1.6 进行说明。

【例 1.6】 A 企业为取得银行汇票，将 40 000 元款项交与银行，并于数日后使用汇票购买商品取得发票，价税金额共计 35 100 元，之后将余额退还开户银行。A 企业的账务处理如下。

（1）取得银行汇票时：

借：其他货币资金——银行汇票　40 000

　　贷：银行存款　40 000

（2）购买商品并取得发票时：

借：在途物资　30 000

　　应交税费——应交增值税（进项税额）　5 100

　　贷：其他货币资金——银行汇票　35 100

（3）余额退还开户银行时：

借：银行存款　4 900

　　贷：其他货币资金——银行汇票　4 900

三、银行本票存款的核算

银行本票存款是指企业为取得银行本票，按照规定存入银行的款项。银行本票是银行签发的，承诺在见票时无条件支付确定金额给收款人或持票人的票据。

企业将款项交存银行，取得银行本票后，根据“银行本票申请书”（单位留存联）编制会计分录如下。

借：其他货币资金——银行本票存款

　　贷：银行存款

企业持银行本票与收款人结算后，根据发票、账单等原始凭证编制会计分录如下。

借：材料采购或在途物资

　　应交税费——应交增值税（进项税额）

　　贷：其他货币资金——银行本票存款

四、信用卡存款的核算

信用卡存款是指企业为取得银行信用卡，按规定存入银行的款项。信用卡是商业银行向个人和单位发行的，凭此向特约单位购物、消费和向银行存取现金，且具有消费信用的特制载体卡片。

企业办理信用卡、存入备用金及支付手续费时，根据支票存根、手续费收据等原始凭证，编制会计分录如下。

借：其他货币资金——信用卡存款（×持卡人）

财务费用

贷：银行存款

持卡人持发票来报销凭卡购物、消费的开支时，根据审核无误的发票等原始凭证，编制会计分录如下。

借：材料采购或原材料等科目

应交税费——应交增值税（进项税额）

贷：其他货币资金——信用卡存款（×持卡人）

五、信用证存款的核算

信用证存款是指企业为取得银行信用证，按规定存入银行的款项。信用证结算是国际贸易的一种主要结算方式，向银行申请开立信用证应提交开证申请书、信用证申请人承诺书和购销合同。

企业因采购需要向银行申请开立信用证，在按规定向银行提交开证申请书、信用证申请人承诺书和购销合同后，根据银行退回的进账单第一联，编制会计分录如下。

借：其他货币资金——信用证保证金存款

贷：银行存款

企业根据开证银行交来的信用证开单通知书及有关单据列明的价款、增值税款，通过银行补付差额后，编制会计分录如下。

借：在途物资

应交税费——应交增值税（进项税额）

贷：其他货币资金——信用证保证金存款

银行存款

六、备用金的核算

备用金是指为了满足企业内部各部门和职工个人生产经营活动的需要，而暂付给有关部门和职工个人使用的备用现金。企业可以对日常开支、零星采购或小额差旅费等需用的现金，建立定额备用金制度来加以控制。

采用定额备用金制度的企业，由会计部门根据实际情况拨出一笔固定金额的现金，并规定使用范围。备用金由专人经管，经管人员必须妥善保存有关支付备用金的收据、发票等各种报销凭证，并设置备用金登记簿记录各项零星开支。经管人员按规定的间隔日期或在备用金不够周转时，凭有关凭证到会计部门报销，补足备用金的规定金额。

为了反映和监督备用金的领用和使用情况，小企业应在“其他货币资金”科目下或单独设置“备用金”科目进行核算。会计部门拨付备用金时，借记“其他货币资金——备用金”或“备用金”科目，贷记“库存现金”或“银行存款”科目。内部各单位自备用金中支付零星支出，应根据有关的支出凭单，定期编制备用金报销清单，会计部门根据内部各单位提供的备用金报销清单，定期补足备用金，借记“管理费用”等科目，贷记“库存现金”或“银行存款”科目。除了增加或减少拨入的备用金外，使用或报销有关备用金支出时不再通过“其他货币资金”或“备用金”科目核算。

【例 1.7】 2013 年 2 月 1 日，A 小企业核定销售部备用金定额为 10 000 元，以现金拨付，并规定每月月底由备用金专门经管人员凭有关凭证到会计部门报销，补足备用金。2 月末，销售部报销日常业务支出 6 000 元。

（1）2 月 1 日拨付备用金，编制如下会计分录。

借：其他货币资金——备用金（销售部）　　10 000

　　贷：库存现金　　10 000

（2）2 月末销售部报销日常业务支出，补足备用金，编制如下会计分录。

借：销售费用　　6 000

　　贷：库存现金　　6 000

第五节　银行结算方式

企业各项经济业务的款项结算，除按照国家现金管理条例规定可以直接使用库存现金办理收付结算外，都必须通过银行办理支付结算，即通过银行将收付的款项从付款单位账户划转到收款单位账户。支付结算是指单位、个人在社会经济活动中进行货币给付及其资金清算的行为。

一、支付结算纪律及原则

结算纪律是指企业与业务往来的有关单位或个人办理业务结算时必须遵守的基本原则和制度。单位和个人是支付结算的重要当事人，严格遵守结算纪律，按照结算制度办理结算，是严肃信用制度、维护结算秩序的前提条件。根据《支付结算办法》(银发[1997]393 号）及有关规定，单位和个人必须遵守的结算纪律可以概括为以下几点：①不准套取银行信用，不准签发空头支票、印章与预留印鉴不符的支票、远期支票及没有资金保证的票据；②不准无理拒付，有意占用他人资金；③不准违反规定开立和使用银行账户；④不准签发、取得和转让没有真实交易和债权债务的票据，套取银行和他人资金。

为了正确处理收付款双方和开户银行之间的关系，保证支付结算业务的顺利进行，单位、个人和银行办理支付结算必须遵守下列原则：①恪守信用，履约付款；②谁的钱进谁的账，由谁支配。

二、票据

票据是指出票人依法签发的，约定自己或委托付款人在见票时或指定的日期向收款人或持票人无条件支付一定金额并可转让的有价证券。票据包括银行汇票、商业汇票、银行本票和支票四种。

（一）银行汇票

银行汇票是汇款人将款项交存当地银行，由银行签发给汇款人据以办理转账结算或支取现金的票据。采用银行汇票结算，不受是否在银行开户的限制。单位和个人各种款项结算，均可使用银行汇票。只要汇款人将款项交存可以签发和解付银行汇票的银行，汇款人即可取得所需的银行汇票。

1. 银行汇票结算的基本规定

银行汇票结算有以下基本规定。

（1）银行汇票一律记名，允许背书转让（填明“现金”字样的除外）。背书转让是指在票据上所做的以转让票据权利为目的的书面行为。

（2）银行汇票的付款期限自出票日起 1 个月，逾期的汇票兑付银行不予受理。

（3）银行汇票可以用于转账，填明“现金”字样的银行汇票也可以用于支取现金。汇票金额起点为 500 元。

（4）汇票申请人办理银行汇票，应向签发银行填写“银行汇票委托书”，填明收款人名称、汇票金额、申请人名称、申请日期等事项并签章，签发银行受理并收妥款项后，签发银行汇票交给汇款人。

（5）汇票申请人持银行汇票向填明的收款人办理结算时，应将银行汇票和解讫通知一并交给收款人。

（6）收款人受理申请人交付的银行汇票时，应在汇票金额内，根据实际需要的款项办理结算，并将实际结算金额和多余金额填入银行汇票和解讫通知的有关栏内。

（7）持票人向开户银行提示付款时，应在汇票背面“持票人向银行提示付款签章”处签章，并将银行汇票和解讫通知、进账单送交开户银行，银行审查无误后办理转账。

银行汇票适用于异地单位和个人之间各种款项的结算，特别适用于企业先收款后发货或钱货两清的商品交易。

银行汇票由汇款人自己携带，人到钱到，使用资金时，既可转账，也可提现，从而避免了携带大量现金外出采购可能发生的意外。

2. 银行汇票结算的一般程序

银行汇票结算的一般程序如下（见图 1.1）：①付款单位向其开户银行申请办理银行汇票；②付款单位开户银行签发银行汇票和解讫通知；③付款单位持银行汇票和解讫通知到收款单位办理付款；④收款单位收银行汇票和解讫通知后发出商品；⑤收款单位填制进账单将银行汇票和解讫通知送存其开户银行办理转账；⑥收款单位开户银行向付款单位开户银行传递汇票清算票款；⑦付款单位开户银行划转款项给收款单位开户银行。

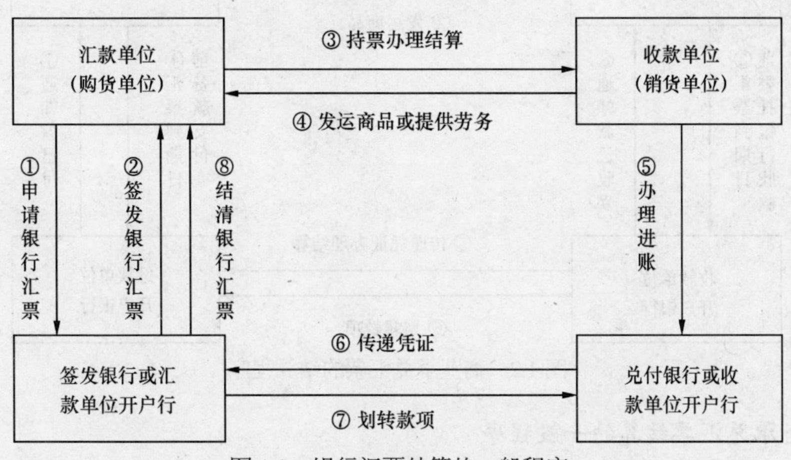

图 1.1 银行汇票结算的一般程序

（二）商业汇票

商业汇票根据承兑人的不同，分为商业承兑汇票和银行承兑汇票。商业承兑汇票是指由收款人签发，经付款人承兑，或由付款人签发并承兑的票据；银行承兑汇票是指收款人或承兑申请人签发，并由承兑申请人向开户银行申请，经银行审查同意承兑的票据。

商业汇票作为一种商业信用，具有信誉度高和结算灵活的特点。在银行开立存款账户的法人及其他组织，相互之间具有真实的商品交易关系或债权债务关系，均可使用商业汇票，同城或异地均可使用。

1. 商业汇票结算的基本规定

商业汇票结算有以下基本规定。

（1）付款人承兑商业汇票，应当在汇票正面记载“承兑”字样和承兑日期并签章。

（2）付款人承兑商业汇票，不得附有条件。

（3）商业汇票一律记名，允许背书转让。

（4）银行承兑汇票的承兑银行，应按票面金额向出票人收取5‱的手续费。

（5）商业汇票的承兑期限由交易双方商定，最长不得超过6个月。

（6）商业汇票的提示付款期限，自汇票到期日起10日。

（7）分期付款的商业汇票应该一次签发若干张不同期限汇票。

（8）符合条件的商业汇票的持票人可持未到期的商业汇票连同贴现凭证向银行申请贴现。

2. 商业承兑汇票结算的一般程序

商业承兑汇票结算的一般程序如下（见图1.2）：①付款单位向收款单位寄交承兑商业汇票；②收款单位向付款单位发运商品；③收款单位在商业汇票将到期时向其开户银行委托收款；④付款单位在商业汇票将到期时向其开户银行备付票款；⑤收款单位开户银行在商业汇票到期时向付款单位开户银行传递凭证；⑥付款单位开户银行向收款单位开户银行划转款项；⑦付款单位开户银行给付款单位付款通知；⑧收款单位开户银行向收款单位通知收款。

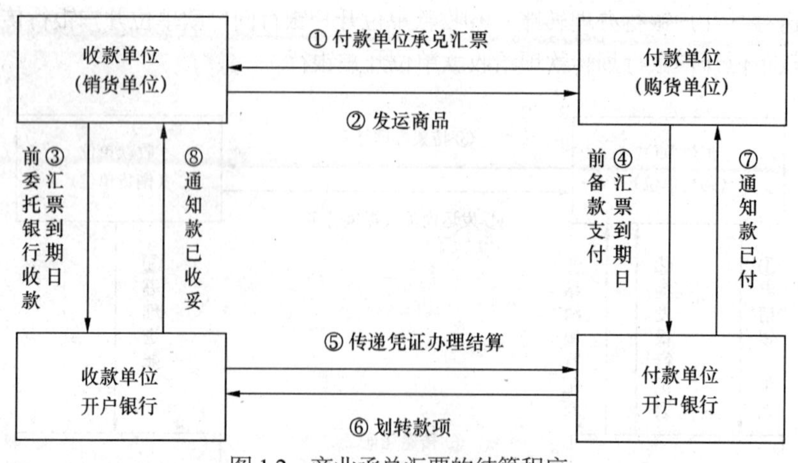

图1.2 商业承兑汇票的结算程序

3. 银行承兑汇票结算的一般程序

银行承兑汇票结算的一般程序如下（见图1.3）：①付款单位持票向其开户银行申请承兑；

②付款单位开户银行承兑后退回汇票。以下程序与商业承兑汇票相同。

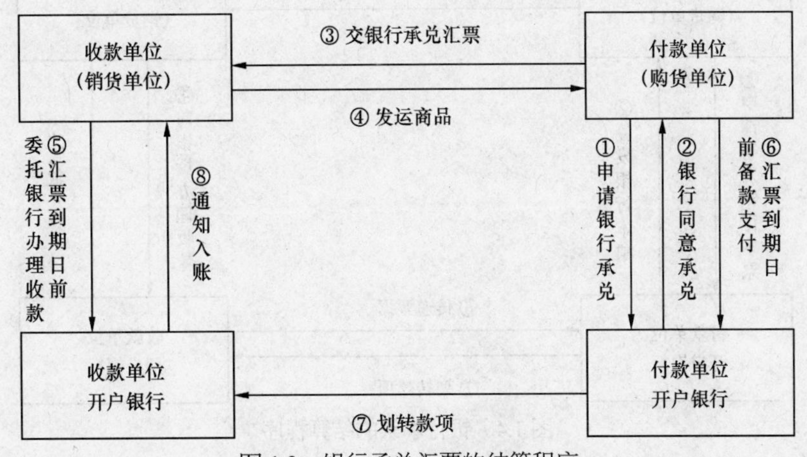

图 1.3　银行承兑汇票的结算程序

（三）银行本票

银行本票是银行签发的，承诺在见票时无条件支付确定金额给收款人或持票人的票据。银行本票作为流通和支付手段，具有信誉度高，支付能力强，并有代替现金使用功能的特点。单位和个人在同一票据交换区域需要支付的各种款项，均可使用银行本票。银行本票可以用于转账，注明“现金”的可以用于支取现金。

银行本票根据签发金额是否固定，可分为定额银行本票和不定额银行本票两种。定额银行本票面额为 1 000 元、5 000 元、10 000 元和 50 000 元。

1. 银行本票结算的基本规定

银行本票结算有以下基本规定。

（1）银行本票一律记名，允许背书转让，不予挂失。

（2）银行本票的提示付款期限自出票日起最长不超过 2 个月。

（3）申请人办理银行本票，应向银行填写“银行本票申请书”，填明收款人名称、申请人名称、支付金额、申请日期等事项并签章，申请人或收款人为单位的，银行不得为其签发现金银行本票。

（4）持票人超过提示付款期限不获付款的，在票据权利时效期内向出票银行做出说明，并提供单位证明，可持银行本票向出票银行请求付款。

（5）申请人因银行本票超过提示付款期限或其他原因要求退款时，应将银行本票提交出票银行并出具单位证明。

（6）银行本票丧失，失票人可以凭人民法院出具的其享有票据权利的证明，向出票银行请求付款或退款。

2. 银行本票结算的一般程序

银行本票结算的一般程序如下（见图 1.4）：①付款人申请办理银行本票，应填写“银行本票申请书”，并向银行交存款项；②银行受理并收妥款项后，向付款人签发银行本票；③付款人持银行本票向银行本票上填明的收款人办理结算；④收款人对银行本票审核无误后，填制进账单与银行本票一起交开户银行，银行审查无误后办理转账。

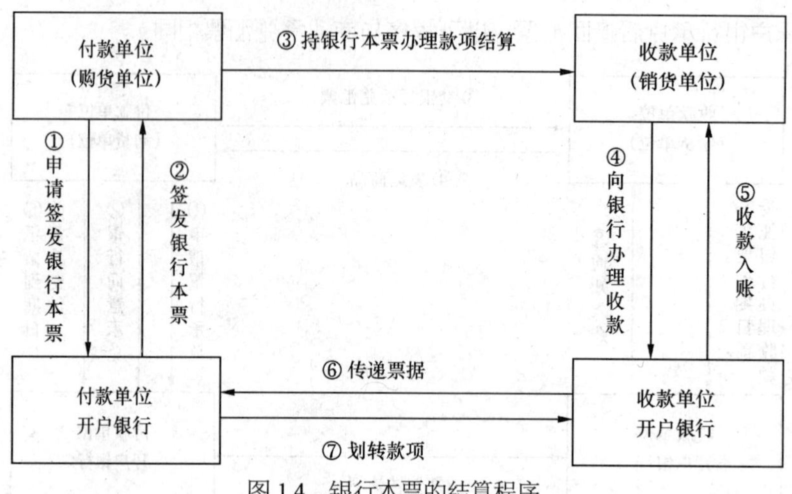

图 1.4　银行本票的结算程序

(四)支票

支票是银行的存款人签发给收款人办理结算或委托开户银行无条件将款项支付给收款人或者持票人的票据。支票一经签发，应由出票人无条件付款。

按照支付票款的方式，支票分为现金支票、转账支票和普通支票。

支票上印有“现金”字样的为现金支票，现金支票只能用于支取现金。支票上印有“转账”字样的为转账支票，转账支票只能用于转账。支票上未印有“现金”或“转账”字样的为普通支票，普通支票可以用于支取现金，也可以用于转账。在普通支票左上角画两条平行线的，为画线支票，画线支票只能用于转账，不得支取现金。

支票作为流通手段和支付手段，具有清算及时、使用方便、收付双方都有法律保障和结算灵活的特点。单位和个人在同一票据交换区域的各种款项的结算均可使用支票。

1. 支票结算的基本规定

支票结算有以下基本规定。

(1)支票一律记名，起点金额为 100 元，可以背书转让。

(2)支票提示付款期限自出票日起 10 天(从签发的次日算起，到期日遇节假日顺延)，银行另有规定的除外。

(3)支票的金额、收款人名称，可以由支票人授权补记，未补记前不得背书转让和提示付款。

(4)签发支票必须使用碳素墨水或墨汁，银行另有规定的除外。

(5)签发支票的金额不得超过付款时在付款人存款银行处实有的存款余额，禁止签发空头支票。

(6)不得签发与其预留银行签章不符的支票；使用支付密码的，不得签发支付密码错误的支票。

(7)签发空头支票、签章与预留银行签章不符的支票、支付密码错误的支票，银行应予以退票，并按票面金额处以 5%但不低于 1 000 元的罚款，持票人有权要求出票人赔偿支票金额 2%的赔偿金。

(8)存款人领用支票，必须填写“票据和结算凭证领用单”并签章，签章应与预留银行的签章相符。存款账户结清时，必须将全部剩余空白支票交回银行注销。

2. 支票结算的一般程序

支票结算的一般程序如下(见图 1.5)：①收款单位向付款单位发出商品或提供劳务；②付款单

位签发支票给收款单位；③收款单位填制进账单，将进账单连同支票送存其开户银行；④收款单位开户银行向付款单位开户银行传递凭证；⑤付款单位开户银行向收款单位开户银行划转款项。

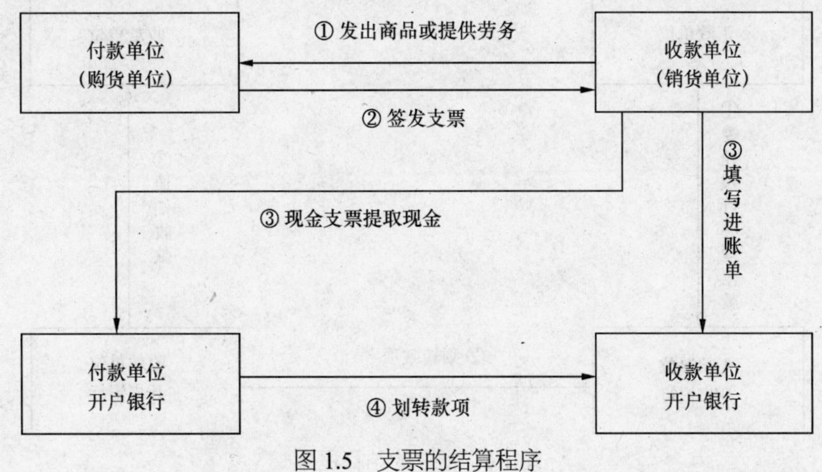

图 1.5　支票的结算程序

三、票据之外的银行结算方式

（一）汇兑

汇兑是汇款人委托银行将其款项支付给收款人的结算方式，也就是俗称的“汇款”。汇兑分为信汇（邮寄凭证）、电汇（拍发电报）两种，由汇款人根据对汇款快慢的要求选择使用。

1. 汇兑结算的基本规定

汇兑结算有以下基本规定。

（1）汇款人委托银行办理汇兑时，应填写信汇或电汇凭证，详细填明汇入地点、汇入银行名称、收款人姓名或收款单位名称、汇款用途等内容。

（2）汇入银行对开立存款账户的收款人，应将汇款直接转入收款人账户，并向其发出收账通知。

（3）未在银行开立存款账户的收款人，凭信汇、电汇的取款通知，向汇入银行支取款项，必须交验本人的身份证件，在信、电汇凭证上注明证件名称、号码及发证机关，并在“收款人签盖章”处签章；信汇凭签章支取的，收款人的签章必须与预留信汇凭证上的签章相符。

支取现金的信、电汇凭证上，必须有按规定填明的“现金”字样才能办理。未填明“现金”字样，需要支取现金的，由汇入银行按国家现金管理规定审查支付。转账支付的，应由原收款人向银行填制支款凭证，并由本人交验其身份证办理支付款。该账户的款项只能转入单位或个体工商户的存款账户，严禁转入储蓄和信用卡账户。

2. 汇兑结算的一般程序

汇兑结算的一般程序如下（见图 1.6）：①汇款单位委托其开户银行办理汇款；②汇款单位开户银行向收款单位开户银行划转款项；③收款单位开户银行通知收款单位收款。

（二）托收承付

托收承付是根据购销合同由收款人发货后委托银行向异地付款人收取款项，由付款人向银行承认付款的一种结算方式。使用托收承付结算方式的收款单位和付款单位必须是经营管理水平较高，并经开户银行审查同意的企业。

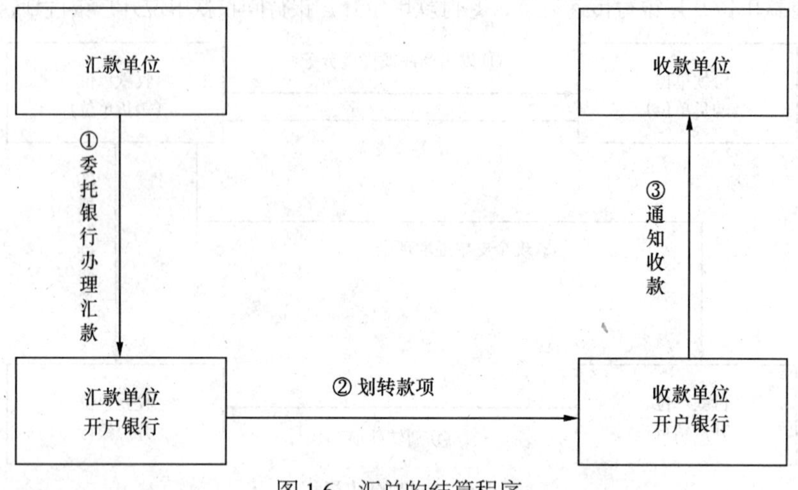

图 1.6 汇兑的结算程序

办理托收承付的款项，必须是商品交易，以及因商品交易而产生的劳务供应的款项。代销、寄销、赊销商品的款项，不得办理托收承付结算。

托收承付结算款项的划回办法，分邮寄和电报两种，由收款人选用。

1. 托收承付结算的基本规定

托收承付结算有以下基本规定。

（1）收付双方使用托收承付结算必须签有合法的购销合同，并在合同上注明使用托收承付结算。

（2）收款人办理托收，必须具有商品确已发运的证件。

（3）托收承付结算每笔的金额起点为 10 000 元，新华书店系统每笔的金额起点为 1 000 元。

（4）托收承付结算分为托收和承付两个阶段。

托收阶段。销货单位按合同发运商品，办妥发货手续后，根据发货票、代垫运杂费单据等填制“托收承付结算凭证”，连同发货票、运单一并送交开户银行办理托收。开户银行接到托收凭证及其附件后，应认真进行审查。对审查无误同意办理的，应将托收凭证的回单联盖章后退回销货单位。

承付阶段。购货单位收到银行转来的托收承付结算凭证及所附单证后，应在规定的承付期内审查核对，安排资金。承付货款分为验单付款和验货付款两种，由收付双方商量选用，并在合同中明确规定。

验单付款承付期为 3 天，从付款人开户银行发出承付通知的次日算起。付款单位在承付期内未向银行表示拒绝付款的，银行即视为承付，并在承付期满的次日将款项付给收款单位。验货付款的承付期为 10 天，从运输部门向付款人发出提货通知的次日算起。付款单位在收到提货通知后，应向银行交验提货通知。付款单位在银行发出承付通知书后的 10 天内，如未收到提货通知，应在 10 天内将情况通知银行，如不通知，银行即视为已经验货，承认付款，并于期满次日予以划款。

不论是验单付款还是验货付款，付款单位都可以在付款期内提前向银行表示承付。付款单位在承付期满日款项不足支付的，其不足部分即为逾期未付款项，根据逾期天数，按每天 5/10 000 计算逾期未付赔偿金。

付款单位在验单或验货时，发现所到货物的品种、规格、数量、价格与合同规定不同，或货物已到，经查验货物与合同规定或发货清单不符的款项，在承付期内，可向银行提出全部或部分拒绝付款。付款单位提出拒绝付款时，必须填写“拒绝付款理由书”并签章，注明拒绝付款理由，送交开户银行。开户银行必须认真审查拒绝付款理由书，查验合同。银行同意部分或全部拒绝付款的，应在拒绝付款理由书上签注意见，连同拒付证明和拒付商品清单邮寄收款人开户银行转交收款人。

2. 托收承付结算的一般程序

托收承付结算的一般程序如下（见图 1.7）：①收款单位按合同向付款单位发运商品；②收款单位向其开户银行办理托收；③收款单位开户银行向收款单位退回托收回单；④收款单位开户银行向付款单位开户银行传递托收凭证及单据；⑤付款单位开户银行通知付款单位承付；⑥付款单位向其开户银行承付款项；⑦付款单位开户银行向收款单位开户银行划转款项；⑧收款单位开户银行通知收款单位款已收妥。

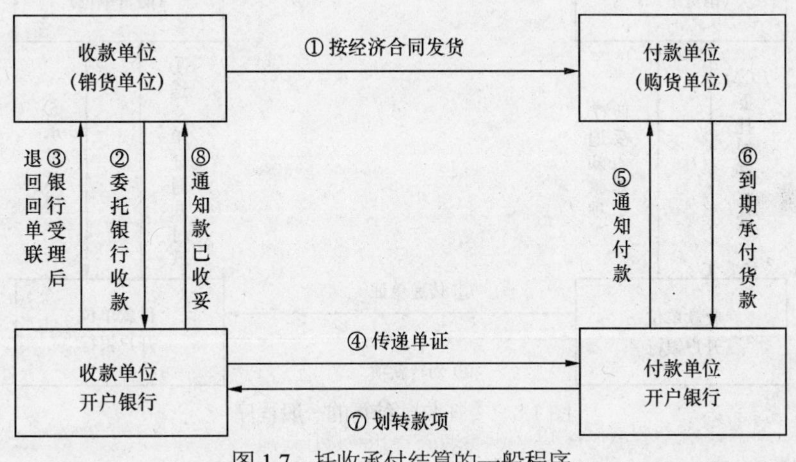

图 1.7　托收承付结算的一般程序

（三）委托收款

委托收款是由收款人向其开户银行提供收款依据，委托银行向付款人收取款项的一种结算方式。单位和个人凭已承兑商业汇票、债券、存单等付款人债务证明办理款项结算，均可以使用委托收款结算方式，同城、异地都可以使用。委托收款结算款项的划回方式，分邮寄和电报两种，由收款人选用，不受金额起点的限制。

1. 委托收款结算的基本规定

委托收款结算有以下基本规定。

（1）委托收款结算分为“委托”和“付款”两个阶段。收款人办理委托收款应向银行提交委托收款凭证和有关的债务证明，收款人开户银行审查同意后，将“委托收款凭证”的回单退给收款单位，表示已办妥委托收款手续。付款人开户银行接到寄来的委托收款凭证及债务证明，审查无误后，应及时通知付款人。付款人接到通知后，应在规定付款期限内付款，付款期为 3 天，从付款人开户银行发出付款通知的次日算起。付款人未在接到通知日的次日起 3 日内通知银行付款的，银行视同付款人同意付款，并于付款人接到通知日的次日起第 4 日上午开始营业时，将款项划给收款人。

（2）付款人在付款期满而存款账户不足支付的，付款人开户银行应将其债务证明连同未付款项通知书邮回收款人开户银行，由其转交收款人。

（3）付款人审查有关债务证明后，对收款人委托收取的款项拒绝付款的，应在付款期内出具拒绝付款理由书，持有债务证明的，应将其送交开户银行。银行将拒绝付款理由书、债务证明和有关凭证一并寄给被委托银行，转交收款人。

2. 委托收款结算的一般程序

委托收款结算的一般程序如下（见图 1.8）：①收款单位向付款单位发运商品或提供劳务；②收款单位向其开户银行委托收款；收款单位开户银行给收款单位回单；③收款单位开户银行向付款单位开户银行传递凭证；④付款单位开户银行通知付款单位承付；⑤付款单位向其开户银行承付款项；⑥付款单位开户银行向收款单位开户银行划转款项；⑦收款单位开户银行通知收款单位款已收妥。

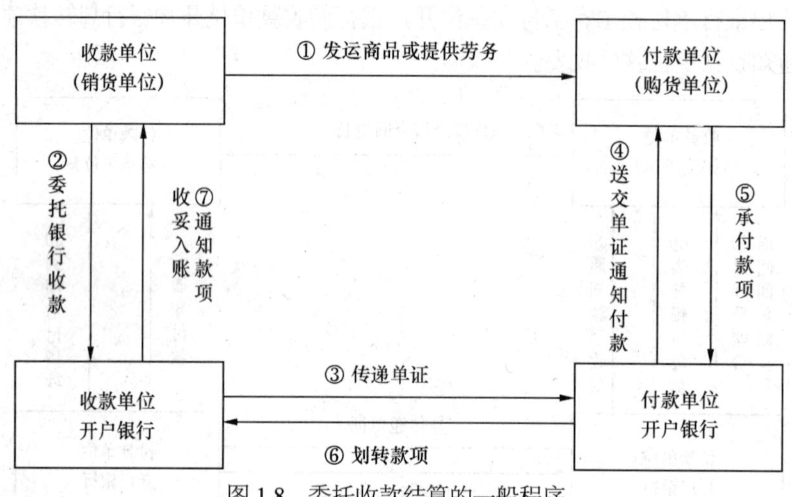

图 1.8 委托收款结算的一般程序

（四）信用卡

信用卡是商业银行向个人和单位发行的，凭此向特约单位购物、消费和向银行存取现金，且具有消费信用的特制载体卡片。信用卡按使用对象分为单位卡和个人卡；按信誉等级分为金卡和普通卡。信用卡适用于同城和异地的特约单位购物、消费。

信用卡结算的一般程序如下：①付款单位向其开户银行申请信用卡并存入备用金；②付款单位开户银行发给付款单位信用卡；③付款单位凭信用卡购物、消费；④付款单位开户银行向收款单位开户银行划转款项；⑤收款单位凭签购单向其开户银行要求划账；⑥收款单位开户银行向收款单位退回进账回单办理收款。

知识拓展

信用卡结算的注意事项

（1）单位申领信用卡，应按规定填制申请表，连同有关资料一并送交发卡银行。符合条件并按一定要求交存一定金额的备用金后，银行为申请人开立信用卡存款户，并发给信用卡。

（2）单位卡账户的资金一律从其基本存款账户转账存入，不得交存库存现金，不得将销货收入的款项存入单位信用卡账户。

（3）信用卡仅限于合法持卡人本人使用，持卡人本人不得出租或转借信用卡。

（4）持卡人可持信用卡在特约单位购物、消费。单位卡不得用于 10 万元以上的商品交易、劳务供应款项的结算。

（5）持卡人凭卡购物、消费时，需将信用卡和本人身份证一并交特约单位。

（6）特约单位审查信用卡无误的，在签购单上刷卡，填写实际结算金额、用途、持卡人身份证件号码、特约单位名称和编号。

（7）特约单位不得通过压卡、签单和退货方式支付持卡人库存现金。

（8）特约单位在每日营业终了，应将当日受理的信用卡签购单汇总，计算手续费和净计金额，并填写汇总计单和进账单，连同签购单一并送交收单银行办理进账。

（9）持卡人要求退货的，特约单位应使用退货单办理刷卡，并将退货单金额从当日签单累计金额中抵减，退货单随签购单一并送交收单银行。

（10）单位卡一律不得支取库存现金。信用卡透支额依据其分类的不同而不同：金卡最高不得超过10 000元，普通卡最高不超过5 000元。透支期限最长为60天。

本章小结

货币资金是停留在货币形态，可以随时用作购买手段和支付手段的资金，是企业流动性最强的资产。货币资金包括库存现金、银行存款和其他货币资金。

库存现金收支管理的内容包括现金开支范围、现金库存限额、现金日常收支等规定。库存现金核算的基本账户是“库存现金”账户，包括库存现金日记账和库存现金总分类账。库存现金的账务处理包括库存现金存入和库存现金支出的账务处理。出纳人员应对库存现金进行定期或不定期的盘点清查。发现现金溢缺，待查明原因并经领导批准后，再分别进行账务处理。

企业在银行开户以后，要按规定通过银行进行往来结算业务。银行存款核算的基本科目是“银行存款”科目，包括银行存款总分类账和日记账。银行存款的账务处理包括银行存款的收入和付出业务。企业应定期对银行存款进行清查。清查的方法是核对账目，即根据银行送来的对账单与银行存款日记账逐笔核对。未达账项的影响可通过编制“银行存款余额调节表”消除，未达账项应在有关凭证收到后再入账。银行结算方式包括银行汇票、商业汇票、银行本票、支票、汇兑结算方式、委托收款结算方式、异地托收承付结算方式、信用卡结算方式。

其他货币资金是企业除现金、银行存款以外的各种货币资金，包括外埠存款、银行汇票存款、银行本票存款、信用卡存款和备用金等。其他货币资金核算的基本科目是“其他货币资金”科目。

教学做一体化训练

一、单项选择题

1. 可以随时用作购买手段和支付手段的资金是（　　）。

A. 现金　　B. 银行存款　　C. 外埠存款　　D. 货币资金

2. 我国会计上所说的现金是指企业的（ ）。

A. 库存现金

B. 库存现金和银行存款

C. 库存现金、银行存款和有价证券

D. 库存现金、银行存款、有价证券和其他货币资金

3. 按照国家《银行账户管理办法》的规定，企业的工资、奖金等现金的支取，只能通过（ ）办理。

A. 基本存款账户 B. 一般存款账户 C. 临时存款账户 D. 专用存款账户

4. 企业一般不得从现金收入中直接支付现金，因特殊情况需要坐支现金的，应当事先报经（ ）审查批准。

A. 上级部门 B. 工商行政管理部门 C. 税务部门 D. 开户银行

5. 出纳员应按照现金收付业务发生的时间先后顺序，采用（ ）方法登记现金日记账。

A. 三栏式登记 B. 多栏式登记 C. 逐笔登记 D. 汇总登记

6. 为了保证现金账实相符，应对库存现金进行定期或不定期的盘点清查。库存现金清查的主要方法是（ ）。

A. 实地盘点 B. 不定期清查 C. 账面盘存 D. 抽样清查

7. 企业对无法查明原因的现金溢余，经批准后应转入（ ）科目。

A. 主营业务收入 B. 其他业务收入 C. 其他应付款 D. 营业外收入

8. 对于银行已入账而企业尚未入账的未达账款，企业应当（ ）。

A. 根据“银行对账单”入账 B. 根据“银行存款余额调节表”入账

C. 根据对账单和调节表自制凭证入账 D. 待有关结算凭证到达后入账

9. 下列项目中不通过“其他货币资金”科目核算的是（ ）。

A. 银行汇票存款 B. 银行本票存款 C. 备用金 D. 存出投资款

10. 甲企业欲从外地采购一批材料，现向银行申请办理用于材料货款结算的银行汇票一张，在办妥汇票时应借记（ ）科目。

A. 银行存款 B. 银行汇票存款 C. 原材料 D. 其他货币资金

11. 商业承兑汇票是由收款人或付款人签发，由（ ）承兑的票据。

A. 收款人 B. 付款人 C. 银行 D. 付款人或银行

12. 商业汇票兑付期限由交易双方商定，但不得超过（ ）。

A. 5个月 B. 7个月 C. 6个月 D. 1年

13. 银行汇票提示付款期为（ ）。

A. 5天 B. 10天 C. 30天 D. 9个月

14. 支票的有效期为（ ）。

A. 3天 B. 10天 C. 1个月 D. 3个月

15. 托收承付结算方式适用于（ ）。

A. 异地或同城的商品交易 B. 异地或同城的劳务交易

C. 订有合同的修理劳务 D. 订有合同的商品交易

16. 下列结算方式中，只能应用于同城结算的是（　）。

A. 银行汇票　B. 支票　C. 商业汇票　D. 银行本票

17. 下列结算方式中，一般用于同城结算的是（　）结算方式。

A. 银行汇票　B. 支票　C. 委托收款　D. 托收承付

18. 银行汇票的提示付款期限为自出票日起（　）。

A. 1个月　B. 2个月　C. 3个月　D. 6个月

19. 银行承兑汇票的承兑人是（　）。

A. 购货单位　B. 购货单位的开户银行

C. 销货单位　D. 销货单位的开户银行

20. 下列支付结算方式中，已签订购销合同才能使用的是（　）。

A. 商业汇票　B. 银行本票　C. 托收承付　D. 支票

21. 商业汇票按（　）不同，分为商业承兑汇票和银行承兑汇票。

A. 收款人　B. 付款人　C. 承兑人　D. 被背书人

22. 单位信用卡的资金一律从其（　）转账存入。

A. 基本存款账户　B. 一般存款账户　C. 临时存款账户　D. 专用存款账户

二、多项选择题

1. 根据现金管理的规定，下列支出能使用现金结算的是（　）。

A. 支付给个人劳务报酬　B. 支付职工福利费用

C. 支付金额很大的材料购货款　D. 购买90元的办公用品

E. 购买3 000元的办公设备

2. 企业的银行存款日记账与银行对账单产生差异的原因可能是（　）。

A. 企业或银行记账差错

B. 企业将收到的转账支票登记记入银行存款，但由于款项未到账银行尚未登记收账

C. 托收货款，银行已经记入银行存款，但收账通知还未到达企业

D. 向企业提供劳务的单位委托银行收款，银行已付款，但付款通知未到达企业

3. 下列存款中，应在"其他货币资金"科目核算的有（　）。

A. 外埠存款　B. 银行汇票存款

C. 信用卡存款　D. 存出投资款

E. 一般存款账户存款

4. 企业销货时取得一张兑付期为3个月的商业承兑汇票，在汇票到期收妥款项时所做的分录为（　）。

A. 借：银行存款　B. 贷：主营业务收入

C. 贷：应收账款　D. 贷：应收票据

E. 贷：应交税费

5. 下列结算方式中，同时适用于同城和异地结算的方式有（　）。

A. 银行汇票结算方式　B. 银行本票结算方式

C. 商业汇票结算方式　D. 委托收款结算方式

E. 支票结算方式

6. 下列结算方式中，可用于异地结算的方式有（ ）。

A. 银行汇票结算方式　　B. 银行本票结算方式

C. 商业汇票结算方式　　D. 委托收款结算方式

E. 支票结算方式

7. 下列结算方式中，可用于同城结算的方式有（ ）。

A. 支票结算方式　　B. 汇兑结算方式

C. 银行本票结算方式　　D. 委托收款结算方式

E. 托收承付结算方式

8. 在商品交易款项结算中，商业汇票的承兑人可以是（ ）。

A. 付款人　　B. 收款人　　C. 销货方

D. 付款人开户银行　　E. 收款人开户银行

9. 采用托收承付方法结算商品交易款要求（ ）。

A. 销货方按合同发货　　B. 购销双方已签订合法的购销合同

C. 购货方收到货物后无条件付款　　D. 销货方能向银行提供符合规定的单据

E. 购货方验单或验货后付款

三、判断题

1. 每日终了，企业必须将库存现金日记账的余额与库存现金总账的余额及库存现金的实际库存数进行核对，做到账账、账实相符。（ ）

2. 每个企业只能在银行开立一个基本存款账户，企业的工资、奖金等现金的支取只能通过该账户办理。（ ）

3. 银行汇票可以用于转账，也可以用于提现。（ ）

4. 同城或异地的商品交易、劳务供应均可采用银行本票结算方式进行结算。（ ）

5. 商业承兑汇票的承兑人是购货企业的开户银行。（ ）

6. 银行承兑汇票的付款人是购货企业的开户银行。（ ）

7. 普通支票左上角画两条平行线的，只能用于转账，不得支取现金。（ ）

8. 收款单位收到付款单位交来的银行汇票可以不送交银行办理转账结算，而是背书转让给另一单位用于购买材料。（ ）

9. 委托收款和托收承付结算方式，都受结算金额起点的限制。（ ）

10. 商业承兑汇票到期日付款人账户不足支付时，其开户银行应代为付款。（ ）

11. 采用托收承付结算方式办理结算的款项必须是商品交易以及因商品交易而产生的劳务供应的款项，包括代销、寄销、赊销商品的款项。（ ）

12. 单位和个人的各种款项的结算，均可采用汇兑结算方式。（ ）

技能演练

1. 北方工厂2013年3月发生如下经济业务。

（1）开出现金支票一张，向银行提取现金1 000元。

（2）职工李芳出差，借支差旅费2 000元，以现金支付。

（3）收到甲单位交来的转账支票一张，金额 50 000 元，用以归还上月所欠货款，支票已送存银行。

（4）向乙企业采购 A 材料，收到的增值税专用发票上列明价款 100 000 元，增值税税额 17 000 元，企业采用汇兑结算方式将款项 117 000 元付给乙企业。A 材料已验收入库。

（5）企业开出转账支票一张，归还前欠丙单位货款 20 000 元。

（6）职工李芳出差回来报销差旅费，原借支 2 000 元，实报销 2 050 元，差额 50 元当即用现金补付。

（7）将现金 2 000 元送存银行。

（8）企业在现金清查中，发现现金短缺 200 元，原因待查。

（9）上述短款原因已查明，是出纳员陈红工作失职造成，陈红当即交现金 200 元以作赔偿。

要求：根据以上经济业务编制北方工厂的会计分录。

2. 北方工厂 2013 年 3 月 31 日“银行存款日记账”账面余额 226 600 元，“银行对账单”余额 269 700 元。经核对，存在未达账项如下。

（1）3 月 30 日，工厂销售产品，收到转账支票一张，金额 23 000 元，银行尚未入账。

（2）3 月 30 日，工厂开出转账支票一张，支付购买材料款 58 500 元，持票单位尚未向银行办理转账手续。

（3）3 月 31 日，银行代工厂收到销货款 24 600 元，工厂尚未收到收款通知。

（4）3 月 31 日，银行代工厂付出电费 17 000 元，工厂尚未收到付款通知。

要求：根据资料，编制“银行存款余额调节表”。

3. 北方工厂 2013 年 8 月发生如下经济业务。

（1）委托银行开出银行汇票 50 000 元，有关手续已办妥，采购员张明持汇票到外地 A 市采购材料。

（2）派采购员李光到外地 B 市采购材料，委托银行汇款 200 000 元到 B 市开立采购专户。

（3）张明在 A 市采购结束，增值税专用发票上列明的材料价款为 50 000 元，增值税税额 8 500 元，货款共 58 500 元。已用银行汇票支付 50 000 元，差额 8 500 元采用汇兑结算方式补付，材料已验收入库。

（4）李光在 B 市的采购结束，增值税专用发票上列明的材料价款为 160 000 元，增值税税额 27 200 元，款项共 187 200 元，材料已验收入库。同时接到银行多余款收账通知，退回余款 12 800 元。

（5）委托银行开出银行本票 20 000 元，有关手续已办妥。

（6）购买办公用品 2 500 元，用信用卡付款。收到银行转来的信用卡存款的付款凭证及所附账单，经审核无误。

要求：根据以上经济业务，编制北方工厂的会计分录。

第二章

应收及预付款项

【学习目标】

知识目标　了解应收及预付款项的内容；明确应收款项的入账时间和入账价值；明确坏账损失的确认条件和小企业坏账损失核算方法的特殊性。

能力目标　掌握应收票据、应收账款、预付账款和其他应收款的核算方法，能够编制相关的会计分录。

【导入案例】

应收账款核算与管理

下面是S公司关于应收账款核算与管理方面的资料。

1. S公司的赊销信用政策规定购买方应在到货后15天内付款。客户A企业欲向S公司购入价值200万元的商品，但由于资金紧张，无法在半个月内付款，需要拖延付款时间。S公司的销售人员赵某得知此事后，与会计人员钱某商量，决定向A企业索取20 000元的好处费，以此为条件帮助A企业延长付款时间，最终造成S公司的该笔应收账款长期挂账。

2. S公司的应收账款中有一笔挂账2年的款项，2013年8月20日得知债务人已进入破产清算程序，其破产财产只能用于抵偿所欠职工工资。S公司为了不影响2013年年度的经营业绩，决定对此应收账款暂不作为坏账损失进行转销，继续挂在账上。

3. S公司收到B公司归还以前年度的购货欠款100 000元，由于该笔应收账款已作为坏账转销。S公司收款后直接开出一张100 000元的现金支票，从银行提出现金后留作企业的业务招待费支出用。

请思考：

1. 上述行为是否正确，为什么？你认为S公司应该如何做？

2. 结合S公司的应收账款事件，就应收账款管理的内控制度发表你的看法。

应收及预付款项，是指小企业在日常生产经营活动中发生的各项债权，是企业流动资产的重要组成部分，其具体内容包括应收票据、应收账款、应收股利、应收利息、其他应收款等应收款项和预付账款。

应收及预付款项具有以下特征。

（1）应收及预付款项是小企业日常生产经营活动中发生的。如销售产成品或商品、外购原材料或商品过程中发生的应收账款或预付账款；又如职工因公或因私向本企业借款产生的其他应收款，等等。

（2）应收及预付款项的本质是债权。但是，应收款项最终会收到货币资金，而预付账款则是收到所购物资或劳务。

企业的应收及预付款项应当按照实际发生额入账，即应当根据合同、协议、发票等凭证列示的金额记录应收款项或预付账款。

第一节 应收票据的核算

一、应收票据概述

应收票据是指企业采用商业汇票结算方式时，因销售商品（产成品或材料，下同）、提供劳务等日常生产经营活动而收到的商业汇票（包括银行承兑汇票和商业承兑汇票，下同）。

应收票据按是否带息，可以分为带息应收票据和不带息应收票据。带息应收票据是票面注明利息的应收票据，其利息应单独计算；不带息应收票据是票面不带利息的应收票据，其利息包含在票面本金中。

按现行制度规定，企业收到开出、承兑的商业汇票，无论是否带息，均按应收票据的票面价值入账。

带息应收票据应于期末按票据的票面价值和确定的利率计提利息，计入应收利息，并冲减当期财务费用。

二、取得应收票据的核算

为了反映和监督应收票据的取得和收回等经济业务，企业应设置“应收票据”科目，核算企业因销售商品（产成品或材料，下同）、提供劳务等日常生产经营活而收到的商业汇票，并按商业票据的种类设置明细科目进行明细核算。

“应收票据”科目是资产类科目，该科目借方登记取得的应收票据的面值，贷方登记到期收回票据或到期前向银行贴现的应收票据的面值；期末借方余额表示企业持有的商业汇票的面值。

企业还应设置“应收票据备查簿”，逐笔登记商业汇票的种类、号数和出票日、票面金额、交易合同号和付款人、承兑人、背书人的姓名或单位名称、到期日、背书转让日、贴现日、贴现率和贴现净额以及收款日期和收回金额、退票情况等资料。商业汇票到期结清票款或退票后，在备查簿中应予注销。

企业因销售商品、提供劳务等而收到开出、承兑的商业汇票，按照商业汇票的票面金额，借记“应收票据”科目，按照确认的营业收入，贷记“主营业务收入”等科目。涉及增值税销项税额的，还应当按照增值税专用发票上注明的增值税销项税额，贷记“应交税费——应交增值税（销项税额）”科目。

小企业收到商业汇票以抵偿应收账款，应按照商业汇票的票面金额，借记“应收票据”科目，贷记“应收账款”科目。

【例 2.1】 2013 年 6 月 2 日，A 企业向甲企业销售 A 商品一批，开具增值税专用发票注明价款 100 000 元，增值税款 17 000 元，共计 117 000 元。甲企业开出为期 3 个月的商业汇票一张抵付货款。A 企业的账务处理如下。

借：应收票据——甲企业　　117 000

　　贷：主营业务收入　　100 000

应交税费——应交增值税（销项税额） 17 000

【例 2.2】 2013 年 7 月 4 日，A 企业向乙企业销售一批产品，货款为 30 000 元，当日未收到，托收手续已办妥，适用增值税税率为 17%。7 月 15 日，A 企业收到乙企业寄来的一张为期 3 个月的商业承兑汇票，面值为 17 550 元，抵偿产品货款。A 企业的账务处理如下。

（1）销售产品时：

借：应收账款——乙企业 35 100

贷：主营业务收入 30 000

应交税费——应交增值税（销项税额） 5 100

（2）收到商业汇票时：

借：应收票据——乙企业 35 100

贷：应收账款——乙企业 35 100

三、应收票据计息的核算

企业收到带息应收票据，除按照上述要求进行核算外，还应于期末（通常为月末）按应收票据的票面金额和票面利率计提应收利息，同时冲减财务费用。票据利息的计算公式为

应收票据利息=票面金额×票面利率×期限

式中，“票面利率”一般指年利率，“期限”指签发日至到期日的时间间隔。票据期限有按月表示和按日表示两种。

票据期限按月表示时，应以到期月份与出票日相同的那一天为到期日。如 5 月 18 日签发的 3 个月的商业汇票，到期日应为 8 月 18 日。月末签发的商业汇票，不论月份大小，以到期月份的最后一天为到期日。如 2 月 28 日签发的 4 个月的商业汇票，其到期日应为 6 月 30 日。计算利息时使用的利率要换算为月利率（年利率/12）。

票据期限按日表示时，应从出票日按实际经历的天数计算。通常出票日和到期日只能计算其中的一天，即“算头不算尾”或“算尾不算头”。如 3 月 18 日签发的 90 天的商业承兑汇票，其到期日应为 6 月 16 日。计算利息使用的利率应换算为日利率（年利率/360）。

带息应收票据到期收回时，应按收到的本息之和借记“银行存款”科目，按应收票据账面余额，贷记“应收票据”科目，按已计提的票据利息，贷记“应收利息”科目，按其差额（未计提利息部分），贷记“财务费用”科目。

【例 2.3】 A 企业 2013 年 4 月 1 日销售一批产品，货款为 200 000 元，增值税额为 34 000 元，同日收到丙企业商业承兑汇票一张，金额为 234 000 元，期限为 4 个月，票面利率为 6%。假设 A 企业每月计提一次应计利息。A 企业的账务处理如下。

（1）4 月 4 日收到商业汇票时：

借：应收票据——商业承兑汇票（丙企业） 234 000

贷：主营业务收入 200 000

应交税费——应交增值税（销项税额） 34 000

（2）4 月 30 日计提应计利息时：

每月票据利息=234 000×6%÷12=1 170（元）

借：应收利息 1 170

贷：财务费用 1 170

四、应收票据贴现的核算

企业持有商业汇票，如在票据到期前需要提前取得现金，可以持未到期的商业汇票向银行申请贴现。贴现，是指持票人为了资金融通的需要，将未到期的商业汇票背书后送交银行，银行从票据到期值中扣除按银行贴现率计算确定的贴现利息后，将票据到期价值扣除贴现利息后的余额付给贴现企业的业务活动。票据贴现实质上是一种融通资金的行为。在贴现中，企业付给银行的利息称为贴现利息，银行计算贴现利息所用的利率称为贴现率，企业从银行获得的票据到期值扣除贴现利息后的货币收入称为贴现所得。

（一）贴现利息和贴现所得额的计算

1. 不带息票据贴现利息和贴现所得额的计算

不带息票据贴现利息计算公式如下：

贴现利息=票面金额×贴现率×贴现期

贴现期＝票据期限－企业已持有票据期限

贴现期是指从贴现日至票据到期日的时间间隔，在实际计算中可按月计算，也可按日计算。如4月1日将6月1日到期的票据到银行办理贴现，按月计算的贴现期为2个月。又如4月1日将5月15日到期的票据到银行办理贴现，按日计算的贴现期为44天（即4月份30天，5月份14天，共44天）。

通常是在贴现日与到期日两天中，只计算其中的一天：

贴现天数=贴现日至到期日实际天数－1

按照《支付结算办法》的规定，承兑人在异地的，贴现利息的计算应另加3天的划款日期。

银行实付贴现金额按票面金额扣除贴现利息计算，其计算公式如下：

贴现所得=票面金额－贴现利息

2. 带息票据贴现利息和贴现所得额的计算

带息票据贴现利息和贴现所得额的计算公式为

票据到期值＝票据面值×（1＋票面利率×票据期限）

贴现利息＝票据到期值×贴现率×贴现期

贴现期＝票据期限－企业已持有票据期限

贴现所得＝票据到期值－贴现利息

（二）应收票据贴现的账务处理

根据票据到期债务人未能偿还票据款时银行是否对贴现人享有追索权，应收票据贴现的账务处理分为不附加追索权和有追索权两种情况。

1. 不附追索权的情况

企业与银行签订的协议中规定，在贴现的商业汇票到期而债务人未能按期偿还时，申请贴现的企业不负有任何偿还责任，即银行无追索权的，应视同出售票据进行会计处理。

在不附追索权的情况下，企业持未到期的商业汇票向银行贴现，应根据银行盖章退回的贴现凭证第四联收账通知，按照实际收到的金额（即减去贴现息后的净额），借记“银行存款”科目，按照贴现利息，借记“财务费用”科目，按照商业汇票的票面金额，贷记“应收票据”科目。

2. 有追索权的情况

企业与银行签订的协议中规定，在贴现的商业汇票到期而债务人未能按期偿还时，申请贴现的企业负有向银行还款的责任，即银行有追索权的，应视同以票据为质押取得银行借款。

在有追索权的情况下，企业持未到期的商业汇票向银行贴现，应根据银行盖章退回的贴现凭证第四联收账通知，按照实际收到的金额（即减去贴现利息后的净额），借记“银行存款”科目，按照贴现利息，借记“财务费用”科目，按照商业汇票的票面金额，贷记“短期借款”科目。

【例 2.4】 2013 年 6 月 16 日，A 企业将 B 企业开具的、出票日期为 5 月 15 日、期限为 3 个月、面值为 35 100 元的不带息商业承兑汇票到银行贴现。银行年贴现率为 6%。假若该笔票据贴现不附追索权，A 企业的账务处理如下。

票据贴现天数 = 15 + 31 + 15 − 1 = 60（天）

票据到期价值 = 面值 = 35 100（元）

贴现息 = 35 100 × 6% ÷ 360 × 60 = 351（元）

贴现所得金额 = 35 100 − 351 = 34 749（元）

财务费用 = 贴现息 = 351（元）

借：银行存款　　34 749
　　财务费用　　351
　　贷：应收票据——B 企业　　35 100

【例 2.5】 假若例 2.4 中 A 企业该笔票据贴现有追索权，A 企业的账务处理如下。

借：银行存款　　34 749
　　财务费用　　351
　　贷：短期借款　　35 100

若票据到期后，出票人 B 企业如期付款，则根据银行通知，A 企业的账务处理如下。

借：短期借款　　35 100
　　贷：应收票据——B 企业　　35 100

若票据到期后，出票人 B 企业银行存款不足，则根据银行通知，A 企业的账务处理如下。

借：应收账款——B 企业　　35 100
　　贷：应收票据——B 企业　　35 100

五、应收票据背书转让的核算

票据转让是指持票人将自己持有的商业汇票背书，将汇票权利转让给他人行使。背书是指在票据背面记载有关事项并签章的票据行为。出票人在汇票上记载“不得转让”字样的，汇票不得转让。背书转让的，背书人应当承担票据责任。背书人通过背书转让汇票后，即承担保证其后手所持汇票承兑和付款的责任。

通常情况下，企业将持有的商业汇票背书转让以取得所需物资时，按照应计入取得物资成本的金额，借记“材料采购”或“原材料”、“库存商品”等科目，按照增值税专用发票上注明的可抵扣的增值税进项税额，借记“应交税费——应交增值税（进项税额）”科目，按照商业汇票的票面金额，贷记“应收票据”科目，如有差额，借记或贷记“银行存款”等科目。

【例 2.6】 沿用例 2.2，2013 年 9 月 1 日，A 企业向 E 企业采购原材料，价款 20 000 元，增值税税额 3 400 元，材料已验收入库。当日 A 企业将持有的乙企业商业汇票背书转让给 E 企业，差额部分用银行存款结算。A 企业的账务处理如下。

借：原材料	20 000
应交税费——应交增值税（进项税额）	3 400
银行存款	11 700
贷：应收票据——乙企业	35 100

六、应收票据到期收回的核算

商业汇票到期收回款项时，应按照实际收到的金额，借记“银行存款”科目，贷记“应收票据”科目。

因付款人无力支付票款，到期不能收回票据款项时，应按照商业汇票的票面金额，借记“应收账款”科目，贷记“应收票据”科目。

【例 2.7】 2013 年 8 月 2 日，B 企业的票据到期，收回票面金额 35 100 元存入银行。A 企业的账务处理如下。

借：银行存款	35 100
贷：应收票据——B 企业	35 100

【例 2.8】 沿用例 2.3，8 月 1 日票据到期收回。A 企业的账务处理如下。

到期值=234 000×（1+4×6%÷2）=238 680（元）

借：银行存款	238 680
贷：应收票据——商业承兑汇票（丙企业）	234 000
应收利息（1 170×3）	3 510
财务费用	1 170

学中做

要求：编制华兴公司以下经济业务的会计分录。

（1）收到甲工厂交来面值 100 000 元，期限 60 天，年利率 6%的商业承兑汇票一张，偿还所欠货款。

借：

　贷：

（2）将上述甲工厂交来的商业承兑汇票向银行贴现，贴现率 9%，贴现天数 30 天。款项存入银行。该笔票据贴现有追索权。

借：

　贷：

（3）销售给乙公司产品一批，计价 20 000 元，增值税额 3 400 元，乙公司交来一张面值 23 400 元，期限 90 天不带利息的银行承兑汇票。

借：

　贷：

（4）将上述乙公司交来的票据向银行贴现，贴现率 7%，贴现天数 50 天。该笔票据贴现不附追索权。

借：

贷：

第二节　应收账款的核算

一、应收账款概述

应收账款，是指企业因销售商品、提供劳务等日常生产经营活动而应收取的款项。包括小企业销售商品或提供劳务等应向购货方或接受劳务方收取的价款或代购货单位垫付的包装费、运杂费等。

会计上所指的应收账款有其特定的范围。首先，应收账款是指因销售活动形成的债权，不包括应收职工欠款、应收债务人的利息等其他应收款项；其次，应收账款是指流动资产性质的债权，不包括长期的债权（如购买的长期债券等）；再次，应收账款是指本企业应收客户的款项，不包括本企业付出的各类存出保证金，如租入包装物支付的保证金等。

应收账款是在商业信用条件下由于赊销业务而产生的，因此，应收账款的确认与收入的确认密切相关。因而在销售（赊销）成立时确认营业收入，同时确认应收账款，即在确认收入的同时，确认应收账款。

应收账款应按实际发生额计价入账，其入账价值包括销售货物或提供劳务的价款、应收取的增值税销项税额，以及代购货方垫付的包装费、运杂费等。

二、应收账款的核算

为了反映企业应收账款增减变动及结余情况，企业应设置“应收账款”科目进行总分类核算，并按不同的购货或接受劳务单位设置明细科目，进行明细分类核算。该科目是资产类科目，借方登记应收账款的增加额，贷方登记应收账款的收回及确认的坏账损失（即减少额）；期末余额一般在借方，表示企业尚未收回的应收账款；如果余额在贷方，表示企业预收的款项。

不单独设置“预收账款”科目的企业，预收款项也在“应收账款”科目核算。

1. 一般情况下的应收账款

企业因销售商品或提供劳务形成应收账款，应当按照应收金额，借记“应收账款”科目，贷记“主营业务收入”或“其他业务收入”科目，按照税法规定应交纳的增值税销项税额，贷记“应交税费——应交增值税（销项税额）”科目。

收回应收账款时，按收回金额借记“银行存款”或“库存现金”科目，贷记“应收账款”科目。

【例 2.9】 2013 年 4 月 1 日，A 企业采用托收承付方式销售给 B 企业一批产品，开出的增值税专用发票上注明货款 20 000 元，增值税税额 3 400 元。4 月 8 日，企业接到银行收款通知，这笔款项已经入账。A 企业的账务处理如下。

（1）销售产品时：

借：应收账款——B 企业 23 400

　　贷：主营业务收入 20 000

　　　　应交税费——应交增值税（销项税额） 3 400

（2）收回款项时：

借：银行存款 23 400

　　贷：应收账款——B 企业 23 400

企业应收账款改用商业汇票结算，在收到承兑的商业汇票时，按照票面金额，借记“应收票据”科目，贷记“应收账款”科目。

2. 商业折扣情况下的应收账款

商业折扣，是指企业根据市场供需情况，或针对不同的顾客，在商品标价上给予的扣除，扣减后的金额才是实际的销售价格。商业折扣是企业最常用的促销方式之一。企业为了扩大销售、占领市场，对于批发商往往给予商业折扣，采用销量越多、价格越低的促销策略，也就是我们通常所说的“薄利多销”。如购买 5 件商品，销售价格折扣 10%；购买 10 件商品，销售价格折扣 20%等。其特点是折扣在实现销售的同时发生。

商业折扣一般在交易发生时就已经确定，不需在买卖双方的账上反映。因此，存在商业折扣的情况下，企业的应收账款入账金额应按扣除商业折扣后的实际售价确认。同时，计算增值税时也应该以扣除商业折扣后的金额为计税依据，即商业折扣对会计核算不产生任何影响。

【例 2.10】 2013 年 5 月 17 日，A 企业销售给 C 企业一批产品，价目表上标明的金额为 40 000 元，但在出售时给予 C 企业 10%的商业折扣，货款尚未收到。A 企业为一般纳税人，适用增值税税率为 17%，A 企业的账务处理如下。

借：应收账款——C 企业 42 120

　　贷：主营业务收入 36 000

　　　　应交税费——应交增值税（销项税额） 6 120

3. 现金折扣情况下的应收账款

现金折扣通常发生在以赊销方式销售商品、提供劳务的交易中。企业为了鼓励客户尽早付清货款，有时会与债务人达成协议，债务人在不同的期限内还款可享受不同比例的折扣。现金折扣一般用“折扣率/付款期限”来表示。如“2/10，1/20，*n*/30”分别表示在 10 天内付款给予 2%的折扣，11～20 天内付款给予 1%的折扣，21～30 天内付款不予折扣，信用期限为 30 天。例如，A 公司向 B 公司出售商品 30 000 元，付款条件为“2/10，*n*/60”，如果 B 公司在 10 天内付款，须付 29 400 元，如果在 11～60 天内付款，则须付全额 30 000 元。

存在现金折扣的情况下，应收账款入账价值的确定有总价法和净价法两种。《企业会计准则》和《小企业会计准则》都规定使用总价法核算现金折扣，即企业发生的应收账款在有现金折扣的情况下，应按未扣除现金折扣前的金额作为入账价值，实际发生现金折扣时作为一种理财费用，将其记入“财务费用”科目的借方。

【例 2.11】 2013 年 6 月 14 日，A 企业销售给 D 企业一批产品，售价 50 000 元，增值税税额 8 500 元。为了使买方尽快还款，A 企业规定的现金折扣条件为“2/10，1/20，*n*/30”（现金折扣不包括增值税）。A 企业的账务处理如下。

（1）销售产品时

借：应收账款——D 企业　58 500
　贷：主营业务收入　50 000
　　应交税费——应交增值税（销项税额）　8 500

（2）如果上述款项在 10 天内收到时

现金折扣 = 50 000 × 2% = 1 000（元）

借：银行存款　57 500
　财务费用　1 000
　贷：应收账款——D 企业　58 500

（3）如果上述款项在 11～20 天内收到时

现金折扣 = 50 000 × 1% = 500（元）

借：银行存款　58 000
　财务费用　500
　贷：应收账款——D 企业　58 500

如果上述款项在 21～30 天内收到时，现金折扣为零。

借：银行存款　58 500
　贷：应收账款——D 企业　58 500

4. 代购货单位垫付包装费、运杂费

当企业为购货单位代垫包装费、运杂费等时，应借记“应收账款”科目，贷记“银行存款”等科目。收回代垫款时，应按收回金额借记“银行存款”或“库存现金”科目，贷记“应收账款”科目。

【例 2.12】 2013 年 9 月 5 日，A 企业在销售一批货物时，以银行存款为买方 E 企业代垫包装费 1 500 元。11 月 24 日，企业接银行通知，这笔款项已经收回入账。A 企业的账务处理如下。

（1）代垫款项时

借：应收账款——E 企业　1 500
　贷：银行存款　1 500

（2）收回款项时

借：银行存款　1 500
　贷：应收账款——E 企业　1 500

第二节　预付账款和其他应收款的核算

一、预付账款的核算

预付账款，是指企业因购进货物、接受劳务而按照合同规定预付的款项，包括根据合同规定预付的购货款、租金、工程款等，属于企业的短期性债权。

由于预付账款是企业为购货而发生的债权，收回该债权是以收到所购货物为条件的，如果有确凿证据表明企业的预付账款已不符合预付账款性质，或者因供货单位破产、撤销等原因已无望再收到所购货物的，应将原计入预付账款的金额转入其他应收款，按预计不能收到货物的预付账款账面余额，借记“其他应收款—预付账款转入”科目，贷记“预付账款”科目。

对于预付账款较多的企业，为了反映和监督预付账款的增减变动情况，应单独设置“预付账款”科目进行总分类核算，并按照供应单位设置明细科目进行明细核算。该科目属于资产类科目，借方登记预付的款项和补付的款项，贷方登记采购货物时按发票金额冲销的预付账款和预付账款多余而退回的款项；期末借方余额表示企业实际预付的款项；贷方余额表示企业尚未补付的余额。企业进行在建工程预付的工程价款，也通过该科目核算。

预付款项情况不多的企业，也可以不设置该科目，而将预付的款项直接记入“应付账款”科目的借方。但在期末编制会计报表时，需要对“应付账款”科目的明细账进行分析，分别填列资产负债表的“应付账款”和“预付账款”项目。

1. 预付账款发生的核算

预付账款的发生有以下两种情况。

（1）企业根据购货合同的规定向供应单位预付款项时，借记“预付账款”科目，贷记“银行存款”科目。

【例 2.13】 2013 年 6 月 7 日，A 企业签订合同，向 B 企业采购一批原材料，货款总额为 40 000 元。按照合同规定，A 企业于 6 月 15 日预付货款的 60%。A 企业的账务处理如下。

借：预付账款——B 企业　　24 000

　贷：银行存款　　24 000

（2）企业出包工程按照合同规定预付的工程价款，借记“预付账款”科目，贷记“银行存款”等科目。按照工程进度和合同规定结算的工程价款，借记“在建工程”科目，贷记“预付账款”、“银行存款”等科目。

【例 2.14】 2013 年 8 月 7 日，A 企业与 C 企业签订建一座新厂房的建筑合同，工程价款为 500 000 元。按合同规定，A 企业预付工程款 300 000 元。A 企业预付工程款的账务处理如下。

借：预付账款——预付承包单位款——C 企业　　300 000

　贷：银行存款　　300 000

2. 预付账款冲减的核算

企业收到货物或退回多余的预付款项时，应冲减预付账款。收到所购物资，按照应计入所购物资成本的金额，借记“在途物资”或“原材料”、“库存商品”等科目，按照税法规定可抵扣的增值税进项税额，借记“应交税费——应交增值税（进项税额）”科目，按照应支付的金额，贷记“预付账款”科目。预付的工程款按照工程进度和合同规定进行结算，借记“在建工程”科目，贷记“预付账款”、“银行存款”等科目。

当预付货款小于采购货物所需支付的款项时，应将不足部分补付，借记“预付账款”科目，贷记“银行存款”科目；当预付货款大于采购货物所需支付的款项，收回多余款项时，借记“银行存款”科目，贷记“预付账款”科目。

【例 2.15】 沿用例 2.13，2013 年 6 月 27 日，A 企业收到 B 企业发来的原材料，取得的增值税专用发票上记载的价款为 40 000 元，增值税税额为 6 800 元。A 企业以银行存款补付其余款项。A 企业的账务处理如下。

借：原材料　　40 000

　　应交税费——应交增值税（进项税额）　　6 800

贷：预付账款——B 企业　　46 800

借：预付账款——B 企业　　22 800

贷：银行存款　　22 800

【例 2.16】 沿用例 2.14，2013 年 8 月 31 日，经测算新厂房完工 20%，A 小企业据此进行结算，其账务处理如下。

借：在建工程——厂房建筑工程　　100 000

贷：预付账款——预付承包单位款——C 公司　　100 000

二、其他应收款的核算

其他应收款，是指企业除应收票据、应收账款、预付账款、应收股利、应收利息等以外的其他各种应收及暂付款项。主要包括：①应收的各种赔款，如因企业财产遭受意外损失而应向有关保险公司收取的赔款等；②应收的出租包装物租金；③应向职工收取的各种垫付款项，如为职工垫付应由职工负担的水电费、医药费、房租等；④存出保证金，如租入包装物支付的押金；⑤其他各种应收、暂付款项。

为了反映和监督其他应收款的发生和结余情况，企业应设置“其他应收款”科目进行总分类核算，并按照其他应收款的项目和不同的债务人设置明细账，进行明细核算。该科目是资产类科目，借方登记发生的各种其他应收款，贷方登记收回的其他应收款；期末借方余额表示企业尚未收回的其他应收款。

企业发生各种其他应收款项时，应借记“其他应收款”科目，贷记“库存现金”、“银行存款”、“固定资产清理”等科目。出口产品或商品按照规定应予退回的增值税款，借记“其他应收款”科目，贷记“应交税费——应交增值税（出口退税）”科目。

收回其他各种应收款项时，借记“库存现金”、“银行存款”、“应付职工薪酬”等科目，贷记“其他应收款”科目。

【例 2.17】 A 企业从 B 企业租入包装物一批，以银行存款支付包装物押金 1 500 元。A 企业的账务处理如下。

（1）A 企业支付包装物押金时，根据有关原始凭证编制会计分录如下。

借：其他应收款——B 企业　　1 500

贷：银行存款　　1 500

（2）当 A 企业如数返还包装物，收到 B 企业退回的押金 1 500 元时，编制会计分录如下。

借：银行存款　　1 500

贷：其他应收款——B 企业　　1 500

学中做

要求：编制红光工厂下列经济业务的会计分录。

（1）售给甲公司一批，价款 5 000 元，增值税款 850 元，付款条件为 2/10，1/20，n/30，用银行存款代垫运杂费 300 元。贷款尚未收到。

（2）售给乙公司商品一批，打折后价款 70 000 元，增值税额 11 900 元，货款尚未收到。

（3）在销货后的第 15 天，收到甲公司支票一张，偿付业务（1）欠下的所有款项。

（4）收到乙公司支票一张，计 39 200 元，以偿付其部分账款。

（5）准备向丙公司购入一批材料，用银行存款预付货款 110 000 元。

（6）向丙公司购入的材料已运到，价款 120 000 元，税款 20 400 元，代垫运杂费 900 元，用银行存款补足余款。

三、坏账损失的核算

企业的各项应收及预付款项可能会因债务人拒付、破产、死亡等原因而无法收回。这类无法收回的应收及预付款项就是坏账。由于发生坏账而遭受的损失，称为“坏账损失”。

小知识

坏账损失的确认条件

按照小企业会计准则规定，小企业应收及预付款项符合下列条件之一的，减除可收回的金额后确认的无法收回的应收及预付款项，作为坏账损失。

（1）债务人依法宣告破产、关闭、解散、被撤销，或者被依法注销、吊销营业执照，其清算财产不足清偿的。

（2）债务人死亡，或者依法被宣告失踪、死亡，其财产或者遗产不足清偿的。

（3）债务人逾期 3 年以上未清偿，且有确凿证据证明已无力清偿债务的。

（4）与债务人达成债务重组协议或法院批准破产重整计划后，无法追偿的。

（5）因自然灾害、战争等不可抗力导致无法收回的。

（6）国务院财政、税务主管部门规定的其他条件。

小企业的应收及预付款项出现上述所列条件之一时，应当积极与债务人进行协商，努力收回相关款项，如果确实无法再收回，应将该项应收款项及预付款项的账面余额扣除可收回的金额后的净额，作为坏账损失的金额。

对坏账损失的会计处理方法有两种，即直接转销法和备抵法。

（一）坏账损失核算的直接转销法

直接转销法下，日常核算中对应收款项可能发生的坏账损失不予考虑，只有在实际发生坏账时，才作为损失计入当期损益，同时冲销应收款项，借记“营业外支出”科目，贷记“应收账款”科目。这种方法的优点是账务处理简单、实用，缺点是不符合资产的定义和权责发生制的要求。在这种方法下，只有坏账已经发生时，才能将其确认为当期损失，导致各期利润不实；另外，在资产负债表上，应收账款是按其账面余额而不是按账面价值反映，这在一定程度上歪曲了期末的财务状况。

按《小企业会计准则》的规定，小企业应收及预付款项的坏账损失应当于实际发生时计入营业外支出，同时冲减应收及预付款项，即小企业应收及预付款项的坏账损失采取直接转销法。

小企业确认实际发生坏账损失时，应当按照可收回的金额，借记“银行存款”等科目，按照应收及预付款项的账面余额，贷记“应收账款”、“预付账款”、“其他应收款”等科目，按照其差额，借记“营业外支出”科目。

【例 2.18】 A 小企业应收 B 企业账款余额合计 70 000 元，2013 年 6 月 27 日，A 企业获知 B 企业经营业绩下滑。经协商，A 企业同意将 B 企业债务减为 50 000 元，并于当日收到款项 50 000 元存入银行。A 小企业的账务处理如下。

借：银行存款	50 000	
营业外支出	20 000	
贷：应收账款——B 企业		70 000

其他的应收款项实际发生坏账损失时，也应当按照可收回的金额，借记“银行存款”等科目，按照其账面余额，贷记“预付账款”、“其他应收款”等科目，按照其差额，借记“营业外支出”科目。账务处理与应收账款相同，此处不再赘述。

小企业已确认为坏账损失的应收款项以后又收回时，应当首先将应收款项转回，按照可收回的金额，借记“应收账款”等科目，贷记“营业外收入”科目；再按照实际收回的金额，借记“银行存款”科目，贷记“应收账款”科目。

（二）坏账损失核算的备抵法

按企业会计准则规定，企业的坏账损失采用备抵法核算。

备抵法是指采用一定的方法按期估计坏账损失，计入当期费用，同时建立坏账准备；当实际发生坏账损失时，根据实际发生的坏账金额冲减已计提的坏账准备，同时转销相应的应收款项的一种方法。

坏账准备是企业按一定原则和方法对可能发生的坏账损失而提取的准备资金。按企业会计准则规定，企业应定期或至少在年度终了时，对应收款项进行全面检查，对可能发生的坏账损失计提相应的坏账准备。

在备抵法下，当有客观证据表明某应收款项发生减值的，应当将该应收款项的账面余额与预计未来可收回金额的差额确认为减值损失，计提减值准备，借记“资产减值损失”科目，贷记“坏账准备”科目。实际发生坏账损失时，借记“坏账准备”科目，贷记“应收账款”科目。

当坏账损失采用备抵法核算时，期末资产负债表上的“应收票据”、“应收账款”、“其他应收款”项目均应按减去已计提坏账款准备后的可收回净额列示。

1. 坏账准备核算的科目设置

在备抵法下，企业应设置“坏账准备”科目。该科目属于“应收账款”和“其他应收款”等科目的备抵调整科目，贷方登记计提的坏账准备，借方登记坏账损失发生时冲销的坏账准备以及冲减多提的坏账准备，期末余额在贷方，表示期末已计提的坏账准备。

小知识

坏账准备的计提方法和计提比例由企业根据实际情况自行决定。企业坏账准备计提方法一经确定，不得随意变更。如需变更，应在财务报表附注中予以说明。

2. 应收账款余额百分比法下坏账准备的核算

应收账款余额百分比法，是根据会计期末应收账款的余额和估计的坏账准备提取比例来估计坏账损失，计提坏账准备的一种方法。

采用应收账款余额百分比法计提坏账准备，在会计期末一般需要调整“坏账准备”科目余额。当企业按估计的坏账率提取的坏账准备金额大于或小于“坏账准备”科目现有账面余额时，应按其差额补提或冲减坏账准备。当期应提取的坏账准备可按以下公式计算。

当期应提取的坏账准备=当期按应收款项余额计算应提坏账准备金额

±“坏账准备”科目已有借方（或贷方）余额

【例 2.19】 A 企业从 2008 年开始采用备抵法核算坏账损失。2008 年年末应收账款余额为 1 000 万元。企业估计的坏账损失计提比例为应收账款余额的 5%。则 2008 年年末应计提的坏账准备=1000 × 5%=50（万元），应编制会计分录如下。

借：资产减值损失——计提坏账准备 500 000

　　贷：坏账准备 500 000

小知识

“资产减值损失”科目用来核算企业计提各项资产减值准备所形成的损失，可按资产减值损失的项目进行明细核算。该科目的借方反映企业的应收款项、存货、长期股权投资、持有至到期投资、固定资产、无形资产等资产发生的减值金额，贷方反映企业计提坏账准备、存货跌价准备、持有至到期投资减值准备等相关资产的价值以后又得以恢复的增加金额。期末，应将本科目余额转入“本年利润”科目，结转后本科目无余额。

【例 2.20】 接例 2.8，若 2009 年 6 月 A 企业发生坏账 20 万元，年末应收账款余额还是 1 000 万元。有关会计处理如下。

（1）2009 年 6 月冲减应收账款时：

借：坏账准备 200 000

　　贷：应收账款——× 企业 200 000

（2）2009 年年末计提坏账准备时：

2009 年年末坏账准备应有贷方余额=1 000 × 5%=50（万元）

2009 年年末应补提坏账准备金额=50 −（50−20）=20（万元）

借：资产减值损失——计提坏账准备 200 000

　　贷：坏账准备 200 000

（3）若 2009 年 A 企业没有发生坏账，年末应收账款余额还是 1 000 万元，则不需计提。若

年末应收账款余额 1 500 万元，则需补提金额为

1500 × 5%−50=75−50=25（万元）

借：资产减值损失——计提坏账准备　　250 000

　　贷：坏账准备　　250 000

（4）若 2009 年没有发生坏账，年末应收账款余额是 1 000 万元，则年末坏账准备应有的贷方余额为 50（1 000 × 5%）万元，则应冲减坏账准备金额为

10 000 × 5%−75= −25 万元

借：坏账准备　　250 000

　　贷：资产减值损失——计提坏账准备　　250 000

从上述计算过程可以看出，年末应补提坏账准备还是冲减坏账准备，关键在于年末按应收账款余额和估计计提比例计算的坏账准备应有余额与调整前坏账准备账面余额是否一致，如果不一致，应调整其账面余额。

已确认并转销的应收款项又收回的，应当按照实际收到的金额增加坏账准备的账面余额，借记“应收账款”科目，贷记“坏账准备”科目；同时借记“银行存款”科目，贷记“应收账款”科目。

【例 2.21】 接例 2.8，若 2010 年 3 月 20 日企业收到上年已转销的坏账 20 万元存入银行，则应编制会计分录如下。

借：应收账款　　200 000

　　贷：坏账准备　　200 000

同时，

借：银行存款　　200 000

　　贷：应收账款　　200 000

3. 账龄分析法下坏账准备的核算

账龄分析法，是按照应收账款账龄的长短，根据以往的经验确定不同的坏账损失率，并据以估计坏账损失，计提坏账准备的一种方法。

账龄分析法按入账时间的长短将应收款项分为若干区段，并根据债务单位的财务状况、现金流量等情况，为每个区段规定一个坏账损失的百分比，入账时间越长，该比例越大。将估计坏账损失相加，为应提的坏账损失总额。该坏账损失总额，就是“坏账准备”科目调整后应有的期末余额。

考考你

企业年末应收款项余额为 400 000 元，“坏账准备”科目在年末提取前为借方余额 1 500 元，按 5%计提坏账准备，则应提的坏账准备数额为多少元？

4. 销货百分比法下坏账准备的核算

销货百分比法，是根据企业赊销金额的一定百分比来估计坏账损失，计提坏账准备的一种方法。

采用销货百分法估计坏账损失和计提坏账准备，不需要考虑“坏账准备”科目的余额，只需要根据年末计算的应计提坏账准备金额，借记“资产减值损失”，贷记“坏账准备”科目。

估计坏账百分比=（估计坏账−估计坏账回收额）÷ 估计赊销额 × 100%

年末应计提坏账准备金额=全年赊销额 × 估计坏账百分比

导入案例解析

本案例中S公司某些人的做法有如下错误。

1. 对A企业同意赊账并为其延期付款（在收取好处费的情况下）造成S公司长期挂账。这样的处理显然是不合理的，其中存在会计做法不规范甚至违法的问题，而后也确实给公司造成了损失。

2. 在公司挂账两年后得知对方已进入了破产程序，并不可能收回账款，但为了不影响公司业绩不进行转销而继续挂账。这样的做法是错误的，会造成虚增公司利润的假象。应该在2013年年度记入坏账损失。

3. 当收到B公司的欠款时，公司直接开了现金支票从银行提出现金将其作为招待费用支出，这样的做法是错误的。应该先将应收账款转回，即“借：应收账款，贷：营业外收入”；然后“借：银行存款，贷：应收账款”；最后“借：库存现金，贷：银行存款”。

案例中S公司会计收取好处费并自作主张地为A企业延期，这说明会计素质和职业道德很差。为此S公司应在对员工进行相应的培训教育的同时，制定并严格执行相关的奖罚制度，做到责任到人。而在管理控制中，应该设立专职监督部门，对企业运营中的流程进行监督，从而使舞弊的可能降到最低。

本章小结

应收及预付款项，是指企业在日常生产经营过程中，因商品交易、劳务供应和其他往来形成的尚未收到的各种款项，包括应收票据、应收账款、预付账款和其他应收款等。

应收票据是企业采用商业汇票结算方式时，因销售商品产品等而收到的商业汇票，包括银行承兑汇票和商业承兑汇票。企业收到的商业汇票，设置“应收票据”科目进行核算。

应收账款是企业对外销售商品产品、提供劳务等所形成而尚未收回的款项。应收账款的入账价值按扣减商业折扣但未扣减现金折扣的售价计算。企业发生的应收账款应设置“应收账款”科目进行核算。

预付账款是企业购买材料、物资和接受劳务供应而按合同规定事先付给供货方的款项。企业发生的预付账款应设置“预付账款”科目进行核算。企业预付账款业务不多时，也可将预付账款业务通过“应付账款”科目核算，而不设“预付账款”科目。

其他应收款是应收票据、应收账款、预付账款之外的应收或暂付款项，具体包括应收的各种赔款、罚款、出租包装物租金，以及应向职工收取的各种垫付款项等。其他应收款增减变动及结存情况，应设置“其他应收款”科目进行核算。

坏账损失是已经确认应收而又不能收回的应收及预付款项所产生的损失。坏账损失的核算一般有两种方法：直接转销法和备抵法。直接转销法是在实际发生坏账损失时，直接从应收账款中转销列作营业外支出的处理方法。小企业对坏账损失采用直接转销法核算。在确认发生坏账时，借记“营业外支出”科目，贷记“应收账款”科目。其他企业按企业会计准则规定，对坏账损失采用备抵法核算。计提减值准备时，借记“资产减值损失”科目，贷记“坏账准备”科目；实际发生坏账损失时，借记“坏账准备”科目，贷记“应收账款”科目。

教学做一体化训练

知识测试

一、单项选择题

1. 1月1日某公司销货一批，收到一张面值为40 000元、期限为3个月的商业承兑汇票，票面年利率为6%，则该票据的到期值为（　　）元。

A. 40 600　　B. 40 100　　C. 40 010　　D. 41 200

2. 在上题中若甲企业2月1日将该票据向银行贴现，贴现率为9%，该票据的贴现实得金额为（　　）元。

A. 39 991　　B. 36 400　　C. 39 400　　D. 39 700

3. 对于到期未能收回的带息应收票据，收款单位应将本息转入（　　）科目处理。

A. “应收账款”　　B. “预付账款”　　C. “应付账款”　　D. “其他应收款”

4. 对于已贴现的商业承兑汇票，承兑人和申请贴现企业的银行存款不足时，申请贴现单位在收到银行作逾期贷款处理通知时，编制（　　）会计分录。

A. 借：应收票据
　　贷：银行存款

B. 借：应收账款
　　贷：应收票据

C. 借：应收账款
　　贷：短期借款

D. 借：应收票据
　　贷：短期借款

5. 未贴现的商业承兑汇票到期，如果付款人无力支付票款，银行将应收票据退回时，收款企业应将其转入（　　）科目。

A. “应收账款”　　B. “其他应收款”　　C. “预收账款”　　D. “预付账款”

6. 在下列项目中，属于应收账款核算范围的是（　　）。

A. 职工借款

B. 采购员出差预借差旅费

C. 因商品交易而发生的应收商品价款和代垫运费款项

D. 支付给供货单位的包装物押金

7. 为了鼓励购买者多买而在价格上给予的一定折扣称为（　　）。

A. 商业折扣　　B. 现金折扣　　C. 销售折让　　D. 削价处理

8. 总价法是将（　　）作为实际售价，记作应收账款的入账价值。

A. 未扣减商业折扣前的金额　　B. 扣减商业折扣但未扣减现金折扣前的金额

C. 扣减现金折扣后的金额　　D. 扣减商业折扣和现金折扣后的金额

9. 企业某项应收账款50 000元，现金折扣条件为2/10，1/20，*n*/30，客户在第20天付款，应给予客户的现金折扣为（　　）元。

A. 1 000　　B. 750　　C. 500　　D. 0

10. 企业某项应收账款 100 000 元，现金折扣条件为 2/10，1/20，*n*/30，客户在 10 天内付款，该企业实际收到的款项金额为（　　）元。

A. 98 000　　B. 98 500　　C. 99 000　　D. 100 000

11. 某企业销售甲商品一批，计价 5 000 元，付款条件为 2/10，1/15，*n*/30，如果客户在第 19 天付款，客户应付款（　　）元。

A. 4 900　　B. 4 980　　C. 5 000　　D. 4 800

12. 企业在采用总价法记账的情况下，发生的现金折扣应作为（　　）处理。

A. 营业收入减少　　B. 营业费用增加　　C. 管理费用增加　　D. 财务费用增加

13. 企业为了采购原材料而事先支付的款项称为（　　）。

A. 应收账款　　B. 预付账款　　C. 应付票据　　D. 其他应收款

14. 设置“预付账款”科目的企业，在收到材料、抵偿预付款时，应编制（　　）会计分录。

A. 借：预付账款
　　贷：银行存款

B. 借：预付账款
　　贷：原材料

C. 借：原材料
　　贷：预付账款

D. 借：原材料
　　贷：应付账款

15. 反映和监督其他应收款项资金的增减和占用情况的科目为（　　）。

A. “应收账款”　　B. “其他应收款”　　C. “应收票据”　　D. “预付账款”

16. 采用直接转销法核算坏账的企业，在实际发生坏账损失时，应借记（　　）科目。

A. “营业外支出”　　B. “坏账准备”　　C. “银行存款”　　D. “应收账款”

17. “坏账准备”科目在期末结账前如为借方余额，反映的内容是（　　）。

A. 提取的坏账准备　　B. 实际发生的坏账损失

C. 收回以前已经确认并转销的坏账准备　　D. 已确认的坏账损失超出坏账准备的余额

18. 销货百分比法是根据（　　）的一定百分比估计坏账损失的方法。

A. 销售金额　　B. 现销金额　　C. 赊销金额　　D. 赊销余额

二、多项选择题

1. 应收款项包括（　　）。

A. 应收账款　　B. 预付账款　　C. 应收票据

D. 其他应收款　　E. 预收账款

2. 应通过“应收票据”科目核算的票据有（　　）。

A. 银行本票　　B. 银行汇票　　C. 支票

D. 商业承兑汇票　　E. 银行承兑汇票

3. 计算带息商业汇票的到期值，应考虑的因素有（　　）。

A. 票面金额　　B. 票据期限　　C. 票面利率

D. 贴现利率　　E. 贴现天数

4. 为加强应收票据管理，便于分析应收票据的具体情况，企业应专门设置“应收票据登记簿”，下列属于登记簿的内容的有（　　）。

A. 出票日期及利率　　B. 票据种类　　C. 收款日期

D. 贴现日期　　E. 票面金额

5. 下面是一些计算票据贴现的公式，其中正确的有（ ）。

A. 贴现息 = 票据到期值 × 贴现率 × 贴现期

B. 贴现实收金额 = 票据到期值—贴现息

C. 贴现实收金额 = 票据到期值 ×（1 —贴现率 × 贴现期）

D. 贴现利息 = 票据面值 × 利率 × 期限

E. 贴现实收金额 = 票据面值—贴现利息

6. 企业 2013 年 6 月 30 日收到带息商业汇票一张，票面价值为 10 000 元，票面利率为 9%，期限为 1 个月。该票据在 7 月 20 日贴现，贴现率为 10%（假设该企业与票据付款人在同一城市），则下列表述正确的有（ ）。

A. 票据的入账价值为 10 000 元　　B. 票据到期日是 2010 年 7 月 31 日

C. 票据到期值为 10 075 元　　D. 票据贴现天数为 11 天

E. 票据贴现利息为 30.78 元

7. A 企业收到商业承兑汇票一张，票面金额 30 000 元，票面年利息率为 8%，期限为 3 个月，票据到期后，付款单位未能兑现。A 企业则应作（ ）的账务处理。

A. 借记应收账款 30 000 元

B. 借记应收账款 30 600 元

C. 贷记应收票据 30 000 元，财务费用 600 元

D. 贷记应收票据 30 600 元，财务费用 100 元

E. 贷记应收票据 30 600 元，财务费用 600 元

8. 小企业对于带息商业汇票，下列表述正确的有（ ）。

A. 收到票据时，按票面金额入账

B. 票据到期值=票面金额+到期利息

C. 对应收票据不计提坏账准备

D. 对到期不能收回的应收票据转入应收账款后仍计算利息

E. 对到期不能收回的应收票据转入应收账款后应计提坏账准备

9. 企业将商业承兑汇票向银行贴现，票据到期时贴现银行收不到款项，贴现银行应（ ）。

A. 将贴现票据退回给票据承兑人

B. 向票据承兑人加收罚息

C. 将贴现票据退回给贴现企业

D. 从贴现企业的银行账户中将票据本息收回

E. 向贴现企业加收罚息

10. 在现金折扣条件下，应收账款入账价值的确定方法有（ ）。

A. 直接转销法　　B. 总价法　　C. 净价法

D. 备抵法　　E. 现值法

11. 下列事项中，应在小企业“其他应收款”科目核算的有（ ）。

A. 应收保险公司的各种赔款　　B. 应向职工收取的各种垫付款

C. 应收出租包装物的租金　　D. 向外单位借用包装物支付的押金

E. 未设置“备用金”科目的企业预付给企业内部单位或个人的备用金

12. 小企业应收款项确认为坏账损失，应符合的条件有（ ）。

A. 债务人依法宣告破产、关闭、解散、被撤销，或者被依法注销、吊销营业执照，其清算财产不足清偿的

B. 债务人死亡，或者依法被宣告失踪、死亡，其财产或者遗产不足清偿的

C. 债务人逾期 3 年以上未清偿，且有确凿证据证明已无力清偿债务的

D. 因自然灾害、战争等不可抗力导致无法收回的

E. 债务人经营亏损，资金周转困难的

13. 坏账损失的核算方法有（ ）。

A. 总价法 B. 净价法 C. 直接转销法

D. 备抵法 E. 账龄分析法

14. 下列项目中，应计提坏账准备的有（ ）。

A. 应收账款 B. 应收票据 C. 其他应收款

D. 预付账款 E. 到期不能收回转入应收账款的票据

15. 计提坏账准备的方法有（ ）。

A. 直接转销法 B. 备抵法 C. 账龄分析法

D. 应收账款余额百分比法 E. 销货百分比法

16. 下列事项中，可以确认为坏账的有（ ）。

A. 债务人死亡，以其遗产清偿后仍然无法收回的应收款项

B. 债务人破产，以其破产财产清偿后仍然无法收回的应收款项

C. 应收款项已逾期 3 年以上，并有足够的证据表明无法收回

D. 已逾期但无确凿证据证明不能收回的应收款项

E. 已到期但付款人无款支付的应收票据

17. 下列事项中，应记入“坏账准备”科目贷方的有（ ）。

A. 转销已确认无法收回的应收账款

B. 转销确实无法支付的应付账款

C. 收回过去已经确认并转销的坏账

D. 从“应收票据”科目中转出到期仍未收回的应收票据

E. 按规定提取坏账准备

18. 企业采用备抵法核算坏账，收回过去已确认并转销的坏账时，应编制会计分录（ ）。

A. 借记“应收账款”科目，贷记“管理费用”科目

B. 借记“应收账款”科目，贷记“坏账准备”科目

C. 借记“银行存款”科目，贷记“应收账款”科目

D. 借记“管理费用”科目，贷记“坏账准备”科目

E. 借记“坏账准备”科目，贷记“应收账款”科目

三、判断题

1. 企业预付款项给供应单位形成的债权，应在“预付账款”或“应付账款”科目核算。（ ）

2. 在存在商业折扣的情况下，应收账款应按发票价格减去商业折扣后的净额确认。（ ）

3. 对商业折扣和现金折扣，都可以采用总价法或净价法进行核算。（ ）

4. 采用总价法时，销售方给予买方的现金折扣，会计上应作为财务费用处理。（ ）

5. 带息应收票据到期时，若付款人无力支付票款，企业应按票据的账面余额转入应收账款科目核算，期末不再计提利息。（ ）

6. 企业收到开出、承兑的商业汇票，无论是否带息，均按票据的票面金额入账。（ ）

7. 企业无息票据的贴现所得一定小于票据票面金额，而带息票据的贴现所得则不一定小于票据票面金额。（ ）

8. 按照《小企业会计准则》的规定，小企业应收账款不计提坏账准备，发生坏账时直接转销应收账款，计入营业外支出。（ ）

9. 在资产负债表上，“应收账款”、“应收票据”、“其他应收款”项目均按减去已计提坏账准备后的可收回净额列示。（ ）

10. 按照《企业会计准则》的规定，应收款项均应计提坏账准备。（ ）

11. 用账龄分析法估计坏账损失是基于这种观点：账款拖欠的时间越长，发生坏账的可能性就越大，应提取的坏账准备金额就越多。（ ）

12. 会计期末，当企业用一定方法计算出的应提坏账准备大于“坏账准备”账面余额时，应按其差额冲减多提的坏账准备。（ ）

技能演练

1. 小企业北方公司发生如下经济业务。

（1）向A公司销售产品一批，价款200 000元，增值税税额34 000元。收到A公司交来一张已经银行承兑的、期限为2个月的不带息商业汇票，票面金额为234 000元。

（2）经协商将应收B单位的货款100 000元改用商业汇票方式结算。已收到B单位交来一张期限为6个月的带息商业承兑汇票，票面金额为100 000元，票面利率为8%。

（3）公司上月收到C公司一张1个月期的带息商业承兑汇票已到期，委托银行收款。现接银行通知，因C公司银行账户存款不足，到期票款没有收回。该票据的账面金额为90 000元，票面利率为8%。

（4）应收D单位一张3个月期的银行承兑汇票已到期，该票据票面金额为150 000元，票面利率为8%，款项已收存银行。

（5）将上述收到A公司的商业汇票向银行贴现，贴现天数为45天，贴现率为9%，贴现款已收存银行。

（6）年末，对上述尚未到期的应收B单位的带息票据计提利息。公司已持有该票据3个月。

要求：根据北方公司以上经济业务编制会计分录。

2. 小企业南方工厂某月发生如下经济业务。

（1）向甲公司销售产品一批，价款50 000元，增值税税额8 500元，采用托收承付结算方式结算，在产品发运时，以支票支付代垫运杂费400元，已向银行办妥托收手续。

（2）上月应收乙单位货款65 000元，经协商改用商业汇票结算。工厂已收到乙单位交来的一张3个月期的商业承兑汇票，票面金额为65 000元。

（3）向乙单位销售产品一批，价款100 000元，增值税税额17 000元，付款条件为2/10，

1/20，*n*/30。

（4）接到银行通知，应收甲公司的货款 58 900 元已收妥入账。

（5）上述乙单位在购货后的第 8 天交来转账支票一张，支付货款 114 660 元。

要求：根据南方工厂以上经济业务编制会计分录。

3. 小企业 A 公司采用预付款项的方式采购材料。

（1）6 月 3 日，向甲企业采购材料，开出转账支票一张，预付材料款 100 000 元。

（2）8 月 25 日，收到甲企业的材料及有关结算单据，材料价款为 100 000 元，增值税税额为 17 000 元，材料已验收入库。同时开出转账支票一张，补付材料款 17 000 元。

要求：根据 A 公司上述经济业务编制会计分录。

4. B 企业 2013 年 6 月发生的部分经济业务如下。

（1）以银行存款为职工垫付水电费 3 200 元。

（2）以银行支付租入包装物押金 800 元。

（3）以现金支付职工刘伟出差预借差旅费 500 元。

要求：根据 B 企业以上经济业务编制会计分录。

5. 小企业新民工厂 2013 年发生以下有关业务。

（1）应收 A 公司款项 1 500 元因故不能收回，经批准转为坏账。

（2）收到已作为坏账冲销的 B 公司款项 600 元，款项存入银行。该客户这次来函通知说，B 公司尚欠的 1 000 元，下月可望归还。

要求：根据新民工厂以上经济业务编制会计分录。

6. 北方工厂采用“应收账款余额百分比法”计提坏账准备，坏账准备的提取比例为 5%。有关资料如下。

（1）2010 年年初，“坏账准备”科目为贷方余额 8 450 元（按应收账款计提的部分，下同）。

（2）2010 年和 2011 年年末应收账款余额分别为 221 300 元和 122 500 元，这两年均没有发生坏账损失。

（3）2012 年 7 月，经有关部门批准确认一笔坏账损失，金额为 36 000 元。

（4）2012 年 11 月，收回以前年度已核销的坏账 18 000 元。

（5）2012 年年末，应收账款余额为 86 700 元。

要求：根据北方工厂上述资料，计算各年应提的坏账准备，并编制有关的会计分录。

第三章

存　　货

【学习目标】

知识目标　能准确解释存货概念，熟悉存货的特点和内容；能概括各类存货取得成本的构成；能指出原材料日常核算按实际成本计价与按计划成本计价的区别。

能力目标　能够正确进行存货的初始计量和发出的计量；能正确进行各类存货增加和减少的核算；掌握包装物与低值易耗品的摊销方法；能正确进行存货清查的会计处理。

【导入案例】

长城有限公司改变存货计价方法的利弊分析

长城有限公司设有两个业务部门：饮食机械销售部和机械零件加工部。两部门对发出的存货均采用后进先出法计价。因销售业务不景气，拟将计价方法改为先进先出法，以改善公司经营业绩。

机械零件加工部所面临的问题是，钢、铁、铜等原材料价格大幅上涨，现已停工两个月。所幸库存零部件存货较充足，短期内可满足销售之需。

饮食机械销售部的主要问题是，销售数额大幅下降。若按后进先出法计价，其年底存货余额为 620 000 元；若按先进先出法计价，年底存货余额为 690 000 元。

请思考：

1. 机械零件加工部对存货计价仍采用后进先出法，其销售成本是否仍然偏低？为什么？这对今后存货的重置能力有何影响？

2. 若公司所得税率为 25%，将饮食机械销售部的存货计价改为先进先出法，对其纳税有何影响？对税后利润有何影响？

3. 该公司改变存货计价方法有何利弊？

第一节　存货概述

存货是指企业在日常生产经营过程中持有以备出售的产成品或商品、处在生产过程中的在产品、将在生产过程或提供劳务过程中耗用的材料和物料等，以及企业（农、林、牧、渔业）为出售而持有的、或在将来收获为农产品的消耗性生物资产。

存货区别于固定资产、无形资产等非流动资产的最基本的特征是企业持有存货的最终的目的是为了出售，包括可供直接销售的产成品、商品，以及需经过进一步加工后出售的原材料等。同时，存货相对于非流动资产周转速度较快，通常在 1 年内变现、出售或耗用。

一、存货的内容

企业的存货包括原材料、在产品、半成品、产成品、商品、周转材料、委托加工物资、消耗性生物资产等。

（1）原材料，是指企业在生产过程中经加工改变其形态或性质并构成产品主要实体的各种原料及主要材料、辅助材料、外购半成品（外购件）、修理用备件（备品备件）、包装材料、燃料等。为建造固定资产等工程而储备的各种材料，虽然同属于材料，但是由于用于建造固定资产等各项工程，不符合存货的定义，因此不能作为企业存货，而应计入工程物资。

（2）在产品，是指企业正在制造尚未完工的产品。包括：正在各个生产工序加工的产品，以及已加工完毕但尚未检验或已检验但尚未办理入库手续的产品。

（3）半成品，是指企业经过一定生产过程并已检验合格交付半成品仓库保管，但尚未制造完工成为产成品，仍需进一步加工的中间产品。

（4）产成品，是指企业已经完成全部生产过程并已验收入库，符合标准规格和技术条件，可以按照合同规定的条件送交订货单位，或者可以作为商品对外销售的产品。企业接受外来原材料加工制造的代制品和为外单位加工修理的代修品，在制造和修理完成验收入库后应视同企业的产成品进行管理和核算。

（5）商品，是指企业（批发业、零售业）外购或委托加工完成并已验收入库用于销售的各种商品。

（6）周转材料，是指企业能够多次使用、逐渐转移其价值但仍保持原有实物形态且不确认为固定资产的材料，包括包装物、低值易耗品、企业（建筑业）的钢模板、木模板、脚手架等。

（7）委托加工物资，是指企业委托外单位加工的各种材料、商品等物资。

（8）消耗性生物资产，是指企业（农、林、牧、渔业）生长中的大田作物、蔬菜、用材林以及存栏待售的牲畜等。

二、存货的确认条件

存货必须在符合定义的前提下，同时满足下列两个条件，才能予以确认。

1. 与该存货有关的经济利益很可能流入企业

资产最重要的特征是预期会给企业带来经济利益。存货是企业的一项重要的流动资产，因此，对存货的确认，关键是判断其是否很可能给企业带来经济利益或其所包含的经济利益是否很可能流入企业。企业在判断与该存货有关的经济利益能否流入企业时，通常应结合考虑该存货所有权的归属，而不应当仅仅看其存放的地点等。

2. 该存货的成本能够可靠地计量

成本或者价值能够可靠地计量是资产确认的一项基本条件。存货作为企业资产的组成部分，要予以确认也必须能够对其成本可靠地计量。存货的成本能够可靠地计量必须以取得的确凿证据为依据，并且具有可验证性。如果成本不能可靠地计量，则不能确认为一项存货。如企业承诺的订货合同，由于购货业务并未实际发生，不能可靠确定购货成本，因此就不能确认为购买企业的存货。

知识拓展

确认一项资产是否属于企业存货有两个标准：一是看资产的法定财产权是否属于企业。在盘存日，凡是法定财产权属于企业的各种商品和材料物资等，无论其存放地点在何处，都应属于本企业的存货；凡是法定财产权不属于企业的各种商品和材料物资等，即使存放于企业，也不应确认为本企业的存货。例如，企业购入的各种材料物资属于本企业的存货；委托加工发出的物资，尽管存放于其他企业，也是本企业的存货。二是看该资产的目的和用途。如果企业取得该项资产的目的或用途是为了销售或生产耗用，则这项资产属于存货；如果企业取得该项资产是为了其他用途，则这项资产不属于存货。例如，汽车制造厂生产的汽车，如果用于本企业生产经营，应属于固定资产，而如果对外销售则属于存货（库存商品）。

第二节　存货的计量

一、取得存货的计量

存货的计量是指对收入存货、发出存货及结存存货的价值计量，它是存货核算的关键。存货的增减变动及价值计量直接影响企业的成本费用水平和会计信息质量。企业必须对取得的存货进行正确的计量和核算，确定存货的入账价值。

存货的初始计量是指对达到目前状态和场所的存货价值进行计量，是为了确定存货的入账价值而在取得时对存货进行的计价。

企业取得的存货，应当按照成本进行计量。存货成本是指其达到目前状态和场所而发生的各种成本，包括采购成本、加工成本和其他成本。

取得存货的来源不同，其成本的构成内容也不尽相同。因此，必须根据存货的取得方式分别确定其实际成本。

1. 外购存货的成本

企业外购的存货主要包括通过购买从企业外部取得的各种材料、商品及周转材料等，其成本主要由采购成本构成。

外购存货的采购成本，是指物资从采购到入库前所发生的全部支出，包括购买价款、相关税费、运输费、装卸费、保险费以及在外购存货过程中发生的其他直接费用，但不含按照税法规定可以抵扣的增值税进项税额。

购买价款是指企业购入的材料或商品的发票账单上列明的价款，但不含按照税法规定可以抵扣的增值税进项税额。

小知识

对发票金额处理有两种情况值得注意：一是购货后发现所购材料物资没有达到购货合同规定的质量，但企业可以使用而要求对方给予折让的货款，应该从买价中扣除，其余额作为存货入账价值。二是对购货后因为提前付款而取得的现金折扣，作为当期理财收益，不冲减存货的入账价值。

相关税费是指企业购买存货所发生的进口关税、消费税、资源税和不能抵扣的增值税进项税额等应计入存货采购成本的税费。

外购存货过程发生的其他直接费用，是指除上述各项以外可归属于存货采购成本的费用，如在存货采购过程中发生的仓储费、包装费、运输途中的合理损耗、入库前的挑选整理费用等。这些费用能分清负担对象的，应直接计入某种存货的采购成本；不能分清负担对象的，应选择合理的分配方法，分配计入有关存货的采购成本。

对于采购过程中发生的物资毁损、短缺等，除合理的途中损耗应当作为其他可归属于存货采购成本的费用计入采购成本外，应区别以下两种不同情况进行会计处理。

（1）从供货单位、外部运输机构等收回的物资短缺或其他赔款，应冲减所购物资的采购成本。

（2）因遭受自然灾害等发生的损失或尚待查明原因的途中损耗，暂作为待处理财产损溢进行核算，待查明原因后再作处理。

学中做

某企业赊购材料，商品价目单中的报价为 1 000 元，商业折扣为 10%，付款条件为 2/10、n/30，企业在折扣期内付款，则该批材料的外购成本为多少元？

2. 通过进一步加工取得的存货的成本

企业通过进一步加工取得的存货主要包括产成品、在产品、半成品、委托加工物资等，其成本由采购成本和加工成本构成。通过进一步加工取得的存货成本中采购成本是由所使用或消耗的原材料采购成本转移而来的，因此，确定加工取得的存货成本，重点是要确定存货的加工成本。

存货加工成本由直接人工和制造费用两部分构成，其实质是企业在加工存货的过程中追加发生的生产成本，不包括直接由材料存货转移来的价值。其中，直接人工，是指企业在生产产品过程中直接从事产品生产的工人的职工薪酬。制造费用，是指企业生产车间（部门）为生产产品和提供劳务而发生的各项间接费用，包括企业生产车间（部门）管理人员的职工薪酬、折旧费、机物料消耗、固定资产修理费、办公费、水电费、劳动保护费、季节性和修理期间的停工损失等。

需要说明的是，经过 1 年以上的建造才能达到预定可销售状态的产品在制造完成之前发生的借款利息，也计入该产品发生的制造费用。

3. 投资者投入存货成本的确定

投资者投入小企业的存货的成本应当按照评估价值作为其入账价值。

《企业会计准则》规定，投资者投入存货的成本应当按照投资合同或协议约定的价值确定，但合同或协议约定的价值不公允的除外。

4. 通过提供劳务形成的存货的成本

有些企业的日常生产经营活动主要是对外提供劳务，如从事建筑安装、修理修配、交通运输、仓储租赁、邮电通信、咨询经纪、文化体育、科学研究、技术服务、教育培训、餐饮住宿、中介代理、卫生保健、社区服务、旅游、娱乐、加工以及其他劳务服务活动。

企业在提供这些劳务服务时，与工业类企业生产产品一样也会发生各种成本。在相关劳务收入没有确认之前，这些劳务成本类似于工业类企业的在产品或产成品，也构成了这类企业的存货。

5. 盘盈存货成本的确定

企业在日常生产经营活动中，可能由于计量、管理等原因造成存货的实存数大于账存数，这种情况通常是在财产清查的过程中出现的。这类存货也属企业的资产，对其进行核算，首要的问题是解决计量问题，即以何种金额入账。

（1）成本确定的原则。盘盈存货的成本，应当按照同类或类似存货的市场价格或评估价格确定。

（2）市场价格的确定原则。市场价格可以理解为熟悉情况的买卖双方在公平交易的条件下所确定的价格，或无关联的双方在公平交易的条件下一项资产可以达成的交易价格。

（3）评估价值的使用。如果盘盈的存货不存在市场价格，无法按照上述市场价格的确定原则确定其金额，在这种情况下，应当采用评估价值确定。

6. 不应计入存货成本的费用

应该指出的是，下列费用不应计入存货成本，而应在其发生时计入当期损益。

（1）非正常消耗的直接材料、直接人工和制造费用，应在发生时计入当期损益，不应计入存货成本。如由于自然灾害等而发生的直接材料、直接人工和制造费用，无助于使该存货达到目前场所和状态，不应计入存货成本，而应确认为当期损益。

（2）仓储费用，指小企业在存货采购入库后发生的储存费用，应在发生时计入当期损益。

（3）小企业（批发业、零售业）在购买商品过程中发生的运输费、装卸费、包装费、保险费、运输途中的合理损耗和入库前的挑选整理费等，在发生时直接计入当期销售费用，不计入所购商品的成本。

《企业会计准则》规定，运输费、装卸费、保险费及其他可归属于存货采购成本的费用发生时均应计入所购商品的成本。这些费用能分清负担对象的，应直接计入存货的采购成本；不能分清负担对象的，应选择合理的分配方法，分配计入有关存货的采购成本。但采购商品时进货费用金额较小的，可以在发生时直接计入当期损益。

学中做

某企业（一般纳税人）从外地购进原材料一批，取得的增值税专用发票上注明材料价格为 10 000 元，增值税税额为 1 700 元，另外支付运费 800 元，支付装卸费 200 元，运费的增值税扣除率为 7%。该批材料的采购成本为多少元？

二、发出存货的计价

由于存货的来源不同，企业取得存货的方法、时间、地点及市场环境等也有差别，即使同一品种、规格的存货，其价格也有所不同，所以，企业应当根据各类存货的实物流转方式、企业管理的要求、存货的性质等实际情况，合理地选择发出存货成本的计算方法，以确定当期发出存货的实际成本。

（一）实际成本法下发出存货的计价方法

根据《企业会计准则》和《小企业会计准则》的规定，企业可以用于确定发出存货成本的方法有三种：分别是先进先出法、加权平均法和个别计价法。其中，加权平均法还可进一步分为移动加权平均法和月末一次加权平均法。从这个意义上讲，企业在确定发出存货成本时可使用的方法有四种，各种方法的具体内容如下。

1. 个别计价法

个别计价法，也称个别认定法、具体辨认法、分批实际法，其特征是注重所发出存货具体项目的实物流转与成本流转之间的联系，逐一辨认各批发出存货和期末存货所属的购进批别或生产批别，分别按其购入或生产时所确定的单位成本计算各批发出存货和期末存货的成本。即把每一种存货取得时的实际成本作为计算发出存货成本和期末存货成本的基础。

【例 3.1】 某企业原材料明细账见账簿 3.1，2013 年 12 月 31 日存货的期末结存数量为 200 千克。本月发出存货 1 200 千克，经逐一辨认：12 月 10 日发出的 800 千克存货是期初结存的（即第一批次）600 千克和 12 月 5 日购进的 200 千克（即第二批次）；12 月 25 日发出的 400 千克存货是第三批购进的。计算结果如下：

本月发出存货总成本 = 600 × 15 + 200 × 16 + 400 × 17 = 19 000（元）

本月结存存货总成本 = 200 × 16 = 3 200（元）

账簿 3.1

原材料明细账　　总第　页 分第 1 页

部类____　产地____　单位 千克____　规格____　品名 甲材料

2013年 月	日	凭证 字	号	摘要	收入 数量	单价	金额（千百十万千百十元角分）	发出 数量	单价	金额（千百十万千百十元角分）	结存 数量	单价	金额（千百十万千百十元角分）	√
12	1			期初余额							①600	15	900000	
	5	付	1	购入	②400	16	640000				①600	15	900000	
											②400	16	640000	
	10	转	3	领用材料				①600	15	900000	②200	16	320000	
								②200	16	320000				
	15	付	5	购入	③400	17	680000				②200	16	320000	
											③400	17	680000	
	25	转	7	领用材料				③400	17	680000	②200	16	320000	
	31			本月合计	800		1320000	1200		1900000	200	16	320000	

注：①②③代表每批进货的批号。

个别计价法的优点在于能够准确地计算出存货的发出成本，缺点是工作量大，记录成本高，特别是当存货品种繁多，收入发出频繁时，采用个别计价法的成本就会过高，甚至不可行。这种方法适用于单价高、数量少，易于辨认进货不同批次的贵重存货或不能替代使用的存货、为特定项目专门购入或制造的存货，以及提供劳务的成本，如珠宝、房产、船舶等。在实际工作中，越来越多的企业采用计算机信息系统进行会计处理，个别计价法可以广泛应用于发出存货的计价，并且个别计价法确定的存货成本最为准确。

2. 先进先出法

先进先出法是以先入库的存货应先发出（销售或耗用）为假设条件，按照存货入库的先后顺序对发出存货进行计价的一种方法。在这种方法下，每次收入存货时，应在材料明细分类账中按时间的先后顺序逐笔登记每一批存货的数量、单价和金额；每次发出存货时，按照“先进先出”的原则逐笔登记存货的发出成本和结存金额。

【例 3.2】 依例 3.1 资料，按先进先出法计算发出和结存材料的成本见账簿 3.2。

账簿 3.2

原材料明细账　　　　总第　页 分第 1 页

部类＿＿＿　产地＿＿＿　单位 千克　规格＿＿＿　品名 甲材料

2013年		凭证		摘要	收入												发出												结存												√
月	日	字	号		数量	单价	金额										数量	单价	金额										数量	单价	金额										
							千	百	十	万	千	百	十	元	角	分			千	百	十	万	千	百	十	元	角	分			千	百	十	万	千	百	十	元	角	分	
12	1			期初余额																									①600	15					9	0	0	0	0	0	
	5	付	1	购入	②400	16					6	4	0	0	0	0													①600	15					9	0	0	0	0	0	
																													②400	16					6	4	0	0	0	0	
	10	转	3	领用材料													①600	15					9	0	0	0	0	0	②200	16					3	2	0	0	0	0	
																	②200	16					3	2	0	0	0	0													
	15	付	5	购入	③400	17					6	8	0	0	0	0													②200	16					3	2	0	0	0	0	
																													③400	17					6	8	0	0	0	0	
	25	转	7	领用材料													②200 ③200	16 17					6	6	0	0	0	0	③200	17					3	4	0	0	0	0	
	31			本月合计	800					1	3	2	0	0	0	0	1200					1	8	8	0	0	0	0	200	17					3	4	0	0	0	0	

注：①②③代表每批进货的批号。

采用先进先出法，可以随时结转存货发出成本，将核算工作分散在日常进行，但较烦琐，如果存货收发业务较多且存货单价不稳定时，其计算工作量较大。所以这种方法适用于价格基本稳定、存货收发业务频率不高的存货。

3. 移动加权平均法

移动加权平均法，是指以本次进货的成本加上原有库存存货的成本，除以本次进货数量与原有库存存货的数量之和，据以计算加权平均单位成本，作为在下次进货前计算各次发出存货成本的依据的方法，计算公式如下：

存货的移动加权平均单位成本=（原有存货的实际成本+本次进货的实际成本）

÷（原有库存存货数量+本次进货数量）

本次发出存货的成本=本次发出存货数量×本次发货前存货的移动加权平均单位成本

本月月末库存存货成本=月末库存存货的数量×本月月末存货单位成本

【例 3.3】 依例 3.1 资料，按移动加权平均法材料发出的计价见账簿 3.3。

账簿 3.3

原材料明细账　　总第　页 分第 1 页

部类____　产地____　单位 千克　规格____　品名 甲材料

2013年		凭证		摘要	收入			发出			结存			√
月	日	字	号		数量	单价	金额（千百十万千百十元角分）	数量	单价	金额（千百十万千百十元角分）	数量	单价	金额（千百十万千百十元角分）	
12	1			期初余额							600	15	900000	
	5	付	1	购入	400	16	640000				1000	15.40	1540000	
	10	转	3	领用材料				800	15.40	1232000	200	15.40	308000	
	15	付	5	购入	400	17	680000				600	16.47	988000	
	25	转	7	领用材料				400	16.47	658800	200	16.46	329200	
	31			本月合计	800		1320000	1200		1890800	200	16.46	329200	

根据账簿 3.3 中数字计算结果如下。

月末结存材料成本 = 200 × 16.46 = 3 292（元）

本月发出材料成本 = 12 320 + 6 588 = 18 908（元）

采用移动加权平均法能够使小企业及时了解存货的结存情况，计算的平均单位成本以及反映的发出和结存的存货成本比较客观。但由于每次收货都要计算一次平均单价，计算工作量较大，对收发货较频繁的企业不适用。

4. 月末一次加权平均法

月末一次加权平均法，是指以当月全部进货数量加上月初存货数量作为权数，去除当月全部进货成本加上月初结存存货成本，计算出存货的加权平均单位成本，以此为基础计算当月发出存货的成本和期末结存存货的成本的一种方法，其计算公式为

存货平均单位成本 =（月初结存存货的实际成本+本月各批进货的实际成本之和）

÷（月初结存存货数量+本月各批进货数量之和）

本月发出存货成本 = 本月发出存货的数量 × 存货平均单位成本

本月月末结存存货成本=月末结存存货的数量×存货平均单位成本

或

本月月末结存存货成本 =月初结存存货的实际成本+本月收入存货的实际成本

−本月发出存货的实际成本

如果计算出的加权平均单位成本需四舍五入的，为了保持账面数字之间的平衡关系，一般采用倒挤成本法计算发出存货的成本，其计算公式如下：

本月月末结存存货成本=月末结存存货数量×加权平均单位成本

本月发出存货成本=月初结存存货成本+本月收入存货成本−月末结存存货成本

【例 3.4】 依例 3.1 资料，按月末一次加权平均法计算发出和结存材料的成本如下，其材料明细账见账簿 3.4。

账簿 3.4

原材料明细账　　　总第　页 分第 1 页

部类_____　产地 _____　单位 千克　规格 _____　品名 甲材料

2013年 月	日	凭证 字	号	摘要	收入 数量	收入 单价	收入 金额（千百十万千百十元角分）	发出 数量	发出 单价	发出 金额（千百十万千百十元角分）	结存 数量	结存 单价	结存 金额（千百十万千百十元角分）	√
12	1			期初余额							600	15	900000	
	5	付	1	购入	400	16	640000				1000			
	10	转	3	领用材料				800			200			
	15	付	5	购入	400	17	680000				600			
	25	转	7	领用材料				400			200			
	31			本月合计	800		1320000	1200		1902800	200	15.86	317200	

根据账簿 3.4 中数字计算结果如下：

加权平均单位成本=（9 000+13 200）÷（600+800）=15.86（元）

月末结存材料成本=200×15.86=3 172（元）

本月发出材料成本=（9 000+13 200）−3 172=19 028（元）

采用月末一次加权平均法只在月末计算一次加权平均单价，平时核算工作量小，比较简单，有利于简化成本计算工作；但是这种方法将发出存货的全部计算工作集中在月末进行，平时只知道库存数量，无法从账上提供发出和结存存货的单价及金额，发出存货成本只能在月末计算出来，平时无法随时了解存货资金的占用情况，因此不利于存货成本的日常管理与控制。

企业应当根据各类存货的实物流转方式、企业管理的要求、存货的性质等实际情况，合理地选择发出存货成本的计算方法，以合理确定当期发出存货的实际成本。

对于性质和用途相似的存货，应当采用相同的成本计算方法确定发出存货的成本。

如果存货的性质或用途发生了变化，原来采用的成本计价方法出现了不符合基本原则要求的情形，允许企业对该存货改变成本计价方法。

上述四种发出存货成本计价方法，企业根据实际情况都可以选择使用，既可以使用其中的一种方法，也可以四种方法全部使用，但是，无论采用了其中一种方法还是四种方法，这些计价方法对性质和用途相似的存货来讲，一经选用，不得随意变更。

（二）计划成本计价法

以下以原材料为例说明计划成本计价法，产成品和周转材料的计划成本计价法与此类似。

企业采用计划成本进行原材料日常核算时，日常领用、发出原材料均按照计划成本记账；月末，计算本月领用、发出材料应负担的成本差异并进行分摊，根据领用材料的用途计入生产成本或者当期损溢，从而将发出材料的计划成本调整为实际成本。

结转发出材料应负担的材料成本差异时，按实际成本大于计划成本的差异，借记“生产成本”、“管理费用”、“销售费用”、“委托加工物资”、“其他业务成本”等科目，贷记“材料成本差异”科目；结转发出材料应负担的实际成本小于计划成本的差异作相反的会计分录。

发出材料应负担的成本差异应当按月分摊，不得在季末或年末一次计算。发出材料应负担的成本差异，除委托外部加工发出材料可按照月初成本差异率计算外，应使用本月的实际差异率；月初成本差异率与本月成本差异率相差不大的，也可按照月初成本差异率计算。计算方法一经确定，不得随意变更。

材料成本差异率的计算公式如下：

本月材料成本差异率=（月初结存材料的成本差异＋本月验收入库材料的成本差异）÷（月初结存材料的计划成本+本月验收入库材料的计划成本）×100%

月初材料成本差异率=月初结存材料的成本差异÷月初结存材料的计划成本×100%

其中，超支差异额用正号（+）表示，节约差异额用负号（−）表示，并且本月收入存货的计划成本中不包括暂估入账的存货的计划成本。

本月发出材料应负担的成本差异可计算如下：

本月发出材料应负担的成本差异＝本月发出材料的计划成本×本月材料成本差异率

本月发出材料的实际成本＝本月发出材料的计划成本±本月发出材料应负担的材料成本差异

月末结存材料的实际成本＝月末结存材料的计划成本±月末结存材料应负担的材料成本差异

或

＝（月初结存材料的计划成本＋本月收入材料计划成本）±（月初结存材料成本差异＋本月收入材料成本差异）−发出材料的实际成本

月末结存材料应负担的成本差异＝月末结存材料的计划成本×本月材料成本差异率

或

＝月初结存材料的成本差异＋本月收入材料的成本差异−本月发出材料应负担的成本差异

如果企业是采用上月成本差异率计算本月发出材料应负担的材料成本差异额的，则可计算如下：

上月材料成本差异率＝月初结存材料的成本差异÷月初结存材料的计划成本×100%

本月发出材料应负担的成本差异＝本月发出材料的计划成本×上月材料成本差异率

【例 3.5】 H 企业对存货采用计划成本计价，2013 年 7 月月初结存材料计划成本为 600 000 元，“材料成本差异”科目月初为借方余额 18 000 元，本月验收入库材料计划成本为 1 400 000 元，本月验收入库材料成本差异分别为节约 40 000 元、超支 25 000 元、节约 8 000 元、超支 41 000 元，本月发出材料计划成本 1 600 000 元。则

本月材料成本差异率=（18 000−40 000+25 000−8 000+41 000）÷（600 000+1 400 000）×100%
＝36 000÷2 000 000=1.8%

本月发出材料应负担的成本差异＝1 600 000×1.8%=28 800（元）

本月发出材料的实际成本＝1 600 000＋28 800=1 628 800（元）

本月月末结存材料的实际成本=（6 000 000+1 400 000）+（18 000−40 000+25 000−8 000+41 000）−1 628 800
=2 000 000+36 000 −1 628 800
=407 200（元）

原材料按计划成本计价，能比较有效地避免按实际成本计价的不足。但由于存货成本差异一般只能按存货大类计算，所以会影响存货成本计算的准确性。这种计价方法适用于存货收发业务频繁、且具备存货计划成本资料的大型企业。

（三）售价金额核算法

小企业（零售商业）的库存商品还可以采用售价金额核算法进行日常核算。

售价金额核算法，是指平时商品的购入、加工收回、销售成本均按售价记账，售价与进价的差额通过“商品进销差价”科目核算，月末计算进销差价率和本月已销售商品应分摊的进销差价，据以调整本月销售成本的一种方法，计算公式如下：

商品进销差价率=月末分摊前“商品进销差价”科目的贷方余额÷（“库存商品”科目月末借方余额+本月“主营业务收入”科目贷方发生额）×100%

本月销售商品应分摊的商品进销差价=本月“主营业务收入”科目贷方发生额×商品进销差价率

本月销售商品的成本=本月“主营业务收入”科目贷方发生额−本月销售商品应分摊的商品进销差价

月末结存商品应分摊的商品进销差价=“库存商品”科目月末借方余额×商品进销差价率

月末结存商品的成本=“库存商品”科目月末借方余额−月末结存商品应分摊的商品进销差价

企业的商品进销差价率各月之间比较均衡的，也可以采用上月商品进销差价率分摊本月的商品进销差价。年度终了，应对商品进销差价进行核实调整。

对于从事商业零售业务的小企业（如百货公司、超市等），由于经营的商品种类、品种、规格繁多，而且要求按商品零售价格标价，采用其他成本计算结转方法均较困难，因此广泛采用这一方法。

导入案例解析

1. 机械零件加工部所需原材料价格大幅上涨的情况下，对存货计价采用后进先出法，其销售成本不是偏低而是偏高，因为后进的材料价格高，所以采用后进先出法计算发出材料成本偏高。采用后进先出法对发出存货计价，使成本补偿比较充分，有利于今后存货的重置能力。

2. 饮食机械销售部的存货若按后进先出法计价，其年底存货余额为 620 000 元；若按先进先出法计价，年底存货余额为 690 000 元。将饮食机械销售部的存货计价改为先进先出法，销售成本会少计 70 000 元，利润相应多计 70 000 元，若公司所得税率为 25%，会导致多交企业所得税 17 500 元，税后利润则相应减少 17 500 元。

3. 该公司改变存货计价方法在机械零件加工部会导致销售成本提高，利润减少，会导致少交企业所得税；而在饮食机械销售部的影响则正好相反。

第三节 原材料收发的核算

一、原材料收发按实际成本计价的核算

原材料按实际成本计价核算就是每一种材料的采购、入库、发出和结存，在总账和明细账中都按材料的实际成本登记入账。

（一）原材料收发按实际成本计价核算的科目设置

为了核算原材料的增、减变动和结存情况，原材料按实际成本计价核算的企业应设置以下会计科目。

1. “原材料”科目

“原材料”科目属于资产类科目，用来核算企业库存的各种原材料，包括原料及主要材料、辅助材料、外购半成品（外购件）、修理用备件（备品备件）、包装材料、燃料等的实际成本。该科目的借方登记验收入库原材料的实际成本，贷方登记发出原材料的实际成本，期末余额在借方，表示小企业库存原材料的实际成本。该科目应按照材料的保管地点（仓库）、材料的类别、品种和规格等设置“原材料明细账”进行明细分类核算。

购入的工程用材料，在“工程物资”科目核算，不在本科目核算。

2. “在途物资”科目

“在途物资”科目属于资产类科目，核算企业采用实际成本进行材料、商品等物资的日常核算时，已经购进但尚未到达或尚未验收入库的各种物资的实际采购成本。该科目的借方登记已经购进但尚未到达或尚未验收入库的各种材料物资的实际成本，贷方登记已验收入库各种材料物资的实际成本，期末借方余额，反映企业已经收到发票账单，但材料或商品尚未到达或尚未验收入库的在途材料、商品等物资的采购成本。该科目应按照供应单位和物资品种设置明细账，进行明细分类核算。

小企业（批发业、零售业）在购买商品过程中发生的费用（包括运输费、装卸费、包装费、保险费、运输途中的合理损耗和入库前的挑选整理费等），在“销售费用”科目核算，不在本科目核算。

（二）原材料收入按实际成本计价的总分类核算

在实际成本法下，如果企业已经取得了原材料的法定所有权，且已验收入库，那么就应借记“原材料”科目，贷记“银行存款”等相关科目。如果企业取得了法定所有权，但原材料尚未验收入库，那么就借记“在途物资”科目。

（1）发票账单与材料同时到达，应在材料验收入库后，进行如下账务处理。

借：原材料（按材料的实际成本）
　　应交税费——应交增值税（进项税额，按专用发票上注明的增值税额）
　贷：银行存款
　　　应付账款
　　　应付票据等（按实际支付的款项或应付的账款）

【例 3.6】 A 企业从 B 公司购入甲材料一批，价款 200 000 元，增值税款 34 000 元，全部款项已用转账支票付讫，材料已验收入库。A 小企业编制会计分录如下。

借：原材料——甲材料　200 000
　　应交税费——应交增值税（进项税额）　34 000
　贷：银行存款　234 000

【例 3.7】 C 企业从 D 企业购进乙材料一批，货款为 100 000 元，增值税为 17 000 元，发生运费 10 000 元（本例暂不考虑运费中可抵扣的增值税）。2013 年 7 月 6 日收到发票、运费单据等结算凭证。由于该企业暂时资金周转困难，销货方 D 企业同意在 30 天内付清所有款项。

材料已验收入库。C企业根据发票、运费单据等结算凭证和收料单，编制会计分录如下。

借：原材料——××材料　110 000
　　应交税费——应交增值税（进项税额）　17 000
　　贷：应付账款——D企业　127 000

小知识

增值税是指对我国境内销售货物、进口货物，或提供加工、修理修配劳务的增值额征收的一种流转税。纳税人按照其经营规模及会计核算的健全程度，分为一般纳税人和小规模纳税人。一般纳税人的应纳增值税额，根据当期销项税额减去当期进项税额计算确定，但进项税额准予抵扣必须符合以下两项条件。

（1）在国内购进货物或接受劳务要取得增值税专用发票，进口货物要取得海关提供的完税凭证（购入的免税农副产品，按买价和规定的扣除率13%计算进项税额，运输费可按运价的7%计算进项税额）。

（2）购进的货物或接受的劳务必须是用于应税项目。

（2）取得发票等结算凭证或已支付货款，但材料尚未运到，应根据发票账单等结算凭证进行账务处理如下。

借：在途物资（按材料的实际成本）
　　应交税费—应交增值税（进项税额按专用发票上注明的增值税额）
　　贷：银行存款
　　　　应付账款
　　　　应付票据等（按实际支付的款项或应付的账款）

材料到达，验收入库后，再根据收料单进行如下账务处理。

借：原材料（验收入库材料的实际成本）
　　贷：在途物资（验收入库材料的实际成本）

【例3.8】 2013年5月9日，A企业从B公司购入乙材料一批，价款200 000元，增值税款34 000元。A企业经审核无误并承付该款项，已开出商业汇票，乙材料尚未到达企业。根据发票、运费单据等结算凭证，A企业编制会计分录如下。

借：在途物资——B公司　200 000
　　应交税费——应交增值税（进项税额）　34 000
　　贷：应付票据——B公司　234 000

5月15日，上述购入的原材料已收到，并如数验收入库。根据仓库转来的收料单，A企业应编制会计分录如下。

借：原材料——乙材料　200 000
　　贷：在途物资——B公司　200 000

（3）材料已到达并已验收入库，发票等结算凭证尚未收到，款项尚未支付，根据以下程序进行处理：①在没有收到发票账单等结算凭证前先不作账务处理。②如果在月末，发票等结算凭证仍未收到，则须按材料的暂估价值，借记“原材料”科目，贷记“应付账款”科目。③下月初作相反的会计分录予以冲回。④待收到发票账单等结算凭证后，再按实际金额，借记“原材料”、“应交税费——应交增值税（进项税额）”科目，贷记“银行存款”、“应付账款”、“应付票据”等科目。

【例 3.9】 2013 年 9 月 28 日，A 企业从 B 公司购入甲材料一批，材料已验收入库，月末发票账单尚未收到也无法确定其实际成本，暂估价值为 10 000 元。月末 A 公司编制会计分录如下。

借：原材料——甲材料　10 000
　贷：应付账款——暂估应付账款　10 000

下月初编制相反的会计分录予以冲回：

借：应付账款——暂估应付账款　10 000
　贷：原材料——甲材料　10 000

上述购入的原材料于 10 月 6 日收到发票账单等结算凭证，增值税专用发票上记载的材料货款为 10 000 元，增值税税额为 1 700 元，价税款已承付，A 企业编制会计分录如下。

借：原材料　10 000
　应交税费——应交增值税（进项税额）　1 700
　贷：银行存款　11 700

（4）企业采用预付货款方式购入材料，在预付货款时借记“预付账款”科目，贷记“银行存款”科目。收到材料发票账单并将材料验收入库后，借记“原材料”、“应交税费——应交增值税（进项税额）”科目，贷记“预付账款”科目。

【例 3.10】 A 公司按照合同向大华公司预付甲材料部分款项 100 000 元。一个月后，A 公司收到发票账单列明材料款为 200 000 元，增值税税额为 34 000 元，运费为 5 000 元（本例暂不考虑运费的增值税）。材料已验收入库，所欠余款已经通过银行支付。A 公司应编制如下会计分录。

根据预付货款的付款凭证：

借：预付账款——大华公司　100 000
　贷：银行存款　100 000

根据发票账单、入库单等凭证：

借：原材料　205 000
　应交税费——应交增值税（进项税额）　34 000
　贷：预付账款　239 000
借：预付账款——大华公司　139 000
　贷：银行存款　139 000

小知识

一般纳税人购进货物支付的运输费用，以及一般纳税人销售货物所支付的运输费用，根据运输结算单据所列运费金额，按 7%的扣除率计算进项税额。抵扣凭证必须套印全国统一发票监制章，运费金额为运输单位开具发票上注明的运费和建设基金。

（5）企业外购材料验收入库时，如果发现材料短缺或毁损，则应先将短缺材料的金额从“在途物资”科目转入“待处理财产损溢”科目，待查明原因后区分不同情况进行处理：①属于供货单位造成的短缺、毁损，若价税款尚未支付，则待收到发票账单时，按短缺、毁损材料金额及其应分担的运杂费、相应的增值税，填写拒付理由书。②属于供货单位责任，而且价税款已经支付，则应向供货单位索赔，借记“应收账款”科目或“应付账款”科目，贷记“待处理财产损溢”科目。③属于运输单位责任的，应借记“其他应收款”科目，贷记“待处理财产损溢”

科目。④短缺或毁损材料若属于运输途中的合理损耗，则按实收数量和材料实际总成本入账，不单独核算短缺或毁损部分的材料。实际上，就是将短缺或毁损部分的材料成本费用计入实际收到材料的采购成本，相应地提高实收材料的单位成本。⑤属于无法收回的非合理损耗，应借记“管理费用”科目，贷记“待处理财产损溢”科目。⑥属于自然灾害等非正常原因造成的损失，应将扣除残料价值、过失人和保险公司赔款后的净损失，借记“营业外支出——非常损失”科目，贷记“待处理财产损溢”科目。

【例 3.11】 2013 年 9 月 15 日，A 企业从 B 公司购入乙材料一批，价款 20 000 元，增值税款 3 400 元。A 企业已支付货款，乙材料尚未到达企业。支付货款时，根据发票、账单编制会计分录如下。

借：在途物资——B 公司　　20 000
　　应交税费——应交增值税（进项税额）　　3 400
　贷：银行存款　　23 400

9 月 20 日，A 小企业从 B 公司购入的乙材料到达，验收时发现短少价值 1 000 元的材料，相应的增值税进项税额为 170 元，原因待查。根据验收单，编制会计分录如下。

借：原材料——×材料　　19 000
　　待处理财产损溢——待处理流动资产损溢　　1 170
　贷：在途物资——甲单位　　20 000
　　　应交税费——应交增值税（进项税额转出）　　170

经查明原因，短缺的材料是运输部门的责任造成的，运输部门已同意赔款，款项尚未收到。A 公司应编制会计分录如下。

借：其他应收款——某运输部门　　1 170
　贷：待处理财产损溢——待处理流动资产损溢　　1 170

企业购进原材料发生溢余时，溢余材料未查明原因前一般只作为代保管物资在备查簿中登记，不作为进货业务入账核算。

（6）小规模纳税人以及购入材料不能取得增值税专用发票的企业，在购入材料时，按支付或应支付的金额，作为材料成本入账，不作增值税进项税额的核算。

学中做

某企业（一般纳税人）从外地购进原材料一批，取得的增值税专用发票上注明材料价格为 60 000 元，增值税税额为 10 200 元，另外支付运费 1 000 元，支付装卸费 200 元，运费的增值税扣除率为 7%，材料已按时入库，货款尚未支付。假如你是该企业会计人员，你如何编制这项业务的会计分录？

借：

贷：

在实际工作中，如果日常收料凭证数量较多，为了简化核算工作，平时一般不直接根据收料凭证编制记账凭证并登记总账，而是根据收料凭证先登记原材料明细账，对已签收和标价的收料凭证，陆续进行分类整理，月末再根据已分类汇总的收料凭证编制“收料凭证汇总表”，据以编制记账凭证并登记总账，进行材料收入的总分类核算。

（三）原材料发出按实际成本计价的总分类核算

企业发出材料，应根据领料凭证，按材料的领用单位和用途将材料实际成本计入各有关科目的借方，同时计入“原材料”科目的贷方。

企业因生产经营领用而发出的原材料应按其实际成本结转，借记“生产成本”、“制造费用”、“管理费用”等科目，贷记“原材料”科目。

建造固定资产和职工福利部门领用原材料的，应按该原材料的实际成本和应转出的增值税进项税额之和借记“在建工程”和“应付职工薪酬”科目，同时按原材料实际成本贷记“原材料”科目，按应转出的增值税进项税额贷记 “应交税费——应交增值税（进项税额转出）”科目。

出售材料结转成本，按照实际成本，借记“其他业务成本”科目，贷记“原材料”科目。

在实际工作中，由于发料频繁，发料凭证数量较多，为了简化核算工作，一般不直接根据领料凭证编制记账凭证并登记总账，平时只根据领料凭证登记原材料明细账，对已签收和标价的领料凭证，按各类材料的用途陆续进行分类整理，月末再根据已分类汇总的领料凭证编制“发料凭证汇总表”，据以编制记账凭证并登记总账，进行材料发出的总分类核算。

【例 3.12】 某企业 2013 年 9 月 30 日编制的发料凭证汇总表见表 3.1。

表 3.1　发料凭证汇总表

日期	领料单张数	领用部门和用途	贷方科目：原材料				
			甲材料	乙材料			合计
		基本车间生产产品	30 000				30 000
		基本车间一般使用	1 000				1 000
		在建工程领用	10 000				10 000
		管理部门领用		1 000			1 000
		销售部门领用		6 000			6 000
		合　计	41 000	7 000			48 000

根据发料凭证汇总表编制会计分录如下。

借：生产成本　30 000
　　制造费用　1 000
　　在建工程　11 700
　　管理费用　1 000
　　销售费用　6 000
　贷：原材料——甲材料　41 000
　　　　　　——乙材料　7 000
　　　应交税费——应交增值税（进项税额转出）　1 700

学中做

东风工厂为增值税一般纳税人，材料按实际成本计价核算。该企业 2013 年 7 月份发生经济业务如下。

（1）1 日，将上月末已收料尚未付款的暂估入账材料冲回，金额为 75 000 元。

（2）5 日，上月已付款的在途 A 材料已如数验收入库，A 材料成本为 50 000 元。

（3）8日，向甲企业购入A材料，买价100 000元，增值税税额17 000元，甲企业已代垫运费1 500元（准予扣除进项税额105元）。企业签发并承兑一张票面金额为118 500元、2个月期的商业汇票结算材料款项，材料已验收入库。

（4）9日，按照合同规定，向乙企业预付购料款80 000元，已开出转账支票支付。

（5）11日，向丙企业采购B材料，材料买价为30 000元，增值税税额为5 100元，款项35 100元用银行本票存款支付，材料已验收入库。

（6）12日，向丁企业采购A材料1 000千克，买价共120 000元，增值税税额为20 400元，丁企业已代垫运杂费2 000元（其中1 000元为运费，准予扣除进项税额70元）。货款共142 400元已通过托收承付结算方式支付，材料尚未收到。

（7）20日，向丁企业购买的A材料运达，验收入库950千克，短缺50千克，原因待查。

（8）25日，用预付货款方式向乙企业采购的B材料已验收入库，有关的发票单据列明材料价款70 000元，增值税税额11 900元，当即开出一张转账支票补付货款1 900元。

（9）28日，A材料短缺50千克的原因已查明，是丁企业少发货所致，丁企业已同意退款，款项尚未收到。

（10）31日，向甲企业购买A材料，材料已验收入库，结算单据等仍未到达，按暂估价60 000元入账。

（11）31日，根据发料凭证汇总表，本月基本生产车间领用原材料423 000元，车间一般性消耗领用原材料80 500元，厂部管理部门领用原材料78 600元，固定资产工程领用原材料50 000元。

要求：对东风工厂以上经济业务编制会计分录。

二、原材料收发按计划成本计价的核算

原材料按计划成本计价核算是指企业取得原材料时，按其计划成本计入“原材料”科目，将计划成本与实际成本的差额通过“材料成本差异”科目归集。对于因生产耗用和其他耗用而发出的材料平时按其计划成本结转，并于期末按照一定的方法将归集的材料成本差异在本期发出材料与期末库存材料之间进行分配，以便将发出材料的计划成本调整为实际成本的一种核算方法。原材料按计划成本进行收发核算时，所有收发凭证按材料的计划成本计价；总账及明细分类账，按计划成本登记；材料的实际成本与计划成本的差异，通过“材料成本差异”科目进行核算。

（一）原材料收发按计划成本计价核算的科目设置

企业的原材料收发日常按计划成本计价核算时，需设置以下会计科目。

1.“原材料”科目

按计划成本计价核算和按实际成本计价核算的不同之处在于，“原材料”科目反映的是原材料收、发、存的计划成本。该科目借方登记企业入库原材料的计划成本，贷方登记发出原材料的计划成本，期末余额在借方，表示期末结存原材料的计划成本。该科目应按照原材料类别、品种、规格及保管地点设置“原材料明细账”，进行明细分类核算。

2.“材料采购”科目

“材料采购”科目核算企业采用计划成本进行材料日常核算而购入材料的采购成本，属于资产类科目。该科目的借方登记采购材料的实际成本，贷方登记验收入库各种材料物资的计划成本。借方金额大于贷方金额时，表示采购成本超支，应从本科目的贷方转入“材料成本差异”科目的

借方；贷方金额大于借方金额时，表示采购成本节约，应从本科目的借方转入“材料成本差异”科目的贷方；该科目期末余额在借方，表示企业已经收到发票账单付款或已开出、承兑商业汇票，但尚未运抵企业或尚未验收入库的各种材料物资的实际成本。该科目按材料物资的供应单位和品种设置明细账进行明细分类核算，也可按照材料物资的类别和品种设置明细账进行明细分类核算。

3. “材料成本差异”科目

“材料成本差异”科目属于资产类科目，又是“原材料”科目的调整科目，用来核算企业采用计划成本进行材料日常收发核算时，材料实际成本与计划成本之间的差额。该科目的借方登记验收入库材料的实际成本大于计划成本的差异（称为超支差异）和结转发出材料应负担的节约差异；贷方登记验收入库材料的实际成本小于计划成本的差异（称为节约差异）和结转发出材料应负担的超支差异。该科目期末借方余额，反映企业库存材料的实际成本大于计划成本的差异；贷方余额反映企业库存材料的实际成本小于计划成本的差异。

该科目可以分别“原材料”、“周转材料”等科目，按照类别或品种进行明细核算。明细账可以采用三栏式，也可以采用多栏式。一般格式见账簿 3.5。

账簿 3.5

材料成本差异明细账

材料类别：

材料二级科目：

年		凭证		摘要	本月收入			差异分配率	本月发出			月末结存		
月	日	字	号		计划成本	借方差异	贷方差异		计划成本	借方差异	贷方差异	计划成本	借方差异	贷方差异

（二）原材料收入按计划成本计价的总分类核算

当企业取得存货时，应先根据实际发生的取得成本借记“材料采购”科目，贷记“银行存款”等相关科目。企业验收入库材料发生材料成本差异时，实际成本大于计划成本的差异，借记“材料成本差异”科目，贷记“材料采购”科目；实际成本小于计划成本的差异编制相反的会计分录。

采用计划成本计价，外购材料的账务处理同按实际成本计价一样，应根据外购材料的采购地点和结算方式不同，分以下几种情况进行处理。

【例 3.13】 A 企业（工业企业）日常对甲材料采用计划成本法进行核算，甲材料计划单位成本为 25 元/千克。2013 年 1 月 31 日，有关甲材料的科目余额见表 3.2。

2013 年 2 月份发生的有关甲材料收入、发出及结存的经济业务如下。

表 3.2　有关甲材料的科目余额

科目名称	余额方向	金额（元）
材料采购	借方	3 270
原材料	借方	14 700
材料成本差异	贷方	345

（1）采购甲材料 480 千克，材料验收入库，货款 14 040 元（其中，价款 12 000 元，增值税额 2 040 元）以支票付讫，并以现金支付装卸费 75 元。

材料实际成本=12 000+75=12 075（元）

材料计划成本=480 × 25=12 000（元）

当 A 企业支付材料价款和相关费用时，按照实际发生的取得成本编制会计分录如下。

借：材料采购　　12 075

应交税费——应交增值税（进项税额） 2 040

贷：银行存款 14 040

库存现金 75

同时，按照计划成本编制会计分录如下。

借：原材料 12 000

贷：材料采购 12 000

（2）上月已经办理结算的在途材料 132 千克，于本月全部到达并入库。材料实际成本 3 270 元，计划成本 3 300 元（132 × 25）。

借：原材料 3 300

贷：材料采购 3 300

（3）从外埠采购甲材料 180 千克，结算凭证到达并办理付款手续。付款总额为 5 166 元，其中货款 5 031 元（价款 4 300 元，增值税额 731 元）；进货运费 96.8 元（其中准予扣除的进项税额 6.8 元）；装卸费 35 元。材料未到。

材料实际成本=4 300+（96.8－6.8）+35=4 425（元）

材料进项税额=731+6.8=737.8（元）

借：材料采购 4 425.00

应交税费——应交增值税（进项税额） 737.80

贷：银行存款 5 162.80

（4）本月购进的甲材料 400 千克已经验收入库，月末时结算凭证仍未到。先按计划成本入账，下月初冲回。

材料计划成本=300 × 25=7 500（元）

本月月末应按照计划成本编制会计分录如下。

借：原材料 7 500

贷：应付账款——暂估应付账款 7 500

下月初编制会计分录如下。

借：应付账款——暂估应付账款 7 500

贷：原材料 7 500

（5）月末结转已付款并验收入库材料发生的成本差异，见账簿 3.6。

账簿 3.6

材料采购明细账

甲材料

借方 日期 月	日	供货单位	凭证号数	摘要	实际成本	其他	合计	贷方 日期 月	日	供货单位	凭证号数	摘要	计划成本	其他	合计	材料成本差异
2	1	（略）	1	（略）	3 270		3 270			（略）	2	（略）	3 300		3 300	−30
			3		12 075		12 075				4		12 000		12 000	75
			3		4 425		4 425									
2	28			月结	19 770		19 770					月结	15 300		15 300	45
								结转材料成本差异								45
					余额 4 425											

注：余额表示在途材料。

借：材料成本差异　　45

　　贷：材料采购　　45

月末，"材料采购"科目的借方余额 4 425 元，表示在途材料成本，转入下月材料采购明细账。

（三）原材料发出按计划成本计价的总分类核算

采用计划成本进行材料日常核算的企业，日常领用、发出原材料均按照计划成本记账。

为简化日常核算工作，企业平时可不进行结转发出材料计划成本和发出材料应负担成本差异的总分类核算，待到月终时，通过编制"发料凭证汇总表"，汇总进行发出材料的总分类核算。"发料凭证汇总表"应以仓库转来的发料凭证为依据，区分不同用途和材料类别等情况进行汇总，并据以进行账务处理。根据"材料成本差异"明细账计算出本期的材料成本差异率，将本期发出材料的计划成本调整为实际成本。

月末，结转发出材料应负担的材料成本差异时，按照发出材料应负担的实际成本大于计划成本的差异，借记"生产成本"、"制造费用"、"销售费用"、"管理费用"、"委托加工物资"、"其他业务成本"等科目，贷记"材料成本差异"科目；结转发出材料应负担的实际成本小于计划成本的差异编制相反的会计分录。

发出材料应负担的成本差异应当按月分摊，不得在季末或年末一次计算。发出材料应负担的成本差异，除委托外部加工发出材料可按照月初成本差异率计算外，应使用本月的实际成本差异率；月初成本差异率与本月实际成本差异率相差不大的，也可按照月初成本差异率计算。计算方法一经确定，不得随意变更。

【例 3.14】 甲企业本月初"原材料"科目余额 1 000 000 元，"材料成本差异"科目贷方余额 40 000 元，本月入库材料的计划成本 1 000 000 元，本月入库"材料成本差异"为贷方 20 000 元，则

本月材料成本差异率=（−40 000−20 000）÷（1 000 000+1 000 000）=−3%

根据本月发出材料凭证汇总表，本月生产车间用于产品生产领用材料计划成本 1 000 000 元，在建工程领用材料计划成本 100 000 元，车间一般耗用领用材料计划成本 50 000 元，厂部领用材料计划成本 8 000 元。

生产成本负担的材料成本差异=1 000 000 × (−3%)=−30 000（元）

在建工程负担的材料成本差异=100 000 × (−3%)=−3 000（元）

制造费用负担的材料成本差异=50 000 × (−3%)=−1 500（元）

管理费用负担的材料成本差异=8 000 × (−3%)=−240（元）

根据发出材料凭证汇总表，应编制如下会计分录。

（1）结转发出材料的计划成本为

借：生产成本　　1 000 000

　　在建工程　　100 000

　　制造费用　　50 000

　　管理费用　　8 000

　　贷：原材料　　1 158 000

（2）结转本月发出材料应负担成本差异为

借：材料成本差异　　44 740

　　贷：生产成本　　30 000

在建工程　3 000
制造费用　1 500
管理费用　240

结转后产品生产用料实际成本为 970 000 元，在建工程用料实际成本为 97 000 元，其余类推。在建工程用料应转出相应的进项税额，编制如下会计分录。

借：在建工程　16 490
　贷：应交税费——应交增值税（进项税额转出）　16 490

（四）原材料收发按计划成本计价的明细分类核算

在材料日常按计划成本核算时，原材料明细核算应设置三种明细账：材料明细账、材料采购明细账、材料成本差异明细账。

1. 材料明细账

按计划成本计价时，原材料明细账的设置和登记与按实际成本计价的差别有两点，一是原材料的收入和发出只登记数量，不登记金额；二是月末结存金额按计划成本反映。由于材料是按计划成本计价，因此可在仓库设置一套既有数量，又有金额的明细账。其格式见账簿 3.7。

账簿 3.7

材料明细分类账

材料类别：　材料名称：　最高储备量：　最低储备量：
材料规格：　存放地点：　计量单位：　计划单位成本：

年		凭证		摘要	收入数量	发出数量	结存		稽核
月	日	字	号				数量	金额	

平时由仓库保管人员逐笔登记材料收入、发出的数量，而不登记金额，月末根据其结存数量及计划单价计算结存金额。如果材料明细账是由仓库管理人员登记，则财会部门应定期稽核，以保证记录正确无误。

2. 材料采购明细账

为了详细地反映材料采购成本构成及其计划执行情况，需要设置“材料采购明细账”，对材料采购成本进行明细分类核算。

材料采购明细账应按供应单位和品种设置。该明细账分为借方、贷方两栏，借方按买价、运杂费等设置专栏，贷方按计划成本及成本差异设置专栏。“材料采购明细账”一般采用横线登记法按时间顺序逐笔登记，即同一笔材料采购业务的付款、收料与成本差异都登记在同一行内。采购发生买价、运杂费用等登记在借方栏内，计划成本和成本差异在同一行的贷方栏内登记，以便反映材料采购的付款、到货和在途情况。登记的依据是审核后的发票账单和收料单等有关凭证。月终，将已在贷方栏登记的材料的成本差异结转到“材料成本差异”账中。月末，只有借方记录而无贷方记录的就是在途物资，应逐笔转入下月的“材料采购明细账”，待材料物资入库时，再在同一行内登记。材料采购明细账的格式见账簿 3.8。

账簿 3.8

材料采购明细账

明细科目：原材料

日期	凭证号	摘要	借方				日期	凭证号	摘要	贷方		
			买价	运费	成本差异	合计				计划成本	成本差异	合计

3. 材料成本差异明细账

为了反映每一种或每一类材料实际成本与计划成本之间的差异额，计算成本差异率，调整发出材料的计划成本，材料按计划成本计价时还应设置“材料成本差异明细账”。“材料成本差异明细账”一般按原材料、低值易耗品、包装物分类设置，也可按材料类别或品种设置，但与“材料采购明细账”的设置口径应该一致。

该明细账可分为收入、发出、结存三大金额栏。为反映成本差异及计算成本差异率，每个大金额栏分设计划成本和成本差异两栏。材料成本差异明细账中本月收入和发出材料的计划成本，应分别根据收料凭证汇总表和发料凭证汇总表填列；本月“收入” 栏中的“成本差异”，应根据有关转账凭证或收料凭证汇总表填列，超支差异用蓝字记，节约差异用红字记；差异分配率则根据明细账内有关资料计算填列；“发出”栏中的“成本差异”是根据材料成本差异率计算出的发出材料应负担的成本差异，无论超支差异或节约差异都记入该栏，超支差异用蓝字，节约差异用红字。

为简化登记工作，材料成本差异明细账可在月末根据收、发料汇总表一次登记，并计算本月材料成本差异率，作为调整发出材料应负担的成本差异的依据。该明细账的格式见账簿 3.9。

账簿 3.9

材料成本差异明细分类账

明细科目：原材料

年		摘要	本月收入			差异分配率	本月发出			月末结存		
			计划成本	成本差异			计划成本	成本差异		计划成本	成本差异	
月	日			超支	节约			超支	节约		超支	节约

原材料的日常核算，既可以采用计划成本计价，也可以采用实际成本计价，还可以对不同材料分别采用计划成本或者实际成本计价。具体采用哪种方法，由企业根据具体情况自行决定。一般来说，材料品种繁多的企业，可以采用计划成本计价进行日常核算；但对于某些品种不多且占产品成本比重较大的原料或者主要材料，也可以单独采用实际成本进行日常核算，以便保证产品成本的真实、准确。对于规模较小、材料品种简单、采购业务不多的企业，一般采用实际成本进行原材料的日常收发核算。

学中做

东方工厂为增值税一般纳税人，材料日常核算按计划成本计价。该企业 2013 年 7 月初“原材料”科目为借方余额 135 000 元，“材料成本差异”科目为借方余额 11 961.40 元。7 月份发生经济业务如下。

（1）4 日，上月甲企业发来的在途 A 材料已到达并验收入库，该批材料实际成本 75 400 元，计划成本 77 700 元。

（2）10 日，向乙企业采购 A 材料，价款 110 000 元，增值税税额 18 700 元，运杂费 1 600 元（其中运费 1 000 元），货款 130 300 元已用银行存款支付。材料已验收入库，计划成本为 110 000 元。

（3）12 日，向甲企业购入 A 材料，价款 150 000 元，增值税税额 25 500 元，该企业已代垫运杂费 2 000 元（其中运费 1 300 元）。企业签发并承兑一张票面价值为 177 500 元、1 个月到期的商业汇票结算材料款项，该批材料已验收入库，计划成本为 160 000 元。

（4）15 日，向丙企业采购 B 材料 4 000 千克，价款为 150 000 元，增值税税额为 25 500 元，该企业已代垫运杂费 2 400 元（其中运费 1 400 元）。货款共 177 900 元已用银行存款支付，材料尚未收到。

（5）25 日，向丙企业购买的 B 材料已运达，实际验收入库 3 930 千克，短缺 70 千克属定额内合理损耗。B 材料计划单位成本为 38 元/千克。

（6）26 日，按照合同规定，向丁企业预付购料款 50 000 元，已开出转账支票支付。

（7）28 日，向丙企业购买 B 材料，价款 100 000 元，增值税税额 17 000 元，该企业代垫运杂费 1 800 元（其中运费 1 000 元），货款共 118 800 元已用银行汇票存款支付，材料尚未收到。

（8）31 日，向乙企业采购 A 材料，发票账单等已收到，材料价款为 60 000 元，增值税税额为 10 200 元，运杂费为 900 元（其中运费 600 元）。材料已验收入库，计划成本为 60 000 元，货款尚未支付。

（9）31 日，根据发料凭证汇总表，本月领用材料的计划成本为 532 000 元，其中：生产产品领用 396 000 元，车间管理部门领用 45 000 元，厂部管理部门领用 61 000 元，固定资产在建工程领用 30 000 元。

要求：①根据以上经济业务编制会计分录；②计算 7 月份的材料成本差异率，计算结转发出材料应分摊的材料成本差异。

第四节 库存商品收发的核算

一、工业企业库存商品收发的核算

工业企业的库存商品包括用于对外销售的库存产成品和库存自制半成品。

1. 工业企业库存商品核算的科目设置

为了核算工业企业库存商品收发情况，应设置“库存商品”科目。

“库存商品”科目属于资产类科目，用来核算库存的各种商品的实际成本。包括库存产成品、外购商品、存放在门市部准备出售的商品、发出展览的商品以及寄存在外的商品等。接受来料加工制造的代制品和为外单位加工修理的代修品，在制造和修理完成验收入库后，视同企业的产成品，也通过本科目核算。可以降价出售的不合格品，也在本科目核算，但应与合格产品分开记账。已经完成销售手续，但购买单位在月末未提取的库存产成品，应作为代管产品处理，单独设置代管产品备查簿，不再在本科目核算。

“库存商品”科目的借方登记验收入库产成品的实际成本，贷方登记发出产成品的实际成本，期末余额在借方，表示期末库存商品的实际成本。该科目应按库存商品种类、品种和规格等设置“库存商品明细账”，进行明细分类核算。

2. 工业企业库存商品收入的核算

工业企业生产的产成品的入库和出库，平时只记数量不记金额。企业自制产品完工以后，由生产部门填制产品入库单，据以验收入库。月末应由成本核算人员计算其实际成本，填制“成本计算单”、“产品成本汇总表”，计算入库产成品的实际成本。对生产完成验收入库的产成品，按照其实际成本，借记“库存商品”科目，贷记“生产成本”等科目。

【例 3.15】 甲企业第一生产车间完工交库 A 半成品 500 件，单位成本为 200 元；第二生产车间领用 A 半成品 500 件，单位成本为 200 元。第二生产车间完工交库甲产品 300 件，单位成本为 280 元，乙产品 100 件，单位成本为 260 元。甲企业应编制如下会计分录。

（1）根据自制半成品成本计算单、入库单：

借：自制半成品——A 半成品　　100 000

　贷：生产成本——基本生产成本——第一车间　　100 000

（2）根据第二生产车间自制半成品领用单：

借：生产成本——基本生产成本——第二车间　　100 000

　贷：自制半成品——A 半成品　　100 000

（3）根据第二生产车间“成本计算单”、“产品成本汇总表”、“产品入库单”：

借：库存商品——甲产品　　84 000

　　　　　——乙产品　　26 000

　贷：生产成本——基本生产成本——第二车间　　110 000

3. 工业企业库存商品发出的核算

工业企业库存商品的发出主要是对外销售发出，另外还有一些被在建工程或福利部门领用及对外投资、捐赠等。

企业对外销售产成品、商品时，如果已经确认了营业收入（即主营业务收入），应当同时将与其相关的存货成本进行结转，确认为营业成本（即主营业务成本）；如果没有确认营业收入，则不应当结转相关的成本。

对发出和销售的产成品，可以采用先进先出法、加权平均法或个别计价法等方法确定应当结转的成本。

仓库保管部门要依据商品出库凭证发出商品。商品出库凭证一般由销售部门或领用部门填制。商品出库凭证一式多联，一联由填制部门留存，一联作为仓库的发货凭证并登记保管账，一联送会计部门作为核算的依据。格式见凭证 3.1。

凭证 3.1

发 货 单

年 月 日

购货单位：　　　　　　　　　　　　编号：

商品编号	名称规格	单位	数量	单价	金额	备注
合 计						

销售部门负责人：　　　发货人：　　　提货人：　　　制单：

仓库依据商品出库凭证填写实发数量，发出商品并登记库存商品明细账。

企业销售存货，应当将已销售存货的成本结转为营业成本，计入当期损益。这就是说，企业在确认存货销售收入的当期，应当将已经销售存货的成本结转为当期营业成本。为了简化核算，企业一般在月末确定发出商品的单位成本，根据仓库转来的商品出库凭证编制产成品或商品发出和销售汇总表，集中结转商品销售成本。结转对外销售产品成本时，借记“主营业务成本”科目，贷记“库存商品”科目。

【例 3.16】 乙企业本月销售甲产品一批，价款 100 000 元，增值税款 17 000 元，款项已存入银行，根据先进先出法确定该批产品的实际成本 70 000 元。确定实现销售时，编制会计分录如下。

借：银行存款　　117 000

　贷：主营业务收入　　100 000

　　　应交税费——应交增值税（销项税额）　　17 000

结转已销甲产品的成本，编制会计分录如下。

借：主营业务成本　　70 000

　贷：库存商品——甲产品　　70 000

在产成品种类比较多的企业，也可以按计划成本对产成品进行日常核算。按计划成本进行核算时，“库存商品”科目的借方、贷方、余额均反映库存产成品的计划成本，另外，还要设置“产品成本差异”科目核算产成品实际成本与计划成本的差额。平时，对产成品的收入、发出和销售可以按计划成本进行核算；月度终了，应将入库产成品的成本差异额转入“产品成本差异”科目，同时，还要将产品成本差异在发出销售及结存产成品之间进行分摊。

二、商品流通企业库存商品收发的核算

商品流通企业的库存商品是指购入用来销售的各种物品。

为了核算商品流通企业库存商品的收、发、存情况，应设置“库存商品”科目。其用途、结构如前所述，这里不再重复。小企业（批发业、零售业）在购买商品过程中发生的费用（包括：运输费、装卸费、包装费、保险费、运输途中的合理损耗和入库前的挑选整理费等），在“销售费用”科目核算，不在“库存商品”科目核算。商业企业库存商品收发的日常核算可以采用进价核算法，也可以采用售价核算法。

1. 库存商品的进价金额核算法

商品流通企业库存商品收发的进价核算法类似于工业企业库存商品收发的实际成本法，即按照存货的实际取得成本（也就是进价）入账。如果企业已经取得商品的法定所有权，且已经验收入库，那么就应借记“库存商品”科目，贷记“银行存款”等相关科目。如果企业取得了法定所有权，但商品尚未验收入库，那么就通过“在途物资”会计科目进行核算。

【例 3.17】 A 企业是一家商品流通企业，采用进价法核算存货。2013 年 4 月 10 日，A 企业向 C 企业采购了一批服装，总价款为 10 000 元，增值税税率为 17%，A 企业另外支付了 500 元的运输费，当日这批服装已经验收入库，A 企业已经全额付款并收到了 C 企业开出的有关销售发票。

2013 年 4 月 10 日，A 企业应编制会计分录如下。

借：库存商品　　10 000

　　应交税费——应交增值税（进项税额）　　1 700

　　销售费用　　500

　贷：银行存款　　12 200

【例 3.18】 承例 3.17，A 企业是一家商品流通企业，采用进价法核算存货。销售合同中规定按起运点交货的方式发运，2013 年 4 月 12 日，C 企业发出商品，A 企业 4 月 15 日才验收入库。

（1）2013 年 4 月 12 日，A 企业虽然没有收到这批服装，但因为是起运点交货，所以 A 企业已经取得了法定所有权，应编制会计分录如下。

借：在途物资　　10 000

　　应交税费——应交增值税（进项税额）　　1 700

　　销售费用　　500

　　贷：银行存款　　12 200

（2）2013 年 4 月 15 日，A 企业在这批服装如数验收入库时，应编制会计分录如下。

借：库存商品　　10 000

　　贷：在途物资　　10 000

商品流通企业对外销售商品结转销售成本，借记“主营业务成本”科目，贷记“库存商品”科目。

2. 库存商品的售价金额核算法

商品流通企业库存商品收发的售价核算法类似于工业企业材料收发的计划成本法。商品验收入库时，按照售价借记“库存商品”科目；按照进价贷记“在途物资”科目，两者的差额贷记“商品进销差价”科目。

“商品进销差价”科目核算企业采用售价进行库存商品日常收发核算的商品售价与进价之间的差额。该科目的贷方登记收入库存商品时形成的售价与进价之间的差额，借方登记月末分摊的已销商品的进销差价。该科目应按照库存商品的种类、品种和规格等进行明细核算。该科目的期末贷方余额，反映期末库存商品的商品进销差价。

企业购入、加工收回以及销售退回等增加的库存商品，按照商品售价，借记“库存商品”科目，按照商品进价，贷记“银行存款”、“委托加工物资”等科目，按照售价与进价之间的差额，贷记“商品进销差价”科目。

对外销售商品时按售价结转销售成本，借记“主营业务成本”科目，贷记“库存商品”科目。月末，分摊已销商品的进销差价，借记“商品进销差价”科目，贷记“主营业务成本”科目。

已销商品应分摊的商品进销差价，按照以下公式计算：

$$\text{商品进销差价率}=\frac{\text{月末分推前“商品进销差价”科目贷方余额}}{\text{“库存商品”科目月末借方余额+本月“主营业务收入”科目贷方发生额}}\times 100\%$$

本月已销商品应分摊的商品进销差价=本月“主营业务收入”科目贷方发生额×商品进销差价率

企业的商品进销差价率各月之间比较均衡的，也可以采用上月商品进销差价率计算分摊本月的商品进销差价。年度终了，应对商品进销差价进行复核调整。

【例 3.19】 B 小企业是一家商品流通企业，采用售价金额法进行存货核算。2013 年 4 月 1 日，“库存商品”科目以售价计算的余额为 100 000 元，“商品进销差价”科目的贷方余额为 20 000 元。2013 年 4 月 15 日，B 小企业用银行存款购入一批商品，实际成本为 500 000 元，增值税税额为 85 000 元，售价为 625 000 元。2013 年 4 月 25 日，B 企业销售一批商品，销售价格为 600 000 元，增值税税额为 102 000 元，货款已收到存入银行。

（1）2013 年 4 月 15 日，B 企业购入商品时，应编制会计分录如下。

借：在途物资　500 000

　　应交税费——应交增值税（进项税额）　85 000

　　贷：银行存款　585 000

借：库存商品　625 000

　　贷：在途物资　500 000

　　　　商品进销差价　125 000

（2）2013 年 4 月 25 日，B 企业销售一批商品时，先按售价结转成本，应编制会计分录如下。

借：银行存款　702 000

　　贷：主营业务收入　600 000

　　　　应交税费——应交增值税（销项税额）　102 000

借：主营业务成本　600 000

　　贷：库存商品　600 000

（3）月末，B 企业需将商品进销差价分配给已销商品，计算过程如下。

商品进销差价率=（20 000+125 000）÷（100 000+625 0000）×100%= 20%

本月销售商品应分摊的商品进销差价=600 000×20%=120 000（元）

（4）结转已销商品分摊的商品进销差价，应编制会计分录如下。

借：商品进销差价　120 000

　　贷：主营业务成本　120 000

第五节　委托加工物资的核算

委托加工物资是指企业将物资委托外单位加工成本企业可使用的原材料、包装物、低值易耗品等。

一、委托加工物资的核算内容

委托加工物资核算的关键在于确定物资加工后的实际成本。委托加工物资一般要经过发出、加工和回收入库三个过程，其实际成本应包括拨付加工物资的实际成本、支付的往返运费、支付的加工费、应负担的有关税费等。委托加工物资的实际成本计算公式为

实际成本=拨付加工物资实际成本+加工费+往返运杂费+相关税金+保险费

式中，相关税金是指委托加工物资应负担的增值税、消费税。

一般纳税人委托外单位加工物资，凡属加工物资用于应交增值税项目并取得了增值税专用发票的，委托加工物资应负担的增值税可作为进项税额，不计入加工物资成本；凡属加工物资用于非应交增值税项目或免征增值税项目，以及小规模纳税人和未取得增值税专用发票的一般纳税人，委托加工物资应负担的增值税，应计入加工物资成本。

如果收回的加工物资直接用于销售，应将委托加工物资应负担的消费税计入加工物资成本（由受托方代扣代缴）；如果收回的加工物资用于连续生产应税消费品，应将委托加工物资应负担的消费税先计入“应交税费——应交消费税”科目的借方，用以抵扣加工的消费品销售后所负担的消费税。

二、科目设置

为了反映委托加工物资的拨付、回收和加工费用的结算情况，计算委托加工物资的实际成本，应设置“委托加工物资”科目。该科目属于资产类科目，借方登记拨付加工物资的实际成本、支付的加工费用、往返运杂费、保险费和相关税金，贷方登记完工验收入库物资的成本和退回剩余物资的成本，期末余额在借方，表示企业委托外单位加工但尚未加工完成物资的实际成本。该科目应按照加工合同、受托加工单位以及加工物资的品种等设置明细账进行明细核算。明细账格式见账簿3.10。

账簿 3.10

委托加工物资明细账

加工单位：　　　　　　　　　　　　　　　　加工合同号：

日期	凭证		摘要	借方					贷方			
	字	号		数量	计划成本	成本差异	运杂费	加工费	数量	计划成本	实际成本	成本差异

三、委托加工物资的核算

委托加工物资的核算一般包括以下几个步骤。

（1）企业发给外单位加工的物资，按照实际成本，借记“委托加工物资”科目，贷记“原材料”、“库存商品”等科目；原材料、库存商品按照计划成本或售价核算的，还应同时结转材料成本差异或商品进销差价。

（2）支付加工费、运杂费等，借记“委托加工物资”科目，贷记“银行存款”等科目；需要交纳消费税的委托加工物资，由受托方代收代缴的消费税，借记该科目（收回后用于直接销售的）或“应交税费——应交消费税”科目（收回后用于继续加工的），贷记“应付账款”、“银行存款”等科目。

（3）加工完成验收入库的物资和剩余的物资，按照加工收回物资的实际成本和剩余物资的实际成本，借记“原材料”、“库存商品”等科目，贷记“委托加工物资”科目。

（4）加工完成验收入库的物资采用计划成本或售价核算的，按照计划成本或售价，借记“原材料”或“库存商品”科目，按照实际成本，贷记“委托加工物资”科目，按照实际成本与计划成本或售价之间的差额，借记或贷记“材料成本差异”科目或贷记“商品进销差价”科目。

采用计划成本或售价核算的，也可以采用上月材料成本差异率或商品进销差价率计算分摊本月应分摊的材料成本差异或商品进销差价。

【例 3.20】 A企业拨付B材料委托乙公司代为加工成包装箱，B材料的计划成本10 000元，成本差异为节约差异200元，另向运输公司支付运费300元。则

委托加工发出物资实际成本=10 000−200+300=10 100（元）

A企业应编制如下会计分录。

借：委托加工物资——乙公司　　　　10 100

　　材料成本差异　　　　200

贷：原材料——B 材料 10 000

银行存款 300

包装箱加工完毕，乙公司通知 A 企业提货并支付加工费 2 000 元，增值税 340 元，款项用银行存款支付，A 企业应编制如下会计分录。

借：委托加工物资——乙公司 2 000

应交税费——应交增值税（进项税额） 340

贷：银行存款 2 340

借：周转材料——包装物——包装箱 12 100

贷：委托加工物资——乙公司 12 100

【例 3.21】 甲企业发出 A 材料一批，委托乙企业加工成 B 材料（属于应税消费品）。A 材料的实际成本为 100 000 元，支付的加工费 15 000 元，来回运杂费 2 000 元，加工增值税税额 2 550 元，消费税 13 000 元，款项已用银行存款支付。B 材料已加工完毕验收入库，用于继续生产应税消费品。

（1）发出委托加工材料，编制如下会计分录。

借：委托加工物资——乙企业 100 000

贷：原材料——A 材料 100 000

（2）支付加工费、运杂费和税金，编制如下会计分录。

借：委托加工物资——乙企业 17 000

应交税费——应交增值税（进项税额） 2 550

——应交消费税 13 000

贷：银行存款 32 550

（3）B 材料加工完毕验收入库，编制如下会计分录。

借：原材料——B 材料 117 000

贷：委托加工物资——乙企业 117 000

第六节 周转材料的核算

一、周转材料核算的特殊性

周转材料是一类介于存货和固定资产之间的特殊存货。小企业会计准则要求，对于周转材料，采用一次转销法进行会计处理，在领用时按其成本计入生产成本或当期损益；金额较大的周转材料，也可以采用分次摊销法进行会计处理。出租或出借周转材料，不需要结转其成本，但应当进行备查登记。这是对周转材料这类特殊存货确定计价方法的特殊要求。具体包括以下三个原则。

（1）基本原则。小企业通常都应当采用一次转销法核算周转材料。也就是说，在领用时一次性将成本按照其受益对象计入生产成本或当期损益，如管理费用、销售费用等。

（2）例外原则。对于金额较大的周转材料，也可以采用分次摊销法进行会计处理。即对金额较大的周转材料，小企业可以根据周转材料可使用的次数按照受益对象计入生产成本或当期损益，而不是在领用时一次性结转成本。至于“金额较大”的标准，由小企业根据实际情况自行确定，但是一经确定，在同一会计年度的各月和前后各年度不得随意变更。

（3）特殊原则：出租或出借周转材料，不需要结转其成本，但应当进行备查登记。

二、会计科目的设置

为了核算企业周转材料的验收入库、领用、摊销和结存情况，需设置“周转材料”科目。本科目核算企业库存的周转材料的实际成本或计划成本。包括包装物、低值易耗品，以及企业（建筑业）的钢模板、木模板、脚手架等。该科目属于资产类科目，该科目的借方登记验收入库周转材料的实际成本或计划成本，贷方登记领用、发出周转材料的实际成本或计划成本。本科目的期末余额，反映企业在库、出租、出借周转材料的实际成本或计划成本以及在用周转材料的摊余价值。

各种包装材料，如纸、绳、铁丝、铁皮等，应在“原材料”科目内核算；用于储存和保管产品、材料而不对外出售的包装物，应按照价值大小和使用年限长短，分别在“固定资产”科目或本科目核算。

企业的包装物、低值易耗品，也可以单独设置“包装物”、“低值易耗品”科目。包装物数量不多的企业，也可以不设置本科目，将包装物并入“原材料”科目核算。

三、低值易耗品的核算

低值易耗品同固定资产一样，属于劳动资料。在生产经营过程中，它可以被多次周转使用而不改变其原有的实物形态，其价值在使用过程中因磨损而逐渐转移到产品成本或期间费用中去。由于低值易耗品的品种较多，数量较大，单位价值较低，使用期限较短，需要不断地进行更换和补充，具有较强的流动性，因此将其划归为存货，作为流动资产进行管理。如生产工具、模具、工作服和防护用品等劳保用品，家具等办公用品。

（一）低值易耗品购进的核算

企业购入、自制、委托外单位加工完成并验收入库的周转材料，以及对周转材料的清查盘点，比照“原材料”科目的相关规定进行账务处理。

1. 按实际成本计价的核算

（1）根据有关发票账单、收料单一步处理。

借：周转材料——低值易耗品——××低值易耗品

　　应交税费——应交增值税（进项税额）

　　贷：银行存款（或其他货币资金或应付票据等）

（2）分两步处理。先根据有关发票账单等进行处理。

借：在途物资

　　应交税费——应交增值税（进项税额）

　　贷：银行存款（或其他货币资金或应付票据等）

再根据收料单进行处理。

借：周转材料——低值易耗品——××低值易耗品

　　贷：在途物资

2. 按计划成本计价的核算

按计划成本计价时，无论单、货是否同到，都要分两步处理。根据有关发票账单和收料单等，先作采购处理，再作验收入库的处理。

借：材料采购

应交税费——应交增值税（进项税额）

贷：银行存款或其他货币资金或应付票据等

借：周转材料——低值易耗品——××低值易耗品

贷：材料采购

借或贷：材料成本差异

（二）低值易耗品摊销的核算

低值易耗品属于劳动资料，可以在生产经营过程中周转使用，不改变其物质形态，其价值在使用过程中因损耗而逐渐转移，因此，在会计核算上采取摊销的方式，将其价值计入生产经营成本中。

低值易耗品摊销方法有两种，即一次转销法和分次摊销法。

1．一次转销法

生产、施工领用低值易耗品，通常采用一次转销法。一次转销法是指低值易耗品在领用时就按领用部门和用途将其账面价值全部计入有关成本、费用的方法。报废时，收回残值冲减有关成本、费用。一次领用的低值易耗品数量不多，金额不大，可采用一次摊销法。采用一次转销法时，按照其成本，借记“生产成本”、“管理费用”、“工程施工”等科目，贷记“低值易耗品”科目。

【例 3.22】 某企业生产车间领用专用工具一批，计划成本 2 800 元；厂部管理部门领用办公用品一批，计划成本 1 200 元。当月材料成本差异率为 3%。采用一次转销法时，编制会计分录如下。

（1）结转领用低值易耗品的计划成本时：

借：制造费用　　2 800

管理费用　　1 200

贷：低值易耗品　　4 000

（2）结转领用低值易耗品负担的材料成本差异时：

借：制造费用　　84

管理费用　　36

贷：材料成本差异——低值易耗品　　120

2．分次摊销法

一次领用金额较大的低值易耗品，也可以采用分次摊销法。分次摊销法，是指低值易耗品领用后，根据低值易耗品原值和预计使用期限求得每期平均摊销额，将低值易耗品的价值分期摊入各期成本、费用的方法。采用分次摊销法，在领用时应按照其成本，借记“低值易耗品（在用）”科目、贷记“低值易耗品（在库）”科目；按照使用次数摊销时，应按照其摊销额，借记“生产成本”、“管理费用”、“工程施工”等科目，贷记“低值易耗品（摊销）”科目。

低值易耗品报废时，将其残料价值作为当月低值易耗品摊销额的减少，冲减有关的成本、费用。如果低值易耗品已经发生毁损、遗失等，不能再继续使用的，应将其账面价值全部转入当期成本、费用。

【例 3.23】 某企业生产车间领用刀具、量具一批，实际成本 36 000 元，分 6 个月每月摊销一次。编制如下会计分录。

（1）生产车间领用刀具、量具时：

借：低值易耗品（在用） 36 000

贷：低值易耗品（在库） 36 000

（2）当月及以后各月每次摊销时：

借：制造费用 6 000

贷：低值易耗品（摊销） 6 000

【例 3.24】 某企业设计室领用低值易耗品一批，实际成本为 96 000 元，分 2 年每月摊销一次。编制如下会计分录。

（1）领用低值易耗品时：

借：低值易耗品（在用） 96 000

贷：低值易耗品（在库） 96 000

（2）当月及以后各月每次摊销时：

借：管理费用（96 000 ÷ 2 ÷ 12） 4 000

贷：低值易耗品（摊销） 4 000

（3）2 年后该批低值易耗品报废时，收回残料作价 1 000 元入库。

借：低值易耗品（摊销） 96 000

贷：低值易耗品（在用） 96 000

借：原材料 1 000

贷：管理费用 1 000

如果低值易耗品是按计划成本核算的，应在领用当月结转应分摊的成本差异，并在当月及以后各月摊销。

对于使用过的低值易耗品，无论是再次验收入库或重新领用，均不再进行账务处理，不需要结转其成本。但对在用低值易耗品和从使用过程中退出再次送回仓库的低值易耗品，应加强实物管理，并在备查账中登记。

四、包装物的核算

包装物购入的核算方法与原材料、低值易耗品基本相同，比照原材料、低值易耗品购入的核算方法处理。

包装物发出的核算与其他存货相同。一次性领用、一次性消耗的包装物，其价值一次全部计入有关成本、费用中；周转使用包装物的核算方法与低值易耗品相同，采用一定方法按用途将其价值分次摊销计入有关成本、费用中。按计划成本计价时要在月末结转成本差异。

包装物较多的企业，可以将其设置为总账科目。

包装物发出的核算按其用途分以下几种情况。

1. 生产领用包装物

生产过程中领用的包装物，在包装产品后，构成产品组成部分，因此，应将包装物成本计入产品生产成本。

【例 3.25】 车间生产领用包装物一批，实际成本 2 000 元，领用时编制会计分录如下。

借：生产成本 2 000

贷：包装物——在库包装物 2 000

2. 随同商品出售包装物

随同商品出售包装物应按其是否单独计价来做不同处理。包装物随同商品出售并单独计价，实际上就是出售包装物，其账务处理与出售原材料相同。出售包装物取得的收入记入“其他业务收入”科目，对出售包装物的成本应借记“其他业务成本”科目，贷记“包装物”科目。随同商品出售但不单独计价的包装物，其发出主要是为了确保销售商品的质量或提供较为良好的销售服务，因此，应将这部分包装物的成本作为企业发生的销售费用处理。对随同商品出售不单独计价包装物，在发出时，应按其成本借记“销售费用”科目，贷记“包装物”科目。

【例 3.26】 某企业在商品销售过程中领用 A 包装物一批，实际成本 5 000 元，该批包装物随同商品出售，单独计算售价为 6 000 元，应收取的增值税税额为 1 020 元，款项已收到。

（1）取得出售包装物收入时，编制会计分录如下。

借：银行存款　　7 020

　　贷：其他业务收入——材料销售　　6 000

　　　　应交税费——应交增值税（销项税额）　　1 020

（2）结转出售包装物成本时，编制会计分录如下。

借：其他业务成本——材料销售　　5 000

　　贷：包装物——A 包装物　　5 000

若上述领用包装物不单独计价，则领用时应编制会计分录如下。

借：销售费用　　5 000

　　贷：包装物——A 包装物　　5 000

3. 出租、出借包装物

出租包装物是企业在销售商品时，将包装物出租给购买方暂时使用的一项业务。《小企业会计准则》规定，出租包装物取得的租金收入，计入营业外收入；与之对应的出租包装物摊销成本和修理费用，应作为租金收入的减项，计入营业外支出。

出借包装物是企业在销售商品时，将包装物出借给购买方使用，用后归还的一项业务。出借包装物核算与出租包装物核算基本相同，不同的是在摊销使用成本时，记入“销售费用”等科目。企业出借包装物，因不向客户收取费用，没有业务收入，所以，出借包装物的成本及修理费用应作为企业的销售费用处理。

企业为了督促客户能按时归还包装物，不论采用出租还是出借方式，一般都收取包装物押金，包装物押金应通过“其他应付款”科目核算。

包装物在周转使用过程中需要采用一定的方法将其价值摊入到有关成本费用中去。包装物摊销方法有两种，即一次转销法和分次摊销法。

【例 3.27】 2013 年 10 月，A 企业仓库发出一批新的包装物，实际成本 10 000 元，用于出租和出借的各占 50%。出租包装物的期限为 1 个月，应收租金 400 元；出借包装物的期限为 3 个月。包装物采用一次摊销法。出租、出借的押金各为 6 000 元已收存银行。A 企业编制会计分录如下。

（1）摊销出租、出借包装物的成本时：

借：营业外支出　　5 000

销售费用 5 000

贷：包装物 10 000

（2）收到押金时：

借：银行存款 12 000

贷：其他应付款——存入保证金——某单位 12 000

（3）1 个月后按期如数收回出租的包装物，在 6 000 元的押金中扣除应收取的租金 400 元和按规定应交的增值税销项税额 68 元后，余额 5 532 元已通过银行转账退回。

借：其他应付款——存入保证金——某单位 6 000

贷：营业外收入——包装物出租 400

应交税费——应交增值税（销项税额） 68

银行存款 5 532

（4）3 个月后按期如数收回出借的包装物，押金 6 000 元已通过银行转账退回。

借：其他应付款——存入保证金——某单位 6 000

贷：银行存款 6 000

对于逾期未退包装物没收的押金，应按扣除应交增值税后的差额，记入“其他业务收入”科目。

【例 3.28】 假设 3 个月后出借的包装物只收回 50%，没收押金 3 000 元，其中应交的增值税为 435.90 元［3 000 ÷（1+17%）× 17%］，同时，通过银行转账退回押金 3 000 元。

（1）没收逾期未退包装物押金，编制会计分录如下。

借：其他应付款——存入保证金——某单位 3 000

贷：应交税费——应交增值税（销项税额） 435.90

其他业务收入 2 564.10

（2）结转逾期未退包装物成本，编制会计分录如下。

借：其他业务成本 2 500

贷：包装物 2 500

（3）退回已收回包装物的押金，编制会计分录如下。

借：其他应付款——存入保证金——某单位、 3 000

贷：银行存款 3 000

【例 3.29】 2013 年 9 月 1 日，某公司出租库存未用包装物 500 件，每件实际成本 100 元，共计 50 000 元，租期 6 个月，每月每件租金 20 元，收取押金 60 000 元。采用分次摊销法，领用和报废时各摊销其成本的 50% 。应编制会计分录如下。

（1）领用时摊销 50%价值。

借：营业外支出 25 000

贷：包装物 25 000

（2）收到押金时：

借：银行存款 60 000

贷：其他应付款——包装物押金 60 000

（3）每月收取租金时：

借：银行存款 10 000

贷：营业外收入 10 000

（4）6个月后，收回包装物500件，退还押金60 000元。

借：其他应付款——包装物押金 60 000

贷：银行存款 60 000

【例3.30】假设上述包装物于6个月后报废，报废时残料收入2 000元存入银行，摊销另外50%价值。应编制会计分录如下。

（1）报废时摊销50%价值。

借：营业外支出 25 000

贷：包装物 25 000

（2）报废包装物的残值收入。

借：银行存款 2 000

贷：营业外支出 2 000

请思考

包装物出租、出借业务在会计账务处理上有什么区别？

收回已使用过的出租、出借包装物，应加强实物管理，并在备查簿上进行登记。

《企业会计准则》规定，出租包装物等周转材料取得的租金收入，作为企业的其他业务收入，与之对应的出租包装物等周转材料的摊销成本和修理费用，应作为租金收入的减项，列作企业的其他业务成本。出租或出借包装物等周转材料，需结转其成本。

【例3.31】 某公司会计核算执行《企业会计准则》。2010年10月，该公司出租库存未用包装物500件，每件单位实际成本100元，共计50 000元，租期6个月，每月每件租金20元，收取押金60 000元。采用分次摊销法，领用和报废时各摊消其成本的50%。应编制会计分录如下。

（1）领用时

借：包装物——在用包装物 50 000

贷：包装物——在库包装物 50 000

（2）领用时摊销50%价值。

借：其他业务成本 25 000

贷：包装物——包装物摊销 25 000

（3）收到押金时

借：银行存款 60 000

贷：其他应付款——包装物押金 60 000

（4）每月收取租金时，由于价外没有收取增值税，应将租金收入作为含税收入，折算为不含税收入，即10 000÷（1+17%）=8 547（元）；销项税额为8 547×17%=1453（元）。

借：银行存款 10 000

贷：其他业务收入 8 547

应交税费——应交增值税（销项税额） 1 453

（5）6个月后，收回包装物500件，退还押金60 000元。

借：其他应付款——包装物押金 60 000

贷：银行存款 60 000

第七节 存货清查和存货期末计价的核算

一、存货清查的核算

（一）存货的清查方法

存货清查是指通过对存货的实地盘点，确定存货的实有数量，并与账面结存数核对，从而确定存货实存数与账面结存数是否相符的一种专门方法。由于存货种类繁多、收发频繁，在日常收发过程中可能发生计量误差、计算错误、自然损耗，还可能发生损坏变质以至贪污、盗窃等情况，造成账实不符，形成存货的盘盈盘亏，导致存货账实不符，因而企业应定期和不定期地进行存货清查，对盘盈、盘亏、毁损等情况进行及时处理，以保证存货账实相符。

存货清查通常采用实地盘点的方法，即通过点数、过磅计量等方法，确定实存数量。对于一些无法通过具体点数、过磅进行度量的存货，则应通过测量、估计等技术方法推算其实存数量。有些存货还要通过物理方法或化学方法来检查其质量是否合格、有无变质等。

（二）存货清查的手续和处理程序

对存货应当定期盘点，每年至少盘点一次。在存货实地盘点之前，应先把有关存货明细账登记齐全，算出账面结存数量和金额，以备核对。盘点后，应根据盘点记录，将实存数与账面数进行核对，当实存数大于账存数为盘盈，当实存数小于账存数为盘亏。对于存货的盘盈盘亏，应填写存货盘点报告表，及时查明原因，按照规定程序报批处理。“存货盘点报告表”，见表3.2。

表 3.2 存货盘点报告表

存货类别	名称规格	计量单位	结存数量			盘盈		盘亏		原因
			账存	实存	单位成本（元）	数量	金额	数量	金额	
原材料	甲	千克	略	略	40	30	1 200			计量差错
	乙	千克			20			50	1 000	定额内损耗
	丙	吨			1 200			15	18 000	洪水冲走
库存商品	A产品	件			230			10	2 300	管理不善毁损
合　计							1 200		21 300	

存货清查结束，如果存在存货盘盈、盘亏和毁损情况，首先调整账面记录，保证账实相符；然后查明原因，报经有关部门批准后再进行账务处理。

（三）存货清查的会计处理

1. 科目设置

为核算存货清查中出现的盘盈、盘亏、毁损，应设置“待处理财产损溢”科目。该科目的借方登记存货盘亏、毁损数以及经过批准后结转的盘盈数；该科目的贷方登记存货的盘盈数以及经批准转销的盘亏、毁损数；在期末处理前，借方余额表示尚未处理的各种财产物资的净损失，贷方余额表示尚未处理的各种财产物资的净溢余；在期末处理后，该科目没有余额。该科目下设置“待处理流动资产损溢”和“待处理固定资产损溢”两个明细科目进行明细分类核算。存货的盘盈、盘亏和毁损，通过“待处理流动资产损溢”明细科目核算。

2. 存货盘盈的核算

盘盈存货即存货的实存数大于账存数，增加了小企业的经济利益，但又不是生产经营活动所直接产生的，因此应将其计入营业外收入，而不是冲减管理费用或主营业务成本。这一会计处理规定，有利于减轻小企业纳税调整的负担。

企业发生存货盘盈时，在报经批准前，应及时办理存货入账手续，调整增加存货账面数，按同类或类似存货的市场价格作为实际成本入账。根据“存货盘点报告表”，借记“原材料”、“库存商品”等科目，贷记“待处理财产损溢——待处理流动资产损溢”科目；查明原因后，若是由于收发、计量或核算误差造成的，在报经批准后，借记“待处理财产损溢——待处理流动资产损溢”科目，贷记“营业外收入”科目。

【例 3.32】 乙企业在年末进行存货清查，发生盘盈情况见表 3.2，根据表 3.2 编制如下会计分录。

（1）批准处理前。

借：原材料——甲材料　　1 200

　　贷：待处理财产损溢——待处理流动资产损溢　　1 200

（2）批准处理后。

借：待处理财产损溢——待处理流动资产损溢　　1 200

　　贷：营业外收入　　1 200

《企业会计准则》规定，查明存货盘盈原因后，若是由于收发、计量或核算误差造成的，在报经批准后，借记“待处理财产损溢——待处理流动资产损溢”科目，贷记“管理费用”科目。

【例 3.33】 A 企业会计核算执行《企业会计准则》。在年末进行存货清查时，发生甲材料盘盈，按规定计量方法确认其价值为 1 200 元。后经查明原因是收发计量误差所致。A 企业编制如下会计分录。

（1）报经批准前。

借：原材料——甲材料　　1 200

　　贷：待处理财产损溢——待处理流动资产损溢　　1 200

（2）报经批准后。

借：待处理财产损溢——待处理流动资产损溢　　1 200

　　贷：管理费用　　1 200

3. 存货盘亏、毁损的核算

存货毁损是指由于各种原因造成的存货实存数小于账存数，主要包括财产清查过程中发生的存货盘亏，自然灾害以及人为原因等造成的存货毁坏、存货报废以及企业被盗造成的存货灭失等。

企业发生存货盘亏或毁损时，在报经批准前，应及时办理存货销账手续，调整减少存货账面数，借记“待处理财产损溢——待处理流动资产损溢”科目，贷记“原材料”、“库存商品”等科目。小企业盘亏存货发生的损失应当计入营业外支出。

对于毁损材料的残值应作价入账，借记“原材料”等科目；属于定额内损耗的，借记“营业外支出”科目；属于一般经营中超定额损耗的，如果是收发、计量或管理不善造成的，扣除残值后，应向过失人索赔，借记“其他应收款”科目，将扣除残值及过失人赔偿后的净损失计入“营业外支出”科目；由于自然灾害或意外事故等造成的存货盘亏、毁损，在扣除残值及过失人、保险公司赔偿后，计入“营业外支出”科目。

存货按计划成本计价时，盘亏、毁损的存货应分摊成本差异；非正常损失的存货外购时支付的增值税进项税额应转出，一并计入“待处理财产损溢”科目。

【例 3.34】 某企业在年末进行存货清查，发生盘亏、毁损情况如表 3.2 所示。经查明原因处理如下：A 产品残值 300 元，过失人赔偿 2 000 元；丙材料由保险公司赔偿 15 000 元，增值税率 17%。其他处理按“存货盘点报告表”原因和前述有关规定处理。

（1）批准处理前，编制如下会计分录。

借：待处理财产损溢——待处理流动资产损溢 24 530
　贷：原材料——乙材料 1 000
　　　　——丙材料 18 000
　　应交税费——应交增值税（进项税额转出） 3 230
　　库存商品——A 产品 2 300

（2）批准处理后，编制如下会计分录。

借：营业外支出 1 170
　贷：待处理财产损溢——待处理流动资产损溢 1 170
借：其他应收款——保险公司 17 550
　营业外支出——非常损失 3 510
　贷：待处理财产损溢——待处理流动资产损溢 21 060
借：其他应收款——××过失人 2 000
　原材料 300
　贷：待处理财产损溢——待处理流动资产损溢 2 300

《小企业会计准则》规定，存货盘亏或毁损发生的损失应当计入营业外支出。

《企业会计准则》规定，企业发生存货盘亏或毁损报经批准后，根据不同情况分别处理如下：属于定额内损耗的，借记“管理费用”科目；属于一般经营中超定额损耗的，如果是收发、计量或管理不善造成的，扣除残值后，应向过失人索赔，借记“其他应收款”科目，将扣除残值及过失人赔偿后的净损失计入“管理费用”科目；由于自然灾害或意外事故等造成的存货盘亏、毁损，在扣除残值及过失人、保险公司赔偿后，计入“营业外支出”科目。

【例 3.35】 某企业会计核算执行《企业会计准则》。在年末进行存货清查，发生乙材料盘亏 1 000 元、丙材料毁损 18 000 元、A 产品毁损 2 300 元。经查明原因处理如下：乙材料盘亏属收发、计量差错造成的；丙材料因自然灾害造成，保险公司同意赔偿 15 000 元，增值税率 17%。A 产品收回残值 300 元，过失人赔偿 2 000 元。

报经有关部门批准前编制会计分录如下。

借：待处理财产损溢——待处理流动资产损溢 24 530
　贷：原材料——乙材料 1 000
　　　　——丙材料 18 000
　　应交税费——应交增值税（进项税额转出） 3 230
　　库存商品——A 产品 2 300

报经有关部门批准后编制会计分录如下。

借：管理费用　1 170
　　贷：待处理财产损溢——待处理流动资产损溢　1 170
借：其他应收款——保险公司　17 550
　　营业外支出——非常损失　3 510
　　贷：待处理财产损溢——待处理流动资产损溢　21 060
借：其他应收款——××过失人　2 000
　　原材料　300
　　贷：待处理财产损溢——待处理流动资产损溢　2 300

小知识

企业清查的各种存货的损溢，应于期末结账前处理完毕。如果年末结账前尚未批准的，应在对外提供财务报表时先按上述规定处理，并在会计报表附注中作出说明；如果其后批准处理的金额与已处理的金额不一致的，应按其差额调整下一年度会计报表相关项目的年初数。

二、存货的期末计价

《小企业会计准则》规定，小企业的存货期末仍按成本计量，不因存货可变现价值的变动而调整，即按成本法进行存货的期末计价。

《企业会计准则》规定，资产负债表日，企业存货应当按照成本与可变现净值孰低计量，即采用“成本与可变现净值孰低法”进行存货的期末计价。

（一）成本与可变现净值孰低法

“成本与可变现净值孰低法”是指期末存货按照成本与可变现净值两者之中较低者进行计价的一种方法。即当成本低于可变现净值时，存货按成本计价；当可变现净值低于成本时，存货按可变现净值计价。这里的“成本”是指存货的历史成本，即对发出存货按个别计价法、先进先出法、加权平均法等计价后计算出的期末存货实际成本。如果企业在存货的日常核算中采用计划成本法、售价金额核算法等方法，则“成本”应为调整后的实际成本。“可变现净值”是指在日常活动中，以存货的估计售价减去至完工时估计将要发生的成本、估计销售费用及相关税费后的金额。

由可变现净值的概念可知可变现净值的计算式为

可变现净值=估计售价−估计完工成本−估计销售费用及相关税费

“企业确定存货的可变现净值，应当以取得的确凿证据为基础，并且考虑持有存货的目的、资产负债表日后事项的影响等因素”。确定存货的估计售价对计算其可变现净值非常重要。企业应当以资产负债表日为基准，取得商品市场销售价格、相同或类似商品的销售价格及供货方有关资料等可靠的证据估计确定其售价；“为执行销售合同或者劳务合同而持有的存货，其可变现净值通常应当以合同价格为基础计算”，“企业持有存货的数量多于销售合同订购数量的，超出部分的存货可变现净值应当以一般销售价格为基础计算”。（《企业会计准则第 1 号——存货》）

【例 3.36】 2010 年 10 月，甲、乙两公司签订了一份不可撤销的购销合同，约定 2011 年 1 月 10 日甲公司按 30 万元/台的价格向乙公司提供 M-3 型机器 15 台。2010 年 12 月 31 日甲公司库存 M-3 型机器数量为 18 台，单位成本为 20 万元/台，当时 M-3 型机器市场销售价格为 31 万元/台。甲公司 M-3 型机器期末计价如下。

根据甲、乙两公司签订的购销合同，M-3 型机器应以合同价格为基础计算可变现净值。由于甲公司持有的存货数量多于销售合同订购的数量，所以，对购销合同中约定数量的存货可变现净值以合同约定价格作为计量基础，其估计售价应为 450 万元（30 万元/台 × 15 台）；超过合同订购数量的 M-3 型机器可变现净值应以一般销售价格作为计量基础，其估计售价应为 93 万元（31 万元/台 × 3 台）。

用于出售的材料等，其可变现净值应当以市场价格为基础计算。"为生产而持有的材料等，用其生产的产成品的可变现净值高于成本的，则该材料仍然应当按成本计量；材料价格的下降表明产成品的可变现净值低于成本的，该材料应当按照可变现净值计量。"（《企业会计准则第 1 号——存货》）

【例 3.37】 H 公司 2010 年 12 月 31 日库存甲材料账面价值（成本）为 250 万元，市场购买价格为 200 万元，假设没发生其他购买费用。库存甲材料中 200 万元用于生产 M-5 型机器，50 万元准备对外销售，估计发生销售费用及税金为 2 万元。由于甲材料市场销售价格下降，以甲材料为原料生产的 M-5 型机器市场售价总额由 500 万元降为 400 万元，其生产成本仍为 300 万元。将甲材料加工成 M-5 型机器需投入费用为 100 万元，估计销售费用为 10 万元。

2010 年 12 月 31 日甲材料的期末价值应计量如下。

（1）计算用于生产 M-5 型机器的甲材料的可变现净值：

用于生产 M-5 型机器的甲材料可变现净值=400−100−10=290（万元）

比较用甲材料生产的 M-5 型机器的可变现净值与成本：

甲材料可变现净值 290 万元 > 成本 200 万元

由此可以确定，用于生产 M-5 型机器的甲材料以成本为计量基础，而不是以可变现净值为计量基础。

（2）计算准备对外销售的甲材料的可变现净值，确定其期末价值：对外销售的 50 万元甲材料，按市场销售价格估计市场售价为 40 万元（200 ÷ 250 × 50），则其可变现净值为 38 万元（40-2）。这部分甲材料可变现净值 38 万元低于成本 50 万元，所以，应按其可变现净值 38 万元进行期末计价。

（3）至此，可以确定甲材料的期末价值是 238 万元（200+38），在资产负债表的存货项目中应按 238 万元计算列示。

（二）存货期末计价的会计处理

企业存货成本高于其可变现净值的，按可变现净值计价，需作相应的会计处理；企业存货成本低于其可变现净值的，仍按历史成本计价，不作会计处理。

1. 科目设置

企业应当按照单个存货项目计提存货跌价准备。单个存货项目的期末存货成本高于其可变现净值的，应当计提存货跌价准备，计入当期损益。为了核算计提的存货跌价准备，企业应设置"资产减值损失"和"存货跌价准备"科目。

"资产减值损失"是损益类科目，用来核算企业各种资产发生的减值。借方登记各种资产发生的减值金额，贷方登记冲减的资产减值金额和结转到"本年利润"科目的资产减值损失金额，期末结转后该科目无余额。该科目按资产减值损失的项目进行明细分类核算。

"存货跌价准备"是资产类科目，是"库存商品"、"原材料"等科目的抵减科目，用来核算企业存货的跌价准备。贷方登记资产负债表日存货可变现净值低于成本的差额，借方登记发出存货应结转的存货跌价准备；已计提跌价准备的存货价值恢复时，把原已计提的存货跌价准备金额内的恢复数计入借方，期末余额在贷方，表示企业已计提尚未转销的存货跌价准备。该科目按存货项目或类别进行明细分类核算。

2. 业务核算

【例 3.38】某企业会计核算执行《企业会计准则》，按“成本与可变现净值孰低法”对期末存货进行计价，并按单个存货项目计提存货跌价准备。2009 年 12 月 31 日，A、B、C 三种存货的成本分别为 900 万元、500 万元、1 000 万元，可变现净值分别为 850 万元、470 万元、1 100 万元。则该企业 C 存货成本低于可变现净值，不计提存货跌价准备；A、B 两种存货应计提存货跌价准备共 80 万元。编制会计分录如下。

借：资产减值损失——存货 A　　500 000
　　　　　　　　——存货 B　　300 000
　贷：存货跌价准备——存货 A　　500 000
　　　　　　　　　——存货 B　　300 000

可变现净值低于成本的存货，其差额即为该项存货应计提的存货跌价准备。若该项存货应计提的存货跌价准备大于其账面已提数，则应按其差额补提。

对于数量繁多、单价较低的存货，也可以按照存货类别计提存货跌价准备。与具有类似目的或最终用途并在同一地区生产和销售的产品系列相关，且难以与其他项目分开计量的存货，可以合并计提存货跌价准备。

以前减记存货价值的影响因素已经消失的，减记的金额应当予以恢复，并在原已计提的存货跌价准备的金额内转回，转回的金额计入当期损益。需要注意的是，必须是“以前减记存货价值的影响因素”消失了，才能在原已计提的存货跌价准备的金额内转回，如果导致存货可变现净值高于成本的不是因为以前减记存货价值的影响因素的消失，而是其他因素的影响结果，则不允许将已计提的存货跌价准备恢复。

【例 3.39】 2010 年 12 月 31 日，例 3.34 中的存货 A、C 没有发生变化，存货 B 自 2010 年以来市场价格有所上升，存货 B 成本为 660 万元，预计其可变现净值为 650 万元。存货 B 应计提存货跌价准备 10 万元（660−650），因已提 30 万元，故应冲减存货跌价准备 20 万元（30−10）。

借：存货跌价准备——存货 B　　200 000
　贷：资产减值损失——存货 B　　200 000

企业如果销售计提了跌价准备的存货，则应在结转销售成本的同时，结转已计提的存货跌价准备，计入当期损益。对于因债务重组、非货币性交易而转出的存货，应同时结转的已计提存货跌价准备，不计入当期损益，而应按债务重组和非货币性交易准则的规定进行会计处理。如果企业销售了部分计提跌价准备的存货或是按类别计提存货跌价准备的，则应按销售比例结转相应的存货跌价准备，其计算式为

因销售、债务重组、非货币性交易应结转的存货跌价准备

=（上期末该类（项）存货计提的存货跌价准备账面余额 ÷ 上期末该类（项）存货的账面余额）

×因销售、债务重组、非货币性交易而转出的存货账面余额

【例 3.40】 至 2010 年 12 月 31 日，【例 3.37】中的存货 A 账面历史成本为 1 000 万元，销售后账面历史成本为 600 万元；存货 B 自 2010 年以来市场价格持续上升，根据有关资料，可以判断以前造成存货 B 减值的因素已经消失，预计其可变现净值为 730 万元；存货 C 没有发生任何变化。

存货 C 不作会计处理；存货 B 可变现净值已经高于成本，应在其已计提的存货跌价准备金

额 10 万元内将减值金额转回；存货 A 在结转销售成本时，同时结转销售部分存货已计提的存货跌价准备。会计处理如下。

借：存货跌价准备——存货 B　　100 000

　　贷：资产减值损失——存货 B　　100 000

借：主营业务成本——存货 A　　3 800 000

　　存货跌价准备——存货 A　　200 000

　　贷：库存商品——存货 A　　4 000 000

其中，存货 A 应结转的存货跌价准备为

$$50\times(400\div1\,000)=20\text{（万元）}$$

本章小结

存货，是指企业在日常生产经营过程中持有以备出售，或者仍然处在生产过程中，或者在生产或提供劳务过程中将消耗的材料或物料等，包括各类材料、商品、在产品、半成品、产成品等。

存货取得时按其实际成本入账，存货取得的途径不同，其实际成本的构成也有所不同。企业发出存货的计价方法有先进先出法、加权平均法、移动平均法、个别计价法、计划成本法和售价法。企业应选择合适的计价方法进行存货核算，但一经确定不得随意变更，以保持会计数据的一致性和可比性。

原材料按实际成本计价核算的基本科目是“在途材料”和“原材料”科目。原材料按计划成本核算的基本科目是“材料采购”科目、“原材料”科目、“材料成本差异”科目。外购材料在付款和验收方面会有“单货同到”、“单到货未到”和“货到单未到”三种不同情况，其账务处理也不尽相同。

企业产成品可以按实际成本计价核算，也可以按计划成本计价核算。采用计划成本计价核算的，产成品计划成本与实际成本之间的差额通过“产品成本差异”科目核算。小商业企业库存商品收发的日常核算可以采用进价核算法，也可以采用售价核算法。采用售价法核算的，商品售价与进价之间的差额通过“商品进销差价”科目核算。

委托加工物资核算的基本账户是“委托加工物资”科目。本账户用于核算和监督委托加工材料的发出、收回和结存情况，计算委托加工材料的实际成本。

企业周转材料的核算需设置“周转材料”科目。包装物和低值易耗品收入的账务处理类似原材料。包装物发出的用途不同，其账务处理方法各不相同。包装物和低值易耗品的价值摊销方法主要是一次摊销法，有时需要采用分次摊销法。

存货清查核算的基本科目是“待处理财产损溢”科目。对于已发生的存货盈亏，在报批之前，应借记或贷记“原材料”等科目，贷记或借记“待处理财产损溢”科目，将存货调整为账实相符；在报经批准后，再对待处理财产损溢分别不同的情况进行处理。

《小企业会计准则》规定，小企业的存货期末仍按成本计量，不因存货可变现价值的变动而调整，即按成本法进行存货的期末计价。《企业会计准则》规定，资产负债表日，企业存货应当按照成本与可变现净值孰低计量，即采用“成本与可变现净值孰低法”进行存货的期末计价。

教学做一体化训练

知识测试

一、单项选择题

1. 存货范围确定的依据是（　　）。

A. 是否在库　　B. 是否付款　　C. 是否有所有权　　D. 是否收到

2. 存货的归属以（　　）为划分标准。

A. 交货时间　　B. 经济用途　　C. 存放地点　　D. 法定产权

3. 下列各项目中，不属于本企业存货范围的是（　　）。

A. 货款已付正在运输途中的外购材料　　B. 委托外单位加工的材料

C. 接受外单位委托代销的商品　　D. 已销售但购货方尚未运走的商品

4. 存货入账价值的基础应采用（　　）。

A. 可变现净值　　B. 重置成本

C. 历史成本　　D. 计划成本或定额成本

5. 对存货不多的企业，日常核算一般按（　　）对存货进行计价。

A. 实际成本　　B. 后进先出法　　C. 售价法　　D. 计划成本

6. 小工业企业购入原材料与小商业企业购入商品，处理采购费用的方法是（　　）。

A. 前者不将采购费用计入采购成本，后者计入

B. 前者将采购费用计入采购成本，后者不计入

C. 两者都不将采购费用计入采购成本

D. 两者都将采购费用计入采购成本

7. 按实际成本计价，下列发出存货计价方法中按《小企业会计准则》规定现在不采用的方法是（　　）。

A. 个别计价法　　B. 先进先出法　　C. 后进先出法　　D. 加权平均法

8. 在物价变动的情况下，采用（　　）计价可使期末库存材料的价值最接近市场价格。

A. 加权平均法　　B. 移动平均法　　C. 先进先出法　　D. 后进先出法

9. 采用（　　）能及时并比较客观地反映发出及结存存货的成本。

A. 先进先出法　　B. 后进先出法　　C. 加权平均法　　D. 移动平均法

10. 在物价上涨的情况下，采用（　　）计价会使当期净利润最大。

A. 先进先出法　　B. 后进先出法　　C. 加权平均法　　D. 移动平均法

11. 采用（　　）在市场价格上涨或下跌时所计算出来的单位成本平均化，对存货成本的分摊较为折中。

A. 先进先出法　　B. 后进先出法　　C. 加权平均法　　D. 移动平均法

12. 如果存货种类繁多，为简化核算工作，存货可按（　　）法进行核算。

A. 计划成本　　B. 实际成本　　C. 进价　　D. 个别计价

13. “在途材料”科目应该按（　　）计价。

A. 计划成本　B. 实际成本

C. 生产成本　D. 计划成本与实际成本之间的差异

14. 企业外购材料验收入库时发现的短缺和毁损，如属途中合理损耗，应作如下处理（　　）。

A. 若未付款，应拒付货款

B. 若已付款，应向供应单位索赔

C. 列入营业外支出

D. 相应提高入库材料的实际单位成本，不再另作账务处理

15. 企业购入存货，在有购货折扣的情况下，计入存货历史成本的购货价格是（　　）。

A. 扣除商业折扣但包括现金折扣的金额　B. 扣除现金折扣但包括商业折扣的金额

C. 扣除商业折扣和现金折扣后的金额　D. 不扣除商业折扣和现金折扣的金额

16. 在采用计划成本计价核算的情况下，凡是已支付货款结算的，不论材料到达与否，都应将采购成本先记入（　　）科目的借方。

A. 在途物资　B. 材料采购　C. 预付账款　D. 应付账款

17. 发出材料成本差异应从“材料成本差异”账户（　　）转出。

A. 借方　B. 贷方

C. 借方或贷方均可　D. 由企业自定借方或贷方

18. 某企业委托外单位加工一批属于应税消费品的材料，材料加工完成收回后继续生产应税消费品。该企业对于加工单位代收代交的消费税，应（　　）。

A. 借记“原材料”科目　B. 借记“委托加工物资”科目

C. 借记“应交税费——应交消费税”科目　D. 贷记“应交税费——应交消费税”科目

19. 包装产品用的包装纸、绳，应在（　　）科目核算。

A. 包装物　B. 原材料　C. 低值易耗品　D. 库存商品

20. 为生产产品领用包装物的成本应计入（　　）。

A. 产品生产成本　B. 制造费用　C. 其他业务支出　D. 销售费用

21. 随同商品出售，单独计价的包装物的收入应当计入（　　）科目。

A. 主营业务收入　B. 其他业务收入　C. 营业外收入　D. 其他业务成本

22. 销售甲产品时附带出售包装桶，包装桶单独计价。该批包装桶的成本应计入（　　）。

A. 生产成本　B. 制造费用　C. 其他业务成本　D. 销售费用

23. 对于报废出租包装物的残料价值，应借记“原材料”科目，贷记（　　）科目。

A. 主营业务收入　B. 其他业务收入　C. 其他业务成本　D. 销售费用

24. 材料盘盈时，在报经批准前，应做的账务处理是（　　）。

A. 借：原材料
　　贷：待处理财产损溢

B. 借：原材料
　　贷：营业外收入

C. 借：待处理财产损溢
　　贷：管理费用

D. 借：待处理财产损溢
　　贷：营业外收入

25. 盘亏的存货如因非常灾害造成的，经批准，应转作（　　）。

A. 经营费用　B. 管理费用　C. 其他业务支出　D. 营业外支出

26. 存货按“成本与可变现净值孰低法”计价，是（　　）信息质量要求的运用。

A. 客观性　B. 权责发生制　C. 历史成本　D. 谨慎性

27. “成本与可变现净值孰低法”中的成本是指（　　）。

A. 计划成本　　B. 历史成本　　C. 重置成本　　D. 定额成本

二、多项选择题

1. 下列各项目中，属于小企业存货的有（　　）。

A. 委托外单位代销的货物

B. 接受其他单位委托代销的货物

C. 购货单位已交款并已开出提货单，而尚未提走的货物

D. 为建造固定资产等工程而储备的材料

E. 企业正在加工中的产品

2. 小企业存货发出的计价方法有（　　）。

A. 先进先出法　　B. 加权平均法　　C. 个别计价法

D. 一次摊销法　　E. 后进先出法

3. 小工业企业（一般纳税人）的下列支出中构成存货采购成本的有（　　）。

A. 购货价格　　B. 支付给运输部门的运费（已扣除增值税）

C. 支付的增值税　　D. 支付的消费税　　E. 入库前的挑选整理费用

4. 下列费用中，不应计入外购存货采购成本的有（　　）。

A. 运输机构造成的超定额损耗　　B. 运输途中的合理损耗

C. 采购人员差旅费　　D. 进口关税

E. 未能取得增值税专用发票或完税证明所支付的增值税

5. 可列入外购材料采购成本的支出项目有（　　）。

A. 发票账单所列进价　　B. 发票账单所列的税额

C. 运输费、保险费　　D. 入库前的整理费用

E. 入库后的保管费用

6. 下列项目中，应计入材料成本的税金有（　　）。

A. 支付的进口材料的关税

B. 支付的购进材料的消费税

C. 材料委托加工后用于连续生产应税消费品，已由委托方代收代交的消费税

D. 材料委托加工后直接出售，由受托方代收代交的消费税

E. 小规模纳税人购入材料支付的增值税

7. 材料按实际成本计价进行核算，一般需设置的科目有（　　）。

A. “材料采购”　　B. “材料成本差异”　　C. “原材料”

D. “在途物资”　　E. “材料进销差价”

8. 不应列入小商业企业商品采购成本的支出项目有（　　）。

A. 发票账单所列进价　　B. 发票账单所列的增值税额

C. 运输费、保险费　　D. 入库前的整理费用

E. 入库前的挑选费用

9. 企业购进材料一批，已验收入库，但到月终时结算凭证仍未到，货款尚未支付。对该项业务，企业应作如下处理（　　）。

A. 材料验收入库时即暂估入账　　B. 材料验收入库时只登记原材料明细账

C. 月末按暂估价入账 D. 下月初用蓝字转回

E. 待下月收到结算凭证并支付货款时入账

10. 企业的原材料采用计划成本核算，应设置的科目有（ ）。

A. 原材料 B. 在途物资 C. 材料采购

D. 材料成本差异 E. 商品进销差价

11. “材料成本差异”科目的贷方登记（ ）。

A. 收入材料转入的节约差异 B. 收入材料转入的超支差异

C. 发出材料负担的节约差异 D. 发出材料负担的超支差异

E. 发出商品分摊的进销差价

13. 在下列有关“商品进销差价”账户的叙述中，正确的有（ ）。

A. 是采用售价金额法核算商品售价与进价之间差额的账户

B. 贷方登记购入商品进价与售价之间的差额

C. 借方登记分摊的已售商品的进销差价

D. 借方余额表示库存商品的进销差价

E. 贷方余额表示库存商品的进销差价

14. 委托加工收回后将用于连续生产应税消费品的材料，其实际成本包括（ ）。

A. 发出加工材料的计划成本 B. 发出加工材料应负担的成本差异

C. 加工费用和往返运杂费 D. 支付的增值税

E. 支付的由受托方代收代交的消费税

15. 委托加工材料成本包括（ ）。

A. 发出材料成本 B. 支付加工材料的增值税

C. 支付运杂费 D. 支付的加工费

E. 支付加工材料的消费税

16. 下列各项中，属于《小企业会计准则》纳入“周转材料”科目核算的有（ ）。

A. 包装物 B. 低值易耗品

C. 消耗性生物资产 D.（建筑业）的钢模板、木模板、脚手架等

E. 生产性生物资产

17. 下列各项中，应作为包装物进行核算和管理的有（ ）。

A. 生产过程中用于包装产品作为产品组成部分的包装物

B. 随同商品出售，不单独计价的包装物

C. 随同商品出售，单独计价的包装物

D. 出租或出借给购货单位使用的包装物

E. 用于储存和保管商品、材料而不对外出售或出借的包装物

18. 低值易耗品的摊销方法有（ ）。

A. 直接转销法 B. 备抵法 C. 一次摊销法

D. 分次摊销法 E. 五五摊销法

19. 出租、出借包装物的收入包括（ ）。

A. 出租包装物的租金收入 B. 出租包装物收到的押金

C. 出借包装物收到的押金 D. 没收逾期未还出租包装物的押金

E. 没收逾期未还出借包装物的押金

20. 小工业企业下列业务中，通过“其他业务收入”科目核算的有（ ）。

A. 销售产品取得的收入

B. 销售材料取得的收入

C. 随同产品出售、单独计价的包装物取得的收入

D. 出租包装物取得的租金收入

E. 出借包装物收到的押金

21. 下列项目中，应作为销售费用处理的有（ ）。

A. 随同商品出售不单独计价的包装物的成本

B. 随同商品出售单独计价的包装物的成本

C. 出租包装物的摊销价值

D. 出借包装物的摊销价值

E. 为采购商品发生的差旅费

22. 企业包装物的摊销方法有（ ）。

A. 一次摊销法　　B. 备抵法　　C. 五五摊销法

D. 分次摊销法　　E. 直接转销法

23. 关于“成本与可变现净值孰低法”，以下表述正确的有（ ）。

A. 其“成本”是指存货的历史成本

B. 其“可变现净值”是指存货的现行售价

C. 当成本低于可变现净值时，存货按成本计价

D. 当可变现净值低于成本时，存货按可变现净值计价

E. 当可变现净值高于成本时，存货按可变现净值计价

三、判断题

1. 凡是在盘存日期，法定产权属于企业的为销售或耗用而储存的一切资产，不管其存放地点如何，都是企业的存货。（ ）

2. 采用加权平均法对存货计价，当物价上升时，加权平均成本将会小于现行成本；当物价下降时，加权平均成本将大于现行成本。（ ）

3. 企业采购材料，在折扣期内取得的现金折扣，应冲减材料的采购成本。（ ）

4. 企业采用计划成本进行材料日常核算，月末分摊材料成本差异时，无论是超支差异还是节约差异，均在“材料成本差异”科目的贷方登记。（ ）

5. 采购材料在运输途中发生的一切损耗，均应计入购进材料的采购成本。（ ）

6. 企业的低值易耗品可以参加多次生产周转而不改变其原有的实物形态，所以，应列为固定资产进行管理和核算。（ ）

7. 随同产品出售、不单独计价包装物的成本，直接计入产品生产成本。（ ）

8. 企业清查的各种存货损溢，在年末结账前尚未经批准处理的，表现为“待理财产损溢”科目年末结账后有余额。（ ）

9. 商品流通的小企业（批发业、零售业）在购买商品过程中发生的费用（包括运输费、装卸费、包装费、保险费、运输途中的合理损耗和入库前的挑选整理费等），计入购入商品的实际成本。（ ）

10. 存货发生毁损，可收回的责任人赔偿和保险赔款，扣除其相关税费后的净额，应当计入营业外支出或营业外收入。 （ ）

11. 企业采用成本与可变现净值孰低法确定存货的期末价值，当存货的成本低于可变现净值时，期末存货应按其成本计价。 （ ）

12. 成本与可变现净值孰低法中的“成本”，是指存货的历史成本，“可变现净值”是指存货的现行售价。 （ ）

技能演练

1. 前进工厂为增值税一般纳税人。2013 年 7 月初结存 A 材料 1 000 千克，单位成本 50 元/千克。7 月份 A 材料的收发业务如下。

（1）5 日，从外地购入 A 材料 5 000 千克，价款 235 600 元，增值税税额 40 052 元，运杂费 2 100 元，其中运杂费可予以抵扣的进项税额为 100 元，A 材料验收入库时实收 4 950 千克，短缺 50 千克属定额内合理损耗。

（2）8 日，生产领用 A 材料 2 800 千克。

（3）12 日，在本市购入 A 材料 3 000 千克，价款 145 500 元，增值税税额 24 735 元。材料已验收入库。

（4）15 日，生产领用 A 材料 3 600 千克。

（5）20 日，从外地某公司购入 A、B 两种材料，其中 A 材料 2 500 千克，单价 45.70 元/千克，价款 114 250 元；B 材料 2 500 千克，单价 100 元/千克，价款 250 000 元。两种材料的增值税共为 61 922.50 元。另外，两种材料的运杂费共为 1 560 元，其中运费可予以抵扣的进项税额为 60 元。两种材料已验收入库，运杂费按材料的重量比例分摊。

（6）24 日，生产领用 A 材料 4 000 千克。

要求：①计算各批购入 A 材料的实际总成本和单位成本；②分别按先进先出法、加权平均法列式计算 7 月份发出 A 材料的实际成本和月末结存 A 材料成本。

2. 光明工厂 2013 年 9 月初有关账户余额如下。

品名	数量（千克）	单价（元）	金额（元）
原材料——A 材料	1 200	8.20	9 840
——B 材料	3 000	4.55	13 650
——C 材料	1 000	3.35	3 350

应付账款——海华工厂 700 元（贷方余额）

光明工厂 9 月份发生材料收发业务如下。

（1）冲转上月末海华工厂发票未到 C 材料 200 千克，合同价 700 元。

（2）从江海公司购入 B 材料 3 600 千克，买价 15 810 元. 运杂费 210 元，货款及应随同缴付的 17%增值税进项税额已承付，材料也验收入库。

（3）银行转来海华工厂的委托收款凭证通知，本厂承付上月收到的 200 千克 C 材料款 700 元，以及进项税额 119 元。

（4）基本生产车间领用 A 材料 600 千克、B 材料 2 000 千克、C 材料 400 千克，投入产品生产。

（5）银行转来开元工厂的委托收款通知，本厂应承付下列材料款：A 材料 1 600 千克，买价 12 800 元；B 材料 3 000 千克，买价 13500 元。另有进项税额 4471 元，运杂费 920 元。款项均已承付，材料尚未运到（运杂费按购入材料重量比例分摊）。

（6）从开元工厂购入的 A、B 材料运抵企业，经验收，发现 A 材料短缺 100 千克，查明系运输部门责任，让其赔付 800 元，A、B 两种材料验收入库。

（7）从红光工厂采购 C 材料 1 500 千克，合同单价为 3.30 元，红光工厂要求本厂先预付 50%的价款，已汇出。

（8）从红光工厂采购的 C 材料已运抵企业，价格无误，另有运杂费 840 元，及按 17%计算的增值税进项税额，财务科开出结算凭证，将余款及运杂费、税款全数付出。

（9）从新华工厂购得 B 材料 2 400 千克，每千克价 4.60 元，另有运费 720 元，现材料已运抵企业，验收入库，财务科遵循合同约定，开出为期 1 个月的商业汇票，票面金额为 10 000 元，汇票已送出，余款及增值税款用银行存支付。

（10）101 号在建工程领用 C 材料 100 千克。厂部进行日常维修，领用 B 材料 50 千克。

（11）收到新江工厂发来 A 材料 500 千克，合同价 3 700 元，验收入库，尚未收到对方单位的结算凭证。

（12）月末，按暂估价作新江工厂发来 A 材料收料的账务处理。

（13）月末，采用加权平均法计算发出材料的单位成本、总成本并转账。

要求：①设置原材料的总分类账和明细分类账，登记期初余额。②根据以上材料收发业务，逐项编制会计分录，并根据会计分录，登记原材料总账和明细分类账，计算期末余额，并进行核对。

3. 光明工厂 2013 年 9 月初有关账户余额如下。

品名	数量（千克）	计划单价（元）	金额（元）
原材料——A 材料	1 200	8.20	9 840
——B 材料	3 000	4.60	13 800
——C 材料	1 000	3.70	3 700

应付账款——海华工厂　700 元（贷方余额）

材料成本差异　290 元（借方）

光明工厂 9 月份发生材料采购及收发业务（1）～（11），如技能演练题 2。

（12）月末，集中按计划成本作处理验收入库的账务处理。

（13）结转本月发出材料的成本。

（14）计算结转本月发出材料应分配的材料成本差异。

要求：① 设置“原材料”总分类账和材料明细分类账，设置“材料成本差异”明细账，并登记期初余额。②根据资料编制会计分录，根据会计分录，登记上述设置的总账和明细分类账，并核对。

4. 三江商场 2013 年 6 月 27 各有关科目余额如表 3.3 所示。

表 3.3　有关科目余额表

营业部	库存商品	商品进销差价	主营业务收入	主营业务成本
百货部	202 000	165 000	300 000	300 000
五金部	80 000	64 000	150 000	150 000
日杂部	70 000	68 000	100 000	100 000
合计	352 000	297 000	550 000	550 000

6 月 28 日至 6 月 30 日发生下列经济业务。

（1）6 月 28 日百货部进货一批，商品已验收入库。所取得的增值税发票载明，商品进价为 20 000 元，应交增值税进项税额为 3 400 元，该项商品的售价为 28 000 元。

（2）6月28日，各营业部销货收入如下：五金部4 000元；百货部6 000元；日杂部5 000元。以上款项均已送存银行，各营业部将“现金送款簿”回单和“营业日报表”报送会计部门。

（3）6月29日，五金部从小规模纳税人处进货一批，以银行存款支付货款2 000元，商品已验收入库，该项商品售价为3 000元。

（4）6月29日，日杂部从农民个人手中购进农副产品一批，该农副产品为外销商品，已入库。以现金支付货款5 000元，该项商品售价为6 000元。

（5）6月29日，各营业部销货收入如下：五金部4 000元；百货部10 000元；日杂部6 000元。以上款项均已送存银行，各营业部将“现金送款簿”回联单和“营业日报表”报送会计部门。

（6）6月30日，各营业部销售收入如下：五金部8 000元；百货部6 000元；日杂部4 000元。以上款项均已送存银行，各营业部将“现金送款簿”回联单和“营业日报表”报送会计部门。

要求：①根据所给资料，编制会计分录。②按各营业部分别计算商品进销差价率，并结转已售商品进销差价。

5. 甲企业为增值税一般纳税人，委托乙企业将A材料加工成B材料，B材料属应税消费品，加工收回后用于连续生产应税消费品。该企业材料日常采用计划成本计价核算。有关经济业务如下：

（1）发出A材料计划成本为120 000元，当月材料成本差异率为-1%。

（2）用银行存款支付加工费、运杂费、税金等共32 550元，其中增值税税额2 550元，消费税税额13 000元。

（3）B材料加工完毕验收入库，计划成本为136 200元。

要求：根据以上经济业务编制会计分录。

6. 南方工厂为增值税小规模纳税人，低值易耗品按计划成本计价核算，并按上月的成本差异率计算分摊发出材料成本差异。该企业6月份低值易耗品的成本差异率为-2%，2013年7月份发生经济业务如下：

（1）6日，从外地某企业购进低值易耗品一批，取得的增值税专用发票上注明买价为30 000元，增值税税额为5 100元，对方代垫运杂费800元，货款共35 900元，已用银行存款支付。该批低值易耗品已验收入库，计划成本为36 500元。

（2）12日，上月已付款的在途低值易耗品已运达并验收入库，其实际成本为60 000元，计划成本为58 300元。

（3）15日，基本生产车间领用低值易耗品一批，计划成本为3 800元，一次摊销其价值。

（4）16日，厂部管理部门领用低值易耗品一批，计划成本为54 000元，计划分18个月摊销其价值。

（5）26日，基本生产车间报废低值易耗品一批，残料作价100元入账。

要求：根据以上经济业务编制会计分录。

7. 东方工厂为增值税一般纳税人，包装物按实际成本计价核算。该企业2013年7月份发生经济业务如下：

（1）向甲企业购入包装物一批，买价40 000元，增值税税额6 800元，款项46 800元已用银行存款支付，包装物已验收入库。

（2）向乙企业购入包装物一批，买价50 000元，增值税税额8 500元，款项58 500元已用银行存款支付，包装物尚未到达企业。

（3）基本生产车间在生产过程中领用包装物一批，实际成本8 500元。

（4）销售部门为销售产品领用包装物一批，实际成本 2 300 元，该批包装物随同产品出售而不单独计价。

（5）销售部门为销售产品领用包装物一批，实际成本 4 000 元，该批包装物随同产品出售，单独计算售价为 5 000 元，增值税销项税额为 850 元，款项 5 850 元已收存银行。

（6）租给丁企业 A 包装物（新的）100 个，每个实际成本 30 元，出租期限为 1 个月，租金为每个 10 元。押金 3 500 元已收存银行。该包装物采用一次摊销法摊销。

（7）以前借给丙企业的某包装物到期收回，原出借 100 个，现收回 80 个。没收押金 850 元，其中增值税税额 123.50 元。退回部分押金余额 3 400 元（押金共 4 250 元）。

（8）以前租给丁企业的某包装物到期收回，原出租 80 个，现收回 75 个。原收取押金 2 800 元，现抵扣租金 800 元和按规定应交增值税 136 元，同时没收押金 175 元，其中增值税税额 25.43 元。退回押金余额 1 689 元。

（9）丁企业退回的包装物中有 10 个报废，收回残料作价 50 元。

要求：根据以上经济业务编制会计分录。

8. 某小企业对存货进行清查，清查结果及批准处理情况如下：

（1）发现盘盈 A 低值易耗品 5 件，实际单位成本为 300 元。

（2）发现盘亏 B 原材料 400 千克，单位计划成本为 100 元/千克，材料成本差异率为 2%，其购进时的增值税税额为 6 936 元。

（3）发现毁损 C 产成品 80 件，每件实际成本为 350 元，其应负担的增值税税额为 2 750 元。

（4）现已查明，A 低值易耗品盘盈是收发计量差错造成；B 原材料短缺是管理制度不健全造成；C 产成品毁损是意外事故造成，其残料回收作价 500 元，可获保险公司赔偿 18 450 元。经总经理会议批准后，对上述清查结果做出处理。

要求：按《小企业会计准则》规定对以上经济业务编制会计分录。

9. 东风厂采用备抵法核算存货跌价损失。某材料存货的有关资料如下：

（1）2008 年年初“存货跌价准备”科目为贷方余额 4 210 元，2008 年年末存货成本为 863 000 元，可变现净值为 857 220 元。

（2）2009 年年末，存货成本为 629 000 元，可变现净值为 624 040 元。

（3）2010 年 7 月，处理一批生产中已不再需要，并且已无使用价值和转让价值的材料，其账面余额为 12 000 元。2010 年年末，存货成本为 736 500 元，可变现净值为 734 170 元。

要求：计算各年应提取的存货跌价准备并编制相应的会计分录。

10. 某企业对存货进行清查，清查结果及批准处理情况如下：

（1）发现盘盈 A 低值易耗品 5 件，实际单位成本为 300 元。

（2）发现盘亏 B 原材料 400 千克，单位计划成本为 100 元/千克，材料成本差异率为 2%，其购进时的增值税税额为 6 936 元。

（3）发现毁损 C 产成品 80 件，每件实际成本为 350 元，其应负担的增值税税额为 2 750 元。

（4）现已查明，A 低值易耗品盘盈是收发计量差错造成；B 原材料短缺是管理制度不健全造成；C 产成品毁损是意外事故造成，其残料回收作价 500 元，可获保险公司赔偿 18 450 元。经总经理会议批准后，对上述清查结果做出处理。

要求：按《企业会计准则》规定对以上经济业务编制会计分录。

第四章 投资

【学习目标】

知识目标 了解对外投资的概念和分类；理解短期投资、长期债券投资、长期股权投资初始计量的原则和要求；掌握短期投资、长期债券投资、长期股权投资持有期间投资收益的确认方法；掌握长期债券投资溢折价的摊销方法；掌握短期投资、长期债券投资、长期股权投资损益的确认方法。

能力目标 能进行短期投资、长期债券投资、长期股权投资取得和收益确认的核算；能进行长期债券投资溢折价摊销的核算；能进行短期投资、长期债券投资、长期股权投资处置的核算。

【导入案例】

成本法的运用

甲公司2013年4月1日以银行存款100万元取得乙公司5%发行在外的普通股100万股，并准备长期持有，根据《小企业会计准则》的要求采用成本法核算。2013年4月25日，乙公司宣告发放2012年的现金股利，0.2元/股，定于5月10日支付；乙公司2013年1~6月实现净利润1 000万元，2013年7月5日，宣告发放2013年上半年的现金股利，0.3元/股，定于8月1日支付。

该公司的李会计计算的投资收益为37.5万元（100×0.5）×9/12。但其同事肖会计认为，李会计对成本法的理解有错误。

请思考

1. 你认为肖会计的说法对吗？
2. 如果肖会计的说法正确，请你替她计算正确的投资收益。

投资的概念有狭义和广义之分。广义的投资概念，不仅包括对外投资（如对外投出流动资产、固定资产等），还包括对内投资（如企业购买自用的固定资产等）。狭义的投资概念仅指对外投资，即投资企业为通过分配来增加财富，或为谋求其他利益，而将资产让渡给其他单位获得另一项资产的行为。

小企业的对外投资按照投资对象的可变现性和投资目的分类，分为短期投资和长期投资。易变现、并且意图短期持有的投资，归为短期投资；不易变现、并且意图长期持有的投资，归为长期投资。

短期投资按照投资性质分类，分为股票投资、债券投资等；长期投资按照投资性质分类，分为长期股权投资、长期债券投资。

第一节 短期投资

一、短期投资概述

短期投资，是指小企业购入的能随时变现并且持有时间不准备超过 1 年（含 1 年，下同）的投资，如小企业以赚取差价为目的从二级市场购入的股票、债券、基金等。这种投资在很大程度上是为了暂时存放剩余资金，并通过这种投资取得高于银行存款利率的利息收入或价差收入，待需要现金时即可兑换成现金。

短期投资属于流动资产，它应该具备两个条件。

（1）该投资必须随时可以上市流通，能够在公开市场交易并且有明确市价。

（2）企业管理层有意在一个会计年度之内将其转变为现金。持有投资作为剩余资金的存放形式，并保持其流动性和获利性。

短期投资相对于长期股权投资和长期债券投资，通常具有以下三个特征。

（1）投资目的很明确。这是为了提高暂时闲置资金的使用效率和效益而进行的对外投资，也包括以赚取差价为目的。

（2）投资时间比较短。短期投资不是为了长期持有，所以持有时间往往会较短，通常是不准备超过 1 年。但这并不代表必须在 1 年内出售，如果实际持有时间已经超过 1 年，除非企业管理当局改变投资目的，既改短期持有为长期持有，否则仍然作为短期投资核算。

（3）投资品种易变现。为了能够实现及时变现的目的，通常投资于二级市场上公开交易的股票、债券、基金等，这些资产在市场上极易变现。

二、短期投资的初始计量

以支付现金取得的短期投资，应当按照购买价款和相关税费作为成本进行计量。相关税费是指小企业在交易过程中按照有关规定应负担的各种税款、行政事业性收费以及手续费、佣金等。

实际支付价款中包含的已宣告但尚未发放的现金股利或已到付息期但尚未领取的债券利息，应当单独确认为应收股利或应收利息，不计入短期投资的成本。

1. 短期投资核算的科目设置

为了核算小企业短期投资的取得、收取现金股利或利息、处置等业务，应当设置“短期投资”、“应收股利”、“应收利息”、“投资收益”等科目。

“短期投资”科目：该科目属于资产类科目，核算企业持有的短期投资的成本，包括企业为交易目的所持有的债券投资、股票投资、基金投资、权证投资等的成本。本科目的借方登记短期投资的取得成本；贷方登记企业出售短期投资时结转的成本。该科目期末借方余额，反映小企业持有的短期投资的成本。该科目按短期投资的类别和品种设置明细科目，进行明细核算。

“应收股利”科目：核算因股权投资而应收的现金股利。

“应收利息”科目：核算因债权投资而应收取的利息。

“投资收益”科目：核算企业投资所发生的损益。

2. 短期投资取得的业务核算

小企业以支付现金取得的短期投资，应当按照购买价款和相关税费作为成本进行计量。借记“短期投资”科目，贷记“银行存款”科目。

小企业购入股票时，如果实际支付的购买价款中包含已宣告但尚未发放的现金股利，应当按照实际支付的购买价款和相关税费扣除已宣告但尚未发放的现金股利后的金额，借记“短期投资”科目，按照应收的现金股利，借记“应收股利”科目，按照实际支付的购买价款和相关税费，贷记“银行存款”科目。

小企业购入债券时，如果实际支付的购买价款中包含已到付息期、但尚未领取的债券利息，应当按照实际支付的购买价款和相关税费扣除已到付息期、但尚未领取的债券利息后的金额，借记“短期投资”科目，按照应收的债券利息，借记“应收利息”科目，按照实际支付的购买价款和相关税费，贷记“银行存款”科目。

【例 4.1】 2013 年 4 月 26 日，A 小企业以银行存款从证券市场购入 F 上市公司股票 20 万股，准备短期获利，共支付款项 2 200 000 元，其中包括已宣告但尚未发放的现金股利 120 000 元（税后）。另支付交易手续费等 22 000 元。5 月 15 日收到已宣告发放的现金股利。A 小企业的账务处理如下。

（1）2013 年 4 月 26 日，购买股票时：

	借方	贷方
借：短期投资——F 公司股票	2 102 000	
应收股利	120 000	
贷：银行存款		2 222 000

（2）2013 年 5 月 15 日，收到已宣告发放的现金股利时：

	借方	贷方
借：银行存款	120 000	
贷：应收股利		120 000

3. 交易性金融资产的初始计量

《小企业会计准则》规定，设置“短期投资”科目核算企业取得的短期投资，取得投资时，应该采用历史成本计量，交易费用计入投资成本。

《企业会计准则》规定，设置“交易性金融资产——成本”科目核算企业取得的短期投资，取得交易性金融资产须按照公允价值进行计量，相关交易费用在发生时直接借记“投资收益”科目。

公允价值，是指在公平交易中，熟悉情况的交易双方自愿进行资产交换或者债务清偿的金额。

交易费用，是指可直接归属于购买、发行或处置金融工具新增的外部费用，包括支付给代理机构、咨询公司、券商等的手续费和佣金及其他必要支出。

“交易性金融资产”科目属于资产类科目，核算企业持有的以公允价值计量且其变动计入当期损益的金融资产，包括企业为交易目的所持有的债券投资、股票投资、基金投资、权证投资等交易性金融资产的公允价值。本科目的借方登记交易性金融资产的取得成本、资产负债表日其公允价值高于账面余额的差额；贷方登记资产负债表日其公允价值低于账面余额的差额，以及企业出售交易性金融资产时结转的成本和公允价值变动额。本科目按交易性金融资产的类别和品种，分“成本”、“公允价值变动”进行明细核算。

“公允价值变动损益”科目属于损益类科目，核算企业交易性金融资产等公允价值变动而形成的应计入当期损益的利得或损失。

企业取得交易性金融资产时，应当按照该金融资产取得时的公允价值作为初始确认金额，借记“交易性金融资产——成本”科目；按发生的交易费用，借记“投资收益”科目；按已宣告但尚未发放的现金股利或已到付息期但尚未领取的债券利息，借记“应收股利”或“应收利息”科目；按实际支付的金额，贷记“银行存款”等科目。

【例 4.2】 A 公司的会计核算执行《企业会计准则》。2013 年 2 月 10 日购入股票 1 500 股，当时每股市价 5 元，交易费用 75 元，A 公司编制会计分录如下。

借：交易性金融资产——成本　　7 500

　　投资收益　　75

　　贷：银行存款　　7 575

三、短期投资的后续计量

1. 短期投资持有期间的投资收益

在短期投资持有期间，被投资单位宣告分派现金股利时，应按照本企业可分得的金额，确认应收股利和投资收益，借记“应收股利”科目，贷记“投资收益”科目。

在债务人应付利息日，应按照债券投资的票面利率计算应取得的利息收入，确认应收利息和投资收益，借记“应收利息”科目，贷记“投资收益”科目。

【例 4.3】 2013 年 1 月 5 日，A 小企业从二级市场上购入 G 公司发行的公司债券，该笔债券于 2009 年 1 月 1 日发行，期限为 10 年，债券面值为 3 000 000 元，票面利率为 4%。上年债券利息于下年 1 月 15 日支付。A 小企业持有目的是短期获利，支付价款 3 120 000 元，其中包括已到期但未发放的债券利息 120 000 元，另支付交易费用 30 000 元。2013 年 1 月 15 日，A 小企业收到该笔利息。2014 年 1 月 15 日，又收到债券利息 120 000 元。A 小企业的账务处理如下。

（1）2013 年 1 月 5 日，购入 G 公司发行的债券。

借：短期投资——G 公司　　3 030 000

　　应收利息——G 公司　　120 000

　　贷：银行存款　　3 150 000

（2）2013 年 1 月 15 日，收到已到期但尚未发放的债券利息。

借：银行存款　　120 000

　　贷：应收利息——G 公司　　120 000

（3）2013 年 12 月 31 日，A 小企业确认本年度的债券利息收入。

借：应收利息——G 公司　　120 000

　　贷：投资收益　　120 000

（4）2014 年 1 月 15 日，收到 2013 年度的债券利息。

借：银行存款　　120 000

　　贷：应收利息——G 公司　　120 000

2. 交易性金融资产持有期间的应收利息

按《企业会计准则》的规定，企业持有交易性金融资产期间，在资产负债表日（而不是在债务人应付利息日）按债券投资的面值和票面利率计算应收利息，确认应收利息和投资收益，借记“应收利息”科目，贷记“投资收益”科目。

3. 交易性金融资产的后续计量

《小企业会计准则》规定，小企业的短期投资取得后在持有期间仍按成本计量，不考虑持有期间的市价波动。对于资产负债表日发生的短期投资的公允价值的变动不作任何会计处理。

《企业会计准则》规定，资产负债表日，交易性金融资产应当按照公允价值计量，公允价值与账面余额之间的差额计入当期损益。具体的账务处理是：交易性金融资产的公允价值高于其账面余额时，应按二者之间的差额，借记“交易性金融资产——公允价值变动”科目，贷记“公允价值变动损益”科目。当交易性金融资产的公允价值低于其账面余额时，应按二者之间的差额，借记“公允价值变动损益”科目，贷记“交易性金融资产——公允价值变动”科目。

【例 4.4】 接例 4.2，A 公司 2013 年 2 月 10 日购入的那批股票当年 2 月 28 日市价为每股 5.5 元；3 月 31 日市价为每股 4.90 元。A 公司编制如下会计分录。

（1）2013 年 2 月 28 日。

借：交易性金融资产——公允价值变动　750

　　贷：公允价值变动损益　750

（2）2013 年 3 月 31 日。

借：公允价值变动损益　900

　　贷：交易性金融资产——公允价值变动　900

四、短期投资的处置

小企业出售短期投资时，应当将出售价款扣除该短期投资的账面余额（即成本）、出售过程中支付的相关税费后的净额，计入出售当期的投资收益。

出售短期投资，应当按照实际收到的出售价款，借记“银行存款”或“库存现金”科目，按照该项短期投资的账面余额，贷记“短期投资”科目，按照尚未收到的现金股利或债券利息，贷记“应收股利”或“应收利息”科目，按照其差额，贷记或借记“投资收益”科目。

出售短期投资时，其成本分别按不同情况进行结转：①一次性全部出售某项短期投资，其成本为短期投资的账面余额；②部分出售某项短期投资，可以比照有关发出存货成本计价的方法进行计算结转，如采用先进先出法、加权平均法或个别计价法结转出售部分的短期投资的成本。

【例 4.5】 2013 年 5 月 8 日，A 小企业购入 H 公司股票 100 000 股作为短期投资，每股成交价格 10 元，另支付佣金、手续费等费用共计 10 000 元，所有款项均以银行存款支付。2013 年 8 月 31 日，该企业以每股 13 元的价格全部出售该股票，同时支付手续费等 13 000 元。A 企业的账务处理如下。

（1）购入股票作为短期投资时：

$$投资成本 = 100\,000 \times 10 + 10\,000 = 1\,010\,000（元）$$

借：短期投资——H 公司股票　1 010 000

　　贷：银行存款　1 010 000

（2）出售股票时：

$$投资收益 =（100\,000 \times 13 - 13\,000）- 1\,010\,000 = 277\,000（元）$$

借：银行存款　1 287 000

　　贷：短期投资——H 公司股票　1 010 000

　　　　投资收益　277 000

按《企业会计准则》的规定，出售交易性金融资产时，应按实际收到的金额，借记“银行存款”等科目，按该金融资产的账面余额，贷记“交易性金融资产”科目，按其差额，贷记或借记“投资收益”科目。同时，将原计入该金融资产的公允价值变动转出，借记或贷记“公允价值变动损益”科目，贷记或借记“投资收益”科目。

【例 4.6】 接例 4.4，A 公司 2013 年 4 月 2 日出售当年 2 月 10 日购入的这批股票，每股售价 4.80 元。A 公司编制如下会计分录。

（1）2013 年 4 月 2 日出售。

借：银行存款　7 200
　　交易性金融资产——公允价值变动　150
　　投资收益　150
　　贷：交易性金融资产——成本　7 500

（2）企业在确认处置损益的同时，应将持有期间已确认的公允价值变动净损益转为投资损益。

借：投资收益　150
　　贷：公允价值变动损益　150

学中做

2013 年 1 月 1 日，A 小企业支付价款 1 020 000 元（含已到付息期尚未领取的利息 20 000 元）从二级市场购入某公司发行的债券，另发生交易费用 20 000 元：该债券面值 1 000 000 元，剩余年限 2 年，票面利率 4%，半年付息一次，A 小企业将其作为短期投资核算，其他资料如下。

（1）2013 年 1 月 5 日，收到该债券 2012 年下半年的利息 20 000 元。

（2）2013 年 6 月 30 日，确认该债券 2013 年上半年的利息收入 20 000 元。

（3）2013 年 7 月 5 日，收到该债券 2013 年上半年的利息 20 000 元。

（4）2014 年 1 月 5 日，将该债券出售一半，取得价款 590 000 元。

要求：根据上述经济业务编制有关会计分录。

（1）借：

　　贷：

（2）借：

　　贷：

（3）借：

　　贷：

（4）借：

　　贷：

（5）借：

　　贷：

导入案例解析

成本法的运用

肖会计的说法是有道理的。因为，按照小企业会计准则的规定，小企业在长期股权投资持有期间，被投资单位宣告分派现金股利时，应按照本企业可分得的金额，确认应收股利和投资收益，借记“应收股利”科目，贷记“投资收益”科目。与《企业会计准则》的规定不同，按照《小企业会计准则》的规定，小企业投资收益的计算不需考虑已持有投资的时间长短，也不需考虑所分配的利润是被投资企业何时获得的。所以，正确的投资收益为 50 万元[100 × (0.2+0.3)]。

第二节 长期债券投资的核算

一、长期债券投资概述

长期投资是指不满足短期投资条件的投资，即不准备在 1 年或长于 1 年的经营周期之内转变为现金的投资。企业管理层取得长期投资的目的在于持有而不在于出售，这是与短期投资的一个重要区别。长期投资按其性质分为长期债券投资和长期股权投资。

长期债券投资是指小企业准备长期（在 1 年以上）持有的在 1 年内不能变现或者不准备变现的债券投资。企业进行长期债券投资的目的主要是为了获得稳定的收益。

长期债券投资相对于短期投资和长期股权投资，通常具有以下三个特征：

（1）投资目的很明确，是为了获取高于银行储蓄存款利率的利息收入，并保证到期收回本金和利息而进行的对外投资。

（2）投资时间比较长，通常会超过 1 年。为保证持有期限超过 1 年，长期债券投资的投资对象应为中期债券或长期债券。

（3）投资品种不易变现或持有意图长于 1 年。

特别说明一点，对于已持有的有明确到期日的长期债券投资，即使剩余期限已短于 1 年，也不得将其转为短期投资，因为企业长期持有且直到到期日这一投资目的并未改变。但由于这部分资产实质上已变为流动资产，所以在编制资产负债表时，需在“一年内到期的长期债券投资”项下单独列示。

二、长期债券投资的初始计量

长期债券投资应当按照购买价款和相关税费作为成本进行计量。相关税费，是指小企业在交易过程中按照有关规定应负担的各种税款、行政事业性收费以及手续费、佣金等。

实际支付价款中包含的已到付息期但尚未领取的债券利息，属于购买时暂时垫付的资金，应当作为应收利息单独核算，不计入长期债券投资的成本。

（一）科目设置

为了核算小企业长期债券投资的取得、收取利息、处置等业务，企业应当设置“长期债券投资”、“应收利息”、“投资收益”等科目。

“长期债券投资”科目属资产类科目，核算企业长期债券投资的成本。本科目借方登记取得的长期债券投资的投资成本及应计利息，贷方登记处置的长期债券投资的成本及应计利息。本科目应当按照长期债券投资的类别和品种，分“面值”、“溢折价”、“应计利息”设置明细科目，进行明细核算。

（二）业务核算

小企业购入长期债券，有的是按债券面值购入，有的按高于或低于债券面值的价格购入。

1. 平价购入债券作为长期投资

小企业按债券面值购入债券作为长期投资，应当按照债券票面价值，借记“长期债券投资——面值”科目，按照实际支付的购买价款和相关税费，贷记“银行存款”科目。

【例 4.7】 A 小企业 2013 年 1 月 4 日用银行存款从证券市场上购入 B 公司 2012 年 12 月 31 日发行的 5 年期债券，面值为 500 000 元，票面利率为 8%，每年 4 月 5 日支付上一年度的利息，到期日一次归还本金和最后一期利息。A 小企业实际支付价款为 500 000 元，假设不考虑支付相关手续费，A 小企业购入此长期债券时的会计处理如下。

借：长期债券投资——面值　　500 000

　　贷：银行存款　　500 000

如果实际支付的购买价款中包含已到付息期但尚未领取的债券利息，应当按照债券票面价值，借记“长期债券投资——面值”科目，按照已到付息期但尚未领取的债券利息，借记“应收利息”科目，按照实际支付的购买价款和相关税费，贷记“银行存款”科目。

【例 4.8】 2013 年 1 月 4 日，A 小企业从证券市场上购入 C 公司于 2012 年 1 月 1 日发行的债券，票面利率为 8%，每年 1 月 5 日支付上年度的利息，到期日为 2016 年 1 月 1 日，到期日一次归还本金和最后一期利息。A 小企业购入债券的面值为 1 000 000 元，实际支付价款为 1 050 000 元，其中包含已到付息期但尚未领取的债券利息 50 000 元。假设不考虑支付相关费用，A 小企业应编制会计分录如下。

借：长期债券投资——面值　　1 000 000

　　应收利息　　50 000

　　贷：银行存款　　1 050 000

2. 溢折价购入债券作为长期投资

长期债券的溢价或折价，是由于债券的票面利率与市场利率不同而引起的。当债券票面利率高于市场利率，表明债券发行单位实际支付的利息将高于按市场利率计算的利息。为此，发行单位在发行时按高于债券票面价值的价格发行，即溢价发行；对于购买单位，就是溢价购入了。溢价发行对投资者来说，是为了以后多得利息而事先付出的代价；对于发行单位而言，是因为以后多付利息而事先得到的补偿。

【例 4.9】 2013 年 1 月 4 日，A 企业以每张 110 元的价格购入 C 公司当日发行的 5 年期债券 1 000 张，票面利率为 10%，债券面值 100 元，另支付有关税费 500 元。根据上述经济业务，A 企业应作账务处理如下。

借：长期债券投资——面值　　100 000

　　　　　　　　——溢折价　　10 500

　　贷：银行存款　　110 500

当债券票面利率低于市场利率，表明债券发行单位实际支付的利息将低于按市场利率计算的利息。为此，发行单位在发行时按低于债券票面价值的价格发行，即折价发行；对于购买单位，就是折价购入了。折价发行对投资者来说，是因为以后少得利息而事先得到的补偿；对于发行单位而言，是因为以后少付利息而事先付出的代价。

【例 4.10】 2013 年 1 月 4 日，B 企业以每张 90 元的价格购入 C 公司当日发行的 5 年期债券 1 000 张，票面利率为 5%，债券面值 100 元，另支付有关税费 500 元。根据上述经济业务，B 企业应作账务处理如下。

借：长期债券投资——面值　　100 000
　　贷：长期债券投资——溢折价　　9 500
　　　　银行存款　　90 500

学中做

2013 年 10 月 1 日，丁小企业购入某企业当日发行的 3 年期债券，作为长期投资，支付价款为 2 800 000 元，另支付相关税费 30 000 元。该笔债券面值为 2 700 000 元，票面利率为 4%，每季度末付息，到期一次还本。

要求：请作出丁小企业购入债券时的账务处理。

借：

　贷：

（三）持有至到期投资取得的账务处理

《企业会计准则》规定，通过"持有至到期投资"科目核算长期债券投资。"持有至到期投资"科目属资产类科目，核算企业持有至到期投资的摊余成本。本科目借方登记取得的金融资产的投资成本、应计利息及与应收利息相关的利息调整，贷方登记金融资产的出售及转入可供出售金融资产的投资。本科目应当按照持有至到期投资的类别和品种，分"投资成本"、"利息调整"、"应计利息"设置明细科目，进行明细核算。

企业取得持有至到期投资时，应按该投资的面值，借记"持有至到期投资——投资成本"科目；按支付的价款中包含的已到付息期但尚未领取的利息，借记"应收利息"科目；按实际支付的金额，贷记"银行存款"等科目；按其差额，借记或贷记"持有至到期投资——利息调整"科目。

【例 4.11】 A 公司 2007 年 1 月 1 日购入 B 公司同日发行的 5 年期一次还本付息债券。票面年利率为 8%，债券面值为 600 000 元，实际支付价款 650 000 元，不考虑其他相关税费。购入债券时应编制会计分录如下：

借：持有至到期投资——成本　　600 000
　　　　　　　　　——利息调整　　50 000
　贷：银行存款　　650 000

三、长期债券投资的后续计量

小企业长期债券投资在持有期间，后续计量的内容主要是计量应收利息和分摊长期债券投资的溢折价。小企业长期债券投资在持有期间，应当在债务人应付利息日，按照债券面值和债券票面利率计算利息收入，并计入当期投资收益。由于债券付息时间不同，分别以下两种情况进行处理。

（一）分期付息、一次还本的长期债券投资

分期付息、一次还本的长期债券投资，在债务人应付利息日按照票面利率计算的应收未收

利息收入确认为应收利息，不增加长期债券投资的账面余额。其账务处理为：在债务人应付利息日，按照票面利率计算的利息收入，借记“应收利息”科目，贷记“投资收益”科目。待实际收到利息时，冲减应收利息。

【例 4.12】 A 企业为一小企业，2013 年 1 月 4 日用银行存款购入 H 公司 2013 年 1 月 1 日发行的 5 年期的债券，总面值为 3 000 000 元，票面利率 8%，支付金额 3 080 000 元，另外支付交易费用 10 000 元。该债券每月末付息一次，最后一期偿还本金。A 企业应作账务处理如下。

（1）A 企业购入长期债券，编制如下会计分录。

借：长期债券投资——面值　3 000 000
　　　　　　　　——溢折价　90 000
　贷：银行存款　3 090 000

（2）在债券存续期间内，A 企业应在确认相关债券利息收入的同时对债券的溢价采用直线法进行摊销。债券的溢价为 90 000 元（3 090 000—3 000 000），在 5 年内摊销，则每月摊销额为 1 500 元（90 000 ÷ 5 ÷ 12），每月的应收利息为 20 000 元（3 000 000 × 8% ÷ 12）。持有期间每月末编制如下会计分录。

借：应收利息　20 000
　贷：投资收益　20 000
借：投资收益　1 500
　贷：长期债券投资——溢折价　1 500

（3）实际收到利息时编制如下会计分录。

借：银行存款　20 000
　贷：应收利息　20 000

（二）一次还本付息的长期债券投资

持有的一次还本付息的长期债券投资，在债务人应付利息日按照票面利率计算的应收未收利息收入增加长期债券投资的账面余额。其账务处理为：在债务人应付利息日，按照票面利率计算的利息收入，借记“长期债券投资——应计利息”科目，贷记“投资收益”科目。待实际收到利息时，冲减长期债券投资的账面余额。

【例 4.13】 A 企业为小企业，2013 年 1 月 4 日用银行存款购入 H 公司 2013 年 1 月 1 日发行的 5 年期的债券，总面值为 3 000 000 元，票面利率 8%，支付金额 3 080 000 元，另支付交易费用及相关税费 10 000 元。H 公司不是分期付息，而是到期一次还本付息，则 A 企业账务处理如下。

（1）购入长期债券。

借：长期债券投资——面值　3 000 000
　　　　　　　　——溢折价　90 000
　贷：银行存款　3 090 000

（2）持有期间每月末。

借：长期债券投资——应计利息　20 000
　贷：投资收益　20 000
借：投资收益　1 500
　贷：长期债券投资——溢折价　1 500

【例 4.14】 A 小企业于 2013 年 1 月 4 日购入长城公司该年度 1 月 1 日发行的 3 年期债券 200 000 元，年利率为 5%，债券采取每年付息一次、到期还本方式发行。企业实际支付价款 197 000

元，则 A 企业账务处理如下。

（1）购入债券投资时

借：长期债券投资——面值　200 000

贷：银行存款　197 000

长期债券投资——溢折价　3 000

（2）在债券存续期间内，该企业应在确认相关债券利息收入同时对债券的折价采用直线法进行摊销。债券的折价为 3 000 元（2000 000－197 000），在 3 年内摊销，则每年摊销额为 1 000 元（3 000÷3），每年的应收利息为 10 000 元（200 000×5％）。故在每年 12 月 31 日时编制会计分录如下。

借：应收利息　10 000

长期债券投资——溢折价　1 000

贷：投资收益　11 000

（3）实际收到利息时：

借：银行存款　10 000

贷：应收利息　10 000

（4）假设上例付息方式为到期一次还本付息，则每年 12 月 31 日时作会计分录如下。

借：长期债券投资——应计利息　10 000

长期债券投资——溢折价　1 000

贷：投资收益　11 000

（三）长期债券溢折价的摊销

长期债券投资的溢价或折价，应在债券存续期间内，于确认相关债券利息收入的同时进行摊销，摊销方法采用直线法。直线法是将债券的溢价或折价平均地在债券的存续期内摊销的一种方法，其计算公式如下：

每期摊销额（溢价或折价）＝债券溢价或折价额÷债券付息期数（或计提利息期数）

式中，“债券付息期数”是指在债券存续期内发行公司向投资者支付利息的总次数（对于一次还本付息的债券来说，则为企业计提利息的总期数）。可见，直线摊销法每期摊销的溢价或折价额相等。

在债务人应付利息日，按照应分摊的债券溢价金额，借记“投资收益”科目，贷记“长期债券投资（溢折价）”科目；按照应分摊的债券折价金额，借记“长期债券投资（溢折价）”科目，贷记“投资收益”科目。

由此可见，长期债券投资溢价或折价的摊销实际是对计提的利息收入的调整。即在债务人应付利息日按照债券面值和票面利率计算的应收利息扣除当期摊销的溢价确认为投资收益，按照债券面值和票面利率计算的应收利息加上当期摊销的折价的合计额确认为投资收益。

【例 4.15】 丙企业于 2013 年 1 月 4 日以每张 1 050 元的价格购入 A 企业当日发行的 2 年期债券 100 张，票面年利率为 10％，债券面值 1 000 元，另支付有关税费 1 000 元。该债券为分期付息、到期还本的债券，每年年末付息一次。企业对债券溢折价采用直线法进行摊销。根据上述经济业务，丙企业应作账务处理如下。

（1）2013 年 1 月 4 日，购入债券投资时：

溢价额＝100×（1 050－1 000）＋1 000＝6 000（元）

借：长期债券投资——面值　100 000

——溢折价 6 000

贷：银行存款 106 000

（2）2013 年 12 月 31 日，计算本年应收利息和本年应摊销的债券溢价额。

应收利息 = 1 000 × 10% × 100 = 10 000（元）

溢价摊销额 = 6 000 ÷ 2 = 3 000（元）

投资收益 = 10 000 − 3 000 = 7 000（元）

借：应收利息 10 000

贷：长期债券投资——溢折价 3 000

投资收益 7 000

（3）实际收到利息时

借：银行存款 10 000

贷：应收利息 10 000

【例 4.16】 2013 年 1 月 1 日，乙企业以每张 970 元的价格购入 A 公司当日发行的 2 年期债券 100 张，票面利率为 6%，债券面值为 1 000 元，另支付有关税费 1 000 元，该债券为到期一次还本付息的债券。企业对债券溢折价采用直线法进行摊销。根据上述经济业务，乙企业应作账务处理如下。

（1）2013 年 1 月 1 日，购入债券投资时：

借：长期债券投资——面值 100 000

贷：银行存款 98 000

长期债券投资——溢折价 2 000

（2）2013 年 12 月 31 日，计算本年应收利息和本年应摊销的债券折价额。

应收利息 = 1 000 × 6% × 100 = 6 000（元）

折价摊销额 = 2 000 ÷ 2 = 1 000（元）

投资收益 = 6 000 + 1 000 = 7 000（元）

借：应收利息 6 000

长期债券投资——溢折价 1 000

贷：投资收益 7 000

（3）实际收到利息时：

借：银行存款 6 000

贷：应收利息 6 000

（四）持有至到期投资的后续计量

1. 利息收入金额的确认

《企业会计准则》规定，持有至到期投资的各期投资收益根据债券投资的摊余成本和实际利率计算确定。

（1）持有至到期投资为分期付息、一次还本债券投资的，应按票面利率计算确定的应收未收利息，借记“应收利息”科目；按持有至到期投资摊余成本和实际利率计算确定的利息收入，贷记“投资收益”科目；按其差额，借记或贷记“持有至到期投资—利息调整”科目。

（2）持有至到期投资为到期一次还本付息债券投资的，应按票面利率计算确定的应收未收利息，借记“持有至到期投资——应计利息”科目；按持有至到期投资摊余成本和实际利率计算确定的利息收入，贷记“投资收益”科目；按其差额，借记或贷记“持有至到期投资——利息调整”科目。

【例 4.17】A 公司会计核算执行《企业会计准则》。假定 A 公司购入面值为 600 000 元的债券，票面年利率为 8%，债券面值为 600 000 元，发行时的市场利率为 6%，每年计息一次，到期一次付息。各期溢价摊销如表 4.5 所示（计算结果保留到元）。

各年期末计算应计利息及应计投资收益时编制如下会计分录。

（1）2007 年年末。

借：持有至到期投资——应计利息 48 000

贷：持有至到期投资——利息调整 9 000

投资收益 39 000

（2）2008 年年末。

借：持有至到期投资——应计利息 48 000

贷：持有至到期投资——利息调整 9 540

投资收益 38 460

以后各年确认利息收入的会计分录，从略。

债券折价摊销的账务处理原理同上。

表 4.1 债券溢价摊销表（实际利率法摊销）

年份	债券投资期初账面价值（1）	票面利息（2）=600000×8%	实际利息收入（3）=（1）×6%	利息调整摊销数（4）=（2）-（3）	债券投资期末账面价值（5）=（1）-（4）
2007	650 000	48 000	39 000	9 000	641 000
2008	641 000	48 000	38 460	9 540	631 640
2009	631 460	48 000	37 888	10 112	621 348
2010	621 348	48 000	37 281	10 719	610 629
2011	610 629	48 000	37 371*	10 629	600 000
合计		240 000	190 000	50 000	

注：“*”该数值作了尾数调整。

2. 长期债券投资的摊销

《小企业会计准则》规定，长期债券投资的溢价或折价，应在债券存续期间内，于确认相关债券利息收入的同时进行摊销，采用直线法摊销。

《企业会计准则》规定，按票面利率计算持有至到期投资应收利息，按持有至到期投资摊余成本和实际利率计算确定利息收入，以二者的差额作为持有至到期投资的溢价或折价摊销额，借记或贷记“持有至到期投资——利息调整”科目。

3. 减值损失的处理

小企业会计准则下，不需要考虑长期债券投资的减值。

企业会计准则规定，预期持有至到期投资发生减值时，应借记“资产减值损失”科目，贷记“持有至到期投资减值准备”科目。

四、长期债券投资的处置

处置长期债券投资时，应当冲减其账面余额。处置所得价款扣除其账面余额、相关税费后的净额，应当计入投资收益。具体账务处理如下。

1. 到期收回长期债券投资

小企业在长期债券投资到期日收回长期债券投资，应当冲减该项长期债券投资的账面余额。由于长期债券投资的账面余额中还包含当初取得时支付的相关税费，因此，在债券投资到期时，如果该项长期债券投资还存在余额，应将该余额作为投资损失，结转至投资收益。

长期债券投资到期收回长期债券投资，应当按照收回的债券本金或本息之和，借记“银行存款”等科目，按照其账面余额，贷记“长期债券投资（面值、溢折价、应计利息）”科目，按照应收未收的利息收入，贷记“应收利息”科目。

【例 4.18】 2013 年 12 月 31 日，A 小企业持有的 C 公司债券到期，收回金额为 240 000 元，该债券的账面余额为 220 000 元（面值为 200 000 元，应计利息为 20 000 元）。根据上述经济业务，C 公司应作账务处理如下。

借：银行存款 240 000
　　贷：长期债券投资——面值 200 000
　　　　　　　　　——应计利息 20 000
　　　　投资收益 20 000

2. 债券到期前处置长期债券投资

长期债券投资的处置是指在债券投资到期前减少长期债券投资的一切行为，包括出售、转让、债券本身发生损失等情形。

小企业在长期债券投资到期前处置债券投资时，应当将处置价款扣除该项长期债券投资的账面余额（即成本）、处置过程中支付的相关税费后的净额计入处置当期的投资收益。

处置长期债券投资，应当按照处置收入，借记“银行存款”等科目，按照其账面余额，贷记“长期债券投资（面值、溢折价）”科目，按照应收未收的利息收入，贷记“应收利息”科目，按照其差额，贷记或借记“投资收益”科目。

【例 4.19】 2014 年 1 月 5 日，A 小企业因资金紧张，将已持有 3 年的 2016 年 1 月 1 日到期的债券出售给 B 公司，售价为 520 000 元，该债券的账面余额为 550 000 元（面值为 500 000 元，应计利息为 50 000 元）。根据上述经济业务，A 企业应作账务处理如下。

借：银行存款 520 000
　　投资收益 30 000
　　贷：长期债券投资——面值 500 000
　　　　　　　　　——应计利息 50 000

3. 减除可收回的金额后确认的无法收回的长期债券投资

小企业持有长期债券投资可能会因发行人（即债务人）资不抵债、现金短缺、破产、清算等原因而无法收回本金和利息。这类无法收回的长期债券投资而产生的损失为长期债券投资损失。

小企业长期债券投资符合小企业会计准则第十条所列条件之一的，减除可收回的金额后确认的无法收回的长期债券投资，作为长期债券投资损失。

知识回顾

《小企业会计准则》第十条的规定

小企业应收及预付款项符合下列条件之一的，减除可收回的金额后确认的无法收回的应收及预付款项，作为坏账损失。

（1）债务人依法宣告破产、关闭、解散、被撤销，或者被依法注销、吊销营业执照，其清算财产不足清偿的。

（2）债务人死亡，或者依法被宣告失踪、死亡，其财产或者遗产不足清偿的。

（3）债务人逾期3年以上未清偿，且有确凿证据证明已无力清偿债务的。

（4）与债务人达成债务重组协议或法院批准破产重整计划后，无法追偿的。

（5）因自然灾害、战争等不可抗力导致无法收回的。

（6）国务院财政、税务主管部门规定的其他条件。

长期债券投资损失应当于实际发生时计入营业外支出，同时冲减长期债券投资账面余额。按照可收回的金额，借记“银行存款”等科目，按照其账面余额，贷记“长期债券投资（面值、溢折价）”科目，按照其差额，借记“营业外支出”科目。

【例4.20】 2013年12月31日，A小企业持有的B公司3年期债券到期，该债券面值1 000 000元，票面年利率为8%，到期一次还本付息。该债券的账面余额为1 160 000元（面值1 000 000元，应计利息160 000元）。但是由于B公司在2013年11月因遭遇台风致使其无法全额支付到期债券金额，只能支付应付款项980 000元。根据上述经济业务，A企业应作账务处理如下。

（1）计提当期利息。

借：长期债券投资——应计利息　　80 000

　　贷：投资收益　　80 000

（2）确认实际发生的长期债券投资损失。

借：银行存款　　980 000

　　营业外支出　　260 000

　　贷：长期债券投资——面值　　1 000 000

　　　　　　　　　　——应计利息　　240 000

4. 持有至到期投资的处置

《企业会计准则》规定，未到期前企业出售持有至到期投资时，应按实际收到的金额，借记“银行存款”科目；按持有至到期投资的账面余额，贷记“持有至到期投资——成本、应计利息”科目，贷记或借记“持有至到期投资——利息调整”科目；按其差额，贷记或借记“投资收益”科目。已计提持有至到期投资减值准备的还应同时结转减值准备。

第三节　长期股权投资的核算

一、长期股权投资概述

长期股权投资是指小企业准备长期持有的权益性投资。

在我国，长期股权投资的取得方式主要有以下两种。

（1）在证券市场上以货币资金购买其他企业的股票，从而成为被投资单位的股东。

（2）以资产（包括货币资金、无形资产和其他实物资产）投资于其他单位，从而成为被投资单位的股东。

长期股权投资具有以下几个特点。

（1）长期持有。长期股权投资的目的是为长期持有被投资单位的股份，成为被投资单位的股东，通过所持有的股份，对被投资单位实施控制或施加重大影响，或为了改善和巩固贸易关系等。

（2）利益风险并存，可以获取经济利益但须承担相应的风险。长期股权投资的最终目的是获得较大的经济利益，这种经济利益可以通过分得利润或股利获取，也可以通过其他方式取得。投资企业通过所持股份，达到控制或对被投资单位施加重大影响，使其生产所需的原材料能够直接从被投资单位取得，而且价格比较稳定，保证其生产经营的顺利进行。但是，如果被投资单位经营状况不佳，或者进行破产清算时，投资企业作为股东，也需要承担相应的投资损失。

（3）通常不能随时出售。除股票投资外，长期股权投资通常不能随时出售。投资企业一旦成为被投资单位的股东，依所持股份份额享有股东的权利并承担相应的义务，一般情况下不能随意抽回投资。

（4）投资风险较大。长期股权投资相对于长期债券投资而言，投资风险较大。

二、长期股权投资的初始计量

根据小企业会计准则，长期股权投资应当按照成本进行计量。以支付现金取得的长期股权投资，应当按照购买价款和相关税费作为初始投资成本进行计量，实际支付价款中包含的已宣告但尚未发放的现金股利，应当单独确认为应收股利，不计入长期股权投资的成本；通过非货币性资产交换取得的长期股权投资，应当按照换出非货币性资产的评估价值和相关税费作为成本进行计量。其具体会计处理有以下两类。

1. 小企业以支付现金取得长期股权投资

小企业以支付现金取得长期股权投资，其账务处理为：按照实际支付的购买价款和相关税费扣除已宣告但尚未发放的现金股利后的金额，借记“长期股权投资”科目，按照被投资单位已宣告但尚未发放的现金股利，借记“应收股利”科目，按照实际支付的购买价款和相关税费，贷记“银行存款”科目。

【例 4.21】 2013 年 3 月 2 日，A 公司以银行存款购买 B 公司的股票 1 000 000 股作为长期投资，每股买入价为 9 元，每股价格中包含 0.20 元已宣告但尚未发放的现金股利，另支付相关税费 45 000 元。A 公司的账务处理如下。

应收股利 = 1 000 000 × 0.2 = 200 000（元）

投资成本 = 1 000 000 ×（9 − 0.2）+ 45 000 = 8 845 000（元）

借：长期股权投资——B 公司	8 845 000	
应收股利	200 000	
贷：银行存款		9 045 000

2. 小企业通过非货币性资产交换取得长期股权投资

通过非货币性资产交换取得的长期股权投资实际上是一种用非货币性资产出资的行为，应当对其价值进行评估，因此，应当按照换出非货币性资产的评估价值和相关税费之和作为长期股权投资的成本。

换入长期股权投资与换出非货币性资产涉及相关税费的，应区别不同情况进行会计处理：换出存货、固定资产（动产）视同销售应计算销项税额，换出固定资产（不动产）、无形资产视同转让应缴纳的营业税等，按照相关税收规定计算确定。

其账务处理为：以非现金资产取得长期股权投资时，按照同类或者类似换出非货币性资产的市场价格与相关税费之和，借记“长期股权投资”科目，按照换出非货币性资产的账面价值，贷记“固定资产清理”、“无形资产”等科目，按照应支付的相关税费，贷记“应交税费”等科目，按照其差额，贷记“营业外收入”或借记“营业外支出”等科目。

【例 4.22】 2013 年 4 月 1 日，A 小企业以一项专利技术换得 C 股份公司普通股股票 120 000 股。A 企业该项专利技术的账面原价 600 000 元，已累计摊销 120 000 元，经专业机构评估的公允价值为 560 000 元。A 企业的账务处理如下。

借：长期股权投资——C 公司　　560 000

　　累计摊销　　120 000

　　贷：无形资产　　600 000

　　　　营业外收入　　80 000

【例 4.23】 2013 年 6 月 15 日，A 小企业以 1 台专用设备换得一项长期股权投资，该设备账面原价 4 000 000 元，已计提折旧 2 500 000 元，评估价值为 1 300 000 元。假定不考虑相关税费。A 企业的账务处理如下。

借：固定资产清理　　1 500 000

　　累计折旧　　2 500 000

　　贷：固定资产　　4 000 000

借：长期股权投资　　1 300 000

　　贷：固定资产清理　　1 300 000

借：营业外支出　　200 000

　　贷：固定资产清理　　200 000

学中做

2013 年 6 月 1 日，甲小企业以银行存款购买某上市公司的股票 10 000 股，作为长期股权投资核算，每股买入价为 10 元，每股价格中包含有 0.2 元的已宣告但尚未发放的现金股利，另支付相关税费 700 元。数日后，甲公司实际收到上述现金股利。

要求：根据上述经济业务为甲公司编制取得长期股权投资时的会计分录。

借：

贷：

3. 《企业会计准则》对长期股权投资初始计量的规定

《企业会计准则》对企业合并和非企业合并两种途径取得的长期股权投资的初始投资成本分别做了不同的规定。

《企业会计准则第 2 号——长期股权投资》第三条规定：“企业合并形成的长期股权投资，

应当按照下列规定确定其初始投资成本：（一）同一控制下的企业合并，合并方以支付现金、转让非现金资产或承担债务方式作为合并对价的，应当在合并日按照取得被合并方所有者权益账面价值的份额作为长期股权投资的初始投资成本。长期股权投资初始投资成本与支付的现金、转让的非现全资产以及所承担债务账面价值之间的差额，应当调整资本公积；资本公积不足冲减的，调整留存收益。合并方以发行权益性证券作为合并对价的，应当在合并日按照取得被合并方所有者权益账面价值的份额作为长期股权投资的初始投资成本。按照发行股份的面值总额作为股本，长期股权投资初始投资成本与所发行股份面值总额之间的差额，应当调整资本公积；资本公积不足冲减的，调整留存收益。（二）非同一控制下的企业合并，购买方在购买日应当按照《企业会计准则第 20 号——企业合并》确定的合并成本作为长期股权投资的初始投资成本。”

《企业会计准则第 2 号——长期股权投资》第四条规定：“除企业合并形成的长期股权投资以外，其他方式取得的长期股权投资，应当按照下列规定确定其初始投资成本：以支付现金取得的长期股权投资，应当按照实际支付的购买价款作为初始投资成本。初始投资成本包括与取得长期股权投资直接相关的费用、税金及其他必要支出；以发行权益性证券取得的长期股权投资，应当按照发行权益性证券的公允价值作为初始投资成本；投资者投入的长期股权投资，应当按照投资合同或协议约定的价值作为初始投资成本，但合同或协议约定价值不公允的除外；通过非货币性资产交换、债务重组取得的长期股权投资，其初始投资成本应当按照相关会计准则确定。”

三、长期股权投资的后续计量

（一）小企业会计准则对长期股权投资后续计量的规定

小企业会计准则规定，小企业取得的长期股权投资应当采用成本法进行会计处理。

成本法是指长期股权投资应当按照初始投资成本计量。追加或收回投资应当调整长期股权投资的成本，除此之外，长期股权投资的账面价值一般应保持不变。

成本法下，长期股权投资持有期间，被投资单位宣告分派现金股利或利润时，投资企业按照应分得的金额确认为当期投资收益，借记“应收股利”科目，贷记“投资收益”科目。

【例 4.24】 沿用例 4.16，2013 年 3 月 15 日，A 小企业收到 B 公司已宣告的 2012 年现金股利 500 000 元。2014 年 3 月 15 日，B 公司宣告发放现金股利，每股 0.4 元。2014 年 4 月 15 日，A 小企业收到 B 公司分派的现金股利。A 小企业的账务处理如下。

（1）2013 年 3 月 15 日，收到 B 公司已宣告的 2012 年现金股利。

借：银行存款　　500 000

　　贷：应收股利　　500 000

（2）2014 年 3 月 15 日，B 公司宣告发放 2013 年现金股利。

借：应收股利　　400 000

　　贷：投资收益　　400 000

（3）2014 年 4 月 15 日，收到 B 公司发放的 2013 年现金股利。

借：银行存款　　400 000

　　贷：应收股利　　400 000

（二）企业会计准则对长期股权投资后续计量的规定

《企业会计准则第 2 号——长期股权投资》规定，长期股权投资在持有期间，应当根据投资企业对被投资单位的影响程度及是否存在活跃市场、公允价值能否可靠取得等进行划分，分别采用成本法和权益法进行核算。

1. 成本法

（1）成本法的适用范围。按照《企业会计准则第 2 号——长期股权投资》的规定，应当采用成本法核算的有以下两类情况：一是企业持有的对子公司投资；二是企业对被投资单位不具有共同控制或重大影响，且在活跃市场中没有报价、公允价值不能可靠计量的长期股权投资。

（2）成本法核算的会计处理。企业会计准则下与小企业会计准则下的成本法的核算，基本相同。但是，企业会计准则下采用成本法核算时，投资企业确认的投资收益，仅限于被投资单位在接受投资后产生的累积净利润的分配额，所获得的被投资单位宣告分派的利润或现金股利超过被投资单位在接受投资后产生的累积净利润部分，作为初始投资成本的收回（又称清算股利），投资企业应借记“应收股利”科目，贷记“长期股权投资”科目。

【例 4.25】 A 公司会计核算执行《企业会计准则》。2009 年 1 月 1 日，A 公司以银行存款购入 B 公司 10%的股份，并准备长期持有，实际投资成本为 400 000 元。B 公司于 2009 年 4 月 28 日宣告分派 2008 年度的现金股利 200 000 元。如果 B 公司 2009 年 1 月 1 日股东权益合计为 4 500 000 元，其中，股本为 3 750 000 元，未分配利润为 750 000 元；2009 年实现净利润 1 000 000 元；2010 年 5 月 1 日宣告分派现金股利 600 000 元。编制如下会计分录。

（1）购入 B 公司的股票。

借：长期股权投资——B 公司	400 000
贷：银行存款	400 000

（2）2009 年 4 月 28 日 B 公司宣告分派现金股利。由于 A 公司于 2009 年 1 月 1 日投资，对 B 公司分派的 2008 年度现金股利应作为投资成本收回，冲减长期股权投资的账面价值，不确认为投资收益。

借：应收股利	20 000
贷：长期股权投资——B 公司	20 000

（3）2010 年 5 月 1 日 B 公司宣告分派现金股利。2010 年度分派 2009 年度的现金股利 600 000 元，小于 2009 年度实现的净利润 1 000 000 元，应将分派的现金股利中应由 A 公司享有的部分全部确认为投资收益；同时表明 2009 年度分派的属于 A 公司投资前被投资单位累计未分配利润 200 000 元已被以后实现的净利润弥补，因而 A 公司应将 2009 年度冲减投资成本的股利金额予以转回，确认为投资收益。

借：应收股利	60 000
长期股权投资——B 公司	20 000
贷：投资收益——股利收入	80 000

2. 权益法

权益法是指投资之初以初始投资成本计价，以后根据投资企业享有被投资单位所有者权益份额的变动对投资的账面价值进行调整的方法。在权益法下，长期股权投资的账面价值随着被投资单位所有者权益的变动而变动，包括被投资单位实现净利润或发生净亏损及其他所有者权益项目的变动。

《企业会计准则第 2 号——长期股权投资》规定，投资企业对被投资单位具有共同控制或重大影响的长期股权投资，应当采用权益法核算。适用权益法核算的主要包括两种情况：一是对合营企业投资，二是对联营企业投资。一般而言，企业对其他单位的投资占该公司有表决权资本总额的20%或20%以上但在50%以下，或虽投资不足20%但有重大影响时，应采用权益法核算。

采用权益法时，在“长期股权投资”科目下还应分设“成本”、“损益调整”、“其他权益变动”明细科目进行明细分类核算。

（1）初始投资或追加投资。初始投资或追加投资时，按照初始投资或追加投资时的投资成本增加长期股权投资的账面价值。取得长期股权投资时，长期股权投资的初始投资成本大于投资时应享有被投资单位可辨认净资产公允价值份额的，不需进行调整，而是构成长期股权投资的成本，借记“长期股权投资——成本”科目，贷记“银行存款”科目；长期股权投资的初始投资成本小于投资时应享有被投资单位可辨认净资产公允价值份额的，借记“长期股权投资——成本”科目，贷记“银行存款”科目，按其差额，贷记“营业外收入”科目（非同一控制下企业合并形成的长期股权投资）或贷记“资本公积”科目（同一控制下企业合并形成的长期股权投资）。

【例 4.26】 A公司会计核算执行《企业会计准则》。2008年7月1日，A公司以银行存款850万元投资于B公司，占B公司有表决权股份的30%，采用权益法核算。当日，B公司可辨认净资产公允价值为4 000万元。假定两个公司不属于同一母公司控制，且不考虑其他因素，A公司应编制会计分录如下。

借：长期股权投资——成本	12 000 000	
贷：银行存款		8 500 000
营业外收入		3 500 000

【例 4.27】 承接例4.26，假设A公司和B公司属于同一母公司控制，且不考虑其他因素，A公司应编制分录如下会计。

借：长期股权投资——成本	12 000 000	
贷：银行存款		8 500 000
资本公积		3 500 000

（2）持有期间被投资单位实现净利润或发生净亏损。长期股权投资持有期间被投资单位实现净利润或发生净亏损时，投资企业应根据被投资单位实现的净利润计算应享有的份额，借记“长期股权投资——损益调整”科目，贷记“投资收益”科目；根据被投资单位发生的净亏损计算应承担的份额，编制相反的会计分录。但“长期股权投资”科目的账面价值减记至零为限。

投资企业在确认被投资单位净损益时应注意，投资企业按被投资单位实现的净利润或发生的净亏损，计算应享有或分担的份额时，应以取得被投资单位股权后发生的净损益为基础，投资前被投资单位实现的净损益不包括在内。

如果会计期间投资（持股）比例发生变动，应根据投资持有期间加权平均计算投资企业享有被投资单位损益的份额。具体方法是：应分别按年初持股比例和年末持股比例分段计算所持股份期间应享有的投资收益。

被投资单位宣告分派利润或现金股利时，投资企业按持股比例计算的应分得的利润或现金股利，通过长期股权投资的“损益调整”明细科目，冲减长期股权投资的账面价值。但如投资后被投资单位宣告分派的利润或现金股利属于投资前被投资单位实现净利润的分配额，投资企业按持股比例计算应分得的利润或现金股利，通过长期股权投资的“投资成本”明细科目，冲减长期股权投资的账面价值。

【例 4.28】 A公司会计核算执行《企业会计准则》。2008年1月10日，A公司在公开交易的证券市场上购买B公司30%的有表决权股份，A公司实际支付银行存款1 500 000元；2008年1月10日，B公司的所有者权益总额为2 500 000元；2008年度B公司实现净利润800 000元；2009年5月2日B公司宣告分派股利500 000元，2009年度B公司发生净损失6 000 000元；2010年度B公司实现净利润1 000 000元；A公司和B公司适用的所得税税率均为25%。假定2008年1月10日B公司可辨认净资产的公允价值等于其账面价值；除长期股权投资外，A公司在B公司中没有其他长期权益。A公司编制如下会计分录。

（1）购入B公司的股票。

借：长期股权投资——成本　　1 500 000

　　贷：银行存款　　1 500 000

（2）2008年度B公司实现利润800 000元。

借：长期股权投资——损益调整　　240 000

　　贷：投资收益——股权投资收益　　240 000

其中，实现的投资收益为240 000元（800 000×30%），此时长期股权投资科目余额为1 740 000元（1 500 000+240 000）。

（3）2009年5月2日B公司宣告分派现金股利500 000。

借：应收股利——B公司　　150 000

　　贷：长期股权投资——损益调整　　150 000

其中，应收股利金额150 000元（500 000元×30%）。此时，长期股权投资科目余额为1 590 000元（1 740 000−150 000）。

（4）2009年度B公司发生亏损6 000 000。

借：投资收益——股权投资损失　　1 590 000

　　贷：长期股权投资——损益调整　　1 590 000

其中，A公司应负担的亏损金额为1 800 000元（6 000 000×30%），未记账的亏损负担金额为210 000元（1 800 000−1 590 000），在备查簿中记录未确认损失210 000元。

（5）2010年B公司实现利润1 000 000元。

借：长期股权投资——损益调整　　90 000

　　贷：投资收益——股权投资收益　　90 000

其中，实现的股权投资收益金额为300 000元（1 000 000×30%）。可恢复长期股权投资金额为90 000元（300 000-210 000）。

（3）长期股权投资持有期间被投资企业所有者权益的其他变动。投资企业对于被投资单位除净损益以外所有者权益的其他变动，应当调整长期股权投资的账面价值并计入所有者权益。这些变动包括被投资单位因接受捐赠、增资扩股等增加的所有者权益，因被投资单位专项拨款转入资本公积、因被投资单位关联方交易差价形成的资本公积，以及因被投资单位外币资本折算差额所引起的所有者权益的变动等。

在持股比例不变的情况下，被投资企业除净损益以外的所有者权益的其他变动，投资企业应按持股比例计算应享有的份额，借记或贷记“长期股权投资——其他权益变动”科目，贷记或借记“资本公积——其他资本公积”科目。

【例4.29】 A企业会计核算执行《企业会计准则》。A企业持有B企业40%的股份，本年度B企业持有的可供出售金融资产公允价值的变动计入资本公积金额为750万元；除该事项外，B企业当期实现的净损益为5 000万元。假定A企业与B企业使用的会计政策、会计期间相同，投资时有关资产的公允价值与其账面价值亦相同。不考虑相关的所得税影响，A企业编制会计分录如下。

借：长期股权投资——损益调整　　20 000 000

　　　　　　　　——其他权益变动　　3 000 000

　贷：投资收益　　20 000 000

　　　资本公积——其他资本公积　　3 000 000

四、长期股权投资的处置

1. 小企业会计准则对长期股权投资处置的规定

小企业处置长期股权投资，处置所得价款扣除该投资的账面余额（即成本）和出售过程中支付的相关税费后的净额计入处置当期的投资收益。具体会计处理是：按照处置所得价款，借记“银行存款”等科目，按照其成本，贷记“长期股权投资”科目，按照应收未收的现金股利或利润，贷记“应收股利”科目，按照其差额，贷记或借记“投资收益”科目。

处置长期股权投资时，其成本分别不同情况进行结转。

（1）一次性全部处置某项长期股权投资，其成本为长期股权投资的账面余额。

（2）部分处置某项长期股权投资，可以比照有关发出存货成本计价的方法进行计算结转，如采用先进先出法、加权平均法或者个别计价法结转其所处置投资的成本。

【例4.30】 A小企业对H企业的长期股权投资成本为8 000 000元，转让该投资取得转让价款8 100 000元，存入银行（不考虑相关费用）。A小企业的账务处理如下。

借：银行存款　　8 100 000

　贷：长期股权投资——H企业　　8 000 000

　　　投资收益　　100 000

2. 企业会计准则对长期股权投资处置的规定

企业会计准则下，处置长期股权投资，应按实际收到的价款与长期股权投资账面价值的差额确认投资损益。企业处置长期股权投资时，按实际取得的价款，借记“银行存款”等科目；按已计提的减值准备，借记“长期股权投资减值准备”科目；按照长期股权投资的账面余额，贷记“长期股权投资”科目；按尚未领取的现金股利或利润，贷记“应收股利”科目；按其差额，借记或贷记“投资收益”科目。

在采用权益法核算时，因被投资单位前期作为所有者权益的其他变动而计入本企业所有者权益的，处置该项投资时应将原计入所有者权益的部分相应转入当期损益，即将原计入资本公积准备的项目金额转入“投资收益”科目，借记或贷记“资本公积——其他资本公积”科目，贷记或借记“投资收益”科目。部分处置某项长期股权投资时，应按该项投资的总平均成本确定其处置部分的成本，并按相应比例结转已计提的减值准备和资本公积准备项目。

【例4.31】 A企业对B企业投资按成本法核算，其投资成本为85 000元，对该投资已计提减值准备10 000元。转让该投资，取得银行存款80 000元（不考虑相关费用）。A企业编制会计分录如下。

借：银行存款　　80 000

　　长期股权投资减值准备　　10 000

　贷：长期股权投资——成本　　85 000

投资收益 5 000

【例 4.32】 甲公司拥有乙公司有表决权股份的 30%，对乙公司构成重大影响，对此项长期股权投资按权益法核算。甲公司出售乙公司的全部股权，所得价款为 2 500 万元全部存入银行，当日该项长期股权投资的账面价值为 2 000 万元，其中投资成本为 1 800 万元，损益调整为 300 万元，其他权益变动为 200 万元，长期股权投资减值准备为 300 万元。假设不考虑相关税费，甲公司对该业务编制会计分录如下。

借：银行存款 25 000 000
　　长期股权投资减值准备 3 000 000
　　贷：长期股权投资——乙公司（投资成本） 18 000 000
　　　　　　　　　　——乙公司（损益调整） 3 000 000
　　　　　　　　　　——乙公司（其他权益变动） 2 000 000
　　　　投资收益 5 000 000

同时，将原计入资本公积——其他资本公积项目的金额转入投资收益，编制会计分录如下。

借：资本公积——其他资本公积 2 000 000
　　贷：投资收益 2 000 000

五、长期股权投资损失

1. 小企业会计准则对长期股权投资损失的规定

小企业长期股权投资符合小企业会计准则第十条规定的条件之一的，减除可收回的金额后确认无法收回的长期股权投资，应为长期股权投资损失。

长期股权投资损失应当于实际发生时计入营业外支出，同时冲减长期股权投资账面余额。

小企业实际发生长期股权投资损失时，应当按照可收回的金额，借记“银行存款”等科目，按照长期股权投资的账面余额，贷记“长期股权投资”科目，按照其差额，借记“营业外支出”科目。

这里所说的长期股权投资损失有别于处置长期股权投资所产生的净损失。长期股权投资损失是长期股权投资在持有过程中由于投资环境的变化、被投资单位财务状况严重恶化等原因导致部分或全部长期股权投资无法收回而实际发生的投资损失，对投资企业而言，可认为是一种“被动”的损失，因此，损失金额应计入营业外支出。而处置长期股权投资所产生的净损失是小企业处置部分或全部长期股权投资，由于所取得价款不足以补偿投资成本及相关税费而发生的净损失，对投资企业而言，可认为是一种“主动”的损失，因此，损失金额应计入投资收益。

【例 4.33】 2013 年 7 月 31 日，A 小企业获悉 D 股份公司财务状况严重恶化，累计发生巨额亏损，已连续停止经营 3 年以上，且没有重新恢复经营的改组计划。A 企业持有的 D 公司的股票全部不能收回，2013 年 7 月 31 日，对 D 股份公司长期股权投资账面余额为 130 000 元。A 企业将其注销的账务处理如下。

借：营业外支出 130 000
　　贷：长期股权投资——D 公司 130 000

2. 企业会计准则对长期股权投资减值损失的规定

《企业会计准则第 8 号——资产减值》规定：“企业应当在资产负债表日判断资产是否存在可能发生减值的迹象。资产存在减值迹象的，应当估计其可收回金额。可收回金额的计量结果表明，资产的可收回金额低于其账面价值的，应当将资产的账面价值减记至可收回金额，减记的金额确认为资产减值损失，计入当期损益，同时计提相应的资产减值准备。”

当长期股权投资预计可收回金额低于其账面价值，计提长期股权投资减值准备时，借记“资产减值损失”科目，贷记“长期股权投资减值准备”科目。

本章小结

《小企业会计准则》规定，以支付现金取得的短期投资，应当按照购买价款和相关税费作为成本进行计量（不包括应当单独确认的应收股利或应收利息）。在短期投资持有期间，被投资单位宣告分派现金股利时，按照本企业可分得的金额，确认投资收益。在债务人应付利息日，按照债券投资的票面利率计算应取得的利息收入，确认投资收益。小企业出售短期投资时，应当将出售价款扣除该短期投资的账面余额（即成本）、出售过程中支付的相关税费后的净额，计入出售当期的投资收益。《企业会计准则》下，设置“交易性金融资产——成本”科目核算企业取得的短期投资，取得交易性金融资产须按照公允价值进行计量，相关交易费用在发生时直接借记“投资收益”科目。资产负债表日交易性金融资产应当按照公允价值计量，公允价值与账面余额之间的差额计入当期损益。出售交易性金融资产时，应按实际收到的金额，借记“银行存款”等科目，按该金融资产的账面余额，贷记“交易性金融资产”科目，按其差额，贷记或借记“投资收益”科目。同时，将原计入该金融资产的公允价值变动转出，借记或贷记“公允价值变动损益”科目，贷记或借记“投资收益”科目。

《小企业会计准则》规定，长期债券投资应当按照购买价款和相关税费作为成本进行计量（不包括应当单独确认的应收利息）。在长期债券投资持有期间，应当在债务人应付利息日，按照债券面值和债券票面利率计算利息收入，计入当期投资收益。对长期债券投资的溢价或折价，于确认相关债券利息收入的同时采用直线法进行摊销。处置长期债券投资时，应当冲减其账面余额。处置所得价款扣除其账面余额、相关税费后的净额，应当计入投资收益。长期债券投资损失应当于实际发生时计入营业外支出，同时冲减长期债券投资账面余额。《企业会计准则》规定，通过“持有至到期投资”科目核算长期债券投资。企业按票面利率计算持有至到期投资应收利息，按持有至到期投资摊余成本和实际利率计算确定利息收入，以二者的差额作为持有至到期投资的溢价或折价摊销额，借记或贷记“持有至到期投资—利息调整”科目。企业预期持有至到期投资发生减值时，应借记“资产减值损失”科目，贷记“持有至到期投资减值准备”科目。

《小企业会计准则》规定，以支付现金取得的长期股权投资，应当按照购买价款和相关税费作为初始投资成本进行计量（不包括应当单独确认的应收股利）；通过非货币性资产交换取得的长期股权投资。应当按照换出非货币性资产的评估价值和相关税费作为成本进行计量。小企业取得的长期股权投资持有期间应当采用成本法进行会计处理。被投资单位宣告分派现金股利或利润时，投资企业按照应分得的金额确认为当期投资收益。小企业处置长期股权投资，处置所得价款扣除该投资的账面余额（即成本）和出售过程中支付的相关税费后的净额计入处置当期的投资收益。长期股权投资损失应当于实际发生时计入营业外支出，同时冲减长期股权投资账面余额。《企业会计准则》规定，对企业合并和非企业合并两种途径取得的长期股权投资的初始投资成本做了不同的规定。在长期股权投资持有期间，应当根据投资企业对被投资单位的影响程度及是否存在活跃市场、公允价值能否可靠取得等进行划分，分别采用成本法和权益法进行核算。处置长期股权投资，其账面价值与实际取得价款的差额，应当计入当期损益。采用权益法核算的长期股权投资，因被投资单位除净损益以外所有者权益的其他变动而计入本企业所有者权益的，处置该项投资时应当将原计入所有者权益的部分按相应比例转入当期损益。当长期股权投资预计可收回金额低于其账面价值，计提长期股权投资减值准备时，借记“资产减值损失”科目，贷记“长期股权投资减值准备”科目。

教学做一体化训练

知识测试

一、单项选择题

1. 长期投资与短期投资的共同点是（ ）。

A. 谋求本企业经营外的经济利益

B. 利用本企业暂时闲置的资金，购入不是本企业经营所需的股票、债券等

C. 都在于影响和控制其他企业，以利于企业的发展

D. 都是为了扩大经营范围

2. A小企业于2013年3月30日以每股12元的价格购入某上市公司股票5 000股。实际支付价款60 000元，其中包含已经宣告的每股0.5元的现金股利。另支付相关费用600元，均以银行存款支付。A小企业将所购入的股票作为短期投资核算。购入该股票投资的入账价值为（ ）元。

A. 55 000 B. 57 500 C. 58 100 D. 60 600

3. 2013年1月1日，乙公司购入债券面值为100万元，利率为3%，划分为短期投资。取得时，支付价款103万元（已宣告发放利息3万元），另支付交易费用2万元。则该短期投资的入账价值为（ ）万元。

A. 103 B. 105 C. 102 D. 100

4. 实际支付的投资价款中包含的已宣告未发放的债券利息或现金股利应记入（ ）。

A. 应收项目 B. 投资成本 C. 投资收益 D. 投资溢价

5. 购入股票实际支付款额中包括已宣告但未发放的股利，应借记（ ）科目。

A. 其他应付款 B. 应收股利 C. 短期投资 D. 其他应收款

6. 小企业作为短期投资购入的股票或债券在持有期间被投资单位宣告发放现金股利或在资产负债表日按债券票面利率计算利息时，借记“应收股利”或“应收利息”科目，贷记（ ）科目。

A. 交易性金融资产 B. 贷款

C. 投资收益 C. 可供出售金融资产

7. 小企业出售作为短期投资购入的股票或债券时，应按实际收到的金额，借记“银行存款”科目，按该短期投资的成本，贷记“短期投资”科目，按其差额，贷记或借记（ ）科目。

A. 公允价值变动损益 B. 应收款项

C. 持有至到期投资　　D. 投资收益

8. 长期债券投资如存在溢折价，应当在长期债券投资科目设置（　　）明细科目进行核算。

A. 债券溢价　　B. 债券折价　　C. 损益调整　　D. 溢折价

9. 下列各项中，有关长期债券投资表述不正确的是（　　）。

A. 长期债券投资应当按照购买价款和相关税费作为成本进行计量

B. 实际支付价款中包含的已到付息期但尚未领取的债券利息，应当单独确认为应收利息

C. 分期付息方式的债券应计利息计入长期债券投资的账面价值

D. 分期付息方式的债券应收利息应作为流动资产项目

10. 在债券投资中，因以后逐期多得利息收入而预先付出的代价为债券（　　）；因以后逐期少得利息所得到的补偿为债券（　　）。

A. 溢价，折价　　B. 折价，溢价　　C. 平价，折价　　D. 溢价，平价

11. 企业溢价购入长期债券投资的情况下，各期的投资收益为（　　）。

A. 应计利息与溢价摊销额之和　　B. 应计利息与溢价摊销额之差

C. 应计利息与溢价摊销额之比　　D. 应计利息与溢价摊销额之积

12. A小企业于2013年3月1日，以680万元的价格购进当日发行的面值为600万元的公司债券。其中债券的买价为675万元，相关税费为5万元。该公司债券票面利率为8%，期限为5年，一次还本付息。企业准备持有至到期。该小企业购进债券时计入"长期债券投资——溢折价"科目的金额为（　　）万元。

A. 80　　B. 5　　C. 15　　D. 6

13. 小企业对长期股权投资核算只能采用（　　）计价。

A. 成本法　　B. 市价法　　C. 成本与市价孰低法　　D. 权益法

14. 2013年2月1日，H小企业以银行存款购入乙公司10%的股份，并准备长期持有，采用成本法核算。乙公司于2013年3月2日宣告分派2012年度的现金股利100 000元。2013年乙公司实现净利润400 000元，2014年4月1日乙公司宣告分派2013年现金股利300 000元。甲公司2014年确认应收股利时应确认的投资收益为（　　）元。

A. 40 000　　B. 30 000　　C. 20 000　　D. 0

15. 下列各项中，构成交易性金融资产成本的是（　　）。

A. 购买股票的价款中包含的已宣告但尚未领取的现金股利

B. 购买股票支付的价款

C. 购买股票支付的手续费

D. 购买债券支付的手续费

16. 下列情况中，长期股权投资应当采用权益法核算的是（　　）。

A. 短期持有被投资企业的股权

B. 长期持有被投资企业的股权，但被投资企业受所在国外汇管制

C. 与其他企业共同控制被投资企业

D. 长期持有被投资企业的股权，但对被投资企业无重大影响

17. "持有至到期投资"科目核算企业持有至到期投资的（　　）。

A. 摊余成本　　B. 原始价值　　C. 历史成本　　D. 完全成本

二、多项选择题

1. 下列项目中，应计入短期投资取得成本的是（　　）。

A. 支付的购买价格　　B. 支付的相关税金

C. 支付的手续费　　D. 支付价款中包含的应收利息

E. 支付价款中包含的现金股利

2. 企业进行长期投资的目的有（　　）。

A. 控制与本企业经营有关的其他企业　　B. 为企业将来扩展经营准备条件

C. 积累整笔资金，以供某一特定用途的需要　　D. 为了获取高于银行存款、债券的利息

E. 有效地利用暂时闲置的资金

3. 长期投资与短期投资不同之处有（　　）。

A. 投资时间不同　　B. 投资目的不同　　C. 投资金额不同

D. 投资收益不同　　E. 投资对象不同

4. 下列各项中，应作为长期债券投资取得时初始成本入账的有（　　）。

A. 投资时支付的不含应收利息的价款

B. 投资时支付的手续费

C. 投资时支付的税金

D. 投资时支付款项中所含的已到期尚未发放的利息

E. 投资时支付款项中所含的已宣告尚未发放的现金股利

5. “长期债券投资”科目可按该投资类别和品种，分别以（　　）设置明细科目，进行明细核算。

A. 应计利息　　B. 面值　　C. 溢折价

D. 公允价值变动　　E. 成本

6. 以支付现金方式取得的长期股权投资，其初始投资成本应该包括（　　）。

A. 买价　　B. 经纪人佣金　　C. 评估审计费

D. 手续费　　E. 应收股利

7. 计算长期债券本期投资收益的计算公式有（　　）。

A. 本期投资收益=该期应计利息+该期溢价摊销额

B. 本期投资收益=该期应计利息－该期溢价摊销额

C. 本期投资收益=该期应计利息+该期折价摊销额

D. 本期投资收益=该期应计利息－该期折价摊销额

E. 以上都不对

8. 交易性金融资产主要是指企业以赚取差价为目的从二级市场购入的（　　）。

A. 股票　　B. 债券　　C. 应收账款

D. 基金　　E. 应付账款

9. 长期股权投资的核算方法有（　　）。

A. 成本法　　B. 权益法　　C. 成本与市价孰低法

D. 完全成本法　　E. 变动成本法

10. 下列各项目中，构成交易性金融资产交易费的有（　　）。

A. 已宣告发放尚未领取的现金股利　　B. 买价

C. 印花税　　D. 佣金　　E. 出租车费

11. 按照《企业会计准则》的规定，企业收到交易性金融资产的现金股利时，可能的会计处理有（　　）。

A. 冲减投资成本　B. 增加投资成本　C. 确认投资收益

D. 冲减已入账的应收股利　E. 增加银行存款

12. 按《企业会计标则》的规定，下列情况下，长期股权投资应当采用成本法核算的有（　　）。

A. 持股比例为20%，并有重大影响　B. 持股比例在5%以下，且无重大影响

C. 持股比例为18%，并有重大影响　D. 持股比例为15%，且无重大影响

E. 持股比例在50%以上

13. 企业对其他单位进行长期股权投资，依据对被投资企业产生的影响可以分为（　　）。

A. 控制　B. 共同控制　C. 重大影响

D. 无控制，无共同控制，且无重大影响　E. 一般影响

三、判断题

1. "短期投资"科目核算企业打算持有时间不超过1年的债券投资、股票投资、基金投资等的成本。（　　）

2. 长期股权投资应当按照实际支付的价款及与取得长期股权投资直接相关的手续费、佣金等，作为长期股权投资的初始投资成本。（　　）

3. 处置长期股权投资应按实际收到的价款与长期股权投资账面价值的差额确认投资损益。（　　）

4. 短期投资应于实际收到现金股利或利息时，冲减投资成本。（　　）

5. 小企业会计准则规定短期投资期末按公允价值计量。（　　）

6. 根据《小企业会计准则》规定，小企业对外进行长期股权投资，可以采用成本法，也可以采用权益法核算。（　　）

7. "交易性金融资产"账户核算企业为交易目的所持有的债券投资、股票投资、基金投资等交易性金融资产的公允价值。（　　）

8. 长期股权投资应当按照实际支付的价款及与取得长期股权投资直接相关的手续费、佣金等，作为长期股权投资的初始投资成本。（　　）

9. 处置长期股权投资应按实际收到的价款与长期股权投资账面价值的差额确认投资损益。（　　）

10. 无论是长期股权投资核算的成本法还是权益法，均应在实际收到利润时确认投资收益。（　　）

11. 交易性金融资产应于实际收到现金股利或利息时，冲减投资成本。（　　）

12. 按《企业会计标则》的规定，投资企业对被投资企业无重大影响时，长期股权投资应当采用成本法核算。（　　）

技能演练

1. A小企业2013年有关短期投资的资料如下。

（1）3月1日以银行存款购入B公司股票50 000股，并准备随时变现，每股买价16元，

同时支付相关税费 4 000 元。

（2）4 月 20 日 B 公司宣告发放现金股利每股 0.4 元。

（3）4 月 21 日又购入 B 公司股票 50 000 股，并准备随时变现，每股买价 18.4 元（其中包含已宣告尚未发放的股利每股 0.4 元），同时支付相关税费 6 000 元。

（4）4 月 25 日收到 B 公司发放的现金股利 40 000 元。

（5）7 月 18 日 A 小企业以每股 11.5 元的价格转让 B 公司股票 60 000 股，扣除相关税费 6 000 元，实得金额为 1 040 000 元。

要求：根据上述经济业务编制有关会计分录。

2. B 小企业于 2013 年 2 月 10 日从证券市场以 105 000 元的价格购入 10 000 股 A 上市公司的股票，其中 5 000 元为已宣告但尚未发放的 2012 年的现金股利，另支付相关税费 2 000 元。B 小企业计划在短期内就将这些股票卖出。2013 年 4 月 20 日，B 小企业收到已宣告但尚未发放的现金股利。2014 年 3 月 20 日，A 上市公司再次宣告发放 2013 年的现金股利 0.5 元/股。B 小企业于 2014 年 4 月 20 日以 18 元/股的价格将上述股票卖出，交易费用略。

要求：根据 B 企业上述经济业务编制有关会计分录。

3. 2013 年 3 月小企业天海公司发生短期投资业务如下。

（1）3 月 1 日，购入 A 公司于年初 1 月 1 日发行的年利率 9%（每季末计息付息）的短期债券，面值 15 000 元，实际支付款项为 15 300 元。

（2）3 月 4 日，购入 A 公司股票 10 000 股，每股市价 6.60 元，另支付佣金 500 元，款项已全部付出。

（3）3 月 10 日，购入 B 公司股票 20 000 股，每股市价 9.90 元(内含已宣告但尚未发放的股利 0.30 元)，另支付佣金 1 500 元。款项已全部付出。

（4）3 月 18 日，企业因急需资金，将上年末 D 公司债券发行时购入的面值 40 000 元的债券在市场上全部出售。购入时实际支付款项 40 100 元，现以 41 100 元价款售出，收到款项存入银行。

（5）3 月 20 日，本月第（2）项业务购入的 A 公司股票，因市价上升很快，现以 77 000 元的价格售出，向证券交易所交付的佣金已予扣除。收到款项存入银行。

（6）3 月 21 日，收到本月投资业务（3）的 B 公司股票中已宣告发放的股利，存入账户。

（7）收到本月第（1）项业务的利息，存入银行。

要求：根据天海企业以上资料编制会计分录。

4. A 小企业 2013 年 1 月 1 日购入 B 公司当日发行的五年期债券，准备持有至到期。债券的票面利率为 12%，债券面值 1 000 元，乙企业按每份 1 050 元的价格购入债券 80 份。该债券每年年末付息一次，最后一年还本并付最后一次利息。假设 A 小企业按年计算利息。假定不考虑相关税费。

要求：根据 A 企业上述经济业务编制有关会计分录。

5. 2013 年 6 月份 H 小企业发生有关长期债券投资业务如下。

（1）平价购入 A 企业于本月发行的 3 年期，年利率 8%的长期债券，债券面值为 70 000 元. 款项已全部付出。

（2）溢价购入 B 公司新发行的 3 年期，年利率 10%的长期债券，债券面值为 80 000 元，现以 81 200 元的价格购入。

（3）折价购入C公司新发行的3年期、年利率6%的长期债券，面值50 000元，现以44 000元的价格购入。

（4）6月15日平价购入D公司本年1月15日发行的3年期、年利率12%的债券20 000元（每半年计息付息）。

（5）原购入E公司发行的3年期、年利率12%的债券现已到期，现兑付债券本金50 000元及3年期间的全部利息。

（6）月末，就本月第（2）项业务溢价购入的债券，采用直线法摊销其溢价额，同时计算债券应付未付利息。

（7）月末，就本月第（3）项业务折价购入的债券，采用直线法摊销其折价额，同时计算债券应付未付利息。

要求：根据甲小企业以上资料编制会计分录。

6. 2013年3月6日，A小企业支付价款1 016 000元（含交易费用2 000元和已宣告发放现金股利14 000元），购入B公司发行的股票200 000股，将其作为长期投资核算。此后发生如下经济业务。

（1）2013年5月10日，A企业收到乙公司发放的现金股利14 000元。

（2）2014年5月9日，B公司宣告每股发放现金股利0.10元。

（3）2014年5月13日，A企业收到乙公司发放的现金股利。

（4）2014年5月20日，A企业以每股4.90元的价格将股票全部转让。

要求：根据A企业上述经济业务编制有关会计分录。

7. 甲公司于2013年4月购入乙公司股票10 000股，每股价格10元，另支付相关税费5 000元，准备长期持有。

（1）乙公司于2013年5月2日宣告分派2012年度现金股利每股0.5元。

（2）乙公司于2014年3月20日宣告以4月1日为基准日，分派现金股利每股0.5元。

要求：核算甲公司的该项长期股权投资。

8. 2013年8月14日，甲公司处置部分长期股权投资，出售价款为150 000元，另支付相关税费1 000元，款项已由银行收妥。该长期股权投资处置部分相对应的账面价值为140 000元。

要求：根据甲公司上述经济业务编制有关会计分录。

9. A公司会计核算执行《企业会计准则》。2007年1月1日购入股票2 250股，作为交易性金融资产。当时每股市价4.80元，交易费用1 125元；1月31日，市价为每股5元；3月31日，市价为每股4.70元；4月21日，出售此股票，售价每股4.90元。

要求：根据上述业务编制有关会计分录。

10. B公司会计核算执行《企业会计准则》。B公司于2006年初购买乙公司普通股股票4 000股，作为长期股权投资。乙公司股票每股面值200元，共发行普通股10 000股，按面值发行。2006年乙公司实现净利40万元，该年按每股面值的10%发放现金股利，甲公司收到股利。2007年乙公司发生亏损10万元。

要求：根据《企业会计准则》的要求编制B公司的会计分录；计算2007年末“长期股权投资”科目的账面余额。

第五章 固定资产

【学习目标】

知识目标 能正确解释固定资产的概念，列举固定资产的类别；明确固定资产的确认条件和不同来源取得固定资产初始计量的要求；知道固定资产折旧范围及折旧方法；能列举固定资产后续支出的内容；知道固定资产处置和清查的核算要求。

能力目标 能进行固定资产增加、折旧和处置业务的账务处理；能熟练地用年限平均法计算折旧。

【导入案例】

确定固定资产的入账价值

CL 公司主要经营汽车修理及洗车业务。2013 年 8 月 10 日购买了 10 套无刷洗车设备，有关资料如下。

1. 无刷洗车设备的单价为 7 200 元/套，因该公司一次购买了 10 套，销售上给予了特殊的价格折扣，总价款 63 000 元(不含增值税)。该公司以银行存款支付了 23 000 元，其余 40 000 元开出了 90 天的带息商业汇票。票据到期时连同利息 800 元公司立即支付。
2. 公司在购买日还支付了购买该批设备的增值税 10 710 元。
3. 该批设备的运输费为 3 390 元。
4. 公司以每套 2 250 元的价格找到 A 承包商安装了 6 套设备，之后公司又找到了要价更低的 B 承包商以 1 900 元的价格安装了其余的 4 套设备。
5. 在安装过程中，公司的一名工人不小心损坏了一台设备，修理费用 910 元由公司承担。
6. 设备安装完毕后，发生试车费用 1 500 元，并取得了洗车收入 800 元。
7. 设备检验合格投入使用时，公司为电视台支付了 5 700 元广告费。

请思考

根据上述业务，无刷洗车设备的入账价值应确定为多少元？请说明确定的理由。

第一节 固定资产概述

一、固定资产的定义和特征

固定资产是指企业为生产产品、提供劳务、出租或经营管理而持有的、使用寿命超过 1 年、单位价值较高的有形资产。企业的固定资产包括房屋、建筑物、机器、机械、运输工具、设备、器具、工具等。

从固定资产的定义看，固定资产具有以下特征。

（1）企业持有固定资产的目的是为了生产商品、提供劳务、出租或经营管理。这一特征是固定资产区别于商品等流动资产的重要标志。需要说明的是，小企业以经营租赁方式出租的建筑物也属于固定资产，这不同于大中型企业根据企业会计准则的有关规定需将其单独划分为投资性房地产。

（2）固定资产的使用期限较长，使用寿命一般超过一个会计年度。这一特征表明固定资产属于非流动资产，随着使用和磨损，其价值会逐渐减少。因此，对固定资产计提折旧是对固定资产进行后续计量的重要内容。

（3）固定资产具有实物特征，这一特征将固定资产与无形资产区别开来。

二、固定资产的确认条件

某一资产项目如果作为固定资产加以确认，除需要符合固定资产的定义以外，还必须同时满足以下条件。

1. 与该固定资产有关的经济利益很可能流入企业

资产最主要的特征是预期能给企业带来经济利益，如果某一项资产预期不能给企业带来经济利益，就不能确认为企业的资产。企业在确认固定资产时，需要判断该项固定资产所包含的经济利益是否很可能流入企业。

在实务中，判断与固定资产有关的经济利益是否很可能流入企业，主要判断与该固定资产所有权相关的风险和报酬是否转移到了企业。与固定资产所有权相关的风险是指由于经营情况变化造成的相关收益的变动，以及由于资产闲置、技术陈旧等原因造成的损失；与固定资产相关的报酬，是指在固定资产使用寿命内使用该固定资产获得的收入，以及处置该资产所实现的利得等。

通常，取得固定资产的所有权是判断与固定资产所有权相关的风险和报酬转移到企业的一个重要标志。但是，所有权是否转移，不是判断与固定资产所有权相关的风险和报酬是否转移到企业的唯一标志。例如，融资租入固定资产，企业虽然不拥有固定资产的所有权，但与固定资产所有权相关的风险和报酬实质上已转移到企业（承租方），此时，企业能够控制该固定资产所包含的经济利益，满足固定资产确认的第一个条件。

2. 该固定资产的成本能够可靠地计量

成本能够可靠地计量是资产确认的一项基本条件。固定资产作为企业资产的重要组成部分，要予以确认，为取得该固定资产而发生的支出也必须能够可靠地计量。

企业在确定固定资产成本时必须取得确凿证据，但是，有时需要根据所获得的最新资料，对固定资产的成本进行合理的估计。

请思考

企业已淘汰的机器设备是企业的固定资产吗？企业打算购买但尚未实际买入的机器设备是不是企业的固定资产？

企业在对固定资产进行确认时，应当按照固定资产定义和确认条件，考虑企业的具体情形加以判断。企业的环保设备和安全设备等资产，虽然不能直接为企业带来经济利益，却有助于企业从相关资产获得经济利益，也应当确认为固定资产。

三、固定资产的分类

企业的固定资产种类繁多、规格不一，为加强管理，便于组织会计核算，有必要对其进行科学、合理的分类。根据不同的管理需要和核算要求以及不同的分类标准，可以对固定资产进行不同的分类，主要有以下两种分类方法。

1. 固定资产按经济用途分类

固定资产按经济用途分类，可以分为生产经营用固定资产和非生产经营用固定资产。

（1）生产经营用固定资产，是指直接服务于企业生产、经营过程的各种固定资产，如生产经营用的房屋、建筑物、机器、设备、器具、工具等。

（2）非生产经营用固定资产，是指不直接服务于生产、经营过程的各种固定资产，如职工宿舍、食堂、浴室、理发室等使用的房屋、设备和其他固定资产等。

按照固定资产的经济用途分类，可以归类反映和监督企业生产经营用固定资产和非生产经营用固定资产之间，以及生产经营用各类固定资产之间的组成和变化情况，借以考核和分析企业固定资产的利用情况，促使企业合理地配备固定资产，提高固定资产的使用效率，充分发挥其效用。

2. 固定资产按经济用途和使用情况综合分类

固定资产按经济用途和使用情况综合分类，可以分为以下七大类。

（1）生产经营用固定资产，是指直接使用于生产经营过程的固定资产，如生产用的房屋及建筑物、机器设备、运输设备、工具器具等。

（2）非生产经营用固定资产，是指直接使用于非生产经营过程中的固定资产，如非生产用的职工宿舍、食堂、浴室等。

（3）租出固定资产，是指在经营性租赁方式下，租给其他单位并收取租金的固定资产。

（4）不需用固定资产，是指不适应企业生产经营需要的、等待处理的固定资产。

（5）未使用固定资产，是指已完工或已购入的尚未交付使用或尚待安装的新增加的固定资产、因改扩建等原因暂停使用的固定资产、经批准停止使用的固定资产。

（6）土地，是指过去已估价入账的土地。因征地而支付的补偿费，应计入与土地有关的房屋、建筑物的价值内，不单独作为土地价值入账。企业取得的土地使用权，应作为无形资产，而不作为固定资产。

（7）融资租入固定资产，融资租入固定资产，是指企业按合同或协议以融资租赁方式租入的固定资产。在租赁期间，融资租入的固定资产应视同企业自有固定资产进行管理与核算。

由于企业的经营性质不同，经营规模各异，对固定资产的分类不可能完全一致。在实际工作中，企业大多采用综合分类的方法作为编制固定资产目录、进行固定资产核算的依据。

第二节　固定资产的初始计量

固定资产的初始计量，是指确定固定资产的取得成本。根据《企业会计准则》和《小企业会计准则》的规定，固定资产应当按照成本进行初始计量。这里所指的成本，应包括企业为取得固定资产发生的全部相关支出。但是，不同方式取得的固定资产，其成本构成不尽相同。

一、科目设置

固定资产核算需要设置的会计科目主要有以下几个。

（1）“固定资产”科目。核算企业所有固定资产的原始价值。本科目属于资产类科目。借方登记增加固定资产的原始价值，贷方登记减少固定资产的原始价值，期末借方余额，反映企业现有固定资产的原始价值。

（2）“在建工程”科目。核算企业进行各项工程（固定资产的新建、更新改造等工程）所发生的实际支出。本科目属于资产类科目。借方登记工程建设所发生的各项支出，贷方登记工程完工交付使用的工程实际成本，期末借方余额，反映企业尚未完工或虽已完工，但尚未办理竣工决算的工程实际支出。

（3）“工程物资”科目。核算企业为在建工程而准备的各种物资的实际成本。本科目属于资产类科目。借方登记企业购入工程物资的成本，贷方登记工程领用物资的成本，期末借方余额，反映企业为在建工程准备的尚未使用的各种物资的成本。

（4）“累计折旧”科目。核算企业固定资产的累计折旧额。本科目属于资产类科目。贷方登记提取的折旧，借方登记减少固定资产转出的折旧，期末贷方余额，反映企业现有固定资产累计折旧额。

（5）“固定资产清理”科目。核算企业因出售、报废和毁损等原因转入清理的固定资产净值及其在清理过程中所发生的清理费用和清理收入。本科目属于资产类科目。借方登记转入清理的固定资产的净值、清理费用及结转的清理净收益，贷方登记出售固定资产的价款、残料收入、变价收入、赔偿收入及结转的清理净损失，期末借方余额，反映未结转的清理净损失，期末贷方余额，反映未结转的清理净收益。

二、外购固定资产的核算

企业外购固定资产的成本包括购买价款、相关税费、运输费、装卸费、保险费、安装费等，但不含按照税法规定可以抵扣的增值税进项税额。

（1）购买价款，是外购固定资产成本的主体构成部分，是指企业为购买固定资产所支付的直接对价物。

（2）相关税费，包括企业为购买固定资产而缴纳的税金、行政事业性收费等，如购买车辆而支付的车辆购置税、签订购买合同而缴纳的印花税等，但不包括按照税法规定可以抵扣的增值税进项税额。

（3）相关的其他支出，是指使固定资产达到预定可使用状态前所发生的可直接归属于该项资产的其他支出，如购买固定资产过程中发生的相关运输费、装卸费、安装费、专业人员服务费等。

企业购入（包括以分期付款方式购入）的固定资产分为不需要安装的固定资产和需要安装的固定资产两种情况。

1. 购入不需要安装的固定资产

购入不需要安装的固定资产，应当按照实际支付的购买价款、相关税费（不包括按照税法规定可抵扣的增值税进项税额）、运输费、装卸费、保险费等，借记“固定资产”科目，按照税法规定可抵扣的增值税进项税额，借记“应交税费——应交增值税（进项税额）”科目，贷记“银行存款”、“长期应付款”等科目。

【例 5.1】 A 企业以银行存款购入不需要安装的设备一台，价款 10 000 元，支付增值税款 1 700 元，另支付运输费 200 元，包装费 100 元。A 企业应编制会计分录如下。

设备的购置成本=10 000+200+100=10 300（元）

借：固定资产——设备　　10 300
　　应交税费——应交增值税（进项税额）　　1 700
　　贷：银行存款　　12 000

2. 购入需要安装的固定资产

购入需要安装的固定资产，购入后经安装调试符合要求才能交付使用。其原始价值包括实际支付的价款（包括买价、包装费、运输费等）和安装调试费用等。购入需要安装的固定资产，先通过“在建工程”科目核算，待安装调试完工交付使用后，转入“固定资产”科目核算。

【例 5.2】 B 公司以银行存款购入一台需要安装的设备，买价 50 000 元，支付的增值税款 8 500 元、运输费 600 元、包装费 400 元。该设备由供货商负责安装，以银行存款支付安装费 4 500 元。B 公司应编制如下会计分录。

（1）支付设备价、税、费款时：

借：在建工程——安装工程（×设备）　　51 000
　　应交税费——应交增值税（进项税额）　　8 500
　　贷：银行存款　　59 500

（2）支付安装费时：

借：在建工程——安装工程（×设备）　　4 500
　　贷：银行存款　　4 500

（3）设备安装完毕交付验收使用时，应按安装后的实际成本作为原值：

借：固定资产——×设备　　55 500
　　贷：在建工程——安装工程（×设备）　　55 500

学中做

某企业购入一台需要安装的设备，取得的增值税专用发票上注明的设备买价为 60 000 元，增值税税款为 10 200 元，支付的运输费为 120 元。设备安装时领用工程用材料物资价值 1 500 元，购进该批材料物资时支付的增值税税额为 255 元，设备安装时支付有关人员薪酬 2 500 元，该项固定资产的原始成本为多少元？

三、自行建造固定资产的核算

自行建造固定资产的成本，由建造该项资产在竣工决算前发生的支出构成，包括建造固定资产所需的材料费、人工费、管理费、缴纳的相关税费、应予资本化的借款费用等。只要是固定资产竣工决算之前所发生的，为建造固定资产所发生的、与固定资产的形成具有直接关系的支出，都应作为固定资产成本的组成部分。此外，企业在建工程在试运转过程中形成的产品、副产品或试车收入冲减在建工程成本。

自行建造固定资产的成本，由为建造该项资产达到预定可使用状态前所发生的必要支出构成。自行建造的固定资产通过“在建工程”科目核算。

【例 5.3】 C 公司自行建造生产车间一幢，购入为工程准备的各种专用材料和专用设备。其中：专用材料 600 000 元，增值税额 102 000 元；专用设备 400 000 元，增值税额 68 000 元。基建工程实际领用了全部专用设备和专用材料，工程结束时剩余专用材料 20 000 元转作企业存货。另外，基建工程还领用了企业生产用的原材料 50 000 元（其增值税进项税额为 8 500 元）；支付基建工程人员工资 100 000 元；企业供水车间为基建工程提供劳务支出 15 000 元；基建工程完工验收并交付使用。C 公司应编制如下会计分录。

（1）购入为工程准备的专用材料、专用设备。

借：工程物资——专用材料　　702 000

　　　　　　——专用设备　　400 000

　　应交税费——应交增值税（进项税额）　　68 000

　　贷：银行存款　　1 170 000

（2）基建工程领用专用材料、专用设备。

借：在建工程——建筑工程（生产车间工程）　　1 102 000

　　贷：工程物资——专用材料　　702 000

　　　　　　　　——专用设备　　400 000

（3）基建工程领用生产用的原材料。

借：在建工程——建筑工程（生产车间工程）　　58 500

　　贷：原材料——×材料　　50 000

　　　　应交税费——应交增值税（进项税额转出）　　8 500

（4）基建工程支付工程人员工资。

借：在建工程——建筑工程（生产车间工程）　　100 000

　　贷：银行存款　　100 000

（5）基建工程承担供水车间劳务。

借：在建工程——建筑工程（生产车间工程）　　15 000

　　贷：生产成本——辅助生产成本（供水车间）　　15 000

（6）基建工程完工验收并交付使用。

借：固定资产——生产经营用固定资产（生产车间）　　1 275 500

　　贷：在建工程——建筑工程（生产车间工程）　　1 275 500

（7）剩余专用材料转作企业存货。

借：原材料——×材料　　20 000

　　贷：工程物资——专用材料　　20 000

在出包方式下，企业通过招标方式将工程项目发包给建造承包商，由建造承包商组织工程项目施工。企业要与建造承包商签订建造合同，企业是建造合同的甲方，负责筹集资金和组织管理工程建设，通常称为建设单位，建造承包商是建设合同的乙方，负责建筑安装工程施工任务。

企业以出包方式建造固定资产，其成本由建造该项固定资产达到预定可使用状态前所发生的必要支出构成，包括发生的建筑工程支出、安装工程支出以及需分摊计入各固定资产价值的待摊支出。建筑工程、安装工程支出，如人工费、材料费、机械使用费等由建造承包商核算。对于发包企业而言，建筑工程支出、安装工程支出是构成在建工程成本的重要内容，结算的工程价款计入在建工程成本。待摊支出，是指在建设期间发生的，不能直接计入某项固定资产价值、而应由所建造固定资产共同负担的相关费用，包括为建造工程发生的管理费、可行性研究费、征地费、临时设施费、公证费、监理费、应负担的税金、符合资本化条件的借款费用、建设期间发生的工程物资盘亏、报废及毁损净损失，以及负荷联合试车费等。其中，征地费是指企业通过划拨方式取得建设用地发生的青苗补偿费、地上建筑物、附着物补偿费等。企业为建造固定资产通过出让方式取得土地使用权而支付的土地出让金不计入在建工程成本，应确认为无形资产（土地使用权）。

出包方式下，"在建工程"科目主要是核算企业与建造承包商办理工程价款结算业务的科目，企业支付给建造承包商的工程价款作为工程成本通过"在建工程"科目核算。企业应按合理估计的工程进度和合同规定结算的进度款，借记"在建工程——建筑工程（××工程）"、"在建工程——安装工程（××工程）"科目，贷记"银行存款"、"预付账款"等科目。工程完成时，按合同规定补付的工程款，借记"在建工程"科目，贷记"银行存款"等科目。企业将需安装设备运抵现场安装时，借记"在建工程——在安装设备（××设备）"科目，贷记"工程物资——××设备"科目；企业为建造固定资产发生的待摊支出，借记"在建工程——待摊支出"科目，贷记"银行存款"、"应付职工薪酬"、"长期借款"等科目。

在建工程达到预定可使用状态时，借记"固定资产"科目，贷记"在建工程——建筑工程"、"在建工程——安装工程"、"在建工程——待摊支出"等科目。

《企业会计准则》对自行建造固定资产核算的规定，与《小企业会计准则》的规定存在以下区别。

（1）固定资产成本的截止日期不同。小企业会计准则下，自行建造固定资产相关支出（包括借款费用）资本化截止的时点以固定资产竣工决算为准。企业会计准则下，自行建造固定资产的成本，由建造该项资产达到预定可使用状态前所发生的必要支出构成，在时间上以固定资产达到预定可使用状态为准。

（2）固定资产建造过程中发生的借款费用的资本化条件和范围不同。小企业会计准则下，企业为购建固定资产在竣工结算前发生的借款费用，应当计入固定资产的成本，竣工结算后发生的借款费用计入财务费用。按照《企业会计准则第17号——借款费用》的规定，建造过程中发生的借款费用符合资本化条件的发生在资本化期间的有关借款费用才应该资本化，资本化金额的计算需要区分一般借款和专门借款。借款费用资本化金额的确定，不仅限定了借款费用资本化的起止时点（包括暂停资本化的情况），而且考虑购建支出的进度，借款费用资本化金额的确定应与资产支出挂钩。

四、投资者投入固定资产的核算

投资者投入固定资产的成本，应当按照评估价值和相关税费确定。小企业在办理固定资产移交手续之后，按投资合同或协议约定的价值作为固定资产的入账价值，借记“固定资产”等科目；按投资各方确认的价值在其注册资本中所占的份额，确认为实收资本或股本，贷记“实收资本或股本”科目；两者差额确认为资本公积，贷记“资本公积——资本溢价”科目。

【例 5.4】 2013 年 3 月 21 日，甲公司接受乙公司投入的生产设备一台，乙公司记录的该项生产设备的账面原价为 90 000 元，已提折旧 10 000 元；甲公司接受投资时，双方同意按原生产设备产的账面净值确认投资额，但经评估确认该生产设备的价值为 60 000 元。

借：固定资产　　60 000

　　资本公积　　20 000

　　贷：实收资本（或股本）　　80 000

《企业会计准则》规定，投资者投入固定资产的成本，应当按照投资合同或协议约定的价值确定，但合同或协议约定价值不公允的除外。

五、融资租入固定资产的核算

融资租赁是指实质上转移了与资产所有权有关的全部风险和报酬的租赁。其所有权最终可能转移，也可能不转移。企业与出租人签订的租赁合同是否认定为融资租赁合同，不在于租赁合同的形式，而应视出租人是否将租赁资产的风险和报酬转移给了承租人而定。如果实质上转移了与资产所有权有关的全部风险和报酬，则该项租赁应认定为融资租赁；如果实质上并没有转移与资产所有权有关的全部风险和报酬，则该项租赁应认定为经营租赁。

企业采用融资租赁方式租入的固定资产，虽然在法律形式上资产的所有权在租赁期间仍然属于出租人，但由于资产的租赁期基本上包括资产的有效使用年限，承租企业实质上获得了租赁资产所能提供的主要经济利益，同时承担了与资产所有权有关的风险。因此，承租企业应将融资租入固定资产作为企业自有固定资产入账，同时确认相应的负债，并采用与自有应折旧资产相一致的折旧政策计提折旧。

融资租入固定资产的成本，按照租赁合同约定的付款总额和在签订租赁合同过程中发生的相关税费等确定。这里，付款总额是指租赁合同中承租人与出租人双方协议约定的付款总额。相关税费包括承租人为融资租入固定资产发生的印花税、增值税、营业税等税费；另外，承租人为租入固定资产支付的佣金、律师费、差旅费、谈判费、运输费、装卸费、保险费、安装调试费也应计入固定资产成本。

为与企业自有固定资产相区别，企业应对融资租入的固定资产单设“融资租入固定资产”明细科目进行核算。

【例 5.5】 2013 年 12 月 20 日，甲公司采用融资租赁方式租入一条生产线。租赁合同规定：租赁开始日为 2014 年 1 月 1 日；租赁期为 3 年，每年年末支付租金为 2 000 000 元；租赁期届满，该生产线的估计残余价值为 300 000 元。在签订租赁合同过程中发生的相关税费为 300 000 元，以银行存款支付。该生产线于 2013 年 12 月 31 日运抵甲公司，当日投入使用；甲公司采用年限平均法于每年年末一次性计提固定资产折旧。2016 年 12 月 31 日，甲公司将该生产线归还给出租方。甲公司应编制会计分录如下。

（1）2013 年 12 月 31 日，租入固定资产。

融资租入固定资产入账价值=2 000 000 × 3+300 000=6 300 000（元）

借：固定资产——融资租入固定资产　6 300 000

　　贷：长期应付款　6 000 000

　　　　银行存款　300 000

（2）2014 年 12 月 31 日支付租金。

借：长期应付款　2 000 000

　　贷：银行存款　2 000 000

（3）2014 年末计提折旧。

每年应计提折旧=（6 300 000-300 000）÷3=2 000 000（元）

借：制造费用　2 000 000

　　贷：累计折旧　2 000 000

2015 年年末、2016 年年末支付租金并计提折旧的账务处理，比照 2014 年末相关账务处理。

（4）2016 年 12 月 31 日，归还该生产线。

借：长期应付款　300 000

　　累计折旧　6 000 000

　　贷：固定资产——融资租入固定资产　6 300 000

《企业会计准则第 21 号——租赁》第十一条规定：企业在租赁开始日，将租赁开始日租赁资产的公允价值与最低租赁付款额现值两者中较低者，加上在租赁谈判和签订租赁合同过程中发生的，可直接归属于租赁项目的手续费、律师费、差旅费、印花税等初始直接费用，作为租入资产的入账价值，借记"固定资产——融资租入固定资产"科目；按最低租赁付款额，贷记"长期应付款"科目；按发生的初始直接费用，贷记"银行存款"、"库存现金"等科目；按其差额，借记"未确认融资费用"科目。每期支付租金费用时，借记"长期应付款"科目，贷记"银行存款"科目。每期采用实际利率法分摊未确认融资费用，按当期应分摊的未确认融资费用金额，借记"财务费用"科目，贷记"未确认融资费用"科目。采用实际利率法分摊未确认融资费用时，分摊率的确定具体分为下列几种情况。

（1）以出租人租赁内含利率（合同规定利率、银行同期贷款利率）作为折现率将最低租赁付款额折现，且以该现值作为租赁资产入账价值的，应将租赁内含利率（合同规定利率、银行同期贷款利率）作为未确认融资费用的分摊率。

（2）以租赁资产公允价值作为入账价值的，应当重新计算分摊率，该分摊率是使最低租赁付款额的现值等于租赁资产公允价值的折现率。

【例 5.6】 甲公司会计核算执行企业会计准则。2007 年 12 月 1 日，甲公司采用融资租赁方式租入一条生产线。租赁合同规定：租赁开始日为 2008 年 1 月 1 日；租赁期为 3 年，每年年末支付租金为 2 000 000 元；租赁期届满，该生产线的估计残余价值为 400 000 元，其中，担保余值为 300 000 元，未担保余值为 100 000 元。该生产线于 2007 年 12 月 31 日运抵甲公司，当日投入使用；甲公司采用年限平均法计提固定资产折旧，于每年年末一次性确认融资费用并计提折旧。假定该生产线为全新生产线，租赁开始日的公允价值为 6 000 000 元；租赁内含利率为 6%。2010 年 12 月 31 日，甲公司将该生产线归还给出租方乙租赁公司。甲公司应编制会计分录如下。

（1）2007 年 12 月 31 日，租入固定资产。

最低租赁付款额现值=2 000 000×2.6730＋300 000×0.8396=5 597 880（元）

因为 5 597 880＜6 000 000，所以：

融资租入固定资产入账价值=5 597 880（元）

未确认融资费用=6 300 000－5 597 880=702 120（元）

借：固定资产——融资租入固定资产　　5 597 880

　　未确认融资费用　　702 120

　　贷：长期应付款　　6 300 000

（2）2008 年 12 月 31 日，支付租金、分摊融资费用并计提折旧。未确认融资费用的分摊结果见表 5.1。

表 5.1　未确认融资费用分摊表

日期	租金 （1）	确认的融资费用 （2）=期初（4）× 6%	应付本金减少额 （3）=（1）－（2）	应付本金余额 （4）=期初（4）－（3）
2008 年初				5 597 880
2008 年末	2 000 000	335 872.80	1 664 127.20	3 933 752.80
2009 年末	2 000 000	236 025.17	1 763 974.83	2 169 777.97
2010 年末	2 000 000	130 222.03	2 169 777.97	
合计	6 000 000	702 120	5 597 880	

每年应计提折旧=（5 597 880−300 000）÷3=1 765 960（元）

（3）支付各期租赁费。

借：长期应付款　　2 000 000

　　贷：银行存款　　2 000 000

（4）分摊 2008 年负担的融资费用。

借：财务费用　　335 872.80

　　贷：未确认融资费用　　335 872.80

（5）计提 2008 年的固定资产折旧。

借：制造费用　　1 765 960

　　贷：累计折旧　　1 765 960

2009 年年末及 2010 年年末支付租金、分摊融资费用并计提折旧的账务处理，比照 2008 年年末相关账务处理。

（6）2010 年 12 月 31 日，归还该生产线。

借：长期应付款　　300 000

　　累计折旧　　5 297 880

　　贷：固定资产——融资租入固定资产　　5 597 880

《企业会计准则第 4 号——固定资产》第七条至第十一条规定：购买固定资产的价款超过正常信用条件延期支付，实质上具有融资性质的，固定资产的成本以购买价款的现值为基础确定。实际支付的价款与购买价款的现值之间的差额，除按照《企业会计准则第 17 号——借款费用》应予资本化的以外，应当在信用期间内计入当期损益。

《小企业会计准则》简化了延期付款或分期付款购买固定资产的会计处理，不考虑其中内含的融资费用。

导入案例解析

确定固定资产的入账价值

1. 10套无刷洗车设备总价款63 000元应计入固定资产的入账价值；到期支付的800元应付票据利息应列入财务费用而不应计入固定资产的入账价值。

2. 购买设备支付的该批设备的增值税10 710元，按规定不计入固定资产的入账价值，而作为增值税进项税额处理。

3. 购买该批设备支付的3 390元运输费应计入固定资产的入账价值。

4. 10套设备的安装费共21 100元（2 250×6+1 900×4）应计入固定资产的入账价值。

5. 在安装过程中发生的修理费用910元应计入固定资产的入账价值。

6. 设备安装完毕后，发生的试车费用1 500元应计入固定资产的入账价值，而取得的洗车收入800元应冲减固定资产的入账价值。

7. 设备检验合格投入使用时支付的5 700元广告费不应计入固定资产的入账价值，因为它不属于为了使固定资产达到可使用状态所必须发生的支出。

根据上述分析，CL公司购买的这10套无刷洗车设备的入账价值总额应计算如下：

10套无刷洗车设备的入账价值总额=63 000+3 390+21 110+910+1 500-800=89 110（元）

六、盘盈固定资产的核算

盘盈的固定资产是指盘点中发现的账外固定资产。由于固定资产单位价值较高、使用时限较长，对于管理规范的小企业而言，盘盈固定资产的情况应当比较少见。一旦发现，应当立即补登会计账簿。由于盘盈的固定资产往往在小企业以前的会计账簿上没有记载或者记载的相关资料不全等原因，无法有效确定其历史成本，所以盘盈固定资产的成本，应当按照同类或者类似固定资产的市场价格或评估价值，扣除按照该项固定资产新旧程度估计的折旧后的余额确定，相当于采用重置成本计量。

对于盘盈的固定资产，企业应按同类或类似固定资产的市场价格，减去按该项资产的新旧程度估计的价值损耗后的余值，借记“固定资产”科目，贷记“待处理财产损溢——待处理非流动资产损溢”科目。盘盈的固定资产经批准转作企业收益时，借记“待处理财产损溢——待处理非流动资产损溢”科目，贷记“营业外收入——非流动资产盘盈”科目。

【例5.7】A小企业在固定资产清查中，发现有账外电机一台，同类电机的市场价格为10 000元，估计还有四成新。盘盈的电机后经批准转作企业收益。A小企业应编制如下会计分录。

（1）盘盈固定资产时：

盘盈固定资产的价值磨损额=10 000×60%=6 000（元）

盘盈固定资产的入账价值=10 000-6 000=4 000（元）

借：固定资产——电机　　4 000

　　贷：待处理财产损溢——待处理非流动资产损溢　　4 000

（2）盘盈固定资产经批准转作企业收益时：

借：待处理财产损溢——待处理非流动资产损溢　　4 000

　　贷：营业外收入——非流动资产盘盈收益　　4 000

《小企业会计准则》规定，在财产清查中盘盈固定资产的净收益，在按管理权限报经批准前应先贷记“待处理财产损溢”科目，批准后贷记“营业外收入”科目。

《企业会计准则》下，在财产清查中盘盈的固定资产净收益，在按管理权限报经批准前应先贷记“以前年度损益调整”科目，作为前期差错处理。

【例 5.8】 某公司会计核算执行企业会计准则。在财产清查中，发现多出机器设备一台，其公允价值为 40 000 元。该公司所得税税率为 25%，提取法定盈余公积的比例为 10%。该公司的账务处理如下。

借：固定资产　40 000

　　贷：以前年度损益调整　40 000

借：以前年度损益调整　10 000

　　贷：应交税费——应交所得税　10 000

借：以前年度损益调整　30 000

　　贷：盈余公积——法定盈余公积　3 000

　　　　利润分配——未分配利润　27 000

学中做

某企业接受甲单位投资转入不需安装设备一台，甲单位记录的该固定资产的账面原价为 350 000 元，已提折旧 80 000 元。按双方确认的评估价 300 000 元入账，设备已交付使用。假如你是某企业的会计人员，对这项业务如何编制会计分录？

借：

　　贷：

第三节　固定资产后续计量的核算

固定资产的后续计量主要包括固定资产折旧的计提以及固定资产后续支出的发生。

一、固定资产折旧的核算

（一）固定资产折旧的概念与范围

固定资产的一个重要属性就是使用期限长，其经济利益的流入是一个长期的过程，与此相适应，固定资产的成本是逐期分摊、逐步转移到它所生产的产品或者提供的劳务中去。因此，企业固定资产需要按照规定计提折旧，以确定企业所实际发生的成本费用。

1. 固定资产折旧的概念

折旧是指在固定资产使用寿命内，按照确定的方法对应计折旧额进行系统分摊。使用寿命是指固定资产预期使用的期限。应计折旧额，是指应当计提折旧的固定资产的原价（成本）扣除其预计净残值后的金额。预计净残值是指假定固定资产预计使用寿命已满并处于使用寿命终了的预期状态时，企业从该项资产处置中获得的扣除预计处置费用后的净额。《小企业会计准则》规定，小企业不计提资产减值准备，所以无需考虑固定资产的减值准备。

2. 固定资产折旧的范围

企业应当对所有固定资产计提折旧，但以下两种情况除外。

（1）已提足折旧仍继续使用的固定资产。固定资产提足折旧后，不论能否继续使用，均不再计提折旧，提前报废的固定资产也不再补提折旧。所谓提足折旧是指已经提足该项固定资产的应计折旧额。

（2）单独计价入账的土地。

需要注意的是，以融资租赁方式租入的固定资产和以经营租赁方式租出的固定资产，应当计提折旧；以融资租赁方式租出的固定资产和以经营租赁方式租入的固定资产，不应当计提折旧。

融资租入的固定资产，应当采用与自有应计提折旧资产相一致的折旧政策。确定租赁期届满时将会取得租赁资产所有权的，应当在租赁期与租赁资产尚可使用年限两者中较短的期间内计提折旧。

处于更新改造过程中停止使用的固定资产，应将其账面价值转入在建工程，不计提折旧。更新改造项目达到预定可使用状态转为固定资产后，再按照重新确定的折旧方法和该固定资产尚可使用寿命计提折旧。

因进行大修理而停止使用的固定资产，应当照提折旧，计提的折旧额应计入产品成本或当期损益。

（二）影响固定资产折旧的因素

影响固定资产折旧的因素主要有以下几个方面。

（1）固定资产原价，是指固定资产的成本。

（2）预计净残值，是指固定资产预计使用寿命已满，企业从该项固定资产处置中获得的扣除预计处置费用后的金额。通俗地讲，就是固定资产在报废时预计残料变价收入扣除清理费用后的净值。企业应当根据固定资产实际情况进行合理的估计，并在固定资产使用寿命内一贯应用。

（3）固定资产的使用寿命，指企业使用固定资产的预计期间。企业确定固定资产的使用寿命时，主要应当考虑下列因素：①预计生产能力或实物产量；②预计有形损耗或无形损耗；③法律或者类似规定对资产使用的限制。

企业应当根据固定资产的性质和使用情况，并考虑企业所得税法的规定，合理确定固定资产的使用寿命。具体会计处理时，企业在根据实际情况合理估计的前提下，可以直接采用企业所得税法规定的折旧最低年限作为相关固定资产的折旧年限。

除国务院财政、税务主管部门另有规定外，固定资产计提折旧的最低年限如下：房屋、建筑物，为 20 年；机器、机械和其他生产设备，为 10 年；与生产经营活动有关的器具、工具、家具等，为 5 年；飞机、火车、轮船以外的运输工具，为 4 年；电子设备，为 3 年。

固定资产的折旧方法、使用寿命、预计净残值一经确定，不得随意变更。如果固定资产使用过程中所处环境、使用情况等发生重大变化，导致其折旧方法、使用寿命或者预计净残值确需变更的，应当作为会计估计变更处理。

（三）固定资产折旧方法

企业应当按照年限平均法（即直线法，下同）计提折旧。企业的固定资产由于技术进步等原因，确需加速折旧的，可以采用双倍余额递减法和年数总和法。

企业选用不同的固定资产折旧方法，将影响固定资产使用寿命期间内不同时期的折旧费用，因此，固定资产的折旧方法一经确定，不得随意变更。

1. 年限平均法

年限平均法又称直线法，是指将固定资产的应计折旧额均衡地分摊到固定资产预计使用寿命内的一种方法。这种方法最大的特点是：每期计算的折旧额是相等的、不变的，在坐标中折旧额表现为一条直线，该方法由此又称直线法。计算公式如下：

年折旧额=（固定资产原始价值-预计净残值）÷预计使用年限

或　　=固定资产原始价值×（1-预计净残值率）÷预计使用年限

其中，　　预计净残值率=（预计净残值额÷固定资产原值）×100%

在实际工作中，采用平均年限法计提折旧时，折旧额是根据固定资产原值乘以折旧率计算的。因此，企业在计算出固定资产年折旧额的基础上，还必须计算出固定资产年折旧率。固定资产年折旧率，是指固定资产年折旧额与固定资产原值的比率。即

年折旧率=年折旧额÷固定资产原值×100%

企业也可不在计算固定资产年折旧额基础上计算年折旧率，而按下列公式直接求得年折旧率，并进而求得固定资产月折旧额：

年折旧率=（1-预计净残值率）÷预计使用年限×100%

月折旧率=年折旧率÷12

月折旧额=固定资产原值×月折旧率

【例 5.9】 A 公司有一仓库，原值 800 000 元，预计可使用 20 年，预计净残值率为 4%。该仓库的年折旧额、年折旧率、月折旧率、月折旧额的计算如下。

年折旧额=800 000×（1-4%）÷20=38 400（元）

年折旧率=38 400÷800 000×100%=4.8%

或　　=（1-4%）÷20×100%=4.8%

月折旧率=4.8%÷12=0.4%

月折旧额=800 000×0.4%=3 200（元）

2. 双倍余额递减法

双倍余额递减法，是指在不考虑固定资产预计净残值的情况下，根据每期期初固定资产原价减去累计折旧后的金额和双倍的直线法折旧率计算固定资产折旧的一种方法，计算公式如下：

年折旧率=2÷预计使用寿命（年）×100%

月折旧率=年折旧率÷12

月折旧额=固定资产原价×月折旧率

由于双倍余额递减法开始计提折旧时不考虑固定资产的净残值，因此在应用该方法时必须注意：为了不使固定资产的账面折余价值降低到它的预计净残值以下，应当在其折旧年限到期的前两年内，将固定资产账面折余价值扣除预计净残值后的剩余价值在两年间平均摊销。

【例 5.10】 H 公司现有生产用电子设备一台，原值为 50 000 元，预计可使用 5 年，预计净残值为 1 000 元。经批准采用双倍余额递减法计提折旧。H 公司该电子设备各年折旧额计算见表 5.2。

年折旧率 = 2 ÷ 5 × 100 % = 40%

第 1 年应提的折旧额 = 50 000 × 40 % = 20 000（元）

第 2 年应提的折旧额 =（50 000−20 000）× 40 % = 12 000（元）

第 3 年应提的折旧额 =（50 000−20 000−12 000）× 40%=7 200（元）

从第 4 年起改用年限平均法（直线法）计提折旧。

第 4 年、第 5 年的每年折旧额：

（50 000−20 000−12 000−7 200−1 000）÷ 2 = 4 900（元）

每年各月折旧额根据年折旧额除以 12 来计算。

表 5.2　双倍余额递减法计算表

使用年限	年初账面折余价值	年折旧率	年折旧额	累计折旧额	年末账面折余价值
1	50 000	40%	20 000	20 000	30 000
2	30 000	40%	12 000	32 000	18 000
3	18 000	40%	7 200	39 200	10 800
4	10 800	—	4 900	44 100	5 900
5	5 900	—	4 900	49 000	1 000
合计			49 000		

3. 年数总和法

年数总和法，又称年限合计法，是指将固定资产的原价减去预计净残值后的余额. 乘以一个以固定资产尚可使用寿命为分子、预计使用寿命逐年数字之和为分母的逐年递减的分数计算每年的折旧额，计算公式如下：

年折旧率= 尚可使用年限 ÷ 预计使用寿命的年数总和 × 100 %

=（预计折旧年限—已折旧年限）

÷ [预计折旧年限 ×（预计折旧年限+1）÷ 2] × 100%

月折旧率 = 年折旧率 ÷ 12

月折旧额 =（固定资产原价—预计净残值）× 月折旧率

【例 5.11】 K 公司现有一台生产用电子设备，原值为 48 000 元，预计可使用 5 年，预计净残值为 1 440 元。经批准采用年数总和法计提每月折旧。K 公司该电子设备各月折旧额计算见表 5.3。

表 5.3　年数总和法折旧计算表

使用年限	固定折旧基数	尚可使用年限	年数总和	年折旧率	年折旧额	累计折旧额	期末折余价值	月折旧额
								年折旧额÷12
0							48 000	
1	46 560	5	15	5/15	15 520	15 520	32 480	1 293.33
2	46 560	4	15	4/15	12 416	27 936	20 064	1 034.67
3	46 560	3	15	3/15	9 312	37 248	10 752	776.00
4	46 560	2	15	2/15	6 208	43 456	4 544	517.33
5	46 560	1	15	1/15	3 104	46 560	1 440	258.67
合计					46 560			

双倍余额递减法和年数总和法都是加速折旧法，其特点是在固定资产使用的早期多提折旧，后期少提折旧，其递减的速度逐年加快，从而相对加快折旧速度，目的是使固定资产成本在估计使用寿命内加快得到补偿。

《企业会计准则》与《小企业会计准则》对固定资产折旧方法和折旧年限的规定有所不同。

《企业会计准则》规定："企业应当根据与固定资产有关的经济利益的预期实现方式，合理选择固定资产折旧方法。可选用的折旧方法包括年限平均法、工作量法、双倍余额递减法和年数总和法等。企业应当根据固定资产的性质和使用情况，合理确定固定资产的使用寿命、预计净残值和折旧方法。固定资产的使用寿命、预计净残值和折旧方法一经确定，不得随意变更。企业至少应当于每年年度终了，对固定资产的使用寿命、预计净残值和折旧方法进行复核。使用寿命预计数与原先估计数有差异的，应当调整固定资产使用寿命。预计净残值预计数与原先估计数有差异的，应当调整预计净残值。与固定资产有关的经济利益预期实现方式有重大改变的，应当改变固定资产折旧方法。固定资产使用寿命、预计净残值和折旧方法的改变应当作为会计估计变更。”

（四）固定资产折旧的核算

固定资产计提的折旧应通过“累计折旧”科目核算。企业计提固定资产折旧时，计提的折旧应当记入“累计折旧”科目贷方，并根据固定资产受益对象计入相关资产成本或者当期损益，借记有关成本费用科目。“累计折旧”科目期末贷方余额，反映企业提取的固定资产折旧累计数。

（1）企业自行建造固定资产过程中使用的固定资产，计提的折旧应计入在建工程成本，借记“在建工程”科目。

（2）企业基本生产车间所使用的固定资产，其计提的折旧应计入制造费用，借记“制造费用”科目。

（3）管理部门所使用的固定资产，计提的折旧应计入管理费用，借记“管理费用”科目。

（4）销售部门所使用的固定资产，计提的折旧应计入销售费用，借记“销售费用”科目。

（5）经营租出的固定资产，其应提的折旧额应计入其他业务成本，借记“其他业务成本”科目。

企业应当按月计提折旧，当月增加的固定资产，当月不计提折旧，从下月起计提折旧；当月减少的固定资产，当月仍计提折旧，从下月起不计提折旧。

所谓当月增加的固定资产，包括企业通过外购、自行建造、投资者投入、融资租入、盘盈等方式新增加的固定资产。其中，自行建造固定资产的，应当于完成竣工决算时将竣工决算前发生的相关支出自“在建工程”科目结转至“固定资产”科目，视为新增加的固定资产。

所谓当月减少的固定资产，包括企业因出售、报废、毁损、对外投资等原因而减少的固定资产，即固定资产的处置。这些固定资产一旦处置，即意味着在以后期间不能再给企业带来经济利益，因此也就不应再对其继续计提折旧了。

“累计折旧”科目只进行总分类核算，不进行明细分类核算。需要查明某项固定资产的已计提折旧时，可以根据固定资产卡片上所记载的该项固定资产原值、折旧率和实际使用年数等资料进行计算。

计提固定资产折旧要编制“固定资产折旧计算表”，其计算方法可用公式表示为

本月应提折旧额=上月计提折旧额+上月增加固定资产应计折旧额

－上月减少固定资产应计折旧额

“固定资产折旧计算表”的格式见表5.4。

表5.4 固定资产折旧计算表

使用部门		上月计提折旧额	上月增加固定资产应计折旧额	上月减少固定资产应计折旧额	本月应提折旧额
生产部门	生产用	238 000	3 000	5 000	236 000
	管理用	29 000	4 000		33 000
	合计	267 000	7 000	5 000	269 000
行政管理部门		65 000		3 000	62 000
出租		5 000			5 000
总计		337 000	7 000	8 000	336 000

【例 5.12】 根据表 5.4，编制会计分录如下。

借：制造费用　　269 000
　　管理费用　　62 000
　　其他业务成本　　5 000
　　贷：累计折旧　　336 000

二、固定资产后续支出的核算

固定资产的后续支出是指固定资产使用过程中发生的日常修理费、改建支出、房屋的装修费用等。

（一）日常修理支出

固定资产投入使用之后，由于磨损、各组成部分耐用程度不同或者使用条件不同，可能导致固定资产的局部损坏。为了维护固定资产的正常运转和使用，充分发挥其使用效能，需要对固定资产进行必要的维护和修理，从而会发生一些日常修理费。

固定资产日常修理费，是指小企业为了维护固定资产的正常运转和使用，充分发挥其使用效能，对该固定资产进行必要维护时所发生的相关支出。

固定资产日常修理费应当与大修理支出相区分。大修理支出是指同时符合下列条件的支出：①修理支出达到固定资产取得成本的 50％以上；②修理后固定资产的使用年限延长 2 年以上。

固定资产因维护、修理而发生的后续支出，只是确保固定资产的正常工作状况，它并不导致固定资产性能的改良或固定资产未来经济利益的增加。因此，固定资产的日常修理费，应当在发生时根据固定资产的受益对象计入相关资产成本或者当期损益。小企业生产车间（部门）发生的固定资产修理费用记入“制造费用”科目；行政管理部门发生的固定资产修理费用记入“管理费用”科目；专设销售机构的，其发生的与专设销售机构相关的固定资产修理费用等后续支出，记入“销售费用”科目。

【例 5.13】 2013 年 6 月 20 日，A 小企业对生产车间的一台生产设备进行日常维修，维修过程中发生人工费用为 5 000 元；委托企业外部工程人员对厂部各科室的打印机进行日常维修，发生材料和人工费用共 1 000 元，以银行存款支付。A 企业的会计分录如下。

借：制造费用　　5 000
　　贷：应付职工薪酬　　5 000
借：管理费用　　1 000
　　贷：银行存款　　1 000

《小企业会计准则》规定，生产车间发生的固定资产日常修理费用等后续支出，记入“制造费用”科目，行政管理部门等发生的固定资产日常修理费用等后续支出，记入“管理费用”科目。

《企业会计准则》规定，发生的固定资产日常修理费用应在发生时一次性直接计入当期管理费用，单独设置的销售机构发生的固定资产日常修理费用应在发生时计入销售费用。

（二）改建支出

固定资产的改建支出，是指改变房屋或者建筑物结构、延长使用年限等发生的支出。

根据小企业会计准则的规定，固定资产的改建支出，应当计入固定资产的成本，但已提足折旧的固定资产和经营租入的固定资产发生的改建支出应当计入长期待摊费用。

在对固定资产进行改扩建时，应将该固定资产的原价、已计提的累计折旧转销，将固定资产的账面净值转入在建工程，并停止计提折旧。改扩建过程中发生的相关支出，通过“在建工程”科目核算。改扩建完成办理竣工决算时，再从在建工程转为固定资产，并按重新确定的使用寿命、预计净残值和折旧方法计提折旧。改扩建活动延长固定资产使用寿命的，应适当延长该固定资产的折旧年限。

【例 5.14】 某企业拥有一生产厂房，原值为 500 000 元，累计已计提折旧 150 000 元，账面净值为 350 000 元；由于产品适销对路，现有生产能力不足以满足市场需要，企业决定对其进行改扩建，以提高生产能力。2013 年 2 月 1 日开始经过 3 个月的改扩建，完成了对这个生产厂房的改扩建工程，达到预定可使用状态。改扩建工程共发生支出 100 000 元，全部以银行存款支付；该生产厂房改扩建工程达到预定可使用状态后，大大提高了生产能力，其使用年限也相应延长了。不考虑其他相关税费，该企业应编制会计分录如下。

（1）2013 年 2 月 1 日，固定资产转入改扩建时：

借：在建工程	350 000	
累计折旧	150 000	
贷：固定资产		500 000

（2）改扩建生产厂房发生支出时：

借：在建工程	100 000	
贷：银行存款		100 000

（3）工程完工时：

借：固定资产	450 000	
贷：在建工程		450 000

《企业会计准则》下，在为固定资产发生可予资本化的后续支出时，企业应将该固定资产的原价、已计提的累计折旧和减值准备转销，将固定资产的账面价值借记“在建工程”科目。固定资产发生的可予资本化的后续支出，借记“在建工程”科目。在固定资产发生的后续支出完工并达到预定可使用状态时，应在后续支出资本化的固定资产账面价值不超过其可收回金额的范围内，借记“固定资产”科，贷记“在建工程”科目。超过其可收回金额的则计入管理费用。

（三）与固定资产后续支出有关的长期待摊费用

长期待摊费用是指小企业已经发生但应由本期和以后各期负担的分摊期限在 1 年以上的各项费用，主要包括：已提足折旧的固定资产的改建支出、经营租入固定资产的改建支出、固定资产的大修理支出和其他长期待摊费用等。小企业已经发生的长期待摊费用应借记“长期待摊费用”科目。

长期待摊费用应当在其摊销期限内采用年限平均法进行摊销，根据其受益对象计入相关资产的成本或者管理费用，并冲减长期待摊费用。在具体核算时，小企业按月摊销长期待摊费用，借记“制造费用”、“管理费用”等科目，贷记“长期待摊费用”科目。长期待摊费用主要有以下几种情况。

1. 已提足折旧的固定资产的改建支出，按照固定资产预计尚可使用年限分期摊销

对于已提足折旧的固定资产，账面价值仅剩下了净残值。也就是说，该项固定资产的可利用价值已全部转移，这时候在这些资产上发生的改建支出，是不能将其计入固定资产成本的，因为此时固定资产的价值形式已经消失，后续支出也已失去了可以附着的载体。所以，只能通

过长期待摊费用科目核算，并在固定资产预计尚可使用年限分期摊销。

【例 5.15】 2005 年年底，B 小企业购入一台生产过程使用的器具，作为固定资产核算。该固定资产使用寿命为 7 年。2012 年 12 月 31 日，该器具仍然运转良好，并且用其生产的产品适销对路，B 小企业决定从 2013 年 1 月 1 日开始对该资产进行改造，改造期间发生职工薪酬 20 000 元，发生其他相关支出 10 000 元。该改造工程于 2013 年 3 月 31 日完工。预计改造后的固定资产还可以使用 3 年，企业采用直线法对改良支出进行摊销。B 小企业应作账务处理如下。

（1）2013 年 1 月 1 日，对该固定资产进行改造，改造期间发生费用。

借：长期待摊费用　　30 000

　　贷：应付职工薪酬　　20 000

　　　　银行存款　　10 000

（2）2013 年 4 月开始对改良支出进行摊销，当年摊销额为 7 500 元。

借：生产成本　　7 500

　　贷：长期待摊费用　　7 500

2. 经营租入固定资产的改扩建支出，按照合同约定的剩余租赁期限分期摊销

以经营租赁方式租入的固定资产的改扩建支出，是指改变房屋或者建筑物结构、延长使用年限等发生的支出。由于经营租入的固定资产与该资产相关的风险和报酬并没有转移给承租方，资产的所有权仍属于出租方而不属于承租方，承租方只在协议规定的期限内拥有对该资产的使用权，因而对以经营租赁方式租入的固定资产发生的改建支出，不能计入固定资产成本，只能计入长期待摊费用，其受益期为合同约定的剩余租赁期，因此，其改扩建支出也只能在合同约定的剩余租赁期限内分期摊销。

【例 5.16】 2012 年 12 月 31 日，A 小企业经营租入一条生产线用于 A 产品生产，租期为 3 年，从 2012 年开始，每年年末支付租金 30 000 元。为了提高生产效率，在 2012 年 12 月 31 日生产线运抵企业进行安装时即进行改造，该改造及生产线安装工程流程简单，所有工程于当日完成。工程共领用生产用原材料 3 000 元，购进该批原材料时支付的增值税进项税额为 510 元；辅助生产车间为生产线改良提供的劳务支出为 3 790 元；发生有关人员薪酬 3 500 元。该改造工程显著改善了生产线获利能力，企业当日安装完毕，于次日投产运行。甲公司于 2012 年 12 月 31 日租入该生产线时，不作会计分录，但是对该生产线进行备查登记。A 小企业对于发生的改造支出，账务处理如下。

（1）改良工程领用原材料：

借：在建工程　　3 510

　　贷：原材料　　3 000

　　　　应交税费——应交增值税（进项税额转出）　　510

（2）辅助生产车间为改良工提供劳务：

借：在建工程　　3 790

　　贷：生产成本——辅助生产成本　　3 790

（3）发生工程人员薪酬：

借：在建工程　　3 500

　　贷：应付职工薪酬　　3 500

（4）改良工程达到预定可使用状态交付：

借：长期待摊费用　　10 800

　　贷：在建工程　　10 800

（5）在租赁期内按月进行摊销。

借：生产成本　300

　贷：长期待摊费用　300

3. 符合税法规定的固定资产大修理支出，按照固定资产预计尚可使用年限分期摊销

固定资产的大修理支出，是指同时符合下列条件的支出。

（1）修理支出达到取得固定资产时的计税基础50%以上。

（2）修理后固定资产的使用寿命延长2年以上。

符合以上两项条件的大修理支出，在发生时，借记“长期待摊费用”科目，贷记“原材料”、“银行存款”等科目；该支出在固定资产尚可使用年限内进行摊销，借记相关资产的成本或者当期损益科目，贷记“长期待摊费用”科目。

【例5.17】 A公司为一般纳税人，2007年12月1日，A公司购入一条需要安装的生产线，2007年12月31日，该生产线达到预定可使用状态，其安装后成本为600 000元。2013年1月1日，因生产线出现重大故障，A公司对该生产线进行大修理。当日，该生产线停止使用，开始进行修理。在修理过程中，领用原材料200 000元，其进项税额为34 000元；应付在建工程人员职工薪酬60 000元；以银行存款支付其他工程费用66 000元。2013年3月31日，大修理工程完工验收合格并于当日投入使用。预计此次修理使得该生产线的使用寿命延长5年，企业采用直线法于2013年4月末对大修理支出进行第一次摊销。

A公司应该对大修理业务进行账务处理如下。

（1）修理支出（360 000元）大于取得固定资产时的计税基础的50%（600 000÷2＝300 000元）。所以将此修理支出判定为大修理支出。修理工程完工验收合格时，进行会计处理如下：

借：长期待摊费用　360 000

　贷：原材料　200 000

　　应交税费——应交增值税（进项税额转出）　34 000

　　应付职工薪酬　60 000

　　银行存款　66 000

（2）2013年4月末对大修理支出进行第一次摊销，每月摊销额为6 000元（360 000÷5÷12）：

借：制造费用　6 000

　贷：长期待摊费用　6 000

《小企业会计准则》下，符合税法规定的大修理支出通过“长期待摊费用”科目核算。企业会计准则下，符合资本化条件的大修理支出，先通过“在建工程”科目核算，再按规定转入“固定资产”科目，计入固定资产成本；不符合资本化条件的大修理支出应当计入当期损益，借记“管理费用”科目，不能计入“长期待摊费用”科目核算。

第四节　固定资产处置、盘亏和减值的核算

一、固定资产处置的核算

处置固定资产，是指由于各种原因造成固定资产减少的情形，主要包括对外出售固定资产，

因技术、法律、经济等原因报废固定资产以及将固定资产用作对外投资等。

企业因出售、报废、毁损、对外投资等原因减少固定资产，应通过“固定资产清理”科目核算。本科目核算企业出售、报废、毁损、对外投资等原因转入清理的固定资产价值及其在清理过程中发生的清理费用和清理收入等。企业出售、转让、报废固定资产或发生固定资产毁损，应将处置收入扣除其账面价值、相关税费和清理费用后的净额，计入营业外收入或营业外支出。固定资产的账面价值，是指固定资产原价（成本）扣减累计折旧后的金额。

（一）固定资产处置的会计处理步骤

处置固定资产的会计处理一般经过以下几个步骤。

（1）固定资产转入清理。固定资产转入清理时，按固定资产账面价值，借记“固定资产清理”科目，按已计提的累计折旧，借记“累计折旧”科目，按固定资产账面原价，贷记“固定资产”科目。同时，按照税法规定不从增值税销项税额中抵扣的进项税额，借记“固定资产清理”科目，贷记“应交税费——应交增值税（进项税额转出）”科目。

（2）发生的清理费用。固定资产清理过程中发生的有关费用以及应支付的相关税费，借记“固定资产清理”科目，贷记“银行存款”、“应交税费——应交营业税”等科目。

（3）出售收入和残料。企业收回出售固定资产的价款、残料价值和变价收入等，应冲减清理支出。按实际收到的出售价款以及残料变价收入等，借记“银行存款”、“原材料”等科目，贷记“固定资产清理”科目。

（4）保险赔偿的处理。企业计算或收到的应由保险公司或过失人赔偿的损失，应冲减清理支出，借记“其他应收款”、“银行存款”等科目，贷记“固定资产清理”科目。

（5）清理净损益的处理。固定资产清理完成后的净损失，借记“营业外支出”科目，贷记“固定资产清理”科目；固定资产清理完成后的净收益，借记“固定资产清理”科目，贷记“营业外收入”科目。

（二）固定资产出售

企业因调整经营方向或考虑技术进步等因素，可以将闲置或不需用的固定资产对外出售。按照有关规定，企业出售属于不动产的固定资产，还应按取得的收入计算交纳营业税。

【例 5.18】 A 公司将多余的一座建筑物出售，原值 3 000 000 元，已提折旧 1 000 000 元，实际出售价格为 4 000 000 元，价款已收存银行。假定上述出售交易适用的营业税税率为 5%。A 公司应编制如下会计分录。

（1）固定资产转入清理。

借：固定资产清理　　2 000 000

　　累计折旧　　1 000 000

　　贷：固定资产——×建筑物　　3 000 000

（2）出售固定资产的价款存入银行。

借：银行存款　　4 000 000

　　贷：固定资产清理　　4 000 000

（3）计算出售建筑物应交纳的营业税（出售建筑物交纳营业税适用的营业税率为 5%）。

应交纳营业税额=4 000 000 × 5%=200 000（元）

借：固定资产清理　　200 000

贷：应交税费——应交营业税 200 000

（4）交纳出售建筑物应交纳的营业税。

借：应交税费——应交营业税 200 000

贷：银行存款 200 000

（5）结转出售固定资产实现的净收益。

借：固定资产清理 1 800 000

贷：营业外收入——非流动资产处置净收益 1 800 000

（三）固定资产报废

企业固定资产报废分为正常报废和非正常报废两种，两者在会计核算上基本相同。

【例 5.19】 B公司将一台被新技术淘汰的A设备提前报废，该设备的账面原值40 000元，已提折旧30 000元。报废时残料变价收入1 500元收存银行，另以银行存款支付报废清理费用400元。假定不考虑相关税费影响。B公司应编制如下会计分录。

（1）将报废设备转入清理。

借：固定资产清理 10 000

累计折旧 30 000

贷：固定资产——A设备 40 000

（2）收回残料变价收入款。

借：银行存款 1 500

贷：固定资产清理 1 500

（3）支付清理费用。

借：固定资产清理 400

贷：银行存款 400

（4）结转报废固定资产发生的净损失。

借：营业外支出——非流动资产处置净损失 8 900

贷：固定资产清理 8 900

【例 5.20】 C公司有一简易仓库因遭遇洪水而毁损，原值为150 000元，已提折旧60 000元，已入库的残料变价收入估价为11 000元，用银行存款支付清理费用3 000元，经保险公司核定应赔偿的损失额为58 000元，赔款尚未收到。假定不考虑相关税费影响。C公司应编制如下会计分录。

（1）将毁损的仓库转入清理。

借：固定资产清理 90 000

累计折旧 60 000

贷：固定资产——仓库 150 000

（2）残料估价入库。

借：原材料 11 000

贷：固定资产清理 11 000

（3）支付清理费用。

借：固定资产清理 3 000

贷：银行存款 3 000

（4）应收保险公司的赔偿款。

借：其他应收款　　58 000

　　贷：固定资产清理　　58 000

（5）结转仓库毁损的净损失。

借：营业外支出——非流动资产处置净损失　　24 000

　　贷：固定资产清理　　24 000

《企业会计准则》与《小企业会计准则》存在的差异是：由于《小企业会计准则》不要求小企业计提固定资产减值准备，因此，处置固定资产时应结转的固定资产账面价值不包含减值因素。而按《企业会计准则》的规定，处置固定资产时应结转的固定资产账面价值包含减值因素。

【例 5.21】 某公司会计核算执行《企业会计准则》。2013 年 10 月将一台被新技术淘汰的 A 设备提前报废，该设备的账面原值 40 000 元，已提折旧 30 000 元，已提减值准备 5 000 元。报废时残料变价收入 1 500 元收存银行，另以银行存款支付报废清理费用 400 元。

（1）将报废设备转入清理。

借：固定资产清理　　5 000

　　累计折旧　　30 000

　　固定资产减值准备　　5 000

　　贷：固定资产——A 设备　　40 000

（2）收回残料变价收入款。

借：银行存款　　1 500

　　贷：固定资产清理　　1 500

（3）支付清理费用。

借：固定资产清理　　400

　　贷：银行存款　　400

（4）结转报废固定资产发生的净损失。

借：营业外支出——处置非流动资产损失　　3 900

　　贷：固定资产清理　　3 900

二、固定资产盘亏的核算

固定资产是一种单位价值较高、使用期限较长的有形资产，因此，对于管理规范的小企业而言，盘亏固定资产的情况较为少见。企业应当健全制度，加强管理，定期或者至少于每年年末对固定资产进行清查盘点，以保证固定资产核算的真实性和完整性，充分挖掘企业现有固定资产的潜力。如果在固定资产清查过程中，发现盘亏的固定资产，应当填制固定资产盘亏报告表，及时查明原因，并按照规定程序报批，在期末结账前处理完毕。

企业在财产清查中盘亏的固定资产，通过“待处理财产损溢——待处理非流动资产损溢”科目核算，盘亏造成的损失，通过“营业外支出”科目核算，计入当期损益。

盘亏的固定资产，按照该项固定资产的折余价值，借记“待处理财产损溢——待处理非流动资产损溢”科目，按照已计提折旧，借记“累计折旧”科目，按照其原值，贷记“固定资产”科目。经批准处理时，按照残料价值，借记“原材料”等科目，按照可收回的保险赔偿额或者过失人赔偿，借记“其他应收款”科目，按照“待处理财产损溢”科目余额，贷记“待处理财产损溢——待处理非流动资产损溢”科目，按其差额借记“营业外支出”科目。

【例 5.22】 乙公司在年底财产清查时盘亏一台设备，原价 10 000 元，已计提折旧 6 000 元，经查未果。乙公司应编制会计分录如下。

（1）盘亏固定资产时：

借：待处理财产损溢——待处理非流动资产损溢　　4 000

　　累计折旧　　6 000

　　贷：固定资产　　10 000

（2）报经批准转销时：

借：营业外支出——非流动资产处置净损失　　4 000

　　贷：待处理财产损溢——待处理非流动资产损溢　　4 000

盘盈固定资产的会计处理请见本章第二节。

三、固定资产减值的核算

《小企业会计准则》下，固定资产不计提减值；《企业会计准则》下，要计提减值。

固定资产减值是指由于固定资产发生损坏、技术陈旧或其他经济原因，所导致的其可收回金额低于其账面价值的情况。企业应当在期末或者至少在每年年度终了，对固定资产逐项进行检查，如发现存在下列情况，应当计算固定资产的可收回金额，以确定资产是否已经发生减值。

（1）固定资产市价大幅度下跌，其跌价幅度大大高于因时间推移或正常使用而预计的下跌，并且预计在近期内不可能恢复；

（2）企业经营所处的经济、技术或者法律环境及资产所处的市场在当期或者将在近期发生重大变化，并对企业产生不利影响；

（3）市场利率或者其他市场投资报酬率在当期已经提高，从而影响企业计算固定资产预计未来现金流量现值的折现率，导致固定资产可收回金额大幅度降低；

（4）有证据表明固定资产已经陈旧过时或者其实体已经损坏；

（5）固定资产预计使用方式发生重大不利变化，如企业计划终止使用、提前处置资产等情形，从而对企业产生负面影响；

（6）其他有可能表明资产已发生减值的情况。

如果固定资产的可收回金额低于其账面价值，企业应当按可收回金额低于账面价值的差额计提减值准备，并设置“固定资产减值准备”科目进行核算。固定资产减值准备应按单项资产计提，计提时，借记“资产减值损失”科目，贷记“固定资产减值准备”科目。

【例 5.23】 某企业有一台机器设备，账面原值为 300 000 元，累计已提折旧 180 000 元，经检查该设备的性能已经陈旧，预计可收回金额仅为 80 000 元，则对可收回金额低于其净值 120 000 元（300 000−180 000）的差额 40 000 元（120 000−80 000）提取减值准备，编制会计分录如下。

借：资产减值损失　　40 000

　　贷：固定资产减值准备　　40 000

企业在对固定资产检查时，如发现某项固定资产存在以下几种情况：①长期闲置不用、在可预见的未来不会再使用，且已无转让价值；②由于技术进步等原因，已不可使用；③虽尚可使用，但使用后会严重影响产品的质量及实质上已经不能再给企业带来经济利益等，应按该项固定资产的账面价值全额提取减值准备。已全额计提减值准备的固定资产，不再计提折旧。

本章小结

固定资产是指小企业为生产产品、提供劳务、出租或经营管理而持有的，使用寿命超过1年、单位价值较高的有形资产，包括房屋、建筑物、机器、机械、运输工具、设备、器具、工具等。固定资产按经济用途和使用情况综合分类，可以分为生产经营用固定资产、非生产经营用固定资产、租出固定资产、不需用固定资产、未使用固定资产、土地、融资租入固定资产。

企业不论以何种方式取得固定资产，均应按取得时的实际成本作为入账价值。但是，对于不同方式取得的固定资产，其成本构成不尽相同。小企业取得固定资产的方式主要有五种：外购、自行建造、投资者投入、融资租入和盘盈。固定资产核算的会计科目主要有“固定资产”、“在建工程”、“工程物资”、“累计折旧”和“固定资产清理”科目。按《企业会计准则》的规定，核算融资租入固定资产还需设置“未确认融资费用”科目。

固定资产在使用中发生的价值损耗，应通过计提折旧的方式予以补偿。企业应当对所有固定资产计提折旧，但已提足折旧仍继续使用的固定资产和单独计价入账的土地除外。影响固定资产折旧的因素主要有固定资产原价、预计净残值、固定资产的使用寿命。小企业应当按照年限平均法计提折旧。由于技术进步等原因，确需加速折旧的，可以采用双倍余额递减法和年数总和法。按月计提折旧时，根据固定资产使用部门，借记“制造费用”、“管理费用”和“销售费用”等科目，贷记“累计折旧”科目。固定资产的后续支出是指固定资产使用过程中发生的日常修理费、改建支出、房屋的装修费用等。

处置固定资产，主要包括对外出售固定资产，因技术、法律、经济等原因报废固定资产以及将固定资产用作对外投资等。企业因出售、报废、毁损等原因处置固定资产，应通过“固定资产清理”科目核算。小企业在会计期末应进行固定资产的清查，在清查中盘亏的固定资产，通过“待处理财产损溢——待处理非流动资产损溢”科目核算，盘亏造成的损失，通过“营业外支出”科目核算，计入当期损益。

《小企业会计准则》下，固定资产不计提减值准备；《企业会计准则下》，固定资产的可收回金额低于其账面价值时，要计提减值准备。

教学做一体化训练

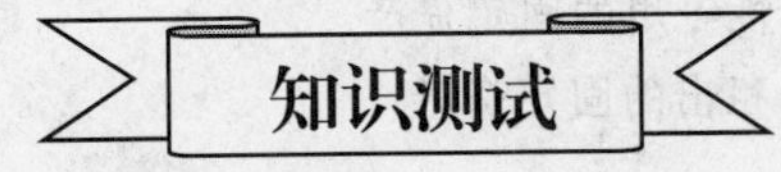

知识测试

一、单项选择题

1. 某企业购入机器一台，实际支付价款80 000元，增值税进项税额13 600元，支付运杂费400元，安装费1 000元，该设备入账的原值为（　　）元。

A. 93 600　　B. 80 000　　C. 81 400　　D. 95 000

2. 企业购入需要安装的固定资产，不论采用何种安装方式，固定资产的全部安装成本（包括固定资产买价、包装运杂费和安装费）均应通过（　　）科目进行核算。

A. 固定资产　　B. 在建工程　　C. 工程物资　　D. 长期投资

3. 甲公司购入需安装的旧机器一台，售出单位该机器的账面原价 500 000 元，双方按质论价，以 410 000 元成交，发生运费 2 000 元，包装费 1 000 元，购入后发生安装成本 8 000 元。款项用银行存款支付，不考虑相关税费，则甲公司在机器安装完毕交付使用时会计分录为（　　）。

A. 借：固定资产　　421 000
　　贷：银行存款　　421 000

B. 借：固定资产　　421 000
　　贷：在建工程　　421 000

C. 借：固定资产　　511 000
　　贷：固定资产　　511 000

D. 借：固定资产　　511 000
　　贷：在建工程　　421 000
　　　　累计折旧　　90 000

4. 甲公司为增值税一般纳税人，采用自营方式建造一厂房，实际领用工程物资 400 万元（含增值税）。另外，领用本公司外购的产品一批，账面价值为 240 万元，该产品适用的增值税税率为 17%，计税价格为 300 万元；发生的在建工程人员工资和应付福利费分别为 150 万元和 21 万元。假定该生产线已达到预定可使用状态，不考虑除增值税以外的其他相关税费。该厂房的入账价值为（　　）万元。

A. 922　　B. 851.8　　C. 811　　D. 751

5. 对于建造固定资产的借款利息，在固定资产达到预定可使用状态之前发生的，应借记（　　）科目。

A. 管理费用　　B. 财务费用　　C. 在建工程　　D. 固定资产

6. 企业接受投资者投入的一项固定资产，应按（　　）作为入账价值。

A. 公允价值　　B. 投资方的账面原值

C. 评估确认的价值　　D. 投资方的账面价值

7. 采用年限平均法计算固定资产折旧的 4 个因素中，可直接使用实际发生数而不需采用预计数的是（　　）。

A. 固定资产原值　　B. 固定资产使用年限

C. 固定资产残值收入　　D. 固定资产清理费

8. 下列固定资产中，应计提折旧的固定资产有（　　）。

A. 经营租赁方式租入的固定资产　　B. 季节性停用的固定资产

C. 正在改扩建的固定资产　　D. 融资租出的固定资产

9. 企业的下列固定资产中，不计提折旧的是（　　）。

A. 闲置的房屋　　B. 融资租入的设备

C. 临时出租的设备　　D. 已提足折旧仍继续使用的设备

10. 与年限平均法相比，采用年数总和法对固定资产计提折旧将使（　　）。

A. 计提折旧的初期，企业利润减少，固定资产净值减少

B. 计提折旧的初期，企业利润减少，固定资产原值减少

C. 计提折旧的后期，企业利润减少，固定资产净值减少

D. 计提折旧的后期，企业利润减少，固定资产原值减少

11. 某项固定资产的原值为100 000元，预计使用年限5年，预计净残值1 000元，在年数总和法下第二年的折旧额为（　　）。

A. 26 400　　B. 33 000　　C. 19 800　　D. 16 000

12. 计提固定资产折旧时，可以先不考虑固定资产残值的方法是（　　）。

A. 平均年限法　　B. 工作量法　　C. 双倍余额递减法　　D. 年数总和法

13. 某设备的账面价值为800万元，预计使用年限为5年，预计净残值为20万元，采用双倍余额递减法计提折旧。该设备在第2年应计提的折旧额为（　　）万元。

A. 195.2　　B. 192　　C. 187.2　　D. 124.8

14. 新华公司2013年3月初向欣欣公司购入一台设备，实际支付买价50万元，增值税8.5万元，支付运杂费1.5万元，途中保险费5万元。该设备预计可使用4年，无残值。该企业固定资产折旧采用年数总和法计提。由于操作不当，该设备于2013年年末报废，责成有关人员赔偿3万元，收回变价收入2万元，则该设备的报废净损失（　　）万元。

A. 36　　B. 40.5　　C. 39　　D. 42.5

15. 生产经营期间固定资产报废清理的净损失应计入（　　）。

A. 营业外支出　　B. 管理费用　　C. 资本公积　　D. 长期待摊费用

16. 小企业盘盈的固定资产，应在报告批准后，转入（　　）科目。

A. 其他业务收入　　B. 以前年度损益调整　　C. 资本公积　　D. 营业外收入

17. 对于增值税一般纳税人而言，不构成外购生产用固定资产成本的是（　）。

A. 购买价款　　B. 相关的运输费、装卸费

C. 相关的安装费　　D. 按照税法规定可以抵扣的增值税额

18. 按《企业会计准则》的规定，对于建造固定资产的借款利息，在固定资产达到预定可使用状态之前发生的，应借记（　　）账户。

A. 管理费用　　B. 财务费用　　C. 在建工程　　D. 固定资产

19. 按《企业会计准则》的规定，企业对固定资产计提减值准备，应（　　）。

A. 按单项资产计提　　B. 按资产类别计提

C. 按全部资产计提　　D. 企业根据实际情况自行决定

二、多项选择题

1. 以下属于固定资产特征的有（　　）。

A. 为生产商品、提供劳务而持有的资产　　B. 单位价值在2 000元以上的设备

C. 为出租或经营管理而持有的资产　　D. 使用寿命超过一个会计年度

E. 单位价值在500元以上的工具

2. 购入固定资产的入账价值包括（　　）。

A. 买价　　B. 运输费　　C. 包装费

D. 增值税　　E. 安装费

3. 下列有关税金应该记入到固定资产入账价值的有（　　）。

A. 支付的增值税　　B. 支付的耕地占用税　　C. 进口设备的关税

D. 支付的契税　　E. 支付的营业税

4. 下列不能在“固定资产”科目核算的有（　　）。

A. 购入后正在安装的设备　　B. 经营性租入的设备
C. 融资租入的不需安装的设备　　D. 购入的不需安装的设备
E. 经营性租出的设备

5. 下列项目需要记入“在建工程”科目的有（　　）。

A. 购入不需安装的固定资产　　B. 购入需要安装的固定资产
C. 固定资产的改扩建　　D. 固定资产的大修理
E. 固定资产的日常修理

6. 采用自营方式建造固定资产的情况下，下列项目中应记入固定资产取得成本的有（　　）。

A. 工程领用本企业商品生产的实际成本
B. 生产车间为工程提供的水电等费用
C. 工程在达到预定可使用状态后进行试运转时发生的支出
D. 工程耗用原材料购进时发生的增值税
E. 工程人员的工资

7. 小企业在计算固定资产折旧时要考虑的因素有（　　）。

A. 固定资产原价　　B. 预计使用年限　　C. 预计净残值
D. 固定资产减值准备　　E. 实际报废清理净损益

8. 小企业下列固定资产中应计提折旧的有（　　）。

A. 不需用的房屋及建筑物　　B. 在用的机器设备
C. 未提足折旧提前报废的固定资产　　D. 以经营租赁方式租入的固定资产
E. 季节性停用的固定资产

9. 小企业下列固定资产不提折旧的有（　　）。

A. 已全额计提减值准备的固定资产　　B. 大修理停用的固定资产
C. 已提足折旧继续使用的固定资产　　D. 当月增加的固定资产
E. 当月减少的原在用固定资产

10. 下列各项，应通过“固定资产清理”科目核算的有（　　）。

A. 盘亏的固定资产　　B. 出售的固定资产　　C. 报废的固定资产
D. 毁损的固定资产　　E. 盘盈的固定资产

11. 下列项目中，应记入“固定资产清理”科目借方的有（　　）。

A. 盘亏固定资产的净值　　B. 报废固定资产发生的清理费用
C. 报废固定资产的净值　　D. 出售固定资产缴纳的营业税
E. 改建、扩建固定资产的变价收入

12. 下列各项中，引起固定资产账面价值发生增减变化的有（　　）。

A. 购买固定资产时所支付的有关契税、耕地占用税
B. 发生固定资产日常修理支出
C. 发生固定资产改良支出
D. 对固定资产计提折旧
E. 发生固定资产大修理支出

13. 下列各项中，应计入固定资产成本的有（　　）。

A. 固定资产进行日常修理发生的人工费用

B. 固定资产安装过程中领用原材料所负担的增值税

C. 固定资产达到预定可使用状态后发生的专门借款利息

D. 固定资产达到预定可使用状态前发生的工程物资盘亏净损失

E. 固定资产进行改扩建发生的人工费用

14. 下列固定资产的相关损失项目，应记入营业外支出的是（　　）。

A. 建造过程中的在建工程项目发生某一单项工程毁损损失

B. 行政罚款支出

C. 出售固定资产的净损失

D. 经批准结转的固定资产盘亏损失

E. 经批准结转的固定资产报废净损失

15. 下列各项中，属于固定资产折旧方法中加速折旧方法的有（　　）。

A. 年限平均法　　B. 工作量法　　C. 双倍余额递减法

D. 年数总和法　　E. 一次摊销法

16. 按《企业会计准则》的规定，固定资产在出现（　　）情况时，可全额计提减值准备。

A. 长期闲置不用，在可预见的未来不会再使用，且已无转让价值的固定资产

B. 由于技术进步等原因，已不可使用的固定资产

C. 虽然固定资产尚可使用，但使用后产生大量不合格品的固定资产

D. 已遭毁损，以至于不再具有使用价值和转让价值的固定资产

E. 其他原因造成给企业带来经济利益具有不确定性的固定资产

三、判断题

1. 企业“固定资产”科目核算的固定资产，其所有权均属于本企业。（　　）

2. 企业出售已使用过的固定资产所得收入，应当作为其他业务收入处理。（　　）

3. 固定资产购建过程中包括中断期间发生的借款费用均应计入固定资产成本。（　　）

4. 固定资产不同的折旧方法会改变固定资产使用寿命内应计提的折旧总额。（　　）

5. 投资者投入的固定资产，按投资方原账面价值作为入账价值。（　　）

6. 融资租入的固定资产，在租赁费付清之前，所有权不属于企业，所以不计提折旧。（　　）

7.《小企业会计准则》规定，企业为购建固定资产发生的借款费用是否予以资本化，应以固定资产是否达到预定可使用状态作为时间界限。（　　）

8.《企业会计准则》规定，已全额计提减值准备的固定资产不再计提折旧。（　　）

9.《企业会计准则》规定，投资者投入的固定资产按投资方原账面价值作为入账价值。（　　）

10.《小企业会计准则》规定，企业的固定资产应当在期末时按照账面价值与可收回金额孰低计量。（　　）

技能演练

1. 某企业发生有关固定资产的业务如下。

（1）购入不需要安装的设备一台，买价 30 000 元，增值税 5 100 元，运输费 300 元，保险

费 500 元，款项以银行存款支付。

（2）购入一台需安装的设备，发票价格 200 000 元，增值税税额 34 000 元，发生的运杂费 2 500 元，款项已用银行存款支付。在设备的安装过程中，领用生产用原材料 10 000 元，其进项税额为 1 700 元，同时应负担工资费用 1 600 元。设备安装完毕交付使用。

（3）接受甲单位投资转入不需安装设备一台，甲单位记录的该固定资产的账面原价为 350 000 元，已提折旧 80 000 元。按双方确认的评估价 300 000 元入账，设备已交付使用。

要求：根据以上经济业务，编制该企业的会计分录。

2. 某企业 2013 年 1 月 1 日从 C 公司购入一台机器作为固定资产使用，该机器已收到，不需安装。购货合同约定，该机器的总价款为 3 000 万元，分 3 年支付，2013 年 12 月 31 日支付 1 500 万元，2014 年 12 月 31 日支付 900 万元，2015 年 12 月 31 日支付 600 万元。

要求：根据以上经济业务，编制该企业有关的会计分录。

3. 某企业自行建造仓库一座，购入为工程准备的各种物资 400 000 元，支付的增值税进项税额 68 000 元。建造过程中领用工程物资 400 000 元，同时还领用生产用的原材料一批，实际成本 10 000 元，应转出的增值税进项税额 1 700 元；计算应支付工程人员工资 100 000 元，计提工程人员的职工福利费 14 000 元；工程完工交付使用。

要求：根据上述有关业务，编制该企业的会计分录。

4. 某企业一项固定资产原值为 400 000 元，预计使用年限为 5 年，预计净残值率为 3%。

要求：采用年限平均法、双倍余额递减法和年数总和法分别计算第 1 年和第 5 年的折旧额。

5. 某企业 2013 年 6 月份计提固定资产折旧共 78 000 元，6 月份发生固定资产增减业务如下。

（1）6 月 12 日，购入一台不需安装的 A 设备，原价 220 000 元，该设备预计使用 10 年，预计净残值率为 4%。

（2）6 月 28 日，一台经营性租出的 C 设备因租赁期满按期收回，转为不需用固定资产，该设备在用时每月计提折旧 2 560 元。

（3）7 月 25 日，投资者投资转入一台 B 设备，双方确认的入账价值为 100 000 元，该设备预计使用 5 年，预计净残值率为 4%。

要求：①对 A、B 设备分别计算其每月应计提折旧额（采用年限平均法）；②计算 7 月份应计提固定资产折旧额；③假设在用的固定资产中，生产车间使用占 70%，厂部管理部门使用占 25%，经营性租出占 5%，按此比例编制计提折旧的会计分录。

6. 某企业有一条生产线，原价为 1 400 000 元，预计使用年限为 6 年，预计净残值为 0，采用直线法计提折旧。该生产线已使用 3 年，已提折旧为 700 000 元。2013 年 12 月对该生产线进行更新改造，以银行存款支付改良支出 300 000 元。改造后的生产线预计还可使用 5 年，预计净残值为 0。

要求：根据上述资料，编制甲公司有关的会计分录。

7. 某企业 2013 年发生下列经济业务。

（1）盘盈一台设备，同类固定资产的市价为 10 000 元，成新率为 60%。

（2）购入一台不需安装的设备，发票价款为 300 000 元，增值税税额为 51 000 元，运杂费支出 9 000 元。

（3）采用自营方式建造厂房一幢，为工程购入物资价款 100 000 元（含增值税），全部用于工程建设，该工程项目应负担建设人员工资 5 000 元，为工程借款而发生的利息 2 000 元。工程完工交付使用。

（4）接受A公司投入一台设备，该设备投资双方确认的价值为200 000元。

要求：根据上述经济业务，编制该企业相关的会计分录。

8. A公司会计核算执行《企业会计准则》。2008年1月1日从C公司购入甲机器作为固定资产使用，该机器已收到，不需安装。购货合同约定，甲机器的总价款为3 000万元，分3年支付，2008年12月31日支付1 500万元，2009年12月31日支付900万元，2010年12月31日支付600万元，假定折现率为6%。

要求：根据以上经济业务，计算未确认融资费用，编制所有有关的会计分录。

9. 某企业购置了一套需要安装的生产线。与该生产线有关的业务如下。

（1）2013年9月30日，以银行存款购入待安装的生产线。增值税专用发票注明的买价为400 000元，增值税额68 000元。另外，以银行存款支付保险费等相关费用32 000元。该待安装生产线购入后直接交付本公司安装部门进行安装。

（2）安装生产线时，领用本公司产品一批。该批产品实际成本为40 000元，税务部门核定的计税价格为80 000元，适用的增值税税率为17%。

（3）安装工程人员应计工资18 000元，用银行存款支付其他安装费用16 400元。

（4）2013年12月31日，安装工程结束，并随即投入使用。该生产线预计使用年限为5年，采用双倍余额递减法折旧（预计净残值率为5%）。

（5）2015年12月31日，甲公司将该生产线出售，出售时用银行存款支付清理费用30 000元，出售所得款项50 000元全部存入银行。清理于当日完毕。

要求：

（1）编制甲公司2013年度与购建生产线有关的会计分录。

（2）编制甲公司2014年度每月计提折旧的会计分录。

（3）编制甲公司2015年度每月计提折旧及出售该生产线相关的会计分录。

10. B公司会计核算执行《企业会计准则》。B公司发生有关固定资产的业务如下。

（1）2009年12月31日，通过对固定资产进行逐项检查（如表4.5所示），发现以下固定资产的可收回金额低于其账面价值，对其计提固定资产减值准备。假设“固定资产减值准备”账户此前没有余额。

表5.5　固定资产检查情况表　（单位：元）

固定资产名称	原价	月折旧额	已提折旧	账面净值	可收回金额	减值金额	备注
A设备	200 000	2 080	22 880	177 120	1 65 000	12 120	在用
B设备	150 000	1 250	32 500	117 500	83 000	34 500	在用
C设备	280 000	1 940	116 400	163 600	143 000	20 600	不需用
D设备	362 000	3 120	224 640	137 360	88 400	48 960	在用
合计	992 000		396 420	595 580	479 400	116 180	

（2）2010年3月22日，将C设备出售给甲单位，取得出售价款140 000元，应交营业税税率为5%，出售完毕结转净损益。

（3）2010年6月20日，因发生火灾，烧毁D设备，将D设备报废清理，用银行存款支付清理费用3 1 00元，D设备残值变价收入8 000元，应收保险公司赔偿款30 000元。清理完毕结转净损益。

（4）2010 年 9 月 30 日，财产清查中发现盘亏 F 设备，其原价为 53 000 元，已提折旧 23 000 元。

（5）2010 年 10 月 30 日，盘亏 F 设备的原因查明，经有关机构批准后，责成过失人赔偿 10 000 元，其余部分转入营业外支出。

（6）2010 年 12 月 31 日，通过对固定资产进行逐项检查，发现 A 设备的可收回金额继续下跌为 130 000 元，B 设备的可收回金额回升为 93 000 元，其余的固定资产没有发生减值。计提固定资产减值准备。

要求：根据以上经济业务编制会计分录。

11. 某企业出售房屋一幢，账面原价 500 000 元，已提折旧 140 000 元，出售时以银行存款支付清理费用 600 元，出售价款为 700 000 元，出售固定资产适用的营业税税率为 5%。

要求：编制某企业与出售厂房有关的会计分录。

12. 某企业购买设备一台，价款为 800 000 元，增值税税率为 17%，支付运杂费 4 000 元，均以银行存款支付，直接交付安装。安装时领用生产用材料 60 000 元，购进该批材料时支付的增值税税额为 10 200 元。支付安装工程人员工资 7 000 元。安装工程完工，交付使用。该设备预计使用 10 年，净残值率为 5%，企业采用年限平均法计提折旧。该设备于交付使用后第 6 年初出售，售价 400 000 元，支付清理费 1 500 元。

要求：根据上述业务，编制该企业有关的会计分录。

第六章

无形资产

【学习目标】

知识目标 能正确地解释无形资产的概念，列举无形资产的类别；明确无形资产的确认条件和初始计量的入账价值。

能力目标 能进行无形资产取得、摊销和处置业务的账务处理，独立地编写有关无形资产取得、摊销、处置等业务的会计分录。

【导入案例】

2013年1月1日，A股份有限公司购入一块土地的使用权，以银行存款转账支付1 500万元，并在该土地上自行建造厂房等工程，发生材料支出1 200万元，工资费用800万元，其他相关费用1 000万元等。该工程已经完工并达到预定可使用状态。假定土地使用权的使用年限为50年，该厂房的使用年限为30年，两者都没有净残值，都采用直线法进行摊销和计提折旧。为简化核算，不考虑其他相关税费。

请思考

如果你是A公司的会计，你怎样进行取得土地使用权、建造厂房的账务处理？如何进行土地使用权摊销和厂房计提折旧的账务处理？

第一节 无形资产的确认和初始计量

无形资产是指企业为生产产品、提供劳务、出租或经营管理而持有的、没有实物形态的可辨认非货币性资产。企业的无形资产包括土地使用权、专利权、商标权、著作权、非专利技术等。

一、无形资产的特征

无形资产具有以下基本特征。

1. 不具有实物形态

无形资产通常表现为某种权利、某项技术或是某种获取超额利润的综合能力，它们不具有实物形态（如土地使用权、非专利技术等）。企业的有形资产（如固定资产）虽然也能为企业带来经济利益，但其为企业带来经济利益的方式与无形资产不同，固定资产是通过实物的价值磨损和转移来为企业带来未来经济利益的，而无形资产在很大程度上是通过自身所具有的技术等优势为企业带来未来经济利益的。

某些无形资产的存在有赖于实物载体。例如，计算机软件需要存储在磁盘中，但这并不改变无形资产本身不具实物形态的特性。在确定一项包含无形和有形要素的资产是属于固定资产还是属于无形资产时，需要通过判断来加以确定，通常以哪个要素更重要作为判断的依据。例如，计算机控制的机械工具没有特定计算机软件就不能运行时，说明该软件是构成相关硬件不可缺少的组成部分，该软件应作为固定资产处理；如果计算机软件不是相关硬件不可缺少的组成部分，则该软件应作为无形资产核算。无论是否存在实物载体，只要将一项资产归类为无形资产，则不具有实物形态仍然是无形资产的特征之一。

2. 具有可辨认性

符合以下条件之一的，则认为无形资产具有可辨认性。

（1）能够从企业中分离或者划分出来，并能单独用于出售或转让等，表明无形资产可以辨认。某些情况下无形资产可能需要与有关的合同一起用于出售转让等，这种情况下也视为可辨认资产。

（2）产生于合同性权利或其他法定权利。例如，一方通过与另一方签订特许权合同而获得的特许使用权，又如通过法律程序申请获得的商标权、专利权等。

如果企业有权获得一项无形资产产生的未来经济利益，并能约束其他方获取这些利益，则表明企业控制了该项无形资产。例如，对于会产生经济利益的技术知识，若其受到版权、贸易协议约束（如果允许）等法定权利或雇员保密法定职责的保护，那么说明该企业控制了相关利益。

客户关系、人力资源等，由于企业无法控制其带来的未来经济利益，不符合无形资产的定义，这类项目不应将其确认为无形资产。

企业内部产生的品牌、报刊名、刊头、客户名单和实质上类似的项目支出，由于不能与整个业务开发成本区分开来。因此，这类项目不应确认为无形资产。

3. 属于非货币性资产

非货币性资产是指企业持有的货币资金和将以固定或可确定的金额收取的资产以外的其他资产。无形资产由于没有发达的交易市场，一般不容易转化成现金，在持有过程中为企业带来未来经济利益具有不确定性，不属于以固定或可确定的金额收取的资产，属于非货币性资产。

二、无形资产的构成

无形资产通常包括土地使用权、专利权、商标权、著作权、非专利技术、特许权等。

1. 土地使用权

土地使用权是指国家准许某企业在一定期间内对国有土地享有开发、利用、经营的权利。根据《土地管理法》的规定，我国土地实行公有制，任何单位和个人不得侵占、买卖或者以其他形式非法转让。国家和集体可以依照法定程序对土地使用权实行有偿出让，企业也可以依照法定程序取得土地使用权，或将已取得的土地使用权依法转让。企业取得土地使用权的方式大致有三种：行政划拨取得、外购取得及投资者投资投入。

土地使用权作为一种无形财产权，首先必须是有偿取得才可以资本化确认为无形资产，也才可以在使用期限内转让、出租、抵押或用于其他经营活动。若是通过行政划拨方式取得的，土地使用权不仅不能资本化，也不能转让、出租、抵押、作价入股、对外投资。

知识拓展

土地使用权会计处理应把握的原则

（1）企业有偿取得的土地使用权应确认为无形资产。

（2）土地使用权用于自行开发建造厂房等建筑物，相关的土地使用权不与地上建筑物合并计算其成本，而仍作为无形资产进行核算，土地使用权与地上建筑物分别进行摊销和计提折旧。

（3）企业（房地产开发经营）将土地使用权用于建造对外出售的房屋建筑物，相关的土地使用权应当计入所建造的房屋建筑物的成本。

（4）企业外购的房屋建筑物，实际支付的价款中包含了土地和建筑物的价值，应当按照合理的方法在建筑物和土地使用权之间进行分配；如果确实无法合理分配，应当全部作为固定资产。合理的分配方法通常是按照土地使用权和建筑物的市场价格或评估价值的相应比例进行分配。

2. 专利权

专利权是指国家专利主管机关依法授予发明创造专利申请人，对其发明创造在法定期限内所享有的专有权利，包括发明专利权、实用新型专利权和外观设计专利权。根据我国《专利法》的规定，自申请日起计算，发明专利权的期限为20年，实用新型及外观设计专利权的期限为10年。发明者在取得专利权后，在有效期内享有专利的独占权。企业依法取得的并予以资本化的专利权不仅受《专利法》的保护，而且还享有禁止权、转让权、使用标记权、放弃权和许可使用权。

3. 商标权

商标权是指某类指定的商品或产品所使用特定的名称或图案，依法注册登记后，取得的受法律保护的独家使用权利。商标是用来辨认特定的商品或劳务的标记，代表着企业的一种信誉，从而具有相应的经济价值。根据我国商标法注册商标的有效期限为 10 年，期满可依法延长。企业依法取得的并予以资本化的商标权不仅受商标法的保护，而且还享有使用权、禁止权、转让权和许可使用权。

4. 著作权

著作权又称版权，是指作者对其创作的文学、科学和艺术作品依法享有的某些特殊权利。著作权包括作品署名权、发表权、修改权和保护作品完整权，还包括复制权、发行权、出租权、展览权、表演权、放映权、广播权、信息网络传播权、摄制权、改编权、翻译权、汇编权以及应当由著作权人享有的其他权利。企业依法取得的并予以资本化的著作权不仅受著作权法的保护，而且还享有发表权、署名权、修改权、保护作品完整权、使用和获得报酬权。

5. 非专利技术

非专利技术也称专有技术，是指不为外界所知、在生产经营活动中已采用的、不享有法律保护的、可以带来经济效益的各种技术和诀窍。非专利技术一般包括工业专有技术、商业贸易专有技术、管理专有技术等。非专利技术因为未经法定机关按法律程序批准和认可，所以不受法律保护。非专利技术作为一种不受法律保护的无形财产权，具有经济性、机密性、动态性的特征。企业从外部购入的非专利技术可予以资本化，并享有转让权等。非专利技术没有法律上的有效年限，只有经济上的有效年限。

6. 特许权

特许权又称特许经营权、专营权，是指企业在某一地区经营或销售某种特定商品的权利，或是一家企业接受另一家企业使用其商标、商号、秘密技术等权利。通常有两种形式，一种是由政府机构授权准许企业使用或在一定地区享有经营某种业务的特权，如水、电、邮电通信等专营权、烟草专卖权等；另一种是指企业间依照签订的合同，有期限或无期限使用另一家企业的某些权利，如连锁店分店使用总店的名称等。

三、无形资产的确认条件

1. 与该资产有关的经济利益很可能流入企业

作为无形资产确认的项目，必须具备产生的经济利益很可能流入企业这一条件。通常情况下，无形资产产生的未来经济利益很可能包括在销售商品、提供劳务的收入中，或者企业使用该项无形资产而减少或节约的成本中，或体现在获得的其他利益中。例如，生产加工企业在生产工序中使用了某项知识产权，使其降低了未来生产成本。实务中，要确定无形资产创造的经济利益是否很可能流入企业，需要实施职业判断。在实施这种判断时，需要对无形资产在预计使用寿命内可能存在的各种经济因素作出合理估计，并且应当有确凿的证据支持。例如，企业是否有足够的人力资源、高素质的管理队伍、相关的硬件设备、相关的原材料等来配合无形资产为企业创造经济利益。同时，更为重要的是关注一些外界因素的影响，例如，是否存在与该无形资产相关的新技术、新产品冲击，或据其生产的产品是否存在市场等。在实施判断时，企业管理当局应对在无形资产的预计使用寿命内存在的各种因素作出最稳健的估计。

请思考

企业的品牌、人力资源，在会计上是否确认为无形资产？为什么？

2. 该无形资产的成本能够可靠地计量

成本能够可靠地计量是资产确认的一项基本条件。对于无形资产来说，这个条件更为重要。例如，企业自创商誉及内部产生的品牌、报刊名等，因其成本无法可靠地计量，因此不作为无形资产确认。

四、无形资产的初始计量

为了反映和监督无形资产业务，企业应设置“无形资产”科目，用来核算企业持有的无形资产的成本。“无形资产”科目是资产类科目，其借方反映按规定取得的无形资产实际成本，贷方反映向外单位投资转出或出售的无形资产账面余额，期末借方余额表示企业已入账的无形资产的成本。该科目按无形资产项目设置明细账，进行明细核算。

无形资产应当按照成本进行计量，以取得无形资产发生的全部支出作为成本。但是，对于不同方式取得的无形资产，其成本构成不尽相同。企业取得无形资产方式主要有三种：外购、投资者投入和自行开发。

1. 外购无形资产的成本

外购无形资产的成本包括：购买价款、相关税费和相关的其他支出（包括相关的借款费用）。其中，相关税费，是指在购买无形资产的过程中发生的直接相关的税费，如外购房产时交纳的契税、商标权的注册费等。相关的其他支出，包括购买无形资产过程中发生的专业测试费、使用借款购买无形资产应负担的借款费用。其中，相关的借款费用，是指企业在购买无形资产时使用了借款，因该借款发生的利息及其他相关成本。但不包括为引入新产品进行宣传发生的广告费、管理费用及其他间接费用，也不包括在无形资产已经达到预定用途以后发生的费用。

企业购入无形资产时，应当按照实际支付的价款作为实际成本，借记“无形资产”科目，贷记“银行存款”等科目。

外购房产所支付的价款中包括土地使用权和建筑物的价值的，所支付的价款应当在建筑物与土地使用权之间按照合理的方法进行分配，其中属于土地使用权的部分，借记“无形资产”科目，贷记“银行存款”等科目。

【例 6.1】 某企业以银行存款购入某科研机构研制的 A 产品制造图纸一份，共支付价款 50 000 元。该企业应编制会计分录如下。

借：无形资产——非专利技术	50 000
贷：银行存款	50 000

【例 6.2】 为了拓展新业务，某企业购入一栋房产（包括占用的土地使用权），共支付价款 500 万元。经相关机构评估，该项建筑物与占用的土地使用权价值相对比例为 3:2。该企业应编制会计分录如下。

借：固定资产——建筑物	3 000 000
无形资产——土地使用权	2 000 000
贷：银行存款	5 000 000

2. 投资者投入的无形资产的成本

投资者投入的无形资产的成本，应当按照评估价值和相关税费确定。根据《公司法》的规定，投资者既可以用货币出资，也可以用实物、知识产权、土地使用权出资，并且应当评估作价，不得高估或者低估作价。其中，知识产权和土地使用权构成了接受投资方的无形资产。因此，遵照《公司法》的规定，投资者投入的无形资产应当按照评估价值确定其成本。如果涉及相关税费，还应按照税法规定进行相应的会计处理。企业接受投资者投入的无形资产时，按照评估价值和相关税费，借记“无形资产”科目，贷记“实收资本”等科目。

【例 6.3】 A 小企业接受投资者土地使用权投资，经资产评估机构评估，土地使用权作价 6 000 000 元。根据以上资料，编制会计分录如下。

借：无形资产——土地使用权	6 000 000
贷：实收资本	6 000 000

学中做

（1）从技术市场购入一项专利权，买价 300 000 元，注册费、律师费等 12 000 元，价款均以存款支付。该项专利权购入后立即投入使用。

（2）接受甲公司以某项商标权向本企业投资，双方协商确认价值 150 000 元。该项商标权正式投入使用。

要求：根据上述经济业务编制有关会计分录。

（1）借：

　　贷：

（2）借：

　　贷：

《企业会计准则》与《小企业会计准则》在无形资产初始计量方面存在的主要差异：一是延期付款或分期付款购买无形资产的会计处理，要考虑其中所含的融资费用，设置“未确认融资费用”科目，将所含的融资费用在付款期内摊销；二是对于投资者投入无形资产的成本，应当按照投资合同或协议约定的价值确定，但合同或协议约定价值不公允的除外，引入了公允价值而不是评估价值；三是《企业会计准则》涉及的借款费用资本化金额的确定方法与《小企业会计准则》的规定不同。以上差异的账务处理，在固定资产一章已作举例说明，此处从略。

第二节　内部开发无形资产的确认和计量

企业自行研究开发无形资产是取得无形资产的重要方式，反映了企业的核心竞争力和研发能力。

一、研究阶段和开发阶段的划分

企业内部研究开发项目应区分研究阶段和开发阶段。

内部研究开发项目的研究阶段，是指为获取新的技术和知识等进行的有计划的调查，研究活动的例子包括：意在获取知识而进行的活动，研究成果或其他知识的应用研究、评价和最终选择，材料、设备、产品、工序、系统或服务替代品的研究，新的或经改进的材料、设备、产品、工序、系统或服务的可能替代品的配制、设计、评价和最终选择。研究阶段基本上是探索性的，为进一步的开发活动进行资料及相关方面的准备，在这一阶段不会形成阶段性成果。其研究能否在未来形成成果也有很大的不确定性，因此，研究阶段的支出在发生时应当费用化，直接计入当期损益（管理费用）。

内部研究开发项目的开发阶段，是指在进行商业性生产或使用前，将研究成果或其他知识应用于某项计划或设计，以生产出新的或具有实质性改进的材料、装置、产品等。开发活动的例子包括：生产前或使用前的原型和模型的设计、建造和测试，新技术的工具、夹具、模具和冲模的设计，不具有商业性生产经济规模的试生产设施的设计、建造和运营，新的或改造的材料、设备、产品、工序、系统或服务所选定的替代品的设计、建造和测试等。相对于研究阶段而言，开发阶段应当是已完成研究阶段的工作，在很大程度上具备了形成一项新产品或新技术的基本条件。

二、开发阶段有关支出资本化的条件

由于开发阶段相对于研究阶段更进一步，且很大程度上形成一项新产品或新技术的基本条件已经具备，所发生的支出如果符合资本化的条件，应当资本化，即计入无形资产的成本；不符合资本化条件的，则计入当期损益（管理费用）。

企业自行开发无形资产在开发阶段发生的支出，同时满足下列五个条件的，才能资本化，确认为无形资产。

（1）完成该项无形资产以使其能够使用或出售在技术上具有可行性。判断无形资产的开发在技术上是否具有可行性，应当以目前阶段的成果为基础，并提供相关证据和材料，证明企业进行开发所需的技术条件等已经具备，不存在技术上的障碍或其他不确定性。例如，企业已经完成了全部计划、设计和测试活动，这些活动是使该项无形资产能够达到设计规划书中的功能、特征和技术所必需的活动或经过专家鉴定等。

（2）具有完成该项无形资产并使用或出售的意图。企业自行开发无形资产的意图，无非是两个目的，一是自用，二是对外出售。开发某项产品或专利技术产品等，通常是根据管理当局决定该项研发活动的目的或者意图加以确定，也就是说，研发项目形成成果以后，是为出售还是为自己使用并从使用中获得经济利益，应当以管理当局的决定为依据。因此，企业的管理当局应当明确表明其持有拟开发无形资产的目的，并具有完成该项无形资产开发并使其能够使用或出售的可能性。

（3）能够证明运用该项无形资产生产的产品存在市场或无形资产自身存在市场，无形资产将在内部使用的，应当证明其有用性。企业自行开发无形资产的目的是为了实现经济利益，实现的方式主要有三种：一是用于生产产品，通过使用该项无形资产生产产品、销售所生产的产品最终实现经济利益；二是出售，通过直接将所开发的无形资产对外出售实现经济利益；三是自用，而不是直接用于生产产品。对于前两种方式，一个共同的特点是最终都需借助市场来完成。如果有关的无形资产在形成以后，主要是用于形成新产品或新工艺，企业应对运用该项无形资产生产的产品市场情况进行估计，应能够证明所生产的产品存在市场，能够带来经济利益的流入；如果有关的无形资产开发以后主要是用于对外出售，则企业应能够证明市场上存在对该项无形资产的需求，开发以后存在外在的市场可以出售并带来经济利益的流入；如果无形资产开发以后不是用于生产产品，也不是用于对外出售，而是在企业内部使用，则企业应能够证明该项无形资产在内部使用时对该企业的有用性。

（4）有足够的技术、财务资源和其他资源支持，以完成该项无形资产的开发，并有能力使用或出售该项无形资产。这一条件主要包括以下几点。

① 为完成该项无形资产开发具有技术上的可靠性。开发的无形资产并使其形成成果在技术上的可靠性是继续开发活动的关键。因此，必须有确凿证据证明企业继续开发该项无形资产有足够的技术支持和技术能力。

② 财务资源和其他资源支持。财务和其他资源支持是能够完成该项无形资产开发的经济基础，因此，企业必须能够说明为完成该项无形资产的开发所需的财务和其他资源，例如资金、专业技术人员、实验室、试验场等，是否能够足以支持完成该项无形资产的开发。

③ 能够证明企业获取在开发过程中所需的技术、财务和其他资源，以及企业获得这些资源的相关计划等。如在企业自有资金不足以提供支持的情况下，是否存在外部其他方面的资金支持，如银行等借款机构愿意为该项无形资产的开发提供所需资金的声明等来证实。

④ 有能力使用或出售该项无形资产以取得收益。

（5）归属于该项无形资产开发阶段的支出能够可靠地计量。企业对于研究开发活动发生的支出应单独核算，如发生的研究开发人员的职工薪酬、材料费等，在企业同时从事多项研究开发活动的情况下，所发生的支出同时用于支持多项研究开发活动的，应按照一定的标准在各项研究开发活动之间进行分配；无法明确分配的，应予费用化计入当期损益，不计入开发活动的成本。

三、内部开发的无形资产的计量

内部自行开发形成的无形资产的成本，由符合资本化条件后达到预定用途前发生的支出（包括相关的借款费用）构成。具体包括：开发该项无形资产时耗费的材料；所使用固定资产的折旧费；参与开发人员的职工薪酬；开发该项无形资产过程中使用的其他专利权、特许权和非专有技术等的摊销费；按照借款费用的处理原则可以资本化的利息支出，以及为使该项无形资产达到预定用途前所发生的其他直接相关的支出。

在开发无形资产过程中发生的除上述可直接归属于无形资产开发活动的其他销售费用、管理费用等间接费用，无形资产达到预定用途前发生的可辨认的无效和初始运作损失，为运行该项无形资产发生的培训支出等不构成无形资产的开发成本。

值得强调的是，内部开发无形资产的成本仅包括在符合资本化条件后至达到预定用途前发生的支出总和，对于同一项无形资产在开发过程中达到资本化条件之前已经费用化计入当期损益的支出不再进行调整。

在达到预定用途后发生的支出全部费用化，计入当期损益（管理费用），不计入无形资产的开发成本。

四、内部开发费用的会计处理

企业应设置“研发支出”科目，核算企业研究与开发无形资产过程中发生的各项支出。该科目可按研究开发项目，分别“费用化支出”、“资本化支出”进行明细核算。

具体做法是：企业自行开发无形资产发生的研发支出，不满足资本化条件的，借记“研发支出——费用化支出”科目；满足资本化条件的，借记“研发支出——资本化支出”科目，贷记“原材料”、“银行存款”、“应付职工薪酬”等科目。研究开发项目达到预定用途形成无形资产的，应按“研发支出——资本化支出”科目余额，借记“无形资产”科目，贷记“研发支出——资本化支出”科目。期末，应将“研发支出——费用化支出”科目归集的金额转入“管理费用”科目，借记“管理费用”科目，贷记“研发支出——费用化支出”科目。

“研发支出”科目期末借方余额，反映企业正在进行无形资产研究开发项目满足资本化条件的支出。

【例 6.4】 B 企业自行研究开发一项技术，截至 2012 年 12 月 31 日，发生研发支出合计 120 万元，以银行存款支付。经测试该项研发活动完成了研究阶段，从 2013 年 1 月 1 日开始进入开发阶段。2013 年共发生研发支出 80 万元，均以银行存款支付，符合开发支出的资本化条件。到 2013 年 6 月末，该项研发活动结束，最终开发出一项非专利技术。B 企业编制会计分录如下。

（1）2012 年发生研发支出时：

借：研发支出——费用化支出	1 200 000	
贷：银行存款		1 200 000

（2）2012 年 12 月 31 日，发生的研究阶段支出全部转入当期损益：

借：管理费用	1 200 000	
贷：研发支出——费用化支出		1 200 000

（3）2013 年，发生满足资本化确认条件的开发支出：

借：研发支出——资本化支出	800 000	
贷：银行存款		800 000

（4）2013 年 6 月 30 日，该项技术研发完成并形成无形资产：

借：无形资产	800 000	
贷：研发支出——资本化支出		800 000

无形资产在确认后发生的支出，应在发生时确认为当期费用，不能记入已入账的无形资产价值。

学中做

A 公司自 2012 年年初开始自行研究开发一项新产品专利技术，2013 年 6 月专利技术获得成功，达到预定用途。在 2012 年的研究开发过程中发生材料费 160 万元、技术人员工资及福利费 120 万元，以及用银行存款支付的其他费用 20 万元，共计 300 万元。其中，符合资本化条件的支出为 260 万元。2013 年在研究开发过程中发生材料费 90 万元、技术人员工资及福利费 50 万元，以及支付的其他费用 10 万元，共计 150 万元，其中，符合资本化条件的支出为 110 万元。

要求：编制 A 公司 2012 年度和 2013 年度有关研究开发专利权的会计分录。

2012 年的会计分录如下。

（1）借：

贷：

（2）借：

贷：

2013 年的会计分录如下。

（1）借：

贷：

（2）借：

贷：

第三节　无形资产的摊销、减值和处置

一、无形资产的摊销

无形资产应当在其使用寿命内采用年限平均法进行摊销，根据其受益对象计入相关资产成本或者当期损益（管理费用）。

无形资产的摊销期自其可供使用时开始至停止使用或出售时止。有关法律规定或合同约定了使用年限的，可以按照规定或约定的使用年限分期摊销。

企业不能可靠地估计无形资产使用寿命的，摊销期不得低于 10 年。

无形资产的摊销额一般应当计入当期损益。企业自用的无形资产，其摊销额计入管理费用；出租的无形资产，其摊销金额计入其他业务成本；某项无形资产包含的经济利益通过所生产的产品或其他资产实现的，其摊销金额应当计入相关资产成本；如果用于开发某项新技术，则其摊销额应计入该新技术的开发支出；如果用于建造某项固定资产，则其摊销额应计入该固定资产的在建工程成本。

为了反映和监督无形资产摊销业务，企业应设置“累计摊销”科目用来核算企业对无形资产计提的摊销额。该科目属于资产类科目，其贷方登记企业计提的无形资产摊销，借方登记处置无形资产时转出的累计摊销，期末贷方余额反映企业现有无形资产的累计摊销额。

企业应当按月对无形资产进行摊销，自无形资产可供使用（即其达到预定用途）当月起开始摊销，处置当月不再摊销。

【例 6.5】 H 企业购买了一项专利使用权，成本为 240 000 元，合同规定受益年限为 10 年，H 企业每月应摊销 2 000 元（240 000 元 ÷ 10 ÷ 12）。每月末摊销时，H 企业应编制会计分录如下。

借：管理费用　　2 000

　贷：累计摊销　　2 000

【例 6.6】 H 企业将其非专利技术出租给乙公司，该非专利技术成本为 600 000 元，双方约定的租赁期限为 10 年，H 企业每月应摊销 5 000 元（600 000 ÷ 10 ÷ 12）。H 企业每月应编制会计分录如下。

借：其他业务成本　　5 000

　贷：累计摊销　　5 000

无形资产的摊销一般应计入当期损益，但如果某项无形资产是专门用于生产某种产品的，其所包含的经济利益是通过转入所生产的产品来体现的，无形资产的摊销费用应构成产品成本的一部分。

【例 6.7】 2013 年 4 月 15 日，H 小企业自其母公司处取得一项非专利技术，一次性支付款项 120 000 元，该技术协议中未明确规定合同终止时间，同时，因为该技术生产的产品存在广阔、可预期的市场前景，甲公司无法可靠地估计该技术的使用寿命。甲公司管理层研究决定对该无形资产按照 20 年的期限采用直线法进行摊销。

（1）2013 年 4 月 15 日，甲公司应编制会计处理如下。

借：无形资产　　120 000

　贷：银行存款　　120 000

（2）2013 年 4 月份起，甲公司每月应编制会计处理如下。

借：生产成本（120 000 ÷ 20 ÷ 12）　　500

　贷：累计摊销　　500

《小企业会计准则》规定，企业不能可靠地估计无形资产使用寿命的，摊销期不得低于 10 年。摊销方法采用年限平均法（即直线法）。

《企业会计准则》规定，企业应当在取得无形资产时分析判断其使用寿命，要求区分使用寿命有限的无形资产和使用寿命不确定的无形资产。

《企业会计准则》规定，使用寿命有限的无形资产，其应摊销金额应当在使用寿命期内系统合理摊销。企业摊销无形资产，应当自无形资产可供使用时起，至不再作为无形资产确认时止。企业选择的无形资产摊销方法，应当反映与该项无形资产有关的经济利益的预期实现方式。无法可靠地确定预期实现方式的，应当采用直线法摊销。无形资产摊销方法包括直线法、产量法等，没有统一要求采用年限平均法摊销。

《企业会计准则》规定，无法合理估计其使用寿命的无形资产，应作为使用寿命不确定的无形资产。对于使用寿命不确定的无形资产不应摊销，但需要至少于每一会计期末进行减值测试。按照《企业会计准则》的规定，需要计提减值准备的，相应计提有关无形资产的减值准备。

二、无形资产的减值

《企业会计准则》规定，企业在资产负债表日应当判断无形资产是否存在可能发生减值的迹象。如果无形资产存在减值迹象，应当进行减值测试，估计无形资产的可收回金额。可收回金额低于账面价值的金额，计提相应的无形资产减值准备。

企业计提无形资产减值损失时，应按无形资产账面价值超过其可收回金额的部分，借记“资产减值损失——无形资产减值损失”科目，贷记“无形资产减值准备”科目。

“无形资产减值准备”科目用于核算无形资产减值准备的计提和冲减。该科目贷方登记无形资产减值准备的计提数，借方登记无形资产减值准备的冲减数。该科目可按无形资产项目进行明细核算。

按《小企业会计准则》的规定，无形资产不需计提减值准备。

学中做

某厂拥有两项无形资产：购买的专利权1项，成本122 000元，于5年内摊销完毕；自行研制非专利技术1项，成本80 000元，于8年内摊销完毕。

要求：计算月摊销额，并编制摊销时的会计分录。

月摊销额=

借：

贷：

导入案例解析

A公司购入土地使用权，使用年限为50年，表明它属于使用寿命有限的无形资产。在该土地上自行建造厂房，应将土地使用权和地上建筑物分别作为无形资产和固定资产进行核算，并分别摊销和计提折旧。

A公司的账务处理如下。

（1）支付转让价款。

借：无形资产——土地使用权　15 000 000

　贷：银行存款　15 000 000

（2）在土地上自行建造厂房。

借：在建工程　30 000 000

　贷：工程物资　12 000 000

　　应付职工薪酬　8 000 000

　　银行存款　10 000 000

（3）厂房达到预定可使用状态。

借：固定资产　30 000 000

　贷：在建工程　30 000 000

（4）每年分期摊销土地使用权和对厂房计提折旧。

借：管理费用　300 000

　贷：累计摊销　300 000

借：制造费用　1 000 000

　贷：累计折旧　1 000 000

三、无形资产的处置

处置无形资产是指由于各种原因造成无形资产减少的情形，主要包括对外出售无形资产，因技术、法律、经济等原因造成报废无形资产以及将无形资产用作对外投资等。

处置无形资产，所得到的处置收入扣除其账面价值、相关税费等的净额，应当计入营业外收入或营业外支出。其中，无形资产的账面价值，是指无形资产的成本扣减累计摊销后的金额。

（一）出售无形资产

企业出售无形资产时，应按实际取得的转让收入，借记“银行存款”科目；按该项无形资产已计提的累计摊销额，借记“累计摊销”科目；按无形资产的账面余额，贷记“无形资产”科目；按应支付的相关税费，贷记“银行存款”、“应交税费”等科目；将取得的价款与该项无形资产账面价值的差额计入当期损益，贷记“营业外收入——非流动资产处置利得”科目或借记“营业外支出——非流动资产处置损失”科目。

【例 6.8】 G小企业将自行开发研制的某专利权以 120 000 元价格出售给 B 公司，价款已收存银行；为出售该专利权，A 公司以银行存款支付有关费用 4 000 元，还承担应交纳 5%的营业税 6 000 元；该专利权的成本为 90 000 元，已摊销 50 000 元。A 公司应编制会计分录如下。

借：银行存款　120 000
　　累计摊销　50 000
　　贷：无形资产——专利权　90 000
　　　　银行存款　4 000
　　　　应交税费——应交营业税　6 000
　　　　营业外收入——非流动资产处置利得　70 000

无形资产出售时，《企业会计准则》和《小企业会计准则》均规定处置净损益记入当期“营业外收入”科目或“营业外支出”科目。不同的是，按《企业会计准则》的规定，无形资产出售时，应结转相应的“无形资产”、“累计摊销”和“无形资产减值准备”科目金额，而按《小企业会计准则》的规定，不需结转“无形资产减值准备”科目金额。因为按《小企业会计准则》的规定，无形资产不需计提减值准备。

（二）报废无形资产

按《企业会计准则》的规定，当无形资产预期不能为企业带来经济利益时，不再符合无形资产的定义，企业应将其报废转销。无形资产报废时，按已计提的累计摊销，借记“累计摊销”科目；按其账面余额，贷记“无形资产”科目；按其差额，借记“营业外支出”科目。

【例 6.9】 M 公司拥有的一项专利技术预期不能为企业带来经济利益，将其予以转销。该专利技术的账面余额为 500 000 元，累计摊销为 380 000 元。假定不考虑其他相关因素，该企业应编制会计分录如下。

借：营业外支出——处置非流动资产损失　120 000
　　累计摊销　380 000
　　贷：无形资产　500 000

【例 6.10】 M公司拥有的一项专利技术预期不能为企业带来经济利益，将其予以转销。该专利技术的账面余额为 500 000 元，累计摊销为 300 000 元，已计提减值准备为 80 000 元。假定不考虑其他相关因素，该企业应编制会计分录如下。

借：营业外支出——处置非流动资产损失　120 000
　　累计摊销　300 000
　　无形资产减值准备　80 000
　贷：无形资产　500 000

本章小结

无形资产，是指企业为生产产品、提供劳务、出租或经营管理而持有的、没有实物形态的可辨认非货币性资产。企业的无形资产包括土地使用权、专利权、商标权、著作权、非专利技术等。无形资产不具有实物形态，具有可辨认性，属于非货币性资产。无形资产应当按照成本进行计量，以取得无形资产发生的全部支出作为成本。但是，对于不同方式取得的无形资产，其成本构成不尽相同。企业取得无形资产方式主要有三种：外购、投资者投入和自行开发。无形资产核算应用的基本科目是“无形资产”科目。

企业自行研究开发无形资产是取得无形资产的重要方式。企业内部研究开发项目应区分研究阶段和开发阶段。研究阶段的支出在发生时应当费用化，直接计入当期损益（管理费用）。开发阶段所发生的支出如果符合资本化的条件，应当资本化，即计入无形资产的成本；不符合资本化条件的，计入当期损益（管理费用）。企业应设置“研发支出”科目，核算企业研究与开发无形资产过程中发生的各项支出。该科目应按研究开发项目，分别“费用化支出”、“资本化支出”进行明细核算。

无形资产应当在其使用寿命内采用年限平均法进行摊销，根据其受益对象计入相关资产成本或者当期损益（管理费用）。有关法律规定或合同约定了使用年限的，可以按照规定或约定的使用年限分期摊销。企业不能可靠地估计无形资产使用寿命的，摊销期不得低于10年。企业应当按月对无形资产进行摊销，自无形资产可供使用（即其达到预定用途）当月起开始摊销，处置当月不再摊销。无形资产的摊销一般采用不考虑残值的年限平均法，每月摊销时借记“管理费用”等科目，贷记“累计摊销”科目。

处置无形资产是指由于各种原因造成无形资产减少的情形，主要包括对外出售无形资产，报废无形资产以及将无形资产用作对外投资等。处置无形资产，所得到的处置收入扣除其账面价值、相关税费等的净额，应当计入营业外收入或营业外支出。其中，无形资产的账面价值，是指无形资产的成本扣减累计摊销后的金额。

教学做一体化训练

一、单项选择题

1. 下列应列为无形资产的是（　　）。

A. 企业自创商品品牌　　B. 行政划拨的土地使用权

C. 企业自行研究开发专有技术发生的支出　　D. 外购专利权

2. 下列各项中，企业应作为无形资产入账的是（　　）。

A. 为获得土地使用权支付的土地出让金　　B. 为销售商品支付的广告费

C. 开办费　　D. 为开发新技术发生的项目研究费

3. A公司2012年3月开始研制一项新技术，2013年4月初研发成功，企业申请了专利技术。研究阶段发生相关费用10万元；开发阶段发生工资费用30万元，材料费用55万元，发生的其他相关费用5万元（假定均为资本化支出）；申请专利时发生注册费等相关费用10万元。企业该项专利权的入账价值为（　　）万元。

A. 10　　B. 90　　C. 110　　D. 100

4. 企业有偿取得土地使用权，在土地上建造自用房屋建筑物时，应将其账面价值（　　）。

A. 继续进行摊销　　B. 全部转入管理费用

C. 转入长期待摊费用　　D. 全部转入在建工程成本

5. A公司出售所拥有的专利权一项，取得收入300万元，营业税税率为5%。该专利权取得时实际成本为400万元，已摊销170万元。A公司出售该项专利权应记入当期损益的金额为（　　）万元。

A. −100　　B. 70　　C. 5　　D. 55

6. 小企业出租无形资产取得的收入，应计入（　　）。

A. 主营业务收入　　B. 其他业务收入　　C. 营业外收入　　D. 投资收益

7. 出租无形资产收入应纳的营业税，应计入（　　）。

A. 营业外支出　　B. 其他业务成本　　C. 营业税金及附加　　D. 管理费用

8.对出租无形资产进行摊销时，其摊销的价值应计入（　　）。

A. 管理费用　　B. 营业外支出　　C. 其他业务成本　　D. 长期待摊费用

9. 企业确认的无形资产减值，应计入（　　）。

A. 资产减值损失　　B. 管理费用　　C. 坏账准备　　D. 其他业务成本

二、多项选择题

1. 下列应列为无形资产的包括（　　）。

A. 自创并依法申请取得的专利权　　B. 自创商标权

C. 政府机构授予的专卖权　　D. 有偿取得的土地使用权

E. 行政划拨的土地使用权

2. 无形资产的特点有（　　）。

A. 不存在实物形态　　B. 是有偿取得的

C. 依赖于一定的实体存在　　D. 赢利能力具有较大的确定性

3. 以下各项内容，可直接记入“无形资产”科目借方的有（　　）。

A. 购入某项专利技术的支出额

B. 开发新产品期间发生的材料费、人工费

C. 自行开发某项非专利技术并按法律程序取得无形资产的支出额

D. 自行创建良好的商誉所耗的费用

E. 研究阶段发生的人工费

4. 下列关于无形资产研发支出的说法，正确的有（　　）。

A. 企业内部研究开发项目研究阶段的支出，应记入无形资产的成本

B. 企业内部研究开发项目研究阶段的支出，应先记入“研发支出”科目，期末转入“管理费用”科目

C. 企业内部研究开发项目开发阶段的支出，符合资本化条件时可以资本化

D. 企业内部研究开发项目开发阶段的支出，在期末转入当期损益

E. 企业内部研究开发项目开发阶段的支出，发生时记入当期损益

5. 关于无形资产的摊销期限，下列说法正确的有（　　）。

A. 无形资产摊销期限一经确定，不应随意变更

B. 合同规定了受益年限，法律也规定了有效年限的，摊销期不应超过法律规定的有效年限

C. 合同规定了受益年限，法律没有规定有效年限的，摊销期应以受益年限为准

D. 合同没有规定受益年限，法律规定了有效年限的，摊销期应以法律规定的有效年限为准

E. 合同没有规定受益年限、法律也没有规定有效年限的，摊销期不应超过10年

6. 下列关于无形资产处置的说法，正确的有（　　）。

A. 无形资产预期不能为企业带来经济利益的，应将该无形资产的账面价值予以转销

B. 企业出售无形资产的，应将所取得的价款与该无形资产的账面价值的差额记入当期损益

C. 企业出租无形资产获得的租金收入，应通过其他业务收入科目来核算

D. 企业出售无形资产发生的净损益，通过其他业务收入或其他业务成本科目来核算

E. 企业出售无形资产发生的净损益，通过营业外收入或营业外支出科目来核算

7. 下列可以确定为无形资产减值的情况有（　　）。

A. 该项无形资产已超过法律保护期限，但仍然具有部分使用价值

B. 该项无形资产的市价在当期大幅度下跌，在剩余年限内预期不会恢复

C. 该项无形资产不再受法律保护，且不能给企业带来经济利益

D. 该项无形资产已被其他新技术所替代，且不能给企业带来经济利益

E. 该项无形资产已被其他新技术所替代，使其为企业创造经济利益的能力受到重大影响

三、判断题

1. 无形资产的取得成本应能够可靠地计量。凡是取得成本不能可靠地计量的无形资产，不能作为无形资产入账。（　　）

2. 企业无形资产不论是外购的，还是自创的，都是受法律保护的。（　　）

3. 企业自行研究开发专有技术，发生的有关研究阶段费用，会计核算时一般将其全部列作当期费用处理，不作为无形资产核算。（　　）

4. 企业所拥有的所有土地使用权，都应作为无形资产入账核算。（　　）

5. 当无形资产预期不能为企业带来经济利益时，应将该项无形资产的账面摊余价值予以转销，计入报废当月的管理费用。（　　）

6. “研发支出”科目，属于成本类科目。应按照研究开发项目，分别对“费用化支出”、“资本化支出”进行明细核算。（　　）

7. 根据《企业会计准则》，企业无形资产可按照账面价值与可收回金额的差额进行计量。（　　）

技能演练

1. 某企业发生有关无形资产的经济业务如下。

（1）企业自行研制专利权取得成功，并已申请取得专利权。本月发生开发费用共计 90 000 元，其中领用库存原材料 50 000 元，应付人员工资 30 000 元，以存款支付其他相关费用 10 000 元。专利登记费 20 000 元，律师费用 40 000 元，以存款支付。该项专利已投入使用。

（2）企业出租商标权取得收入 40 000 元存入银行，以存款支付出租无形资产的相关费用 10 000 元，并按 5%的营业税计算结转应交营业税。

要求：根据上述经济业务编制有关会计分录。

2. 2013 年天地公司发生与无形资产有关的经济业务如下。

（1）购买某项专利技术的使用权，用银行存款支付相关费用 120 000 元。

（2）接受某单位以某项专利技术所作的投资，经评估确认该项专利技术价值 64 000 元。

（3）将企业的商标使用权向联营单位转让，双方议定价额为 100 000 元，款项已收存银行。在转让过程中，用银行存款支付相关费用 700 元。

（4）以某项专利技术对 A 厂投资，其账面成本 40 000 元，累计摊销 10 000 元，双方评估确认价值 42 000 元。

要求：编制以上经济业务的会计分录。

3. 2013 年 A 公司发生与无形资产有关的经济事项如下。

（1）A 公司从 B 公司购买一项商标权，该项商标权价款为 800 万元，在购买过程中，支付手续费用等相关费用 10 000 元，均以银行存款支付。该商标权的使用寿命为 10 年，不考虑残值的因素。

（2）A 公司将其某产品的商标权转让给光明公司使用，每月收取使用费 15 000 元，应交营业税 750 元。

（3）A 公司将拥有的一项专利权出售，取得收入 80 万元，应交的营业税为 4 万元。该专利权的账面成本为 70 万元，累计摊销额为 15 万元。

要求：编制以上经济业务的会计分录。

4. 某企业有关无形资产的经济业务如下。

（1）两年前购入的一项土地使用权，支付价款 200 000 元，已按规定摊销 30 000 元，本月将该项土地用于自用房屋建设。

（2）将拥有的一项专利权出售，取得收入 560 000 元存入银行，应交营业税 28 000 元。该项专利权的账面价值为 600 000 元，摊余价值为 460 000 元，已提减值准备 40 000 元。

（3）经核查发现，专利权 H 由于科技进步等原因，已丧失使用价值，预期不能为企业带来经济利益，该专利权账面余额为 150 000 元，已累计摊销额为 60 000 元，以前年度已计提减值准备 12 000 元。

要求：根据上述经济业务和《企业会计准则》的规定，编制有关会计分录。

第七章

负　债

【学习目标】

知识目标　了解流动负债和非流动负债的主要内容；掌握各种流动负债的核算方法；掌握各种非流动负债的核算方法。

能力目标　能进行各种主要流动负债项目的总分类核算，能进行各种主要非流动负债项目的总分类核算。

【导入案例】

应交税费案例

一、资料

何兰 2013 年 3 月 5 日到晨光公司应聘一个会计岗位的工作，该公司财务经理询问了她一些会计方面的问题，并将公司 2013 年 4 月份与税金有关的资料进行整理打印一份交给何兰。

晨光公司为增值税一般纳税企业，适用的增值税税率为 17%，材料采用实际成本进行日常核算。该公司 2013 年 3 月 31 日“应交税费——应交增值税”科目借方余额为 20 000 元，可用于下月的销项税额抵扣。4 月份发生如下涉及增值税的经济业务。

1. 公司福利部门领用生产用原材料一批，实际成本为 4 000 元，原进项税额 680 元。

2. 在建工程领用生产用原材料一批，实际成本 5 000 元，原进项税额为 850 元。

3. 原材料发生非常损失，其实际成本为 7 500 元，原进项税额 1 275 元。

4. 公司库存商品发生非常损失，实际成本为 37 000 元，其所耗原材料成本为 20 000 元。

5. 公司以原材料对 B 公司投资，该批材料账面实际成本为 300 000 元，计税价格为 300 000 元。

6. 公司以库存商品（应税消费品）捐赠给东方公司，账面实际成本为 18 000 元，计税价格为 20 000 元，消费税率 10%。

7. 公司将自己生产的产品（应税消费品）用于在建工程，产品成本为 57 000 元，计税价格为 60 000 元，消费税率 10%。

8. 公司将自己生产的产品（应税消费品）用于福利部门搞集体活动，产品成本为 50 000 元，计税价格为 60 000 元，消费税率 10%。

9. 销售产品一批，销售价格为 500 000 元（不含增值税），款项尚未收到。

10. 购买原材料一批，增值税专用发票上注明的价款为 600 000 元，增值税为 102 000 元，公司已开出承兑的商业汇票，原材料已验收入库。

11. 上交本月增值税 40 000 元。

12. 计算本月应交未交增值税。

二、要求

（一）假如你是何兰，请回答财务经理提出的如下问题：企业除了增值税外，还需要交纳哪些税金？在未交纳税金前，为什么要在账上反映？

（二）请替何兰为晨光公司2013年4月份的上述业务编制会计分录。

负债是指企业过去的交易或者事项形成的，预期会导致经济利益流出企业的现时义务。

企业的负债按照其流动性，可分为流动负债和非流动负债。

企业的流动负债，是指预计在1年内或者超过1年的一个正常营业周期内清偿的债务。

企业的流动负债包括短期借款、应付及预收款项、应付职工薪酬、应交税费、应付利息、其他应付款等。

企业各项流动负债应按照其实际发生额入账，即企业所发生的流动负债，不需要考虑时间价值因素和市场价值因素，只需按照实际发生额入账。企业的流动负债一旦入账，在流动负债的存续期间不允许按照市场价值或其他公允价值进行调整。

第一节 短期借款

一、短期借款的特征

短期借款，是指企业向银行或其他金融机构等借入的期限在1年内（含1年）的各种借款。企业的短期借款有以下几个基本特征。

（1）其债权人不仅包括银行，还包括其他金融机构（如小额贷款公司等）。企业向第三方（如个人）借入款项并且应负担利息费用，也视同短期借款进行会计处理，但如果期限超过1年，则应视同长期借款进行会计处理。

（2）借款期限较短，为1年以内（含1年）。

（3）不仅应偿还借款本金，还应支付相应的利息费用。

（4）短期借款不仅包括人民币借款，还包括外币借款。

企业短期借款的种类主要有生产经营周转借款、临时借款、票据贴现借款等。生产经营周转借款，是指企业为了满足本身生产经营对流动资金的需要而向银行或其他金融机构等借入的款项；临时借款，是指企业为了满足季节性等生产经营的流动资金需要而临时向银行或其他金融机构等借入的款项；票据贴现借款，是指企业因流动资金周转发生困难时，将持有的商业承兑汇票或银行承兑汇票向银行申请票据贴现的借款。

二、短期借款利息费用的处理

企业借入的短期借款构成了一项负债。短期借款应当按照借款本金和借款合同利率在应付利息日计提利息费用，计入财务费用。

企业各种短期借款，均应按期结算或支付利息。由于短期借款期限在1年以内，且数额不大，所以其利息一般采取单利计算，其计算公式为

借款利息=借款本金×借款利率×借款期限

企业短期借款的利息有三种结算支付方法：①按月计算，通过预提方式计入当期损益，按季度与银行办理结算；②按月计算并支付；③利息在借款到期时连同本金一起归还。

对于短期借款利息费用的会计处理，要注意以下两点。

（1）短期借款利息费用的计提时点是借款合同所约定的应付利息日，既不是实际支付利息日，也不是资产负债表日（如月末、季末、年末）。

（2）短期借款利息费用全部计入财务费用，即不需要考虑借款费用资本化的问题。

三、短期借款的账务处理

为了总括地核算和监督短期借款的取得和偿还情况，企业应设置“短期借款”科目。该科目属于负债类科目，贷方登记企业取得的借款本金，借方登记企业偿还的借款本金。期末贷方余额表示尚未偿还的借款本金，列示在资产负债表负债方的流动负债项下。为了反映和监督各种短期借款的取得和归还业务，该科目还应按贷款人设置明细科目，并按借款种类和币种进行明细分类核算。

对于短期借款利息，应设置“财务费用”科目核算。该科目的借方登记利息费用等财务费用的发生额，贷方登记期末结转至“本年利润”科目的财务费用金额，结转后该科目无余额。

短期借款的账务处理主要包括借入款项、计提利息和偿还款项三方面，具体账务处理如下。

（1）借入各种短期借款，借记“银行存款”科目，贷记“短期借款”科目；偿还借款，则作相反的会计分录，借记“短期借款”科目，贷记“银行存款”科目。

（2）银行承兑汇票到期，企业无力支付票款的，按照银行承兑汇票的票面金额，借记“应付票据”科目，贷记“短期借款”科目。持未到期的商业汇票向银行贴现，应当按照实际收到的金额（即减去贴现息后的净额），借记“银行存款”科目；按照贴现息，借记“财务费用”科目；按照商业汇票的票面金额，贷记“应收票据”（银行无追索权情况下）或“短期借款”科目（银行有追索权情况下）。

（3）在应付利息日，企业应当按照短期借款合同利率计算确定的利息费用，借记“财务费用”科目，贷记“应付利息”等科目。

小知识

银行流动资金贷款业务

流动资金贷款是为满足借款人在生产经营过程中临时性、季节性的资金需求，保证生产经营活动的正常进行而发放的贷款。

流动资金贷款的特点是期限灵活，能够满足借入临时性、短期和中期流动资金需求。流动资金贷款按期限可分为临时贷款、短期贷款和中期贷款。临时贷款是指期限在3个月（含3个月）以内的流动资金贷款；短期贷款是指期限为3个月至1年（不含3个月，含1年）的流动资金贷款；中期贷款是指期限为1年至3年（不含1年，含3年）的流动资金贷款。

流动资金贷款具体办理程序如下。

（1）申请。借款人向银行提出流动资金贷款申请。主要应提供：营业执照，法人代表证书，法定代表人身份证明，贷款证，前三个年度及上个月财务报表和审计报告，税务登记证明，公司合同或章程，企业董事会（股东会）成员和主要负责人、财务负责人名单和签字样本等，担保人相关材料，要求提供的其他资料。

（2）签订合同。银行进行调查和审批后认为贷款可行，则借款人需与银行签订借款合同和担保合同等法律性文件。

（3）落实担保。如需担保，借款人与银行签订借款合同后，还需进一步落实第三方保证、抵押、质押等担保措施，并办理有关担保登记、公证或抵押物保险、质物交存银行等手续。

（4）贷款获取。借款人办妥发放贷款前的有关手续，借款合同即生效，银行即可向借款人发放贷款，借款人按照合同规定用途支用贷款。

（5）还款。按合同约定方式偿还贷款。

小知识

“应付利息”科目核算企业按照合同约定应支付的利息，包括吸收存款、分期付息到期还本的长期借款、企业债券等应支付的利息。企业在计息日计算确定应付利息费用时记入该科目贷方，实际支付时记入该科目借方，该科目期末贷方余额反映企业应付未付的利息。本科目可按存款人或债权人进行明细核算。

【例 7.1】 A 公司于 2013 年 7 月 1 日从某银行借入 400 000 元、年利率为 6%、期限为 6 个月的临时借款，利息于每月月末支付，期满一次归还本金。A 公司应编制如下会计分录。

（1）取得借款存入银行。

借：银行存款　　400 000

　　贷：短期借款——某银行（临时借款）　　400 000

（2）每月支付借款利息。

月利息额=400 000 × 6% ÷ 12 = 2 000（元）

借：财务费用　　2 000

　　贷：银行存款　　2 000

（3）借款期满归还本金。

借：短期借款——某银行（临时借款）　　400 000

　　贷：银行存款　　400 000

【例 7.2】 承例 7.1，假定 A 公司与银行签订的借款合同为按季支付利息，到期归还本金。A 公司应编制如下会计分录。

（1）7 月、8 月、9 月，每月末计提借款利息。

借：财务费用　　2 000

　　贷：应付利息　　2 000

（2）9 月末，实际支付本季度借款利息 6 000 元。

借：应付利息　　4 000

　　财务费用　　2 000

　　贷：银行存款　　6 000

（3）10 月、11 月、12 月，每月末计提借款利息。

借：财务费用　　2 000

　　贷：应付利息　　2 000

（4）12 月 31 日，支付本金和第四季度利息。

借：应付利息　　6 000

短期借款——某银行（临时借款） 400 000

贷：银行存款 406 000

根据《企业会计准则》的规定，若企业的短期借款利息是按季支付的，或者利息是在借款到期时连同本金一起归还，并且数额较大的，应采取预提办法，设置“应付利息”科目，按月预提计入财务费用。企业应在资产负债表日而不是在应付利息日，按计算确定的短期借款利息费用，借记“财务费用”科目，贷记“应付利息”科目。

为简便小企业会计核算、减轻所得税纳税调整负担，《小企业会计准则》采取了与《企业所得税法》相一致的规定，即在应付利息日而不是在资产负债表日计提利息费用。

根据《企业会计准则》的规定，为了总括核算和监督企业债券发行与偿还情况，应设置“应付债券”科目进行核算。而按照目前我国企业发行债券的规定，小企业不能向社会发行债券，所以，《小企业会计准则》没有对有关小企业债券融资业务的核算进行规范。

第二节　应付及预收款项

应付及预收款项，包括应付票据、应付账款和预收账款。

一、应付票据

（一）应付票据概述

应付票据，是指企业采用商业汇票结算方式时，因购买材料、商品和接受劳务等日常生产经营活动而开出的、承兑的商业汇票，包括银行承兑汇票和商业承兑汇票。

银行承兑汇票是由出票人签发经银行承兑的汇票；商业承兑汇票是出票人签发经付款人（购买单位）承兑的汇票。银行承兑汇票的承兑人虽为银行，但由银行承兑的票据，只是为收款人按期收回债权提供了银行的信用保证，对付款人或承兑申请人而言，不会因为银行承兑而使这项负债转移。银行承兑汇票和商业承兑汇票一样，均是付款人在承兑到期日无条件支付确定金额的一项负债。

由于我国商业汇票的付款期限最长不得超过 6 个月，因此，应付票据属于流动负债的范围。

商业汇票按是否带息，分为带息票据和不带息票据。带息票据是指，到期兑付时，除支付票面金额外，还要支付按票据上标明的利率计算的利息。不带息票据是指票据到期时按面值支付的票据。目前我国常用的是不按息票据。

应付票据应按票据面值计价入账。带息应付票据应于期末按票据的票面价值和确定的利率计提利息，列为应付利息，同时计入财务费用。

（二）应付票据核算的科目设置

为了核算应付票据的增减变动情况，企业应设置“应付票据”科目。“应付票据”科目核算企业因购买材料、商品和接受劳务等日常生产经营活动开出的、承兑的商业汇票（银行承兑汇票和商业承兑汇票）。“应付票据”科目属于负债类科目，贷方登记企业开出的应付票据的面值，借方登记偿还的应付票据的面值。期末贷方余额，表示企业开出、承兑的尚未到期的商业汇票的票面金额。“应付票据”科目应按照债权人设置明细科目，进行明细核算。

为了详细反映和监督应付票据的发生和偿付业务，除应设置“应付票据”科目外，企业还应当设置“应付票据备查簿”，详细登记每一应付票据的种类、号数、签发日期、到期日、票面金额、票面利率、交易合同号、收款人姓名或单位名称，以及付款日期和金额等资料。应付票据到期结清时，应在备查簿内逐笔注销。

（三）应付票据的账务处理

应付票据的具体账务处理如下。

（1）企业开出、承兑商业汇票或以承兑商业汇票抵付货款、应付账款等，借记“材料采购”或“在途物资”、“库存商品”、“应付账款”等科目，贷记“应付票据”科目。涉及增值税进项税额的，还应进行相应的账务处理。

（2）企业支付银行承兑汇票的手续费，借记“财务费用”科目，贷记“银行存款”科目。

（3）应付票据到期，企业支付票款，借记“应付票据”科目，贷记“银行存款”科目。

（4）银行承兑汇票到期、企业无力支付票款的，按照银行承兑汇票的票面金额，借记“应付票据”科目，贷记“短期借款”科目，对计收的利息，按短期借款利息办法处理。商业承兑汇票到期、企业无力支付票款的，按照商业汇票票面金额，借记“应付票据”科目，贷记“应付账款”科目，待协商后再行处理。如果重新签发新的票据以清偿原应付票据的，再从“应付账款”科目转入“应付票据”科目。

1. 商业承兑汇票的核算

【例7.3】 2013年6月1日，A企业作为增值税一般纳税人购买所需产品，采用商业汇票方式结算货款，收到的增值税专用发票上注明货物价款100 000元，增值税税率为17%，增值税税额为17 000元，产品已经验收入库。A企业因暂时周转困难，开出一张期限3个月、面值为117 000元的不带息商业承兑汇票，用于支付上述款项。

根据上述经济业务，A企业应作账务处理如下。

2013年6月1日，A企业开出商业承兑汇票。

借：库存商品　　100 000
　　应交税费——应交增值税（进项税额）　　17 000
　　贷：应付票据　　117 000

2013年8月31日，A企业票据到期，分为两种情况。

（1）当A企业到期如数偿付票据款时：

借：应付票据　　117 000
　　贷：银行存款　　117 000

（2）当A企业没有能力偿付票据款时：

借：应付票据　　117 000
　　贷：应付账款　　117 000

购货企业以应付票据抵偿应付账款时，借记“应付账款”科目，贷记“应付票据”科目。

2. 银行承兑汇票的核算

【例7.4】 2013年7月1日，B企业作为增值税一般纳税人，购买一批原材料，采用银行承兑汇票方式结算货款，收到的增值税专用发票上注明货物价款50 000元，增值税税率为17%，增值税税额为 8 500 元，原材料已经验收入库。B 企业开出一张期限为 3 个月、面值为 58 500 元的不带息银行承兑汇票，用于支付上述款项。此外，B 企业还用银行存款支付了银行承兑手续费 100 元。

根据上述经济业务，B 企业应作账务处理如下。

2013 年 7 月 1 日，B 企业开出银行承兑汇票。

借：库存商品　　50 000

　　应交税费——应交增值税（进项税额）　　8 500

　　贷：应付票据　　58 500

借：财务费用　　100

　　贷：银行存款　　100

2013 年 9 月 30 日，B 企业票据到期，分为两种情况。

（1）当 B 企业如数偿付到期票据款时：

借：应付票据　　58 500

　　贷：银行存款　　58 500

（2）当 B 企业没能如数偿付票据款时：

借：应付票据　　58 500

　　贷：短期借款　　58 500

3. 带息应付票据的核算

企业开出、承兑带息应付票据，除按照上述要求进行核算外，还应于期末（通常为月末）按应付票据的票面金额和票面利率计提利息，相应地增加应付利息，同时增加财务费用。票面利息的计算公式为

应付票据利息=票面金额×票面利率×期限

式中的“票面利率”一般指年利率，“期限”是指签发日至到期日的时间间隔。票据期限有按月表示和按日表示两种。

票据期限按月表示时，应以到期月份与出票日相同的那一天为到期日。如 5 月 18 日签发的 3 个月的商业汇票，到期日应为 8 月 18 日。月末签发的商业汇票，不论月份大小，以到期月份的最后一天为到期日。如 2 月 28 日签发的 4 个月的商业汇票，其到期日应为 6 月 30 日。计算利息时使用的利率要换算为月利率（年利率/12）。

票据期限按日表示时，应从出票日按实际经历的天数计算。通常出票日和到期日只能计算其中的一天，即“算头不算尾”或“算尾不算头”。如 3 月 18 日签发的 90 天的商业承兑汇票，其到期日应为 6 月 16 日。计算利息使用的利率应换算为日利率（年利率/360）。

带息应付票据到期支付时，应按支付的本息贷记“银行存款”科目，按应付票据账面余额，借记“应付票据”“应付利息”科目，按其差额（未计提利息部分），借记“财务费用”科目。

【例 7.5】 D 企业 2013 年 4 月 6 日从 C 企业购进一批产品，货款为 200 000 元，增值税额为 34 000 元，签发、承兑商业承兑汇票一张，金额为 234 000 元，期限为 120 天，票面利率为 6%。假设每季度末计提一次应付利息。D 企业应编制如下会计分录。

（1）2013 年 4 月 6 日签发并承兑商业汇票时：

借：库存商品　　200 000

　　应交税费——应交增值税（进项税额）　　34 000

　　贷：应付票据——商业承兑汇票（C 企业）　　234 000

（2）2013 年 6 月 30 日计算应付利息：

计息期限=（30−6）+31+30=85（天）

票据利息=234 000 × 85 × 6%/360=3 315（元）

借：财务费用　　3 315

　　贷：应付利息　　3 315

（3）2013 年 8 月 4 日票据到期付款：

到期值=234 000 ×（1+120 × 6%/360）=238 680（元）

借：应付票据——商业承兑汇票（C 企业）　　234 000

　　应付利息　　3 315

　　财务费用　　1 365

　　贷：银行存款　　238 680

二、应付账款

应付账款，是指企业因购买材料、商品或接受劳务等日常生产经营活动应支付的款项。这是买卖双方在购销活动中由于取得物资与支付货款在时间上不一致而产生的负债。

1. 应付账款入账时间的确定

应付账款的入账时间应为所购货物的所有权发生转移或接受的劳务供应已经发生的时间。也就是在企业取得所购材料、商品等的所有权和已接受劳务供应时确认应付账款。

应付账款入账时间的确定，一般应以与所购买物资所有权有关的风险和报酬已经转移或劳务已经接受为标志。在实际工作中，一般应区别下列情况处理。

（1）在物资和发票账单同时到达的情况下，应付账款一般待物资验收入库后，再按发票账单登记入账，这主要是为了确认所购入的物资是否在质量、数量和品种上都与合同上订明的条件相符，以免因先入账而在验收入库时发现购入物资有错、漏、破损等问题再行调账，在会计期末仍未完成验收的，则应先按合理估计金额将物资和应付债务入账，事后发现问题再行更正。

（2）在物资和发票账单未同时到达的情况下，由于应付账款需根据发票账单登记入账，有时货物已到，发票账单尚未到达，由于这笔负债已经成立，应作为一项负债反映。为了在资产负债表上客观表示企业所拥有的资产和承担的债务，在实际工作中采用在月份终了将所购物资和应付债务估价入账，下月初再予以冲回的办法。

2. 应付账款入账价值的确定

应付账款通常是由于在购销活动中取得物资与支付货款的时间不一致造成的，往往在短期就需付款，因而，应付账款的入账价值应按未来应付的金额（即发票账单所记载的实际价款或按应付给供应单位价款的暂估价）确定，而不按到期应付金额的现值入账。也就是说，应付账款的入账金额应以发票金额为依据，不管是存在商业折扣还是有现金折扣。如果购入的资产在形成一笔应付账款时是带有现金折扣的，应付账款入账金额，应按发票上记载的应付金额的总值（即不扣除折扣）记账，借记有关科目，贷记“应付账款”科目，等到实际发生现金折扣时，再冲减财务费用。

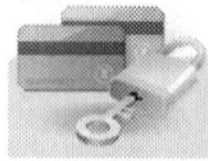

请思考

企业购买了商品，但是尚未付款，形成负债吗？

3. 应付账款的账务处理

为了反映企业因购买材料、商品和接受劳务供应等而应付给供应单位的款项，企业应设置“应付账款”科目。该科目是负债类科目，贷方登记因采购商品或接受劳务而应向供货方支付的款项，借方登记企业已向供货方支付的款项，期末余额一般在贷方，反映企业尚未支付的账款。该科目按供应单位设置明细账，进行明细分类核算，反映对各供货单位所欠货款及其支付情况。具体会计处理如下。

（1）企业购入材料、商品等验收入库，货款尚未支付，应当根据有关凭证发票账单、随货同行发票上记载的实际价款（或暂估价值），借记“原材料”或“库存商品”等科目；按照可抵扣的增值税进项税额，借记“应交税费——应交增值税（进项税额）”科目；按照应付的价款，贷记“应付账款”科目。企业接受供应单位提供劳务而发生的应付未付款项，应当根据供应单位的发票账单，借记“生产成本”、“管理费用”等科目，贷记“应付账款”科目。

（2）企业偿付应付账款，借记“应付账款”科目，贷记“银行存款”等科目。企业确实无法偿付的应付账款，借记“应付账款”科目，贷记“营业外收入”科目。

【例 7.6】 2013 年 4 月 1 日，A 企业作为增值税一般纳税人，与 B 企业签订合同，购买其一种先进的科技产品，收到的增值税专用发票上注明货物价款 20 000 元，增值税税率为 17%，增值税税额为 3 400 元，产品已经验收入库，但是价款还没有支付。到 4 月 20 日，A 企业用银行存款偿支付了所欠 B 企业的货款。

根据上述经济业务，A 企业应作账务处理如下。

（1）2013 年 4 月 1 日，A 企业确认应付账款：

借：库存商品　20 000

　　应交税费——应交增值税（进项税额）　3 400

　　贷：应付账款——B 企业　23 400

（2）2013 年 4 月 20 日，A 企业偿付应付账款：

借：应付账款——B 企业　23 400

　　贷：银行存款　23 400

购货方企业开出、承兑商业汇票抵付应付账款，借记“应付账款”科目，贷记“应付票据”科目。

【例 7.7】 2013 年 6 月 1 日，A 企业作为增值税一般纳税人，与 B 企业签订合同，购买其一种畅销商品，商品已经送达 A 企业并且验收入库，但是发票没有送达 A 企业。6 月 30 日，A 企业还是没有收到发票账单，这批商品的暂估价值为 50 000 元。7 月 20 日，A 企业才收到增值税专用发票，上面注明货物价款 60 000 元，增值税税率为 17%，增值税税额为 17 000 元。

根据上述经济业务，A 企业应作账务处理如下。

（1）2013 年 6 月 1 日，A 企业收到商品时，暂不进行账务处理。

（2）2013 年 6 月 30 日，A 企业因没有收到发票，月末按商品暂估价值处理。

借：库存商品　50 000

　　贷：应付账款——暂估应付账款　50 000

（3）2013 年 7 月 1 日，A 企业冲回暂估应付账款。

借：应付账款——暂估应付账款　50 000

　　贷：库存商品　50 000

（4）2013 年 7 月 20 日，A 企业收到发票。

借：库存商品　60 000

　　应交税费——应交增值税（进项税额）　10 200

　　贷：应付账款——B 企业　70 200

【例 7.8】 2013 年 8 月 1 日，C 企业作为增值税一般纳税人，与 D 企业签订合同，购买其一批生产所需的原材料，收到的增值税专用发票上注明原材料价款 100 000 元，增值税税率为 17%，增值税税额为 17 000 元，原材料已经验收入库，但是价款还没有支付。D 企业与 C 企业有经常的业务往来，所以 D 企业为 C 企业提供的现金折扣条件为“1/20、n/30”。假定计算现金折扣时不考虑增值税税额。到 8 月 12 日，C 企业付清账款。

根据上述经济业务，C 企业应作账务处理如下。

（1）2013 年 8 月 1 日，C 企业确认应付账款。

借：原材料　100 000

　　应交税费——应交增值税（进项税额）　17 000

　　贷：应付账款——D 企业　117 000

（2）2013 年 8 月 12 日，C 企业付清应付账款。

C 企业在 20 天之内偿还账款，所以享有 1%的现金折扣：

$$现金折扣 = 100\ 000 \times 1\% = 1\ 000（元）$$

借：应付账款——D 企业　117 000

　　贷：财务费用　1 000

　　　　银行存款　116 000

企业确实无法偿付的应付款项，应当计入营业外收入。

【例 7.9】 2013 年 10 月 25 日，甲公司确定一笔应付账款 5 000 元为无法支付的款项，应予转销。甲公司应作账务处理如下。

借：应付账款　5 000

　　贷：营业外收入　5 000

三、预收账款

预收账款是指企业按照合同规定预收的款项。通常包括预收销售货款、预收租金、预收工程款等。这是买卖双方协议商定，由购货方给供货方预先支付货款而发生的一项供货方对购货方的负债。预收账款虽然表现为企业货币资金的增加，但它并不是企业的收入，其实质为一项负债，要求企业在短期内以某种商品、劳务或服务来了结。

预收账款核算的科目设置应视企业的具体情况而定。一种情况是如果企业预收账款比较多，可以单独设置属于负债类的“预收账款”科目；另一种情况是如果企业预收账款情况不多，也可以不单独设置“预收账款”科目，而是将预收的款项直接记入“应收账款”科目的贷方。

对于单独设置“预收账款”科目核算的，“预收账款”科目的贷方登记企业预收的款项和购货方补付的款项，借方登记企业应收的款项和退回多收的款项，“预收账款”科目期末的贷方余额，反映企业预收的款项，期末如为借方余额，反映企业尚未转销的款项。“预收账款”科目应按照对方单位（或个人）进行明细核算。具体会计处理如下。

（1）企业向购货单位预收的款项，借记“银行存款”等科目，贷记“预收账款”科目。

（2）企业销售收入实现时，按实现的收入和应交增值税销项税额，借记“预收账款”科目，贷记“主营业务收入”科目，按专用发票上注明的增值税额，贷记“应交税费——应交增值税（销项税额）”等科目。

（3）购货单位补付的款项，借记“银行存款”科目，贷记“预收账款”科目；退回购货单位多付的款项，编制相反会计分录。

【例 7.10】 2013 年 9 月 1 日，A 企业和 B 企业签订货物买卖合同，签订合同当天 A 企业收到 B 企业预付的货物价款 50 000 元。10 月 5 日，A 企业按合同约定向 B 企业发送货物，开出的增值税专用发票上注明货款 40 000 元，增值税税率 17%，增值税税额为 6 800 元。

根据上述经济业务，A 企业应作账务处理如下。

（1）2013 年 9 月 1 日，A 企业收到 B 企业预付货款。

借：银行存款　　50 000

　　贷：预收账款——B 企业　　50 000

（2）2013 年 10 月 5 日，A 企业实现销售。

借：预收账款——B 企业　　46 800

　　贷：主营业务收入　　40 000

　　　　应交税费——应交增值税（销项税额）　　6 800

（3）A 企业退回 B 企业剩余的货款。

借：预收账款——B 企业　　3 200

　　贷：银行存款　　3 200

【例 7.11】 乙公司销售给甲公司商品一批，价款 200 万元，增值税款 34 万元。双方约定甲公司预付 50%的价款，收货后再补付余下的货款。乙公司应作账务处理如下。

请思考

预收账款和预付账款是否是一回事？

（1）预收货款时：

借：银行存款　　1 170 000

　　贷：预收账款——甲公司　　1 170 000

（2）发出货物确认销售收入时：

借：预收账款——甲公司　　2 340 000

　　贷：主营业务收入　　2 000 000

　　　　应交税费——应交增值税（销项税额）　　340 000

（3）收到甲公司补付货款时：

借：银行存款　　1 170 000

　　贷：预收账款——甲公司　　1 170 000

【例 7.12】 承例 7.10，如果 A 企业不设置“预收账款”科目，则应当通过“应收账款”科目来处理相关账务。

（1）2013 年 9 月 1 日，A 企业收到 B 企业预付货款。

借：银行存款　　50 000

　　贷：应收账款——B 企业　　50 000

（2）2013 年 10 月 5 日，A 企业实现销售。

借：应收账款——B 企业　　46 800

　　贷：主营业务收入　　40 000

　　　　应交税费——应交增值税（销项税额）　　6 800

（3）2013 年 10 月 5 日，A 企业退回多收的货款。

借：应收账款——B 企业　　3 200

　　贷：银行存款　　3 200

第三节　应付职工薪酬

一、应付职工薪酬的概念

应付职工薪酬是指企业为获得职工提供的服务而应付给职工的各种形式的报酬以及其他相关支出。

这里所称"职工"，是指与企业订立劳动合同的所有人员，含全职、兼职和临时职工。企业的职工包括与企业订立了固定期限、无固定期限和以完成一定的工作为期限的劳动合同的所有人员。

职工提供的服务，是指职工在企业内部所从事的具体工作和岗位，即职工为企业提供的服务是通过从事具体工作和岗位来体现和实现的。具体工作和岗位包括：生产产品、销售产品或商品、对外提供劳务、管理生产经营活动、建造固定资产、自行研发无形资产等。

凡是企业为获得职工提供的服务而给予或付出的各种形式的对价，都构成职工薪酬，作为一种耗费，与这些服务产生的经济利益相匹配。与此同时，企业与职工之间因职工提供服务形成的关系，大多数构成企业的现时义务，将导致企业未来经济利益的流出，从而形成企业的一项负债。

二、职工薪酬的构成

职工薪酬分为货币性薪酬和非货币性薪酬两种形式。企业的职工薪酬包括以下几类。

1. 职工工资、奖金、津贴和补贴

工资是指计时工资和计件工资。计时工资，是指按计时工资标准和工作时间支付给职工的劳动报酬。计件工资，是指对已做工作按计件单价支付的劳动报酬。职工工资是职工劳动收入的主体部分，具有相对固定性和综合性的特点。

奖金，是指支付给职工的超额劳动报酬和增收节支的劳动报酬，如生产奖包括超产奖、质量奖、安全奖、考核各项经济指标的综合奖、年终奖、劳动分红等。

津贴和补贴，是指为了补偿职工特殊或额外的劳动消耗和因其他特殊原因支付给职工的津贴，以及为了保证职工工资水平不受物价影响支付的物价补贴，包括补偿职工特殊或额外劳动消耗的津贴（如高空津贴、井下津贴等），保健津贴，技术性津贴，工龄津贴及其他津贴（如直接支付的伙食津贴、合同制职工工资性补贴及书报费等）。

企业按规定支付给职工的加班加点工资，以及根据国家法律、法规和政策规定，因病、工伤、产假、计划生育、婚丧假、探亲假、事假、定期休假、停工学习、执行国家和社会义务等原因，按照计时工资或计件工资标准的一定比例支付的工资，也属于职工工资范畴，应支付的工资也包括在内。

2. 职工福利费

职工福利费主要是指职工因公负伤赴外地就医路费、职工生活困难补助、未实行医疗统筹的企业的职工医疗费用，以及按照国家规定开支的其他职工福利支出。

3. 医疗保险费、养老保险费、失业保险费、工伤保险费和生育保险费等社会保险费

社会保险费是指企业按照国家规定的基准和比例计算，向社会保险经办机构缴纳的医疗保险金、养老保险金、失业保险金、工伤保险费和生育保险费等社会保险费。

（1）医疗保险，是指劳动者因疾病、伤残或生育等原因需要治疗时，由国家和社会提供必要的医疗服务和物质帮助的一种社会保险制度。医疗保险的享受待遇按照各个地方的规定各不相同，基本内容包括急诊医疗费用和住院医疗费用等。

（2）养老保险，是国家和社会根据一定的法律和法规，为解决劳动者在达到国家规定的解除劳动义务的劳动年龄界限，或因年老丧失劳动能力退出劳动岗位后的基本生活而建立的一种社会保险制度。

（3）失业保险是指国家通过建立失业保险基金的办法，对由于某种情形失去工作而暂时中断生活来源的劳动者提供一定基本生活需要，并且帮助其重新就业的一种社会保险制度。

（4）工伤保险是指劳动者因为工作受伤致残，暂时或者永久性丧失劳动能力时，由国家和社会给予一定的物质帮助的一种社会保险制度。

（5）生育保险是指国家和社会对女职工由于妊娠、分娩而暂时丧失劳动能力时给予物质帮助的一种社会保险制度。

4. 住房公积金

住房公积金是指单位及其在职职工缴存的长期住房储金，是住房分配货币化、社会化和法制化的主要形式。住房公积金应当按照国家《住房公积金管理条例》规定的基准和比例计算，向住房公积金管理机构缴存。住房公积金制度是国家法律规定的重要的住房社会保障制度，具有强制性、互助性、保障性。单位和职工个人必须依法履行缴存住房公积金的义务。

5. 工会经费和职工教育经费

工会经费是指工会依法取得并开展正常活动所需的费用。按《工会法》，工会经费的主要来源是工会会员交纳的会费和企业按每月全部职工工资总额的2%向工会拨交的经费这两项，其中2%工会经费是经费的最主要来源。职工教育经费是指企业按工资总额的一定比例提取用于职工教育事业的一项费用，是企业为职工学习先进技术和提高文化水平而支付的费用。

6. 非货币性福利

非货币性福利是指企业以自产产品或外购商品发放给职工作为福利，将自己拥有的资产无偿提供给职工使用，为职工无偿提供医疗保健服务等。

7. 因解除与职工的劳动关系给予的补偿

因解除与职工的劳动关系给予的补偿，是指企业在职工劳动合同尚未到期之前解除与职工的劳动关系等情况下，根据国家有关规定给予职工的经济补偿，即国际财务报告准则中所指的辞退福利。

8. 其他与获得职工提供的服务相关的支出

其他与获得职工提供的服务相关的支出，是指除了上述七种薪酬之外的其他为了获得职工提供服务而给予的报酬。例如企业提供给职工以权益形式结算的认股权、以现金形式结算但以权益工具公允价值为基础确定的现金股票增值权等。

三、应付职工薪酬的计量

企业在确定应付职工薪酬和应计入成本费用的职工薪酬时，有以下两种特殊情况。

（1）对于国家有关部门、省、自治区、直辖市人民政府或经批准的企业年金计划规定了计提基础和计提比例的职工薪酬项目，企业应当按照规定的计提标准，计量企业承担的职工薪酬义务和计入成本费用的职工薪酬。其中：对于“五险一金”，即医疗保险费、养老保险费、失业保险费、工伤保险费、生育保险费和住房公积金，企业应当按照国家有关部门、所在地政府或企业年金计划规定的标准计量应付职工薪酬义务金额和相应计入成本费用的薪酬金额。对于工会经费和职工教育经费，企业应当按照国家相关规定，分别按照职工工资总额的 2%和 1.5%计量应付职工薪酬（工会经费、职工教育经费）义务金额和相应计入成本费用的薪酬金额。从业人员技术要求高、培训任务重、经济效益好的企业，可以根据国家有关规定，按照职工工资总额的 2.5%计量计入成本费用的职工教育经费。按照明确标准计算确定应承担的职工薪酬义务后，再根据受益对象计入相关资产的成本或者当期费用。

（2）对于国家相关法律、法规没有明确规定计提基础和计提比例的职工福利费，企业应当根据历史经验数据和自身实际情况，预计应付职工薪酬金额和应计入成本费用的薪酬金额，在每个资产负债表日企业应当对实际发生的福利费金额和预计金额进行调整。

四、应付职工薪酬的结算

企业应当设置“应付职工薪酬”科目，用来核算企业根据有关规定应付给职工各种薪酬的提取、结算、使用等情况。“应付职工薪酬”科目属于负债类科目，贷方登记已分配计入有关成本费用科目的应付的职工薪酬，借方登记实际支付的职工薪酬。该科目期末贷方余额，反映企业应付未付的职工薪酬。

“应付职工薪酬”科目应按照“工资”、“职工福利”、“社会保险费”、“住房公积金”、“工会经费”、“职工教育经费”、“非货币性福利”、“辞退福利”等应付职工薪酬项目，设置明细科目，进行明细核算。

外商投资小企业按规定从净利润中提取的职工奖励及福利基金，也在本科目中核算。

应付职工薪酬的结算一般包括提取现金、发放薪酬、结转代扣款项等几项内容。

企业向职工支付工资、奖金、津贴、福利费等，从应付职工薪酬中扣还的各种款项（代垫的家属药费、个人所得税等）等，借记“应付职工薪酬”科目，贷记“库存现金”、“银行存款”、

"其他应收款"、"应交税费——应交个人所得税"等科目。

【例 7.13】 N 公司根据"职工薪酬结算汇总表"结算本月应付职工工资总额 924 000 元，企业代垫职工家属医药费 2 000 元，代扣个人所得税 80 000 元，实发工资 842 000 元。N 公司应作账务处理如下。

（1）提取现金。

借：库存现金　842 000

　　贷：银行存款　842 000

（2）支付工资。

借：应付职工薪酬——工资　842 000

　　贷：库存现金　842 000

小知识

采用银行代发工资的企业，应根据"工资结算汇总表"，按银行有关规定办理支付工资手续，借记"应付职工薪酬——工资"科目，贷记"银行存款"科目。

（3）结转代扣款项。

借：应付职工薪酬——工资　82 000

　　贷：应交税费——应交个人所得税　80 000

　　　　其他应收款——代垫医药费　2 000

五、应付职工薪酬的分配

企业应当在职工为其提供服务的会计期间，将应付的职工薪酬确认为负债，并根据职工提供服务的受益对象，将应确认的职工薪酬全部计入相关资产成本或者当期费用。

（1）应由生产产品、提供劳务负担的职工薪酬，计入产品成本或劳务成本。企业在生产产品、提供劳务过程中生产部门（提供劳务）人员的职工薪酬，借记"生产成本"科目，贷记"应付职工薪酬"科目。企业生产车间管理人员的职工薪酬，先通过"制造费用"科目进行归集，月末再分配结转至"生产成本"科目。管理部门人员的职工薪酬、解除与职工的劳动关系给予职工的补偿，借记"管理费用"科目，贷记"应付职工薪酬"科目。销售人员的职工薪酬，借记"销售费用"科目，贷记"应付职工薪酬"科目。

（2）应由在建工程、无形资产开发项目负担的职工薪酬，计入固定资产成本或无形资产成本。企业自行建造固定资产过程中直接从事工程建造和管理的人员发生的职工薪酬，只要是在竣工决算前发生的，就应当计入建造固定资产成本；在竣工决算后发生的，应当计入管理费用。在具体进行账务处理时，企业自行建造固定资产过程中直接从事工程建造和管理的人员的职工薪酬，先通过"在建工程"科目进行归集，借记"在建工程"科目，贷记"应付职工薪酬"科目。在办理竣工决算手续后再结转至"固定资产"科目。

企业自行开发无形资产过程中直接从事开发项目的人员发生的职工薪酬，只要符合资本化条件，就应当计入所开发无形资产成本；但是不符合资本化条件的，应当计入管理费用。在具体进行账务处理时，企业自行开发无形资产过程中直接从事开发项目的人员发生的职工薪酬，先通过"研发支出"科目进行归集，借记"研发支出"等科目，贷记"应付职工薪酬"科目，在达到预定用途时再结转至"无形资产"科目。

（3）其他职工薪酬（含解除与职工的劳动关系给予职工的补偿），计入当期损益。除直接生产人员、直接提供劳务人员、生产车间管理人员、建造固定资产人员、无形资产开发人员等以外的职工，包括企业行政管理人员、董事会成员、监事会成员等人员相关的职工薪酬，以及因解除与职工的劳动关系给予的补偿，因难以确定直接对应的受益对象，均应当在发生时计入当期损益，即借记“管理费用”科目。

1. 工资及福利费的核算

【例 7.14】 甲公司本月发生工资薪酬情况如下：基本生产车间生产产品生产工人的工资薪酬费用为 400 000 元，车间管理人员的职工薪酬费用为 50 000 元，行政管理部门人员的职工薪酬费用为 100 000 元，为试制专利产品发生的职工薪酬费用为 150 000 元。根据“货币性职工薪酬分配汇总表”，对职工薪酬费用分配应作账务处理如下。

借：生产成本——基本生产成本　　400 000
　　制造费用　　50 000
　　管理费用　　100 000
　　研发支出　　150 000
　　贷：应付职工薪酬——工资　　700 000

按现行政策规定，可以按工资总额的一定比例计算提取职工福利费，根据职工提供服务的受益对象计入相关成本费用，并确认为应付职工的负债。职工福利费按实际发生额列支，如果与税收规定不一致时，应作纳税调整，年末科目余额清算为零。

企业提取职工福利费时，借记“生产成本”、“制造费用”、“销售费用”、“管理费用”等科目，贷记“应付职工薪酬——职工福利”科目。支付职工医疗卫生费用、职工困难补助和其他福利费以及应付的医务、福利人员工资等，借记“应付职工薪酬——职工福利”科目，贷记“库存现金”、“银行存款”、“应付职工薪酬——工资”等科目。

值得注意的是，按医务、福利人员工资的一定比例提取的职工福利费，不能借记“应付职工薪酬——职工福利”科目，而应借记“管理费用”科目。

【例 7.15】 承例 7.14，根据本月已分配工资额的 14%提取职工福利费。应作账务处理如下。

借：生产成本　　56 000
　　制造费用　　7 000
　　管理费用　　14 000
　　研发支出　　21 000
　　贷：应付职工薪酬——职工福利　　98 000

【例 7.16】 企业以现金支付职工张某生活困难补助 1 000 元。应作账务处理如下。

借：应付职工薪酬——职工福利　　1 000
　　贷：库存现金　　1 000

【例 7.17】 企业下设一所职工食堂，每月根据在岗职工数量及岗位分布情况、相关历史经验数据等计算补贴食堂的金额，从而确定企业每期因补贴职工食堂而需要承担的福利费金额。2010 年 10 月，企业经计算支付 24 000 元补贴给食堂。应作账务处理如下。

借：应付职工薪酬——职工福利　　24 000
　　贷：银行存款　　24 000

2. 社会保险费和住房公积金的核算

企业按照国家有关规定计提社会保险费或住房公积金时，应当按照职工所在岗位进行分配，分别借记“生产成本”、“制造费用”、“在建工程”、“管理费用”等科目，贷记“应付职工薪酬——社会保险费（或住房公积金）”科目；按照国家有关规定缴纳社会保险费或住房公积金时，借记“应付职工薪酬——社会保险费（或住房公积金）”科目，贷记“银行存款”科目。

【例 7.18】 根据国家规定的计提标准计算，某企业本月应向社会保险机构缴纳企业负担的职工基本养老保险费共计 134 000 元，其中，应计入基本生产车间生产成本 89 600 元，计入制造费用 19 600 元，计入管理费用 20 160 元，计入销售费用 4 640 元。应作账务处理如下。

借：生产成本——基本生产成本	89 600
制造费用	19 600
管理费用	20 160
销售费用	4 640
贷：应付职工薪酬——社会保险费（基本养老保险费）	134 000

【例 7.19】 企业以银行存款缴纳企业负担的职工基本养老保险费 134 000 元。应作账务处理如下。

借：应付职工薪酬——社会保险费（基本养老保险费）	134 000
贷：银行存款	134 000

【例 7.20】 甲公司按照工资薪酬 10%的比例缴存住房公积金，具体如下：基本生产车间生产工人住房公积金费用为 40 000 元，车间管理人员住房公积金费用为 5 000 元，行政管理部门人员住房公积金费用为 10 000 元，试制专利产品人员住房公积金费用 15 000 元。住房公积费用分配应作账务处理如下。

借：生产成本——基本生产成本	40 000
制造费用	5 000
管理费用	10 000
研发支出	15 000
贷：应付职工薪酬——住房公积金	70 000

缴存时，连同代扣的应由职工承担的 10%住房公积金一并缴存，应作账务处理如下。

借：应付职工薪酬——住房公积金	70 000
应付职工薪酬——工资	70 000
贷：银行存款	140 000

3. 工会经费和职工教育经费的核算

企业按照国家有关规定计提工会经费和职工教育经费时，借记“生产成本”、“制造费用”等科目，贷记“应付职工薪酬——工会经费（或职工教育经费）”科目。

企业支付工会经费和职工教育经费用于工会活动和职工培训时，借记“应付职工薪酬——工会经费（或职工教育经费）”科目，贷记“银行存款”、“库存现金”等科目。

（1）工会经费。根据国家有关规定，企业每月应按照应付职工货币性薪酬总额的 2%计提工会经费，按期拨付给企业工会使用。

计提的工会经费=应付职工货币性薪酬总额×2%

【例 7.21】 承例 7.14，某企业本月根据工资费用分配汇总表计提工会经费 14 000 元。应作账务处理如下。

本月末计提工会经费。

借：生产成本——基本生产成本	8 000

制造费用 1 000
管理费用 2 000
研发支出 3 000
贷：应付职工薪酬——工会经费 14 000

下月初向工会拨交工会经费。

借：应付职工薪酬——工会经费 14 000
贷：银行存款 14 000

（2）职工教育经费。为了提高企业职工的文化素质和科技水平，在一定程度上保证企业开展职工教育的经济来源，企业可以根据国家有关规定按应付职工货币性薪酬总额的2.5%计提职工教育经费。

计提的职工教育经费=应付职工货币性薪酬总额×2.5%

【例 7.22】 承例 7.14，某企业本月根据工资费用分配汇总表计提职工教育经费 17 500 元。应作账务处理如下。

借：生产成本——基本生产成本 1 000
制造费用 12 500
管理费用 2 500
研发支出 3 750
贷：应付职工薪酬——职工教育经费 17 500

学中做

某公司分配为职工计提的社会保险费 26 768 元，其中 A 产品生产工人 8 008 元，B 产品生产工人 7 776 元，生产车间管理人员 4 994 元，行政管理人员 7 000 元。假如你是这家公司的会计人员，你如何编制会计分录？

借：

贷：

第四节 应交税费

一、应交税费的概念

应交税费是指企业按照《税法》等规定计算应交纳的各种税费。企业在一定时期内取得的营业收入、实现的利润以及从事其他应税项目，应按照《税法》规定向国家交纳各种税金。包括：增值税、消费税、营业税、城市维护建设税、企业所得税、资源税、土地增值税、城镇土地使用税、房产税、车船税和教育费附加、矿产资源补偿费、排污费以及代扣代缴的个人所得税等。

按照权责发生制的要求，这些应交的税金应当在会计期末计算计入相关成本或费用科目。这些应交的税金在尚未交纳之前暂留在企业，形成了企业对国家税务部门的一项负债，构成了企业的应交税费。

企业在日常生产经营活动中除了应向国家交纳各种税金外，还应按照国家有关规定交纳各种费用，包括：教育费附加、矿产资源补偿费、排污费等，实质上这些费用也具有税的性质，都是国家依据法定的权力向企业征收的。按照权责发生制的要求，这些应交的费用也应当计入相关成本或费用科目。这些应交的费用在尚未交纳之前暂留在企业，形成了企业的负债，也构成了企业的应交税费。

企业应当设置“应交税费”科目核算按照《税法》等规定计算应交纳的各种税费。“应交税费”科目属于负债类科目，其借方登记企业实际交纳的税金，贷方登记企业应交纳的各种税金，以及出口退税、税务机关退回多交的税金等。“应交税费”科目期末如为贷方余额，反映企业尚未交纳的税费，期末如为借方余额，反映企业多交或尚未抵扣的税费。“应交税费”科目应按照应交的税费项目进行明细核算。

二、应交增值税的账务处理

增值税是就货物或应税劳务的增值部分征收的一种税，是对在我国境内销售货物、进口货物，或者提供加工、修理修配劳务的增值额征收的一种流转税。

按照《增值税暂行条例》规定，企业购入货物或接受应税劳务支付的增值税（即进项税额），可以从销售货物或提供劳务按规定收取的增值税（销项税额）中扣除。按照纳税人的经营规模和会计核算的健全程度，增值税的纳税义务人分为一般纳税人和小规模纳税人两种。对于增值税，一般纳税人和小规模纳税人的账务处理是不同的。

一般纳税人企业应交的增值税，在“应交税费”科目下设置“应交增值税”明细科目进行核算。“应交增值税”明细科目的借方登记企业购进货物或接受应税劳务支付的进项税额、实际已交纳的增值税等；贷方登记销售货物或提供应税劳务应交纳的增值税税额、出口货物退税、转出已支付或应分担的增值税等；期末借方余额，反映企业尚未抵扣的增值税。“应交税费——应交增值税”科目分别设置“进项税额”、“已交税金”、“销项税额”、“出口退税”、“进项税额转出”、“转出未交增值税”、“转出多交增值税”、“减免税款”、“出口抵减内销产品应纳税额”等专栏。

但是，小规模纳税人只需设置“应交税费——应交增值税”明细科目，不需要在“应交税费——应交增值税”明细科目中设置上述专栏。

（一）小规模纳税人的账务处理

小规模纳税人是指年销售额在规定标准以下，并且会计核算不健全，不能按规定报送有关税务资料的增值税纳税人。所称会计核算不健全是指不能正确核算增值税的销项税额、进项税额和应纳税额。从会计核算角度，小规模纳税企业的账务处理特点如下：一是小规模纳税企业购买货物无论是否具有增值税专用发票，其支付的增值税均不计入进项税额，不得用销项税额抵扣，而应计入购买货物的成本。同时，其他企业从小规模纳税企业购买货物或接受劳务，支付的增值税，如果不能取得增值税专用发票，也不能作为进项税额抵扣，而是计入货物或者劳务的成本；二是小规模纳税企业的销售收入按不含税的价格计算；三是对于小规模纳税企业的“应交税费——应交增值税”科目，其贷方登记企业应交纳的增值税，借方登记企业已交纳的增值税，期末贷方余额表示企业尚未交纳的增值税，借方余额表示企业多交纳的增值税。

（二）一般纳税人的账务处理

一般纳税人是指年应征增值税销售额超过财政部规定的小规模纳税人标准的企业和企业性

单位。从会计核算角度，一般纳税人的账务处理特点如下：一是在购买商品时，会计处理实行价与税分离，价税分离是通过增值税专用发票上注明的价款和增值税分离来实现的，属于价款的部分，计入商品的成本，属于增值税的部分，计入增值税进项税额；二是在销售商品时，销售价格中不含有增值税，向购买方收取的增值税作为销项税额，如果定价时含税，应该还原为不含税价格作为销售收入。

1. 采购物资发生的增值税进项税额

企业采购物资（包括原材料、机器设备等），按照应计入采购成本的金额，借记“材料采购”或“在途物资”、“原材料”、“库存商品”等科目；按照《税法》规定可抵扣的增值税额，借记“应交税费——应交增值税（进项税额）”科目；按照应付或实际支付的金额，贷记“应付账款”、“银行存款”等科目。购入物资发生退货，则作相反的会计分录。

按照《增值税暂行条例》规定，对于农业生产销售的自产农产品、古旧图书等部分项目免征增值税。企业销售免征增值税项目的产品，不能开具增值税专用发票，只可以开具普通发票。企业购买增值税免税产品，一般情况下不能扣税，但是按照《税法》规定，对于购买的免税农业产品、收购废旧物资等可以按照收购价格的一定比例计算进项税额，并且准许从销项税额中抵扣。

购进免税农业产品，按照购入农业产品的买价和税法规定的扣除率计算的增值税进项税额，借记“应交税费——应交增值税（进项税额）”科目，按照买价减去按照《税法》规定计算的进项税额后的金额，借记“材料采购”、“原材料”或“在途物资”等科目，按照应付或实际支付的价款，贷记“应付账款”、“库存现金”、“银行存款”等科目。

【例 7.23】 2013 年 6 月 1 日，B 企业作为增值税一般纳税人，购买了 A 企业的一批免税农产品，实际支付价款 100 000 元，农产品已经验收入库，货款也已经支付（假设规定的扣除率为 20%）。根据上述经济业务，B 企业应作账务处理如下：

可抵扣的进项税额 = 100 000×20% = 20 000（元）

农产品的购买成本 = 100 000−20 000 = 80 000（元）

借：库存商品	80 000	
应交税费——应交增值税（进项税额）	20 000	
贷：银行存款		100 000

2. 销售商品发生的增值税销项税额

企业销售商品（提供劳务），按照收入金额和应收取的增值税额销项税额，借记“应收账款”、“银行存款”等科目；按照《税法》规定应交纳的增值税销项税额，贷记“应交税费——应交增值税（销项税额）”科目；按照确认的营业收入金额，贷记“主营业务收入”、“其他业务收入”等科目。发生销售退回，作相反的会计分录。

【例 7.24】 2013 年 3 月 1 日，B 企业作为增值税一般纳税人，销售给 C 企业一批产品，开出的增值税专用发票上注明货物价款 50 000 元，增值税税率为 17%，增值税税额为 5 800 元，货款已经收到。

根据上述经济业务，B 企业应作账务处理如下。

借：银行存款	58 500	
贷：主营业务收入		50 000
应交税费——应交增值税（销项税额）		8 500

企业随同商品出售但单独计价的包装物，应当按照实际收到或应收的金额，借记“银行存款”、“应收账款”等科目，按照《税法》规定应交纳的增值税销项税额，贷记“应交税费——应交增值税（销项税额）”科目；按照确认的其他业务收入金额，贷记“其他业务收入”科目。

企业将自产的产品等（包括所购商品）用作福利发放给职工，应视同产品销售计算应交增值税的，借记“应付职工酬薪”科目，贷记“主营业务收入”、“应交税费——应交增值税（销项税额）”等科目。

由于工程而使用本企业的产品或商品，应当按照成本，借记“在建工程”科目，贷记“库存商品”科目。同时，按照《税法》规定应交纳的增值税销项税额，借记“在建工程”科目，贷记“应交税费——应交增值税（销项税额）”科目。

3. 出口产品或商品退回的增值税

实行“免、抵、退”管理办法的企业，按照《税法》规定计算的当期出口产品不予免征、抵扣和退税的增值税额，借记“主营业务成本”科目，贷记“应交税费——应交增值税（进项税额转出）”科目。按照《税法》规定计算的当期应予抵扣的增值税额，借记“应交税费——应交增值税（出口抵减内销产品应纳税额）”科目，贷记“应交税费——应交增值税（出口退税）”科目。因应抵扣的税额大于应纳税额而未全部抵扣，出口产品按照《税法》规定应予退回的增值税款，借记“其他应收款”科目，贷记“应交税费——应交增值税（出口退税）”科目。

【例 7.25】 A 企业出口产品增值税实行“免、抵、退”管理办法。2013 年 1 月 1 日，A 企业进项税额为 30 000 元，本期进项税额为 50 000 元，所有进项税额均可抵扣。本期 A 企业出口产品销售收入为 1 000 000 元，内销产品销售收入 600 000 元，按照规定其出口产品的退税率为 14%。

根据上述经济业务，A 企业应作账务处理如下。

（1）计算当期不予免征的税额。

当期不予免征的税额 = 1 000 000 ×（17%-14%）= 30 000（元）

借：主营业务成本　　30 000

　　贷：应交税费——应交增值税（进项税额转出）　　30 000

（2）计算当期应予抵扣的税额。

当期内销产品销项税额 = 600 000 × 17% = 102 000（元）

当期内销产品应纳税额 = 102 000 –（30 000 + 50 000 – 30 000）

= 52 000（元）

当期出口退税额 = 1 000 000 × 14% = 140 000（元）

应退税款 = 140 000–52 000 = 88 000（元）

借：应交税费——应交增值税（出口抵减内销产品应纳税额）　　52 000

　　其他应收款　　88 000

　　贷：应交税费——应交增值税（出口退税）　　140 000

【例 7.26】 B 企业出口产品增值税实行“免、抵、退”管理办法。2013 年 1 月 1 日，B 企业进项税额 40 000 元，本期进项税额 60 000 元，所有进项税额均可抵扣。本期 B 企业出口产品销售收入为 800 000 元，内销产品销售收入 1 600 000 元，按照规定其出口产品的退税率为 14%。

根据上述经济业务，B 企业应作账务处理如下。

（1）计算当期不予免征的税额。

当期不予免征的税额 = 800 000 ×（17%-14%）= 24 000（元）

借：主营业务成本　　24 000

　　贷：应交税费——应交增值税（进项税额转出）　　24 000

（2）计算当期应予抵扣的税额。

当期内销产品销项税额 = 1 600 000 × 17% = 272 000（元）

当期内销产品应纳税额 = 272 000–（40 000 + 60 000–24 000）

= 196 000（元）

当期出口退税额 = 800 000 × 14% = 112 000（元）

由于出口退税 112 000 元小于内销产品应纳税额 196 000 元，可在当期全部抵扣。

借：应交税费——应交增值税（出口抵减内销产品应纳税额）　　112 000

　　贷：应交税费——应交增值税（出口退税）　　112 000

未实行“免、抵、退”管理办法的小企业，出口产品实现销售收入时，应当按照应收的金额，借记“应收账款”等科目；按照《税法》规定应收的出口退税，借记“其他应收款”科目，按照《税法》规定不予退回的增值税额，借记“主营业务成本”科目；按照确认的销售商品收入，贷记“主营业务收入”科目；按照《税法》规定应交纳的增值税额，贷记“应交税费——应交增值税（销项税额）”科目。

【例 7.27】 C 企业出口产品增值税未实行“免、抵、退”管理办法。2013 年 1 月 1 日开始，本期内 C 企业出口产品销售收入为 800 000 元，按照规定其出口产品的退税税率为 14% 。

根据上述经济业务，C 企业应作账务处理如下。

计算当期不予免征的税额：

当期不予免征的税额 = 1 000 000 ×（17% – 14%）

= 30 000（元）

当期出口退税额 = 1 000 000 × 14% = 140 000（元）

借：应收账款　　1 000 000

　　其他应收款　　140 000

　　主营业务成本　　30 000

　　贷：主营业务收入　　1 000 000

　　　　应交税费——应交增值税（销项税额）　　170 000

4. 不得从增值税销项税额中抵扣的进项税额

企业购入材料等（包括机器设备），按照《税法》规定不得从增值税销项税额中抵扣的进项税额，其进项税额应计入购入材料等（包括机器设备）的成本，借记“材料采购”或“在途物资”、“在建工程”或“固定资产”等科目，贷记“银行存款”等科目。不通过“应交税费——应交增值税（进项税额）”科目核算。

【例 7.28】 2013 年 6 月 1 日，A 企业向 B 企业购买一批生产所需材料，收到的增值税专用发票上注明材料价款为 300 000 元，增值税税额为 51 000 元，材料已经验收入库，货款已经支付。按照《税法》规定，该批材料的增值税不得从增值税销项税额中抵扣。

根据上述经济业务，A 企业应作账务处理如下。

借：原材料　　351 000

　　贷：银行存款　　351 000

企业购进的物资、在产品、产成品因盘亏、毁损、报废、被盗，以及购进物资改变用途等原因，按照《税法》规定不得从增值税销项税额中抵扣的进项税额，其进项税额应转入有关科目，借记“待处理财产损溢”等科目，贷记“应交税费——应交增值税（进项税额转出）”科目。

【例 7.29】 2013 年 7 月 20 日，B 企业因暴雨受灾，存放材料的仓库遭受雨水侵蚀，损失了一批生产用材料，这些材料的实际成本为 100 000 元，增值税进项税额为 17 000 元。

根据上述经济业务，B 企业应作账务处理如下。

2013 年 7 月 20 日，B 企业损失材料。

借：待处理财产损溢　　117 000

　　贷：原材料　　100 000

　　　　应交税费——应交增值税（进项税额转出）　　17 000

5. 交纳增值税

企业交纳增值税，借记“应交税费——应交增值税（已交税金）”科目，贷记“银行存款”科目。

【例 7.30】 2013 年 2 月，C 企业用银行存款交纳本月增值税税额 100 000 元。

根据上述经济业务，C 企业应作账务处理如下。

借：应交税费——应交增值税（已交税金）　　100 000

　　贷：银行存款　　100 000

三、应交消费税的账务处理

在我国，在征收增值税的基础上，选择部分消费品，再征收一道消费税，从而正确引导消费方向，合理调节消费结构。消费税的征收方法采取从价定率和从量定额两种方法。

实行从价定率方法计征的应纳税额的税基为销售额，计算公式如下：

应纳税额 = 销售额 × 适用税率

应税消费品的销售额中未扣除增值税税款，或者因不能开具增值税专用发票而发生价款和增值税税款合并收取的，在计算消费税时，按公式“应税消费品的销售额 = 含增值税的销售额÷（1+增值税税率或征收率）”换算为不含增值税税款的销售额。

实行从量定额方法计征的应纳税额的税基为销售数量，计算公式是

应纳税额 = 销售数量 × 单位税额

其中，属于销售应税消费品的，为应税消费品的销售数量；属于自产自用应税消费品的，为应税消费品的移送使用数量；属于委托加工应税消费品的，为纳税人收回的应税消费品数量；进口的应税消费品，为海关核定的应税消费品进口征税数量。

企业按规定应交的消费税，在“应交税费”科目下设置“应交消费税”明细科目核算。“应交消费税”明细科目的借方登记企业实际交纳的消费税和待扣的消费税；贷方登记企业按规定应交纳的消费税；期末贷方余额，反映尚未交纳的消费税；期末借方余额，反映多交或待扣的消费税。

（1）企业销售需要交纳消费税的物资应交的消费税，借记“营业税金及附加”等科目，贷记“应交税费——应交消费税”科目。

【例 7.31】 2013 年 9 月 1 日，甲企业作为增值税一般纳税人，和乙企业签订协议，向乙企业销售一批高档化妆品，这些化妆品属于应纳税消费品，价格为 900 000 元，产品成本为 400 000 元，增值税税率为 17%，增值税税额为 153 000 元，消费税税率为 15%，消费税税额为 135 000

元，化妆品已经发出，符合收入确认条件，但是货款尚未收到。

根据上述经济业务，甲企业应作账务处理如下。

借：应收账款——乙企业　1 053 000

　贷：主营业务收入　900 000

　　应交税费——应交增值税（销项税额）　153 000

借：营业税金及附加　135 000

　贷：应交税费——应交消费税　135 000

借：主营业务成本　400 000

　贷：库存商品　400 000

（2）企业以生产的产品用于在建工程、非生产机构等，按照《税法》规定应交纳的消费税，应计入有关的成本，借记“在建工程”、“管理费用”等科目，贷记“应交税费——应交消费税”科目。

【例 7.32】 2013 年 4 月 1 日，乙企业作为增值税一般纳税人，将自己生产的一批产品用于在建工程，按照相关规定，这些产品属于应税消费品。这批产品的销售价格为 40 000 元（不含增值税），生产成本为 15 000 元，增值税税率为 17%，增值税税额为 6 800 元，消费税税率为 15%，消费税税额为 6 000 元。

根据上述经济业务，乙企业应作账务处理如下。

借：在建工程　27 800

　贷：库存商品　15 000

　　应交税费——应交增值税（销项税额）　6 800

　　　　——应交消费税　6 000

（3）企业随同商品出售但单独计价的包装物，按照《税法》规定应交纳的消费税，借记“营业税金及附加”科目，贷记“应交税费——应交消费税”科目。企业出租、出借包装物逾期未收回没收的押金应交的消费税，借记“营业税金及附加”科目，贷记“应交税费——应交消费税”科目。

【例 7.33】 2013 年 9 月 1 日，乙企业作为增值税一般纳税人，出售一批商品时随同出售相关包装物（属于单独计价），这些包装物属于应税消费品。这些包装物的销售价格为 5 850 元（含增值税），增值税税率为 17%，增值税税额为 850 元，消费税税率为 15%，消费税税额为 750 元。

根据上述经济业务，乙企业应作账务处理如下：

实际销售额（不含税）= 5 850 ÷ (1+17%) = 5 000（元）

应交增值税 = 5 000 × 17% = 850（元）

应交消费税 = 5 000 × 15% = 750（元）

借：银行存款　5 850

　贷：其他业务收入　5 000

　　应交税费——应交增值税（销项税额）　850

借：营业税金及附加　750

　贷：应交税费——应交消费税　750

（4）企业需要交纳消费税的委托加工物资，由受托方代收代缴税款（除受托加工或翻新改制金银首饰按照《税法》规定由受托方交纳消费税外）。作为受托方的企业按照应交税款金额，借记“应收账款”、“银行存款”科目，贷记“应交税费——应交消费税”科目。

委托加工物资收回后，直接用于销售的，作为委托方的企业应将代收代缴的消费税计入委托加工物资的成本，借记“库存商品”科目，贷记“应付账款”、“银行存款”科目；委托加工物资收回后用于连续生产，按照《税法》规定准予抵扣的，按照代收代缴的消费税，借记“应交税费——应交消费税”科目，贷记“应付账款”、“银行存款”等科目。

【例 7.34】 2013 年 6 月 1 日，甲企业作为增值税一般纳税人，委托乙企业加工一批材料，发出的原材料价款为 150 000 元，加工费用为 50 000 元，由受托方乙企业代收代缴的消费税为 5 000 元（不含增值税）。2013 年 6 月 20 日，材料已经加工完毕，并且验收入库，加工费用以及相关款项暂时还没有支付。甲企业收回加工材料后，这批材料继续用于生产应税消费品。

根据上述经济业务，甲企业应作账务处理如下。

2013 年 6 月 1 日，甲企业发出材料。

借：委托加工物资　　150 000
　　贷：原材料　　150 000

2013 年 6 月 1 日，甲企业计算应付加工费、消费税。

借：委托加工物资　　50 000
　　应交税费——应交消费税　　5 000
　　贷：应付账款　　55 000

2013 年 6 月 20 日，甲企业收回加工物品。

借：库存商品　　200 000
　　贷：委托加工物资　　200 000

【例 7.35】 2013 年 9 月 1 日，乙企业作为增值税一般纳税人，委托丙企业加工一系列产品，发出的产品价款为 200 000 元，加工费用为 10 000 元，由受托方丙企业代收代缴的消费税为 5 000 元（不含增值税）。2013 年 9 月 15 日，产品已经加工完毕，并且验收入库，加工费用及相关款项已经用银行存款支付，B 企业收回加工产品后，这批产品直接用于销售，属于应税消费品。

根据上述经济业务，乙企业应作账务处理如下。

2013 年 9 月 1 日，乙企业发出产品。

借：委托加工物资　　200 000
　　贷：库存商品　　200 000

2013 年 9 月 1 日，乙企业支付加工费、消费税。

借：委托加工物资　　15 000
　　贷：银行存款　　15 000

2003 年 9 月 15 日，乙企业收回加工产品。

借：库存商品　　215 000
　　贷：委托加工物资　　215 000

（5）需要交纳消费税的进口物资，其交纳的消费税应计入该项物资的成本，借记“材料采购”或“在途物资”、“库存商品”、“固定资产”等科目，贷记“银行存款”等科目，而不通过“应交税费——应交消费税”科目核算。

【例 7.36】 2013 年 2 月 1 日，丙企业进口一批高档箱包，这些箱包属于应税消费品，按照规定需要交纳 50 000 元的消费税，消费税已经通过银行存款支付。

根据上述经济业务，丙企业应作账务处理如下。

借：库存商品　　50 000

　　贷：银行存款　　50 000

（6）企业免征消费税的出口应税消费品分为不同的情况进行会计核算：一是生产性企业直接出口或通过外贸企业出口的物资，按照《税法》规定直接予以免征消费税的，可不计算应交消费税；二是委托外贸企业代理出口应税消费品的生产性企业，应在计算消费税时，按照应交消费税税额，借记"应收账款"科目，贷记"应交税费——应交消费税"科目。应税消费品出口收到外贸企业退回的税金时，借记"银行存款"科目，贷记"应收账款"科目。发生退关、退货而补交已退的消费税，作相反的会计分录。

【例 7.37】 2013 年 3 月 1 日，丁企业委托一家外贸企业出口一系列高级芯片，这些高级芯片属于应税消费品，按照规定需要交纳 60 000 元的消费税，并且实行先征后退。2013 年 3 月 18 日，丁企业收到退回的税金。

根据上述经济业务，丁企业应作账务处理如下。

2013 年 3 月 1 日，丁企业委托出口。

借：应收账款　　60 000

　　贷：应交税费——应交消费税　　60 000

2013 年 3 月 18 日，丁企业收到退回的税金。

借：银行存款　　60 000

　　贷：应收账款　　60 000

（7）小企业交纳消费税，借记"应交税费——应交消费税"科目，贷记"银行存款"科目。

【例 7.38】 2013 年 12 月 31 日，甲企业通过银行存款交纳消费税 150 000 元。根据上述经济业务，甲企业应作账务处理如下。

借：应交税费——应交消费税　　150 000

　　贷：银行存款　　150 000

四、应交营业税的账务处理

营业税是对在我国境内提供劳务、转让无形资产或者销售不动产的单位和个人征收的一个税种。营业税按照营业额和规定的税率计算应纳税额，其计算公式为

$$应纳税额 = 营业额 \times 税率$$

这里的营业额是指企业提供应税劳务、转让无形资产或者销售不动产向对方收取的全部价款和价外费用。价外费用包括向对方收取的手续费、基金、集资费、代收款项、代垫款项及其他各种性质的价外收费。

企业按规定应交的营业税，在"应交税费"科目下设置"应交营业税"明细科目。"应交营业税"明细科目的借方登记企业已交纳的营业税，贷方登记企业应交的营业税。"应交营业税"明细科目期末借方余额，反映企业多交的营业税；期末贷方余额，反映尚未交纳的营业税。

（1）企业按照营业额和《税法》规定的税率，计算应交纳的营业税，借记"营业税金及附加"等科目，贷记"应交税费——应交营业税"科目。

【例 7.39】 2013 年 11 月 1 日，A 企业向 B 企业提供软件技术服务，取得收入 500 000 元，营业税税率为 3%，到 2013 年 11 月 30 日，A 企业上交部分营业税 8 000 元。

根据上述经济业务，A 企业应作账务处理如下。

2013 年 11 月 1 日，A 企业计算应交纳营业税：

应交营业税 = 500 000 × 3% = 15 000（元）

借：营业税金及附加　15 000
　贷：应交税费——应交营业税　15 000

2013 年 11 月 30 日，A 企业上交部分营业税。

借：应交税费——应交营业税　8 000
　贷：银行存款　8 000

（2）企业出售原作为固定资产管理的不动产应交纳的营业税，借记“固定资产清理”科目，贷记“应交税费——应交营业税”科目。

【例 7.40】 2013 年 2 月 20 日，B 企业卖出一套生产用的平房，价格为 3 000 000 元，这套房屋的账面原值为 3 000 000 元，已计提折旧 1 500 000 元，在本次出售中，B 企业还支付了清理费用 30 000 元，用银行存款支付。营业税税率为 5%。

根据上述经济业务，B 企业应作账务处理如下。

B 企业将房屋转入固定资产清理。

借：固定资产清理　1 500 000
　累计折旧　1 500 000
　贷：固定资产　3 000 000

B 企业收到房款。

借：银行存款　3 000 000
　贷：固定资产清理　3 000 000

B 企业支付清理费用。

借：固定资产清理　30 000
　贷：银行存款　30 000

B 企业计算应交营业税，结转损益：

应交营业税 = 3 000 000 × 5% = 150 000（元）

借：固定资产清理　150 000
　贷：应交税费——应交营业税　150 000

借：固定资产清理　1 320 000
　贷：营业外支出　1 320 000

（3）小企业交纳营业税，借记“应交税费——应交营业税”科目，贷记“银行存款”科目。

五、其他应交税费的账务处理

（一）应交城市维护建设税和教育费附加的账务处理

城市维护建设税是我国为了加强城市的维护建设，扩大和稳定城市维护建设资金的来源，对有经营收入的单位和个人征收的一个税种。

城市维护建设税以纳税人实际交纳的增值税、消费税、营业税税额为计税依据，计算公式如下：

应纳城建税税额 =（实际交纳的增值税 + 消费税 + 营业税）× 适用税率

城市维护建设税税率按纳税人所在地分别规定为：市区 7%，县城和镇 5%，乡村 1%。大中型工矿企业所在地不在城市市区、县城、建制镇的，税率为 5%。

教育费附加是对交纳增值税、消费税、营业税的单位和个人征收的一种附加费。教育费附加的主要作用是作为发展地方性教育事业、扩大地方教育经费的资金来源。教育费附加是以纳税人实际交纳的增值税、消费税、营业税的税额为计费依据。教育费附加计算公式如下：

应纳教育费附加 =（实际交纳的增值税 + 消费税 + 营业税）× 适用税率

企业按照《税法》规定应交的城市维护建设税、教育费附加，借记“营业税金及附加”科目，贷记“应交税费——应交城市维护建设税”、“应交税费——应交教育费附加”科目。

企业交纳城市维护建设税和教育费附加，借记“应交税费——应交城市维护建设税”、“应交税费——应交教育费附加”科目，贷记“银行存款”科目。

【例 7.41】 2013 年 4 月 30 日，A 企业计提当月应该交纳的城市维护建设税。A 企业 4 月份实际交纳的增值税为 100 000 元，消费税为 30 000 元，营业税为 20 000 元，适用的城市维护建设税税率为 7%。2013 年 5 月 3 日，A 企业通过银行存款实际交纳了 4 月份的城市维护建设税。

根据上述经济业务，A 企业应作账务处理如下。

（1）2013 年 4 月 30 日，A 企业计提应交纳的城市维护建设税。

应交城市维护建设税 =（实际交纳的增值税 + 消费税 + 营业税）× 适用税率

=（100 000 + 30 000 + 20 000）× 7% = 10 500（元）

借：营业税金及附加　　10 500

　　贷：应交税费——应交城市维护建设税　　10 500

（2）2013 年 5 月 3 日，A 企业实际交纳城市维护建设税。

借：应交税费——应交城市维护建设税　　10 500

　　贷：银行存款　　10 500

【例 7.42】 2013 年 8 月 31 日，B 企业计提当月应该交纳的教育费附加。B 企业 8 月份实际交纳的增值税为 80 000 元，消费税为 40 000 元，营业税为 30 000 元，适用教育费附加的附加率为 3%。2013 年 9 月 3 日，B 企业通过银行存款实际交纳了 8 月份的教育费附加。

根据上述经济业务，B 企业应作账务处理如下。

（1）2013 年 8 月 31 日，B 企业计提应交纳的教育费附加：

应纳教育费附加 =（实际交纳的增值税 + 消费税 + 营业税）× 适用税率

=（80 000 + 40 000 + 30 000）× 3% = 4 500（元）

借：营业税金及附加　　4 500

　　贷：应交税费——应交教育费附加　　4 500

（2）2013 年 9 月 3 日，B 企业实际交纳教育费附加。

借：应交税费——应交教育费附加　　4 500

　　贷：银行存款　　4 500

（二）应交企业所得税的账务处理

企业所得税是对我国境内企业和经营单位的生产经营所得和其他所得征收的一个税种。企业所得税的征税对象是纳税人取得的所得。包括销售货物所得、提供劳务所得、转让财产所得、股息红利所得、利息所得、租金所得、特许权使用费所得、接受捐赠所得和其他所得。

小企业按照《税法》规定应交的企业所得税，借记“所得税费用”科目，贷记“应交税费——应交企业所得税”科目。

小企业交纳企业所得税，借记“应交税费——应交企业所得税”科目，贷记“银行存款”科目。

（三）应交资源税的账务处理

资源税是国家对在我国境内开采矿产品或者生产盐的单位和个人征收的一个税种。资源税按照应税产品的课税数量和规定的单位税额征收，计算公式如下：

应纳税额 = 课税数量 × 单位税额

这里的课税数量为：开采或者生产应税产品销售的，以销售数量为课税数量；开采或者生产应税产品自用的，以自用数量为课税数量。

企业按规定应交的资源税，在“应交税费”科目下设置“应交资源税”明细科目核算。“应交资源税”明细科目的借方登记企业已交的或按规定允许抵扣的资源税，贷方登记应交的资源税。“应交资源税”明细科目期末借方余额，反映多交或尚未抵扣的资源税；期末贷方余额，反映尚未交纳的资源税。

企业销售商品按照《税法》规定应交纳的资源税，借记“营业税金及附加”科目，贷记“应交税费——应交资源税”科目。

【例 7.43】 2013 年 1 月，A 企业向 B 企业销售一批铜矿资源，按照相关规定，A 企业应交纳资源税 250 000 元。

根据上述经济业务，A 企业应作账务处理如下。

借：营业税金及附加	250 000	
贷：应交税费——应交资源税		250 000

企业自产自用的物资应交纳的资源税，借记“生产成本”科目，贷记“应交税费——应交资源税”科目。

【例 7.44】 2013 年 2 月，B 企业将自己生产的铝矿资源用于产品生产，总共需要 3 000 吨铝矿，每吨应交纳资源税 16 元。

根据上述经济业务，B 企业应作账务处理如下。

应交资源税 = 课税数量 × 单位税额 = 3 000 × 16 = 48 000（元）

借：生产成本	48 000	
贷：应交税费——应交资源税		48 000

企业收购未税矿产品，按照实际支付的价款，借记“材料采购”或“在途物资”等科目，贷记“银行存款”等科目；按照代扣代缴的资源税，借记“材料采购”或“在途物资”等科目，贷记“应交税费——应交资源税”科目。

【例 7.45】 2013 年 3 月，C 企业作为收购未税矿产品的一家企业，收购了一批未税矿产品，实际支付价款为 400 000 元，代扣代缴的资源税为 80 000 元。

根据上述经济业务，C 企业应作账务处理如下。

借：材料采购	480 000	
贷：银行存款		400 000
应交税费——应交资源税		80 000

企业交纳资源税，借记“应交税费——应交资源税”科目，贷记“银行存款”科目。

（四）应交土地增值税的账务处理

土地增值税是指转让国有土地使用权、地上的建筑物及其附着物并取得收入的单位和个人，以转让所取得的收入（包括货币收入、实物收入和其他收入）为计税依据向国家交纳的一种税赋，不包括以继承、赠与方式无偿转让房地产的行为。土地增值税按照转让房地产取得的增值额和规定的税率计算征收。这里的增值额是指转让房地产取得的收入，减除规定扣除项目金额后的余额。企业转让房地产所取得的收入，包括货币收入、实物收入和其他收入。计算土地增值额的主要扣除项目有：①取得土地使用权所支付的金额；②开发土地的成本、费用；③新建房屋及配套设施的成本、费用，或者旧房及建筑物的评估价格；④与转让房地产有关的税金。

企业转让土地使用权应交纳的土地增值税。土地使用权与地上建筑物及其附着物一并在“固定资产”科目核算的，借记“固定资产清理”科目，贷记“应交税费——应交土地增值税”科目。土地使用权在“无形资产”科目核算的，按照实际收到的金额，借记“银行存款”科目；按照应交纳的土地增值税，贷记“应交税费——应交土地增值税”科目；按照已计提的累计摊销，借记“累计摊销”科目；按照其成本，贷记“无形资产”科目；按照其差额，贷记“营业外收入——非流动资产处置净收益”科目，或借记“营业外支出——非流动资产处置净损失”科目。

房地产开发经营企业销售房地产应交纳的土地增值税，借记“营业税金及附加”科目，贷记“应交税费——应交土地增值税”科目。

企业交纳土地增值税，借记“应交税费——应交土地增值税”科目，贷记“银行存款”科目。

（五）应交城镇土地使用税、房产税、车船税、矿产资源补偿费、排污费的账务处理

城镇土地使用税是国家为了合理利用城镇土地，调节土地级差收入，提高土地使用效益，加强土地管理而开征的一个税种，它以开征范围的土地为征税对象，以实际占用的土地面积为计税标准，按规定税额对拥有土地使用权的单位和个人征收的一种行为税，其计算公式如下：

$$应纳税额 = 实际占用的土地面积 \times 适用税额$$

房产税是国家对在城市、县城、建制镇和工矿区征收的由产权所有人交纳的一个税种。房产税依照房产原值一次减除 10%～30%后的余额计算交纳。没有房产原值作为依据的，由房产所在地税务机关参考同类房产核定；房产出租的，以房产租金收入为房产税的计税依据。

车船税是以车船为征税对象，向拥有车船的单位和个人征收的一个税种。车船税的征收范围，是指依法应当在我国车船管理部门登记的车船（除规定减免的车船外）。车船税采用定额税率，即对征税的车船规定单位固定税额。车船税确定税额总的原则是：非机动车船的税负轻于机动车船；人力车的税负轻于畜力车；小吨位船舶的税负轻于大船舶。

矿产资源补偿费是指国家作为矿产资源所有者，依法向开采矿产资源的单位和个人收取的费用。矿产资源补偿费属于政府非税收入，全额纳入财政预算管理，体现国家对矿产资源的财产权益。

排污费是指直接向环境排放污染物的单位和个体工商户应当按规定交纳的排污费。

企业按照规定计算确定应交纳的城镇土地使用税、房产税、车船税、矿产资源补偿费、排污费时，借记“营业税金及附加”科目，贷记“应交税费——应交城镇土地使用税”、“应交税费——应交房产税”、“应交税费——应交车船税”、“应交税费——应交矿产资源补偿费”、“应

交税费——应交排污费”科目。

企业交纳城镇土地使用税、房产税、车船税、矿产资源补偿费、排污费时，借记“应交税费——应交城镇土地使用税”、“应交税费——应交房产税”、“应交税费——应交车船税”、“应交税费——应交矿产资源补偿费”、“应交税费——应交排污费”科目，贷记“银行存款”科目。

（六）应交个人所得税的账务处理

个人所得税是对本国公民、居住在本国境内的个人的所得和境外个人来源于本国的所得征收的一种所得税。从 2011 年 9 月 1 日开始内地个人所得税免征额调至 3 500 元。

个人所得税计算公式如下：

应纳个人所得税税额 = 应纳税所得额 × 适用税率–速算扣除数

企业按照税法规定应代扣代缴的职工个人所得税，借记“应付职工薪酬”科目，贷记“应交税费——应交个人所得税”科目。

企业交纳个人所得税，借记“应交税费——应交个人所得税”科目，贷记“银行存款”科目。

（七）先征后返的企业所得税、增值税、消费税、营业税

企业按照规定实行企业所得税、增值税、消费税、营业税等先征后返的，应当在实际收到返还的企业所得税、增值税（不含出口退税）、消费税、营业税等时，借记“银行存款”科目，贷记“营业外收入”科目。

导入案例解析

（一）企业除了需要交纳增值税外，还需要交纳消费税，并要以应交的增值税和消费税为基础计算交纳城市维护建设税和教育费附加。为了及时反映企业的应纳税义务，保证依法按时缴纳各种税金，同时也是为了及时确认各会计期间的损益，需要企业在未交纳税金前，于各会计期末在账上对本期应交的各种税金加以反映。

（二）为晨光公司 2013 年 4 月份的业务编制会计分录如下。

分录	借方	贷方
（1）借：应付职工薪酬——职工福利	4 680	
贷：原材料		4 000
应交税费——应交增值税（进项税额转出）		680
（2）借：在建工程	5 850	
贷：原材料		5 000
应交税费——应交增值税（进项税额转出）		850
（3）借：待处理财产损溢——待处理流动资产损溢	8 775	
贷：原材料		7 500
应交税费——应交增值税（进项税额转出）		1 275
（4）借：待处理财产损溢——待处理流动资产损溢	41 400	
贷：库存商品		37 000
应交税费——应交增值税（进项税额转出）		3 400
（5）借：长期股权投资——B 公司	351 000	
贷：原材料		300 000

应交税费——应交增值税（销项税额） 51 000

（6）借：营业外支出——捐赠支出 23 400
　　贷：库存商品 18 000
　　　　应交税费——应交增值税（销项税额） 3 400
　　　　应交税费——应交消费税 2 000

（7）借：在建工程 73 200
　　贷：库存商品 57 000
　　　　应交税费——应交增值税（销项税额） 10 200
　　　　应交税费——应交消费税 6 000

（8）借：应付职工薪酬——职工福利 66 200
　　贷：库存商品 50 000
　　　　应交税费——应交增值税（销项税额） 10 200
　　　　应交税费——应交消费税 6 000

（9）借：应收账款 585 000
　　贷：主营业务收入 500 000
　　　　应交税费——应交增值税（销项税额） 85 000

（10）借：原材料 600 000
　　　应交税费——应交增值税（进项税额） 102 000
　　贷：应付票据 702 000

（11）借：应交税费——应交增值税（已交税金） 40 000
　　贷：银行存款 40 000

（12）销项税额=51 000+3 400+10 200+10 200+85 000=159 800（元）
进项税额=20 000−680−850−1 275−3 400+102 000=115 795（元）
应交增值税=销项税额−进项税额=159 800−115 795=44 005（元）
应交未交增值税=应交增值税−已交税金=44 005−40 000=4 005（元）

第五节　其他应付款项

其他应付款项，包括应付利息、应付利润和其他应付款。

一、应付利息

应付利息是指企业按照合同约定应支付的借款利息，包括分期付息到期还本的长期借款等应支付的利息。即，企业使用了他人的资金只要按照合同约定应负担利息费用，不论是向银行等金融机构借款还是向第三方借款，也不论是长期借款还是短期借款，都应当作为应付利息进行核算和管理。

“应付利息”科目核算企业按照合同约定应支付的利息费用。“应付利息”科目应当按照贷款人等进行明细核算，其期末贷方余额，反映企业应付未付的利息费用。

在应付利息日，企业应当按照合同利率计算确定的利息费用，借记“财务费用”、“在建工程”等科目，贷记“应付利息”科目。

实际支付利息时，借记“应付利息”科目，贷记“银行存款”科目。

二、应付利润

应付利润是指企业在接受投资或联营、合作期间，按协议或合同规定应支付给投资者或合作伙伴的利润。企业根据相关法律法规等规定或根据投资协议或合同约定应向投资者分配利润，在未支付给投资者之前，形成了企业的一项负债。

应付利润与应付利息的区别在于：应付利润是针对投资者而言，其来源是企业实现的净利润；应付利息是针对债权人而言，其来源是企业实现的营业利润。从经济意义来看，应付利润这项负债实质上反映了企业与投资者之间的分配和取得投资回报的关系。

为了核算企业经董事会或股东大会，或类似机构决议并经批准分配的利润，企业应设置“应付利润”科目，用于核算企业向投资者分配的利润。“应付利润”科目的贷方登记企业应付给投资者的利润，借方登记企业已经支付给投资者的利润；其期末贷方余额，反映企业应付未付的利润。本科目应按照投资者设置明细科目，进行明细核算。

企业根据规定或协议确定应分配给投资者的利润，借记“利润分配”科目，贷记“应付利润”科目。向投资者实际支付利润，借记“应付利润”科目，贷记“库存现金”、“银行存款”等科目。

【例 7.46】 2013 年 4 月 1 日，A 企业宣布向投资者发放利润 200 000 元。4 月 10 日，A 企业用银行存款发放了该笔利润。

根据上述经济业务，A 企业应作账务处理如下。

（1）2013 年 4 月 1 日，A 企业计提应付利润。

借：利润分配——应付利润　　200 000

　　贷：应付利润　　200 000

（2）2013 年 4 月 10 日，A 企业支付利润。

借：应付利润　　200 000

　　贷：银行存款　　200 000

三、其他应付款

其他应付款是指企业除应付票据、应付账款、预收账款、应付职工薪酬、应交税费、应付利息、应付利润等以外的其他各项应付、暂收的款项，如应付经营租入固定资产和包装物的租金、存入保证金（如收取包装物押金等）、职工未按期领取的工资、其他应付、暂收款项等。

为了反映和监督其他应付款的增减变动业务，企业应设置“其他应付款”科目。该科目是负债类科目。该科目的贷方登记企业发生的各种应付、暂收款项，借方登记归还的其他应付款。期末余额一般在贷方，表示尚未归还或转销的各种应付暂收款项。“其他应付款”科目应按应付、暂收款项的类别、单位或个人设置明细账，进行明细核算。

企业发生的其他各种应付、暂收款项，借记“管理费用”科目，贷记“其他应付款”科目。

支付的其他各种应付、暂收款项，借记“其他应付款”科目，贷记“银行存款”科目。

企业无法支付的其他应付款，借记“其他应付款”科目，贷记“营业外收入”科目。

【例 7.47】 2013 年 9 月 6 日，A 企业销售给 B 学校用于教师节晚会舞台布置的相关物品，同时出租给 B 学校一批服装，收到 B 学校支付的押金 2 000 元。9 月 11 日，晚会结束后，B 学校按时归还了所有服装，A 企业也及时退回了押金。

根据上述经济业务，A 企业应作账务处理如下。

（1）2013 年 9 月 6 日，A 企业收到服装押金。

借：银行存款　　2 000

　　贷：其他应付款——B 学校　　2 000

（2）2013 年 9 月 11 日，A 企业退回押金。

借：其他应付款——B 学校　　2 000

　　贷：银行存款　　2 000

第六节　非流动负债

一、非流动负债概述

企业的非流动负债，是指流动负债以外的负债。

1. 非流动负债的特征

非流动负债除了具有负债的共同特征外，与流动负债相比，还具有债务金额大、偿还期限长、可以分期偿还等特点。

2. 非流动负债的构成

小企业的非流动负债主要包括长期借款、长期应付款，如果存在政府补助，还会涉及递延收益。

长期借款，是指企业向银行或其他金融机构等借入的还款期限在 1 年以上的各种借款。

长期应付款，是指企业除长期借款以外的其他各种长期应付款项。包括：企业采用融资租赁方式租入固定资产所形成的应付融资租入固定资产的租赁费、以分期付款方式购入固定资产发生的应付款项等。

递延收益，主要是由于企业收到与资产相关的政府补助所产生的收益。

3. 非流动负债的计量原则

非流动负债应当按照其实际发生额入账，即企业所发生的非流动负债，不需要考虑时间价值因素和市场价值因素，只需按照实际发生额入账。企业的非流动负债一旦入账，在非流动负债的存续期间不允许按照市场价值或其他公允价值进行调整。

二、长期借款

（一）长期借款的特征

企业的长期借款有以下几个基本特征。

（1）其债权人不仅包括银行，还包括其他金融机构，如小额贷款公司等。如果在实务中，企业存在向第三方借入的款项并且应负担利息费用，也视同长期借款进行会计处理，但如果期限在1年以内，则应视同短期借款进行会计处理。

（2）借款期限较长，为1年以上（不含1年）。

（3）不仅应偿还借款本金，根据货币时间价值，还应支付相应的利息费用。

（4）长期借款不仅包括人民币借款，还包括外币借款。

（二）长期借款利息费用的会计处理

长期借款利息可根据借款合同规定，采用分期支付或到期还本时一次支付。不论是分期支付还是一次支付，长期借款均应当按照借款本金和借款合同利率在应付利息日计提利息费用，计入相关资产成本或财务费用。

长期借款利息费用的计提时点是借款合同所约定的应付利息日，既不是实际支付利息日，也不是资产负债表日（如月末、季末、年末）。

长期借款利息费用要区分以下两种情况进行会计处理。

（1）符合资本化条件的，应计入相关资产的成本，例如固定资产、无形资产、存货等的成本。

（2）不符合资本化条件的，应计入财务费用。

（三）长期借款的账务处理

为了核算企业向银行或其他金融机构借入的长期借款，企业应当设置“长期借款”科目。该科目属负债类科目，贷方登记企业借入的各项长期借款的本金及应计利息，借方登记企业归还的各项长期借款的本息。“长期借款”科目期末贷方余额，反映企业尚未偿还的长期借款本息。“长期借款”科目应按照借款种类、贷款人和币种设置明细科目进行明细核算。

长期借款的账务处理主要包括借入本金的核算、借款利息的核算和借款本金归还的核算等。

1. 长期借款的借入

企业借入长期借款，借记“银行存款”科目，贷记“长期借款”科目。

【例7.48】 A企业2013年1月1日从银行借入3 600 000元，期限2年，年利率10%，到期一次还本付息，不计复利。该借款用于新建办公楼，建造期为一年。取得借款时，A企业应作账务处理如下。

	借方	贷方
借：银行存款	3 600 000	
贷：长期借款		3 600 000

2. 计提长期借款利息

在应付利息日，应当按照借款本金和借款合同利率计提利息费用，借记“财务费用”、“在建工程”等科目，贷记“应付利息”科目。

【例7.49】 承例7.48，2013年A企业每月计提借款利息，应作账务处理如下：

每月利息金额=3 600 000×10%÷12=30 000（元）

	借方	贷方
借：在建工程——办公楼	30 000	
贷：应付利息		30 000

2014年A企业每月计提借款利息，应作会计分录如下。

借：财务费用　　30 000
　　贷：应付利息　　30 000

3. 偿还长期借款本金

偿还长期借款本金，借记“长期借款”科目，贷记“银行存款”科目。

【例 7.50】 承例 7.48，A 企业于 2015 年 1 月 1 日支付长期借款本金和利息，应作账务处理如下：

借：长期借款　　3 600 000
　　应付利息　　720 000
　　贷：银行存款　　4 320 000

学中做

2013 年 1 月 1 日，A 企业借入为期 2 年的长期借款 600 000 元，从而满足建设一处厂房的资金需要，款项已经存入银行。借款利率为 8%，每年付息一次，两年后一次性还清本金。2014 年 1 月，A 企业用银行存款支付了工程价款共计 400 000 元，2014 年 1 月，A 企业又用银行存款支付了工程价款 200 000 元。这项工程在 2014 年 6 月底完工，达到了预定可使用状态。

要求：根据上述经济业务，为 A 企业作账务处理。

三、长期应付款

为了总括核算和监督长期应付款的发生、利息结算及偿还情况，应设置“长期应付款”总分类科目。“长期应付款”科目属于负债类科目，“长期应付款”科目贷方登记企业发生的长期应付款，借方登记企业归还的长期应付款，本科目期末贷方余额，反映企业应付未付的长期应付款项。该科目应按照长期应付款的种类和债权人进行明细核算。

长期应付款的账务处理方法如下。

（1）小企业通过融资租赁方式租入固定资产是取得固定资产的一种重要方法。由于融资租入固定资产而发生的长期应付款，属于企业的一项长期负债。小企业融资租入固定资产，在租赁期开始日，按照租赁合同约定的付款总额和在签订租赁合同过程中发生的相关税费（不包括按照《税法》规定的可抵扣的增值税进项税额）等，借记“固定资产”或“在建工程”科目，贷记本科目；按照《税法》规定的可抵扣的增值税进项税额，借记“应交税费——应交增值税（进项税额）”科目，贷记本科目。

【例 7.51】 2013 年 6 月 1 日，A 小企业作为增值税一般纳税人，以分期付款方式向 B 企业购入一项生产设备，作为固定资产。按照双方协议，这项固定资产的购买不含税价款为 200 000 元，增值税税率为 17%，增值税税额为 34 000 元，按照《税法》规定属于可抵扣的增值税进项税额，分两期付款。此外，A 企业为了获得这项固定资产，用银行存款支付了运输费、途中保险费、调试费 5 000 元。

根据上述经济业务，A 企业应作账务处理如下。

① 2013 年 6 月 1 日，购买固定资产。

借：固定资产 205 000
　　应交税费——应交增值税（进项税额） 34 000
　　贷：长期应付款——B 企业 234 000
　　　　银行存款 5 000

② 每期付款 117 000 元。

借：长期应付款 117 000
　　贷：银行存款 117 00

（2）应付引进设备款是指企业采用补偿贸易方式引进国外设备所发生的未付款项。补偿贸易是从国外购进设备，再用该设备生产的产品归还设备价款。在引进设备时，应按规定的折合率将设备和随同设备进口的零配件等款项，以及国外运杂费的外币金额折合为人民币记账。

【例 7.52】某公司 2008 年 9 月 17 日向 MD 公司融资租入一台设备，到岸价 48 000 美元（当时的汇率为 8.25），用转账支票支付进口设备关税 19 800 元，增值税完税 70 686 元。合同约定首付 8 000 美元，以后每半年付 10 000 美元，当时开出信汇凭证汇出首付款，设备交付使用。则 Y 公司应作账务处理如下。

（1）引进设备时：

借：固定资产 415 800
　　应交税费——应交增值税（进项税款） 70 686
贷：银行存款 90 486
　　长期应付款——应付引进设备款 396 000

（2）首付 8 000 美元设备款时：

借：长期应付款——应付引进设备款 66 000
　　贷：银行存款 66 000

四、递延收益

递延收益是指尚待确认的收入或收益，也可以说是暂时未确认的收益，它是权责发生制在收益确认上的运用。“递延收益”科目核算企业已经收到、但应在以后期间计入损益的政府补助，本科目应按照相关项目进行明细核算。

政府补助是指企业从政府无偿取得的货币性资产或非货币性资产，但不包括政府作为企业所有者投入的资本。政府补助的主要形式有财政拨款、财政贴息、税收返还、无偿划拨非货币性资产。

政府补助一般分为两大类，即与资产相关的政府补助和与收益相关的政府补助。两类政府补助给企业带来经济利益或者弥补相关成本或费用的形式不同，从而在具体账务处理上存在差别。

与资产相关的政府补助，是指企业取得的、用于购建或以其他方式形成长期资产的政府补助。与资产相关的政府补助不能在取得时全额确认为当期收益，应当先确认为递延收益，然后自相关资产可供使用时起，在该项资产使用寿命内平均分配，随着相关资产的使用逐渐计入以后各期的营业外收入。

与收益相关的政府补助，是指除了与资产相关的政府补助之外的政府补助。例如，某些国有粮食企业实行商业化经营后国家给予的经营补贴。与收益相关的政府补助应当在其补偿的相关费用或损失发生的期间计入当期损益。如果是用于补偿企业以后期间费用或损失的，在取得时先确认为递延收益，然后在确认相关费用期间计入当期营业外收入；如果是用于补偿企业已发生费用或损失的，取得时直接计入当期营业外收入。

递延收益的账务处理如下。

（1）企业收到与资产相关的政府补助，借记“银行存款”等科目，贷记“递延收益”科目。在相关资产的使用寿命内平均分配递延收益，借记“递延收益”科目，贷记“营业外收入”科目。

【例 7.53】 2013 年 2 月 1 日，A 企业需要购买一台噪音处理器，预计价值为 400 000 元，因为 A 企业作为企业其资金能力有限，按相关规定，向有关政府部门申请补助 150 000 元。同年 2 月 20 日，政府部门核准了 A 企业的补助申请，并且拨给 A 企业 120 000 元，作为对其环保举措的鼓励。3 月 1 日，A 企业购入了该噪音处理器，实际成本为 360 000 元，使用寿命是 20 年，采用直线法计提折旧，假设无残值，而且无安装费用。

根据上述经济业务，A 企业应作账务处理如下。

2013 年 2 月 20 日，A 企业收到财政拨款，确认政府补助。

借：银行存款	120 000	
贷：递延收益		120 000

2013 年 3 月 1 日，A 企业购入该噪声处理器。

借：固定资产	360 000	
贷：银行存款		360 000

从 2013 年 4 月末开始，A 企业在每个月月末计提折旧。同时，分摊递延收益。

4 月 30 日，计提折旧，分摊递延收益。

借：管理费用	1 500	
贷：累计折旧		1 500
借：递延收益	500	
贷：营业外收入		500

【例 7.54】 2013 年 2 月 1 日，B 企业为了建设一项污水处理工程，向银行贷款 600 000 元，期限 3 年，年利率 6%。同年 6 月 30 日，B 企业向当地政府部门申请财政贴息。经过一系列程序和审核，当地政府部门批准按照实际贷款额 600 000 元拨付给 B 企业年利率 4%的一年的财政贴息，共计 24 000 元，分两次支付。9 月 1 日，当地政府将第一笔财政贴息资金 10 000 元拨付给 B 企业。11 月 1 日，污水处理工程顺利完工，当地政府将第二笔财政贴息资金 14 000 元拨

付给B企业，这项工程预计使用寿命是10年。

根据上述经济业务，B企业应作账务处理如下。

2013年9月1日，B企业收到第一笔财政贴息资金，确认政府补助。

借：银行存款　　10 000

　　贷：递延收益　　10 000

2013年11月1日，B企业收到第二笔财政贴息资金，确认政府补助。

借：银行存款　　14 000

　　贷：递延收益　　14 000

2013年11月1日，污水处理工程顺利完工，B企业开始分配递延收益。

从2013年11月1日起，B企业在每个月月末进行账务处理。

借：递延收益　　200

　　贷：营业外收入　　200

（2）企业收到的其他政府补助，用于补偿本企业以后期间的相关费用或亏损的，应当按照收到的金额，借记“银行存款”科目，贷记“递延收益”科目。在发生相关费用或亏损的未来期间，应当按照应补偿的金额，借记“递延收益”科目，贷记“营业外收入”科目。

企业用于补偿本企业已发生的相关费用或亏损的，应当按照收到的金额，借记“递延收益”科目，贷记“营业外收入”科目。

【例7.55】2013年6月1日，A企业为了购买储备性食品，向国家农业发展银行贷款240 000元，年利率为8%。从2013年6月开始，A企业向当地政府部门申请财政贴息，经过一系列程序和审核，从2013年7月1日开始，当地政府部门批准按照有关规定，在每季度初，按照A企业的实际贷款额和贷款利率拨付给A企业财政贴息。

根据上述经济业务，A企业应作账务处理如下。

2013年7月1日，A企业收到第一个季度的财政贴息，确认政府补助。

借：银行存款　　4 800

　　贷：递延收益　　4 800

A企业在7—9月份各月月末，将补偿利息费用的财政贴息计入当月收益。

借：递延收益　　1 600

　　贷：营业外收入　　1 600

以后每个季度A企业收到财政贴息，确认政府补助，将补偿各月份利息费用的财政贴息计入当期收益，需作会计分录同上。

【例7.56】 2009年1月1日，B企业开始一项关于手机芯片的高新技术研发，预计总投资为1 000 000元，时间为4年。到2009年10月份，已经投入200 000元，但是B企业由于销售不景气的影响，其研发资金出现一定困难。这项科技研发项目，还需要800 000元投资，B企业决定自行筹集资金300 000元，向相关政府部门申请财政拨款500 000元。2010年1月1日，相关政府部门批准了B企业的申请，决定拨付给B企业财政补贴500 000元，批准当天拨付300 000元，项目结束时拨付其余200 000元。

根据上述经济业务，B企业应作账务处理如下。

2010年1月1日，B企业收到财政拨款300 000元。

借：银行存款　　300 000

贷：递延收益 300 000

从 2010 年 12 月 31 日至 2012 年 12 月 31 日，B 企业在每个资产负债表日，分配递延收益（按年分配）。

借：递延收益 100 000

贷：营业外收入 100 000

2013 年 1 月 1 日，项目完工，收到财政拨款 200 000 元。

借：银行存款 200 000

贷：营业外收入 200 000

本章小结

负债，是指企业过去的交易或者事项形成的，预期会导致经济利益流出企业的现时义务。企业的负债按照其流动性，可分为流动负债和非流动负债。

企业的流动负债，是指预计在 1 年内或者超过 1 年的一个正常营业周期内清偿的债务。企业的流动负债包括：短期借款、应付及预收款项、应付职工薪酬、应交税费、应付利息、应付利润、其他应付款等。

企业的非流动负债，是指流动负债以外的负债。企业的非流动负债主要包括长期借款、长期应付款、递延收益等。

企业各项流动负债和非流动负债应当按照其实际发生额入账，即企业所发生的流动负债和非流动负债，不需要考虑时间价值因素和市价因素，只需按照实际发生额入账。企业的流动负债和非流动负债一旦入账，在存续期间不允许按照市价或其他公允价值进行调整。

教学做一体化训练

知识测试

一、单项选择题

1. 短期借款利息按期预提时，预提的利息费用记入（　　）科目。

A. 应付账款　　B. 其他应付款　　C. 预提费用　　D. 应付利息

2. 短期借款利息采取按月预提方式的，则实际支付利息时，应该（　　）。

A. 借记“财务费用”科目　　B. 借记“应付利息”科目

C. 贷记“应付利息”科目　　D. 借记“短期借款”科目

3. 期末“应付利息”科目的借方余额，应在资产负债表中（　　）。

A. 不作反映　　B. 以正数列示在应付利息项目中

C. 以负数列示在应付利息项目中　　D. 与财务费用合并反映在损益表中

4. 某企业5月31日向银行借款100 000元，年利率7.2%。同年6月30日还本付息。该企业还本付息总额为（　　）元。

A. 100 560　　B. 100 580　　C. 100 600　　D. 100 620

5. 采购方采购商品使用商业汇票结算时，应计入的会计科目是（　　）。

A. 应收账款　　B. 应收票据　　C. 应付票据　　D. 预收账款

6. 我国规定商业汇票承兑期最长不得超过（　　）。

A. 9个月　　B. 1年　　C. 3个月　　D. 6个月

7. 带息应付票据的利息支出，应计入（　　）。

A. 财务费用　　B. 管理费用　　C. 销售费用　　D. 制造费用

8. 企业到期无法支付银行承兑汇票时，应将应付票据转入（　　）科目。

A. 应付账款　　B. 短期借款　　C. 其他应付款　　D. 不进行处理

9. 企业确实无法偿付的应付账款，应计入（　　）。

A. 资本公积　　B. 管理费用　　C. 其他应付款　　D. 营业外收入

10. 我国目前会计实务中采用的总价法，就是假定企业不会享受现金折扣，而按照（　　）记入应付账款；在折扣期内支付货款的，所取得的现金折扣可作为一项理财收益处理。

A. 扣除增值税以后的净额　　B. 扣除现金折扣以后的净额

C. 交易金额的全额　　D. 以上均可

11. 企业预收账款的核算，应根据具体情况而定。如果企业预收账款比较多，可以设置“预收账款”科目；预收账款不多的企业，也可以不设置“预收账款”科目，而将预收的款项直接记入（　　）科目的贷方。

A. 预付账款　　B. 应收账款　　C. 其他应收款　　D. 应付账款

12. 下列各项中，不通过“应付职工薪酬”科目核算的是（　　）。

A. 应交的企业所得税　　B. 职工的困难补助

C. 生产工人的医药费　　D. 车间管理人员的奖金

13. 下列职工薪酬中，不应根据职工提供服务的受益对象计入成本费用的是（　　）。

A. 因解除与职工劳动关系给予的补偿　　B. 构成工资总额的各组成部分

C. 工会经费和职工教育经费　　D. 职工医疗保险费等各项社会保险费

14. 下列税种中，属于价外税的是（　　）。

A. 消费税　　B. 营业税　　C. 印花税　　D. 增值税

15. 某企业收购免税农产品，实际支付的价款为100 000元，按规定准予抵扣的进项税额为（　　）元。

A. 13 000　　B. 34 000　　C. 0　　D. 8 000

16. 当月交纳以前各期未交的增值税，通过（　　）科目进行核算。

A. 应交税费——应交增值税　　B. 应交税费——未交增值税

C. 应交税费——应交增值税（已交税金）　　D. 以上均可

17. 委托加工的应税消费品收回后，用于连续生产应税消费品的，由受托方代扣代交的消费税，委托方应记入（　　）科目的借方。

A. 应交税费——应交消费税　　B. 委托加工物资

C. 主营业务成本　　D. 营业税金及附加

18. 除房地产开发企业外，企业销售不动产按规定应交的营业税，应该记入（　　）科目的借方。

A. 固定资产　B. 营业税金及附加　C. 固定资产清理　D. 其他业务支出

19. 企业交纳的下列税款中，一般不需要通过“应交税费”科目核算的是（　　）。

A. 车船使用税　B. 印花税　C. 资源税　D. 土地增值税

20. 企业利润表中的“营业税金及附加”项目，不包括的税金为（　　）。

A. 消费税　B. 营业税　C. 增值税　D. 城市维护建设税

21. 属于筹建期间长期借款发生的除购建固定资产以外的借款费用，应作为（　　）处理。

A. 销售费用　B. 营业费用　C. 财务费用　D. 管理费用

22. 下列应付利息支出中，可能资本化的项目是（　　）。

A. 为生产经营活动而发生的长期借款利息支出

B. 短期借款利息

C. 筹建期间发生的长期借款利息

D. 清算期间发生的长期借款利息

23. 下列项目中，应予以资本化的利息支出的是（　　）。

A. 研究开发专利权发生的长期借款利息支出

B. 购建固定资产发生的长期借款，在固定资产达到预定可使用状态前发生的利息支出

C. 购建固定资产发生的长期借款，在固定资产达到预定可使用状态后发生的利息支出

D. 为解决流动资金周转困难借入款项而发生的利息支出

24. 下列关于长期借款利息的表述，不正确的是（　　）。

A. 属于筹建期间的，计入营业外支出

B. 属于生产经营期间的，计入财务费用

C. 用于构建固定资产的，在固定资产尚未达到预定可使用状态前，按规定应予资本化的利息支出，计入在建工程成本

D. 用于构建固定资产的，在固定资产达到预定可使用状态后，按规定不予资本化的利息支出，计入财务费用

25. 某工业企业 2011 年 1 月 1 日向银行借入 1 000 万元，借款利率为 8%，借款期限为 3 年，每年年末偿还借款利息。该企业用该项借款建造厂房，厂房于 2013 年 3 月 31 日完工，支付工程款 900 万元（不含借款利息），并办理了竣工结算手续，则该厂房的入账价值为（　　）万元。

A. 1 000　B. 1 160　C. 1 100　D. 1 240

26. 企业采用补偿贸易方式从国外引进设备，企业以人民币借款支付进口关税、国内运杂费时，应计入（　　）。

A. 引进设备的价值　B. 当期的管理费用

C. 当期的财务费用　D. 当期的其他业务支出

二、多项选择题

1. 企业从银行或其他金融机构取得的短期借款包括（　　）。

A. 生产经营周转借款　B. 临时借款

C. 结算借款　D. 票据贴现借款

E. 农副产品预购定金借款

2. 下列应列为财务费用的有（　　）。

A. 实际发生并确认的购货现金折扣　　B. 应付票据承兑手续费

C. 带息应付票据的应付利息　　D. 预提短期借款利息

E. 预提应付短期债券的应付利息

3. 下列各项中，属于企业应付职工薪酬核算内容的有（　　）。

A. 职工工资、奖金、津贴和补贴　　B. 职工福利费

C. 社会保险费　　D. 辞退福利

E. 工会经费和职工教育经费

4. 以下关于职工薪酬的说法，正确的有（　　）。

A. 由所生产产品、所提供劳务负担的职工薪酬，应计入产品成本或劳务成本

B. 应当将辞退福利计入当期营业外支出

C. 由在建工程、无形资产负担的职工薪酬，应计入建造固定资产或无形资产的成本

D. 应当将辞退福利计入当期管理费用

E. 社会保险费应计入管理费用

5. 应付职工薪酬科目可按（　　）等进行明细核算。

A. 工资　　B. 股份支付　　C. 医疗保险

D. 住房公积金　　E. 社会保险费

6.《小企业会计准则》在“应交税费”科目新增的明细科目有（　　）。

A. 应交所得税　　B. 应交排污费　　C. 应交矿产资源补偿费

D. 应交消费税　　E. 应交增值税

7. “应交税费”科目核算的税费有（　　）。

A. 应交增值税　　B. 应交城市维护建设税

C. 应交教育费附加　　D. 应交矿产资源补偿费

E. 应交消费税

8. 增值税一般纳税企业，在账务处理上的主要特点有（　　）。

A. 在销售阶段，销售价格中不再含税

B. 在购进阶段，会计处理时实行价与税的分离

C. 价与税分离的依据为增值税专用发票上注明的价款和增值税

D. 如果定价时含税，则应按含税价格作为销售收入

E. 如果定价时含税，则应按不含税价格作为销售收入

9. 增值税小规模纳税企业的会计核算的特点有（　　）。

A. 小规模纳税企业的进货成本不包括其支付的增值税税额

B. 销售货物或者提供应税劳务只能开具普通发票

C. 实行简易办法计算应纳税额，按照销售额的一定比例计算

D. 小规模纳税企业的销售额包括其应纳税额

E. 小规模纳税企业的销售额不包括其应纳税额

10. 工业企业的下列交易和事项中，应当交纳增值税的有（　　）。

A. 将产品对外投资　　B. 将产品分配给投资者

C. 将委托加工的物资用于工程项目　　D. 将产品赠送他人

E. 将原材料用于在建工程

11. 下列增值税（均有合法的专用发票）应计入所购货物成本的有（　　）。

A. 小规模纳税人购入生产用原材料所支付的增值税

B. 一般纳税人购入设备以外的固定资产支付的增值税

C. 购入工程物资支付的增值税

D. 一般纳税人购进原材料所支付的增值税

E. 一般纳税人购进包装物支付的增值税

12. 根据《增值税暂行条例》规定，下列（　　）项目的进项税额不得从销项税额中抵扣。

A. 购进机器设备以外的固定资产

B. 用于非应税项目的购进货物或者应税劳务

C. 用于集体福利或者个人消费的购进货物或者应税劳务

D. 非正常损失的在产品、产成品所耗用的购进货物

13. 按照增值税有关条例规定，视同销售的项目包括（　　）。

A. 用于集体福利项目　　B. 以物资投资于其他单位

C. 个人消费的物资　　D. 将物资分配给投资者

14. 实行从量定额办法计征的应纳税额的销售数量是指（　　）。

A. 属于销售应税消费品的，为应税消费品的销售数量

B. 进口的应税消费品，为海关核定的应税消费品进口征税数量

C. 属于自产自用应税消费品的，为应税消费品的移送使用数量

D. 属于委托加工应税消费品的，为纳税人收回的应税消费品数量

E. 属于销售应税消费品的，为应税消费品的生产数量

15. 委托加工的应税消费品收回后，直接出售的，向受托企业交纳的消费税记入应税消费品的成本，记入（　　）等科目的借方。

A. 生产成本　　B. 营业税金及附加

C. 委托加工物资　　D. 应交税费——应交消费税

E. 库存商品

16. 下列各项税金中，构成相关资产成本的有（　　）。

A. 用于直接销售的委托加工应税消费品由受托方代收代交的消费税

B. 用于连续生产应税消费品的委托加工应税消费品由受托方代收代交的消费税

C. 非正常损失在产品所耗用原材料已支付的增值税进项税

D. 用于购进机器设备以外的固定资产已支付的增值税进项税额

E. 用于购进原材料已支付的增值税进项税额

17. 按照《税法》有关规定，应交纳营业税的项目有（　　）。

A. 销售商品取得收入　　B. 销售不动产取得收入

C. 销售无形资产取得收入　　D. 提供运输等非工业性劳务

E. 提供加工等工业性劳务

18. 下列税金中应记入“营业税金及附加”的项目有（　　）。

A. 城建税　　B. 教育费附加　　C. 增值税

D. 资源税　　E. 印花税

19. 下列应记入管理费用的税金包括（　　）。

A. 房产税　B. 土地使用税　C. 车船使用税

D. 资源税　E. 营业税

20. 应交教育费附加按照（　　）的一定比例计算。

A. 增值税　B. 营业税　C. 消费税

D. 资源税　E. 房产税

21. 企业销售自产的应税资源商品或自产自用的应税资源商品时，按规定计算出应交纳的资源税，借记（　　）科目，贷记“应交税费——应交资源税”科目。

A. “主营业务税金及附加”　B. “营业税金及附加”

C. “其他业务支出”　D. “生产成本”

E. “主营业务成本”

22. “其他应付款”科目核算的内容包括（　　）。

A. 应付经营租入固定资产和包装物的租金　B. 存入保证金

C. 应交的教育费附加　D. 应交矿产资源补偿费

E. 存出保证金

23. 在我国会计实务中，长期借款利息可列支的项目包括（　　）。

A. 在建工程　B. 财务费用　C. 研发支出

D. 管理费用　E. 投资收益

24. “长期应付款”科目主要核算（　　）。

A. 应付补偿贸易引进设备款

B. 长期应付货款

C. 应付融资租赁款

D. 从非金融机构借入的期限在一年以上的借款

E. 到期不能支付的应付票据款

25. 下列各项中，属于政府补助类型的有（　　）。

A. 与资产相关的政府补助　B. 与负债相关的政府补助

C. 与所有者权益相关的政府补助　D. 与收益相关的政府补助

E. 与费用相关的政府补助

三、判断题

1. 一年内到期的长期借款属于企业的短期债务，在“短期借款”科目核算。（　　）

2. 企业为购建固定资产而取得专门借款所发生的长期借款费用，应计入固定资产购建成本。（　　）

3. 企业计提长期借款利息支出时，应借记“在建工程”或“财务费用”等科目，贷记“应付利息”科目。（　　）

4. 企业筹建期间发生的借款利息应全部作为开办费处理，并在规定的期限内平均摊销。（　　）

5.《小企业会计准则》对短期借款利息费用的核算取消了“预提费用”科目，计提的利息通过“应付利息”等科目来核算。（　　）

6. 小企业代扣代缴的个人所得税等，也通过“应交税费”科目核算。（　　）

7. 长期应付款是指小企业长期借款以外的其他各种长期应付款项，包括应付融资租入固定资产的租赁费、以分期付款方式购入固定资产发生的应付款项等。 ( )

技能演练

1. A企业发生下列借款业务。

（1）因生产经营需要，从银行取得一项为期3个月的临时借款120 000元，年利率4.8%，借款利息数额不大，不考虑预提，借款到期一次以存款还本付息。

（2）因生产经营需要，于2013年7月1日从银行取得一项为期6个月的生产周转借款900 000元，年利率4.8%，借款利息分月预提，按季支付。第一次利息于9月30日支付，12月31日归还借款本金并支付第二次利息。

要求：①计算各项短期借款利息支出；②编制短期借款核算的有关会计分录。

2. B企业发生以下应付票据结算业务。

（1）购买A材料，货款为100 000元，增值税17 000元，申请签发面值为117 000元、期限为2个月、利率为6%的银行承兑汇票，支付相关手续费1 000元。银行承兑汇票到期，因银行存款余额不足无力支付，作逾期贷款处理。

（2）购买B材料，货款为200 000元，增值税为34 000元，企业签发带息商业承兑汇票一张，金额为234 000元，期限1个月，票面利率6%。签发1个月期限的商业承兑汇票到期，银行通知企业付款，企业同意付款。

（3）购买D材料，货款为10 000元，增值税为1 700元，企业签发商业承兑汇票一张，金额为11 700元，期限为3个月。商业承兑汇票到期，银行通知企业付款，企业无力付款。

要求：根据上述经济业务，编制相关会计分录。

3. C企业为增值税一般纳税企业，适用的增值税税率为17%，材料采用实际成本计价。该企业于2013年1月1日“应交税费——应交增值税”科目借方余额为10 000元。1月份发生如下经济业务。

（1）购买一批原材料，增值税专用发票上注明价款200 000元，增值税额为34 000元，企业开出商业承兑汇票，原材料已验收入库。

（2）用原材料对外投资，双方协议按成本作价。该批原材料的成本和计税价格均为300 000元，应交纳的增值税额为51 000元。

（3）销售产品一批，销售价格为200 000元（不含增值税），实际成本为160 000元，产品已发出，货款尚未收到。

（4）在建工程领用原材料一批，该批原材料实际成本为350 000元，应由该批原材料负担的增值税额为59 500元。

（5）月末盘亏原材料一批，该批原材料实际成本为100 000元，应由该批材料负担的增值税额为17 000元。

（6）用银行存款交纳本月增值税15 000元。

要求：根据上述经济业务，计算出1月末应交未交的增值税额并编制相关会计分录。

4. D公司某月发生如下经济业务。

（1）从银行借入期限为3个月的短期借款100 000元。

（2）从甲企业购买一批材料，价款为 10 000 元，增值税税率为 17%，货款尚未支付，材料验收入库。

（3）从乙企业购买一批材料，价款为 20 000 元，增值税税率为 17%，开出商业承兑汇票一张，利率为 5%。

（4）结转当月工资费用，其中生产工人工资 120 000 元，基建工程人员工资 20 000 元，管理人员工资 30 000 元。

（5）某企业于 3 月 1 日从银行借入 200 000 元，借款期限为 6 个月，年利率为 6%，按季支付利息。

（6）某电脑生产厂家为 20 名高级管理人员发放奖励，每人奖励笔记本电脑一台，每台电脑价值为 8 000 元，成本为 6 000 元，企业适用的增值税税率为 17%。

要求：根据上述经济业务，为甲公司做出相关的账务处理。

5. E 公司为新建生产线，于本年 1 月 1 日从银行取得 3 年期借款 600 万元，款项存入银行存款户；年利率 6%，每年年末支付借款利息，3 年期满一次还本。本年末以存款支付工程进度款 200 万元，第二年末工程如期竣工，固定资产交付使用达到预定使用状态，以存款支付工程结算款 400 万元。各年利息均于年末以存款支付，本金第三年末一次以银行存款偿清。

要求：编制借款取得、使用、计息、付息及归还本金的会计分录。

6. F 公司为更新生产设备，从银行取得为期 2 年、年利率为 6%的借款 600 万元；工程建设期一年，借款企业在借款额度内直接用于工程建设支出。本年 1 月 1 日以取得的借款 300 万元购入设备，设备直接交付安装；7 月 1 日以取得的借款 300 万元支付工程安装费，次年 1 月 1 日工程如期完工交付生产使用。借款利息根据实际使用额每半年计算一次，借款期满一次以银行存款还本付息。

要求：编制借款取得、使用、计息及归还的会计分录。

7. G 企业采用补偿贸易方式引进一套设备，该设备价款为 3 000 000 元，随同设备一起进口的零配件价款为 5 0000 元，支付的国外运杂费为 20 000 元，进口关税 10 000 元，国内运杂费为 2 000 元，安装费为 22 000 元。设备在一周内安装完毕并交付使用。次年 1 月底，以引进设备所生产的产品的销售收入 100 000 元归还设备款，该产品的生产成本为 60 000 元。

要求：编制相关会计分录。

第八章

所有者权益

【学习目标】

知识目标 理解所有者权益的定义、特征和构成；理解实收资本的构成和计量原则；掌握资本公积的来源和用途；掌握盈余公积的来源和用途；理解未分配利润的性质。

能力目标 能进行实收资本增减变动的账务处理；能进行资本公积形成和使用的账务处理；能进行盈余公积提取和使用的账务处理；能进行未分配利润的账务处理。

【导入案例】

所有者投资会计处理案例

A、B、C、D四家公司决定各出资50万元组建一家新公司甲，但投资协议规定只有A公司和B公司为投资方，其中A公司占25%的股权，B公司占75%的股权，C公司和D公司各将投资款50万元汇入B公司银行账户，由B公司代为出资。

请思考：

（1）以上投资是否违反规定？是否存在税收风险？

（2）B公司如何进行会计处理，B公司的长期股权投资应该是50万元还是150万元？

（3）甲公司的利润分配如何通过B公司转给C公司和D公司？

第一节 所有者权益概述

一、所有者权益的特征

所有者权益是指企业资产扣除负债后由所有者享有的剩余权益。

相对于负债而言，所有者权益具有以下特征。

（1）所有者权益在企业经营期内可供企业长期、持续地使用，通常不像负债那样需要偿还。除非企业发生减资、清算，否则企业不需要将所有者权益返还给其投资者。而负债则须按期返还给债权人。

（2）企业清算时，负债将优先偿还，而所有者权益只有在负债得到偿还后，才能得到返还。

（3）企业所有者凭其对企业投入的资本，享受税后分配利润的权利，与此同时，所有者也必须以其出资额承担企业的经营风险。债权人除按规定取得利息外，无权分配企业的赢利；与此同时，债权人对企业的其他债务不发生关系，也不承担企业的亏损。

（4）企业所有者有权行使企业的经营管理权，或者授权管理人员行使经营管理权。但债权人并没有经营管理权。

二、所有者权益的构成

企业的所有者权益包括实收资本（或股本，下同）、资本公积、盈余公积和未分配利润四项内容。其中，盈余公积和未分配利润又统称为留存收益。

实收资本是指投资者按照合同协议约定或相关规定投入到企业、构成企业注册资本部分的财产、物资的价值。

资本公积是指企业收到的投资者出资额超过其在注册资本或股本中所占份额部分的财产、物资的价值。

盈余公积是指企业按照法律规定在税后利润中提取的法定公积金和任意公积金。

未分配利润，是指企业实现的净利润，经过弥补亏损、提取法定公积金和任意公积金、向投资者分配利润后，留存在本企业的、历年结存的利润。

三、所有者权益的确认和计量

所有者权益的确认、计量主要取决于资产、负债、收入、费用等其他会计要素的确认和计量。所有者权益即为企业的净资产，是企业资产总额扣除债权人权益后的净额。通常企业收入增加时，会导致资产的增加或负债的减少，相应地会增加所有者权益；企业发生费用时，会导致负债的增加或资产的减少，相应地会减少所有者权益。因此，企业日常经营的好坏和资产负债的质量直接决定着企业所有者权益的增减变化和资本的保值增值。

第二节 实收资本

一、实收资本概述

实收资本，是指投资者按照合同协议约定或相关规定投入到企业、构成企业注册资本部分的各种财产、物资的价值。

所有者向企业投入的资本，是企业进行经营活动的初始资金来源，在一般情况下无须偿还，可以长期周转使用。实收资本的构成比例是企业据以向投资者进行利润或股利分配的主要依据，除了符合规定条件的增资和减资之外，企业的实收资本一般不得随意变动。

二、实收资本的构成

投资者在设立企业或对企业增资扩股时，通常都应当签订投资合同或协议，制定公司章程，对公司的注册资本、股东的出资方式、出资额和出资时间等作出约定或根据法律的规定进行出资。因此，投资者的出资构成企业实收资本的部分，有两个充分必要条件：第一，必须要符合投资者之间合同协议的约定或相关法律法规的规定；第二，必须是构成企业在公司登记机关依法登记的注册资本。

我国目前实行的是注册资本金制度，要求企业的实收资本与其注册资本应当一致。投资者向企业投入的资本，在企业持续经营期间内，除依法转让外，不得以任何形式抽回。

按投资主体，实收资本可分为国家投资、法人投资、外商投资和个人投资。

投资人可以用现金投资，也可以用现金以外的非现金资产投资。投资者如在投资过程中违反投资合约，不按规定如期缴付出资额或不如期缴足规定的出资额，企业可以依法追究投资者的违约责任。

三、实收资本的计量

企业收到投资者以现金或非货币性资产投入的资本，应当按照其在本企业注册资本中所占的份额计入实收资本，超出的部分应当计入资本公积。

企业应按照企业章程、合同、协议或有关规定，根据实际收到的货币、实物及无形资产来确认投资者投入的资本。实收资本的计量，取决于投资者的出资方式，应区分以下两种情况分别确定。

1. 以现金方式出资的计量

现金出资方式包括投入人民币和各种外币。现金出资要根据收款凭证加以确认与验证。对于外方投资者的外汇投资，应取得外汇管理局的证明。企业收到投资者以外币投入资本的，应当按收到外币出资额当日的即期汇率折算为人民币。企业收到投资者的货币出资，应当按照其在企业注册资本或股本中所占的份额确认实收资本，实际收到或者存入企业开户银行的金额超过实收资本的差额，确认为资本公积。

2. 以非货币性资产出资的计量

对于投资者以非货币性资产出资，企业应当区别取得资产的计量和实收资本的计量分别加以确定。其中，取得的非货币性资产的金额根据公司法的要求，应采用评估价值确定；而实收资本的金额应根据投资合同协议或公司章程的约定，按照投资者在其中所占份额来确定，超出部分应当计入资本公积。

对于以房屋建筑物、机器设备、材料物资等实物资产作价出资的，应以各项有关凭证为依据进行确认，并应进行实物清点、实地勘察以核实有关投资。房屋建筑物应具备产权证明。

对于以专利权、专有技术、商标权、土地使用权等无形资产作价出资的，应以各项有关凭证及文件资料作为确认与验证的依据。

四、实收资本增减变动的账务处理

投资者根据有关规定对企业进行增资或减资，企业应当增加或减少实收资本。

企业的实收资本应与其在公司登记机关依法登记的注册资本始终保持相一致，因此应当相对固定不变。但在某些情况下，根据相关法律规定或投资者之间的约定，实收资本也可以发生增减变动。例如，根据公司法规定，有限责任公司增加股本，只要股东会议（但必须经过代表2/3以上表决权的股东通过）决议，并修改公司章程即可。

一般企业对投资者投入资本的核算，应设置“实收资本”科目（股份制企业设“股本”科目）。“实收资本”科目属所有者权益类科目，贷方登记投入资本的增加数额，借方登记投入资本的减少数额。本科目期末贷方余额，反映企业实收资本总额。“实收资本”科目应按照投资者进行明细核算。企业（中外合作经营）根据合同规定在合作期间归还投资者的投资，应在本科目设置“已归还投资”明细科目进行核算。

企业收到投资者出资超过其在注册资本中所占份额的部分，作为资本溢价，在“资本公积”

科目核算，不在“实收资本”科目核算。

（一）实收资本增加的账务处理

通常，企业增加实收资本的途径有所有者投入、资本公积转为实收资本和盈余公积转为实收资本三种。

1. 所有者（包括企业原所有者和新投资者）投入

企业在收到投资者投入的出资时，应分别按照现金资产和非现金资产，借记“银行存款”、“固定资产”、“原材料”、“无形资产”等科目；按照其在注册资本中所占的份额，贷记“实收资本”科目；按照其差额，贷记“资本公积”科目。根据《小企业会计准则》规定，小企业应当按照投资合同或协议约定的价值确定投资者投入资产的成本。

【例 8.1】 某企业接受 A 公司现金投资 1 000 000 元，已全部存入银行。根据银行的收款通知等凭证，某企业应编制会计分录如下。

借：银行存款　　1 000 000

　　贷：实收资本——法人投资(A 公司)　　1 000 000

【例 8.2】 某企业接受 B 公司用一台不需安装设备进行的投资，该设备双方确认的价值为 200 000 元，与注册资本中所占份额相等。根据有关资产评估报告及实物转移凭证，某企业应编制会计分录如下。

借：固定资产　　200 000

　　贷：实收资本——法人投资(B 公司)　　200 000

如果该设备双方确认的价值为 220 000 元，B 公司在注册资本中所占的份额为 200 000 元，某企业应编制会计分录如下。

借：固定资产　　220 000

　　贷：实收资本——法人投资(B 公司)　　200 000

　　　　资本公积——资本溢价　　20 000

【例 8.3】 某企业接受 C 公司以一项专利进行的投资，该专利双方确认价值为 100 000 元，与注册资本中所占份额相等。根据有关的资产评估报告等凭证，某企业应编制会计分录如下：

借：无形资产——专利权　　100 000

　　贷：实收资本——法人投资（C 公司）　　100 000

2. 资本公积转为实收资本

将资本公积转为实收资本，在账务处理上，借记“资本公积”科目，贷记“实收资本”科目。

【例 8.4】 某企业本期将 200 万元资本公积转为实收资本，应编制会计分录如下。

借：资本公积　　2 000 000

　　贷：实收资本　　2 000 000

3. 盈余公积转为实收资本

将盈余公积转为实收资本，在账务处理上，应借记“盈余公积”科目，贷记“实收资本”科目。这里要注意的是，资本公积和盈余公积均属所有者权益，转为实收资本时，如为独资企业，直接结转即可；如为股份公司或有限责任公司，应按原投资者所持股份同比例增加各股东的股权，除非股东之间另有约定。

导入案例解析

本例对所有者投资的会计处理属于违规操作，B公司无法对上述业务进行账务处理。现分析如下。

（1）C公司、D公司将投资款汇入B公司账户，B公司应该作对C公司、D公司的负债处理，B公司投出150万元属于B公司在甲企业的股权。B公司从甲企业分得税后利润，无法支付给C、D公司。即使支付只能以利息的形式，这必然导致C、D公司多缴纳利息收入营业税（按"金融保险业"税目，适用税率5%）。如果这部分利息超过了同期同类银行贷款利率计算的利息，B公司在计算所得税时还需作纳税调整。

（2）如果C、D公司各出资50万元投资于B公司，这将改变B公司原资本结构。B公司出资150万元全部属于B公司在甲企业的股权，C公司和D公司不可能取得相当于甲公司25%的股权。

可行的做法是：A、B、C、D均以自己的名义各出资50万元，共同投资组建甲公司。如果C、D公司一定要以B公司名义投资，说明另有隐情，应当努力寻找其他途径解决问题。

（二）实收资本减少的账务处理

一般情况下，企业的实收资本不能随意减少，尤其是法律禁止投资者在企业成立后，从企业抽逃出资。但是，个别情况下可以依法减资。企业实收资本减少的原因主要有两种：①资本过剩；②企业发生重大亏损，短期内无力弥补而需要减少实收资本。资本减少应符合以下相关条件。

（1）减资应事先通知所有债权人，债权人无异议方允许减资。

（2）经股东会议同意，并经有关部门批准。

（3）公司减资后的注册资本不得低于法定注册资本的最低限额。

企业根据有关规定减少注册资本，应借记"实收资本"、"资本公积"等科目，贷记"库存现金"、"银行存款"等科目。

企业（中外合作经营）根据合同规定在合作期间归还投资者的投资，应当按照实际归还投资的金额，借记"实收资本——已归还投资"科目，贷记"银行存款"科目；同时，借记"利润分配——利润归还投资"科目，贷记"盈余公积——利润归还投资"科目。

【例8.5】 2010年6月1日，某城市B企业作为股份有限公司成立，由甲、乙、丙三个法人企业共同出资，公司注册资本为2 000 000元，其中，甲、乙、丙的持股比例分别为60%、30%和10%。2013年6月1日，由于B企业转变发展方向，为了缩小生产经营规模，决定根据相关规定按投资者原持股比例减资800 000元，全部用银行存款支付。

根据上述经济业务，B企业应编制会计分录如下。

借：实收资本——甲	480 000	
——乙	240 000	
——丙	80 000	
贷：银行存款		800 000

学中做

新华有限责任公司由A、B、C三位投资者各出资2 000 000元组成。A以2 000 000元现金投资，B以300 000元现金、1 700 000元专利权投资，C以2 000 000元设备投资。

要求：编制新华有限责任公司所有者投资核算的会计分录。

借：

贷：

第三节　资本公积

一、资本公积概述

资本公积，是指企业收到的投资者出资额超过其在注册资本或股本中所占份额的部分。

1. 资本公积的来源

资本公积是由投资者投入但不构成实收资本的、所有者共同享有的资金。资本公积由企业全体投资者共同享有，其形成有特定来源，仅来源于企业投资者的投入。资本公积属于资本范畴，与企业的利润无关。资本公积与盈余公积也不同，盈余公积是从企业的净利润取得的，而资本公积的形成与企业的净利润无关。

2. 资本公积的用途

企业可用资本公积转增资本。企业用资本公积转增资本，应当冲减资本公积，即减少资本公积的同时，增加实收资本或股本。其账务处理为：借记“资本公积”科目，贷记“实收资本”科目。

企业的资本公积不得用于弥补亏损。

二、资本公积的账务处理

为了核算企业资本公积的增减变动情况，应设置“资本公积”科目，本科目属于所有者权益类科目，其贷方登记企业资本公积的增加数额，借方登记企业资本公积的减少数额。本科目期末贷方余额，反映企业资本公积总额。“资本公积”科目不得出现借方余额的情况。

1. 资本公积的形成

企业收到投资者的出资，借记“银行存款”、“固定资产”、“无形资产”等科目，按照其在注册资本中所占的份额，贷记“实收资本”科目；按照其差额，贷记“资本公积”科目。

【例 8.6】 B小企业由甲、乙两位股东各投资100万元人民币设立，设立时的实收资本为200万元。经过5年的生产运作，第5年末所有者权益总额为400万元，比设立时增加了200万元。这时，丙投资者愿意加入该企业，并表示愿意出资200万元，享有甲、乙两位股东同等的权利，甲、乙两位股东表示同意。

在进行会计账务处理时，应将丙投资者投入资金中的 100 万元记入“实收资本”科目，其余的 100 万元即资本溢价，应记入“资本公积”科目。B 小企业应编制会计分录如下。

借：银行存款　　2 000 000

　　贷：实收资本——投资者丙　　1 000 000

　　　　资本公积——资本溢价　　1 000 000

2. 资本公积的使用

根据有关规定用资本公积转增资本时，应借记“资本公积”科目，贷记“实收资本”科目，同时按照转增前的实收资本（或股本）的结构或比例，将转增的金额记入“实收资本”（或“股本”）科目下各所有者的明细分类账。

【例 8.7】 小企业 G 公司因扩大经营规模需要，经批准，该公司按原出资比例将资本公积 1 000 000 元转增资本。其中，甲投资人的投资比例为 25%，乙投资人的投资比例为 35%，丙投资人的投资比例为 40%。G 公司应作会计分录如下。

借：资本公积　　1 000 000

　　贷：实收资本——甲　　250 000

　　　　　　　　——乙　　350 000

　　　　　　　　——丙　　400 000

第四节　盈 余 公 积

盈余公积，是指企业按照法律规定在税后利润中提取的法定公积金和任意公积金。

企业用盈余公积弥补亏损或者转增资本，应当冲减盈余公积。企业的盈余公积还可以用于扩大生产经营。

一、盈余公积概述

（一）盈余公积的来源

盈余公积来源于企业实现的利润。盈余公积是企业按照法律规定在税后利润中提取的法定公积金和任意公积金。法定公积金和任意公积金的区别在于各自计提的依据不同，注定公积金是以国家的法律或行政规章为依据提取，任意公积金则由企业自行决定提取。

相对于未分配利润而言，盈余公积可以理解为限定用途的利润，而未分配利润是未限定用途的利润。

1. 法定公积金的提取

《公司法》第一百六十七条对公司制企业法定公积金的提取作了规定，具体包括以下四层意思。

（1）提取法定公积金的基础：企业当年实现的税后利润，即净利润。

（2）提取法定公积金的比例：10%。

（3）提取法定公积金的最低限额：法定公积金累计额达到公司注册资本的 50%以上时，可以不再提取。

（4）提取法定公积金的顺序：以前年度亏损尚未足额弥补的，应当先用当年净利润弥补亏损后，如有余额，再按照上述规定提取法定公积金。

2. 任意公积金的提取

《公司法》第一百六十七条对公司制企业任意公积金的提取作了规定，具体包括以下五层意思。

（1）提取任意公积金的基础：企业当年实现的税后利润，即净利润。

（2）提取任意公积金的比例：《公司法》没有规定提取的具体比例，而是根据公司自治的立法精神，由企业自行确定。

（3）提取任意公积金的最低限额：《公司法》没有规定任意公积金的提取的最低限额。

（4）提取任意公积金的顺序：提取法定公积金后，再提取任意公积金。

（5）有权决定提取任意公积金的机构：只能是小企业的股东会或股东大会。

（二）盈余公积的用途

企业提取的盈余公积，根据《公司法》等法律的规定，主要用于以下三个方面。

1. 弥补亏损

企业发生亏损时，应由企业自行弥补。弥补亏损的渠道主要有三条：一是用以后年度税前利润弥补。按照现行制度规定，企业发生亏损时，可以用以后 5 年内实现的税前利润弥补，即税前利润弥补亏损的期限为 5 年之内；二是用以后年度税后利润弥补。企业发生的亏损经过 5 年期间未弥补足额的，尚未弥补的亏损应用所得税后的利润弥补；三是以盈余公积弥补亏损。企业以提取的盈余公积弥补亏损时，应当由公司董事会提议，并经股东大会批准。

2. 转增资本

企业将盈余公积转增资本时，必须经股东会或股东大会决议。在将盈余公积转增资本时，要按照股东原有持股比例进行结转，除非股东之间另有约定。

需要注意的是，用盈余公积转增资本时，转增后留存的法定公积金不得少于转增前公司注册资本的 25%。

盈余公积的提取实际上是对企业当期实现的净利润向投资者分配利润的一种限制。提取盈余公积本身就属于利润分配的一部分，提取盈余公积相对应的资金，一经提取形成盈余公积后，在一般情况下不得用于向投资者分配利润或股利。

企业提取的盈余公积，无论是用于弥补亏损，还是用于转增资本，只不过是在企业所有者权益内部结构的调整。如企业以盈余公积弥补亏损时，实际是减少盈余公积留存的数额，以此抵补未弥补亏损的数额，并不引起企业所有者权益总额的变动；企业以盈余公积转增资本时，也只是减少盈余公积结存的数额，同时增加企业实收资本或股本的数额，也并不引起所有者权益总额的变动。

3. 扩大企业生产经营

盈余公积是企业所有者权益的一个组成部分，也是企业生产经营的一项重要资金来源，其形成的资金可能表现为一定的货币资金，也可能表现为一定的实物资产（如存货和固定资产等）。提取盈余公积并不是单独将这部分资金从企业资金周转过程中抽出，它同企业其他来源形成的资金一样循环周转，用于企业的生产经营。在实务中，对这种用途不需要进行专门的账务处理。

二、盈余公积的账务处理

为了反映企业盈余公积的提取和使用变动情况，应该设置“盈余公积”科目，该科目属于所有者权益类科目，贷方登记企业按照规定提取的各项盈余公积的数额，借方登记企业盈余公积的减少和使用情况。本科目期末贷方余额，反映企业结存的法定公积金和任意公积金总额。“盈余公积”科目下设置“法定盈余公积”和“任意盈余公积”明细科目进行明细核算。

1. 提取盈余公积

企业（公司制）按照《公司法》规定提取法定公积金和任意公积金时，应借记“利润分配——提取法定盈余公积、提取任意盈余公积”科目，贷记“盈余公积（法定盈余公积、任意盈余公积）”科目。

根据有关法律规定，外商投资企业在税后利润中提取的储备基金、企业发展基金也应作为盈余公积进行会计处理，在“盈余公积”科目下单独设置“储备基金”和“企业发展基金”明细科目进行核算。其账务处理为：外商投资小企业按照规定提取储备基金、企业发展基金时，借记“利润分配——提取储备基金、提取企业发展基金”科目，贷记“盈余公积——储备基金、企业发展基金”科目。

【例 8.8】 M 公司本年实现税后利润 500 000 元，年初未分配利润为 0，经股东大会批准，该公司按当年实现净利的 10%提取法定盈余公积、8%提取任意盈余公积。

根据有关原始凭证，M 公司应编制会计分录如下。

提取的法定盈余公积=500 000 × 10%=50 000（元）

提取的任意盈余公积=500 000 × 8%=40 000（元）

借：利润分配——提取法定盈余公积　50 000
　　　　　　——提取任意盈余公积　40 000
　贷：盈余公积——法定盈余公积　50 000
　　　　　　　——任意盈余公积　40 000

外商投资企业根据有关法律规定，在税后利润中提取的职工奖励及福利基金不作为盈余公积进行会计处理，而应作为应付职工薪酬，在“应付职工薪酬”科目下单独设置“职工奖励及福利基金”明细科目进行核算。其账务处理为：外商投资小企业按照规定提取职工奖励及福利基金时，借记“利润分配——提取职工奖励及福利基金”科目，贷记“应付职工薪酬——职工奖励及福利基金”科目。

2. 盈余公积补亏

企业用盈余公积弥补亏损时，应借记“盈余公积”科目，贷记“利润分配——盈余公积补亏”科目。

【例 8.9】 某企业用以前年度提取的盈余公积弥补当年亏损 100 000 元。根据有关原始凭证，某企业应编制会计分录如下。

借：盈余公积　100 000
　贷：利润分配——盈余公积补亏　100 000

3. 盈余公积转增资本

企业用盈余公积转增资本时，借记“盈余公积”科目，贷记“实收资本”科目。

企业用盈余公积转增资本时，应当按照转增资本前的实收资本比例，将盈余公积转增资本的数额记入“实收资本”科目下各所有者的投资明细账，相应增加各所有者对企业的投资。此外，盈余公积转增资本时，以转增后留存的盈余公积不得少于注册资本的 25%为限。

【例 8.10】 因扩大经营规模需要，经股东大会批准，N 小企业将盈余公积 500 000 元转增股本。假定不考虑其他因素，该公司应作会计分录如下。

借：盈余公积 500 000

贷：实收资本 500 000

中外合作经营企业依据有关法律，根据合同规定在合作期间归还投资者的投资，实质是为了保护外方投资者的权益向外方投资者单方面分配利润，但是根据法律上同股同权的原则，也应同时向中方投资者分配利润，但是并不直接进行支付，因此，同金额增加盈余公积，用于以后期间向投资者分配。为此，应在“盈余公积”科目下单独设置“利润归还投资”明细科目进行核算。其账务处理为：中外合作经营企业根据合同规定在合作期间归还投资者的投资时，应按照实际归还投资的金额，借记“实收资本——已归还投资”科目，贷记“银行存款”科目；同时，借记“利润分配——利润归还投资”科目，贷记“盈余公积——利润归还投资”科目。

学中做

2013年，A小企业作为有限责任公司，实现了净利润2 000 000元，经过股东大会决议批准，按照10%的比例提取法定盈余公积金，按照6%的比例提取任意盈余公积金。

要求：根据上述经济业务，为A企业作账务处理。

第五节 未分配利润

一、未分配利润的概念

未分配利润是指企业实现的净利润，经过弥补亏损、提取法定公积金和任意公积金、向投资者分配利润后，留存在本企业的、历年结存的利润。未分配利润是企业未作分配的利润，是企业留待以后年度进行分配的结存利润，它在以后年度可继续进行分配，在未进行分配之前，属于所有者权益的组成部分。从数量上来看，未分配利润是期初未分配利润，加上本期实现的净利润，减去提取的各种盈余公积和分出的利润后的余额。

在会计处理上，未分配利润是通过“利润分配”科目进行核算的。“利润分配”科目核算企业利润的分配（或亏损的弥补）和历年分配（或弥补）后的余额。“利润分配”科目应按照“应付利润”、“未分配利润”等进行明细核算。

二、未分配利润的账务处理

未分配利润的账务处理，具体包含以下三个方面。

1. 分配股利或利润的会计处理

企业经股东大会或类似机构决议，根据有关规定分配给股东或投资者的现金股利或利润，借记“利润分配——应付利润”科目，贷记“应付股利”科目。

企业经股东大会或类似机构决议，分配给股东的股票股利，应在办理增资手续后，借记“利润分配——转作股本的股利”科目，贷记“股本”科目。

2. 未分配利润弥补亏损的会计处理

企业在当年发生亏损的情况下，将本年发生的亏损从“本年利润”科目转入“利润分配——未分配利润”科目时，应借记“利润分配——未分配利润”科目，贷记“本年利润”科目。结转后“利润分配”科目的借方余额，即为未弥补亏损的数额。然后通过“利润分配”科目核算有关亏损的弥补情况。

由于未弥补亏损形成的时间长短不同等原因，以前年度未弥补的亏损有的可以用当年实现的税前利润（即利润总额）弥补，有的则须用税后利润（即净利润）弥补。企业用当年实现的利润弥补以前年度结转的未弥补亏损，不需要进行专门的账务处理。企业应将当年实现的利润从“本年利润”科目转入“利润分配——未分配利润”科目的贷方，“利润分配——未分配利润”科目的贷方发生额与“利润分配——未分配利润”科目的借方余额自然抵补。无论是以税前利润还是以税后利润弥补亏损，其账务处理方法均相同。但是，两者在计算交纳所得税时的处理是不同的。在以税前利润弥补亏损的情况下，其弥补的数额可以抵减企业当年的应纳税所得额，而以税后利润弥补的数额，则不能在计算应纳税所得额时作扣除处理。

3. 未分配利润年末结转的会计处理

年度终了，企业应当将本年实现的净利润，自“本年利润”科目转入“利润分配——未分配利润”科目，借记“本年利润”科目，贷记“利润分配——未分配利润”科目；为净亏损的，编制相反的会计分录。同时，将“利润分配”科目所属的其他明细科目的余额转入“未分配利润”明细科目。结转后，“利润分配”科目除“未分配利润”明细科目外，其他明细科目应无余额。“利润分配”科目年末余额，反映小企业的未分配利润（或未弥补亏损）。“未分配利润”明细科目的贷方余额就是未分配利润的金额；如出现借方余额，则表示未弥补亏损的金额。

【例 8.11】 2013 年年末，A 企业股本为 18 000 000 元，每股面值 1 元。2013 年年初，未分配利润为贷方 2 000 000 元，2013 年实现净利润 12 000 000 元。2014 年 1 月 20 日，经过股东大会决议批准，按照 10%的比例提取法定盈余公积金，按照 6%的比例提取任意盈余公积金。同时，按照每股 0.3 元向企业股东派发现金股利，按照每 10 股送 2 股的比例派发股票股利。2014 年 2 月 20 日，A 企业用银行存款支付了全部的现金股利，同时，新增股本也已经办理好了相关的股权登记手续和增长手续。

根据上述经济业务，A 企业作账务处理如下。

（1）2013 年年末，A 企业结转本年实现的利润。

借：本年利润　　12 000 000

　　贷：利润分配——未分配利润　　12 000 000

（2）2014 年 1 月 20 日，A 企业批准提取法定盈余公积和任意盈余公积。

借：利润分配——提取法定盈余公积　　1 200 000

　　　　　　——提取任意盈余公积　　720 000

　　贷：盈余公积——法定盈余公积　　1 200 000

　　　　　　　　——任意盈余公积　　720 000

（3）A 小企业结转“利润分配”的明细科目。

借：利润分配——未分配利润　　1 920 000

贷：利润分配——提取法定盈余公积　1 200 000

——提取任意盈余公积　720 000

（4）2014 年 1 月 20 日，A 企业批准发放 2013 年现金股利。

现金股利 = 18 000 000 × 0.3 = 5 400 000（元）

借：利润分配——应付现金股利　5 400 000

贷：应付股利　5 400 000

（5）2014 年 2 月 20 日，A 企业实际支付现金股利。

借：应付股利　5 400 000

贷：银行存款　5 400 000

（6）2014 年 2 月 20 日，A 企业实际发放股票股利。

股票股利 = 18 000 000 × 1 × 20% = 3 600 000（元）

借：利润分配——转作股本的股利　3 600 000

贷：股本　3 600 000

借：利润分配——未分配利润　3 600 000

贷：利润分配——转作股本的股利　3 600 000

学中做

甲公司所得税税率为 25%，2013 年年初，未分配利润为 1 20000 元，2013 年实现利润总额 400 000 元。2013 年年末，分别按净利润的 10%、5%及 20%提取法定盈余公积、任意盈余公积及向投资人分配现金股利。

要求：计算所得税、净利润和年末未分配利润的数额；编制结转净利润和年终有关利润分配的会计分录。

本章小结

所有者权益，是指企业资产扣除负债后由所有者享有的剩余权益，又称为净资产。所有者权益包括实收资本（或股本，下同）、资本公积、盈余公积和未分配利润四项内容。

实收资本，是指投资者按照合同协议约定或相关规定投入到企业、构成企业注册资本的各种财产、物资的价值。企业收到投资者以现金或非货币性资产投入的资本，应当按照其在本企业注册资本中所占的份额计入实收资本，超出的部分，应当计入资本公积。企业对投资者投入资本的核算，应设置“实收资本”科目（股份制企业设“股本”科目）。实收资本增加的途径有三种：所有者投入、资本公积转为实收资本和盈余公积转为实收资本。实收资本减少的原因主要有资本过剩、发生重大亏损、短期内无力弥补而需要减少实收资本。

资本公积，是指企业收到的投资者出资额超过其在注册资本或股本中所占份额的部分。资本公积由企业全体投资者共同享有，其形成有特定来源，仅来源于企业投资者的投入。企业可用资本公积转增资本。为了核算资本公积的增减变动情况，应该设置“资本公积”科目。

盈余公积，是指企业按照法律规定在税后利润中提取的法定公积金和任意公积金。盈余公积来源于企业实现的净利润。企业提取的盈余公积，主要用于弥补亏损、转增资本和扩大企业生产经营。为了核算盈余公积的提取和使用情况，应该设置“盈余公积”科目。

未分配利润是指企业实现的净利润，经过弥补亏损、提取法定公积金和任意公积金、向投资者分配利润后，留存在本企业的、历年结存的利润。未分配利润是通过“利润分配——未分配利润”科目进行核算的。未分配利润的账务处理，具体包含分配股利或利润、未分配利润弥补亏损和未分配利润年末结转。

教学做一体化

知识测试

一、单项选择题

1. 企业所有者权益，在数量上等于（　　）。
   A. 企业流动负债减去长期负债后的差额
   B. 企业流动资产减去流动负债后的差额
   C. 企业长期负债减去流动负债后的差额
   D. 企业全部资产减去全部负债后的差额
2. 在股份有限公司，股东投入企业的资本，应通过（　　）科目进行核算。
   A. 实收资本　　B. 资本公积　　C. 盈余公积　　D. 股本
3. 股份有限公司发行股票的溢价收入应计入（　　）。
   A. 资本公积　　B. 实收资本　　C. 营业外收入　　D. 盈余公积
4. 企业用资本公积金转增股本时，会引起所有者权益总额的（　　）。
   A. 增加　　B. 减少
   C. 不变　　D. 既可能增加，也可能减少
5. 按现行制度规定，盈余公积金可以依法定的程序转增资本金，但转增资本金后，（　　）。
   A. 企业法定盈余公积金不受限制
   B. 企业法定盈余公积金不得高于转增前注册资本的25%
   C. 企业法定盈余公积金不得低于转增前注册资本的25%
   D. 企业任意盈余公积金必须为0
6. 下列会计事项中，会引起所有者权益总额发生变化的是（　　）。
   A. 从净利润中提取盈余公积　　B. 用盈余公积补亏
   C. 用盈余公积转增资本　　D. 向投资者分配现金股利
7. 下列各项中，能够使所有者权益增加的是（　　）。
   A. 提取盈余公积　　B. 盈余公积转增资本

C. 增发新股　　D. 资本公积转增资本

8. 公司在增资时，新的投资者缴纳的出资额大于其在注册资本中所占的份额部分，应计入（　　）。

A. 实收资本　　B. 股本　　C. 资本公积　　D. 盈余公积

9. 目前，我国公司制企业的法定盈余公积是按照净利润的（　　）提取的。

A. 5%　　B. 10%　　C. 15%　　D. 20%

10. 企业的任意盈余公积金可用于（　　）。

A. 弥补亏损　　B. 发放职工奖金

C. 发放职工住房补贴　　D. 弥补应付职工薪酬不足

11. 用盈余公积转增资本（股本）后，留存的盈余公积不得少于转增前注册资本的（　　）。

A. 20%　　B. 15%　　C. 25%　　D. 30%

12. 企业现有注册资本 2 000 万元，法定盈余公积余额 1 200 万元，则可用于转增企业资本的法定盈余公积最大数额为（　　）万元。

A. 500　　B. 700　　C. 800　　D. 1 200

13. 某公司“盈余公积”科目的年初余额为 100 万元，本期提取 135 万元，转增资本 80 万元，该公司“盈余公积”科目的年末余额为（　　）万元。

A. 135　　B. 155　　C. 315　　D. 235

14. 某企业年初未分配利润贷方余额为 200 万元，本年实现净利润 1 000 万元，提取法定盈余公积 100 万元、任意盈余公积 50 万元，则该企业年末可供分配利润为（　　）万元。

A. 1 200　　B. 1 100　　C. 1 050　　D. 1 000

二、多项选择题

1. 下列各项中，小企业的所有者权益包括（　　）。

A. 实收资本　　B. 资本公积　　C. 盈余公积

D. 未分配利润　　E. 已分配利润

2. 所有者权益与负债的区别有以下几个方面（　　）。

A. 性质不同　　B. 享有的权利不同

C. 偿还的顺序不同　　D. 偿还的期限不同

E. 风险的大小不同

3. 从利润中形成的所有者权益有（　　）。

A. 实收资本　　B. 资本公积　　C. 盈余公积　　D. 应付股利

E. 未分配利润

4. 在外部投入资本不变的情况下，所有者权益增长主要依赖于企业（　　）的增加。

A. 实收资本　　B. 盈余公积　　C. 资本公积　　D. 未分配利润

5. 盈余公积减少是由于（　　）。

A. 用盈余公积对外捐赠　　B. 用盈余公积弥补亏损

C. 用盈余公积转增资本　　D. 用盈余公积派发股利

E. 用盈余公积派发福利

6. 企业实收资本增加的途径主要有（　　）。

A. 投资者投入　　B. 盈余公积转增　　C. 资本公积转增

D. 银行借入　　E. 发行股票

7. 企业实收资本减少的主要原因是（　　）。

A. 实收资本转盈余公积　　B. 因资本过剩而减资

C. 实收资本转资本公积　　D. 因严重亏损而减资

E. 对投资者分配利润

8. 可引起所有者权益减少的事项有（　　）。

A. 发生亏损　　B. 用盈余公积弥补亏损

C. 发放股票股利　　D. 向投资者分配利润

E. 债务转为资本

9. 下列项目中属于资本公积的内容包括（　　）。

A. 企业收到投资者出资额超过其在注册资本或股本中所占份额的部分

B. 直接计入所有者权益的利得

C. 直接计入所有者权益的损失

D. 企业收到投资者的出资额

10. 企业盈余公积的用途主要是（　　）。

A. 弥补亏损　　B. 转增股本　　C. 集体福利

D. 分配股利　　E. 分配工资

11. 下列各项中，能引起企业盈余公积发生增减变动的有（　　）。

A. 溢价发行债券　　B. 用法定盈余公积转增资本

C. 用任意盈余公积弥补亏损　　D. 用任意盈余公积派发现金股利

E. 溢价发行股票

12. 下列各项中，能引起企业实收资本（股本）发生增减变动的有（　　）。

A. 企业原投资者将其所持该企业股权转让给其他投资者

B. 企业增资扩股

C. 企业减少注册资金

D. 企业通过利润分配派发股票股利

E. 支付管理费用

13. 企业可以吸收所有者的（　　）作为资本。

A. 货币资产　　B. 固定资产　　C. 租赁资产

D. 无形资产　　E. 流动资产

14. 留存收益包括（　　）。

A. 实收资本　　B. 盈余公积　　C. 未分配利润　　D. 资本公积

15. 法定盈余公积按税后利润的（　　）提取，超过注册资本总额的（　　）时可不再提取。

A. 10%　　B. 15%　　C. 30%

D. 50%　　E. 60%

16. 盈余公积可用于（　　）。

A. 弥补亏损　　B. 转增资本　　C. 派送新股

D. 发放工资　　E. 派发股票股利

17. 以下关于盈余公积的说法，正确的是（　　）。

A. 法定盈余公积累计额已达注册资本的60%时可不再提取该项公积金

B. 任意盈余公积主要是由公司制企业按照股东大会的决议提取

C. 企业以盈余公积弥补亏损，应由董事会提议，经股东大会批准

D. 盈余公积转增资本时，转增资本后的盈余公积的数额不得少于注册资本的25%

E. 法定盈余公积累计额已达注册资本的50%时，可不再提取该项公积金

18. 在我国，下列可用于弥补企业经营亏损的一般途径有（ ）。

A. 用资本公积补亏　　B. 用盈余公积补亏

C. 用以后赢利年度的税后利润补亏　　D. 用以后赢利年度的税前利润补亏

19. 下列不需要进行会计处理的业务有（ ）。

A. 用盈余公积转增资本　　B. 用资本公积转增资本

C. 用税前利润补亏　　D. 用税后利润补亏

E. 取得股票股利

20. 下列各项中，不会引起留存收益总额发生增减变动的有（ ）。

A. 提取任意盈余公积　　B. 盈余公积弥补亏损

C. 用盈余公积分配现金股利　　D. 提取法定盈余公积

E. 债务转为资本

三、判断题

1. 资本公积可以转增资本，也可以弥补亏损。（ ）
2. 任意盈余公积金主要用于企业职工的各种福利支出。（ ）
3. 对于一个企业，投资者投入的资金，并不全部构成实收资本。（ ）
4. 资本公积的形成与企业净利润无关。（ ）
5. 所有者向企业投入的资本，在一般情况下不需要偿还并可长期周转使用。（ ）
6. 法定盈余公积达到注册资本的50%时，不应再提取。（ ）

技能演练

1. 2013年6月1日，A小企业作为有限责任公司成立，由甲、乙、丙、丁四人共同出资，公司注册资本为6 000 000元，其中，甲、乙、丙、丁的持股比例分别为40%、30%、20%和10%。当日，所有的投资都已经一次性存入相关银行账户。

要求：根据上述经济业务，为A企业作账务处理。

2. 2013年2月5日，为扩大经营规模，经批准，小企业甲公司注册资本增加800万元，通过吸收新投资者实现。新的投资者投入现金600万元以及专用设备一台，设备经评估确定的价值为300万元，增值税进项税额为51万元。

要求：根据上述经济业务，为甲公司作账务处理。

3. 2013年1月，甲公司由A、B、C三个公司组建而成，总股本为300 000元。A公司投入100 000元货币资金，B公司投入60 000元的生产线和40 000元的一栋厂房，C公司投入100 000元的一项专利技术。3年后，甲公司留存收益为420 000元。经股东大会决定，吸收D公司加入，经协商，D公司出资200 000元货币资金，占该公司20%的股份。

要求：根据以上资料编制相关会计分录。

4. 2013年8月1日，C企业收到D企业的非现金资产投资，D企业用一台高技术的生产设

备投入C企业，从而可以参加C企业的加速成长过程，分享发展成果，这台机器设备可以折合成C企业的股份为100 000元，经过协商，这台机器设备评估确认的价值是120 000元。

要求：根据上述经济业务，为C企业作账务处理。

5. 2010年2月1日，B小企业作为有限责任公司成立，由甲、乙、丙三人共同出资，公司注册资本为5 000 000元，其中，甲、乙、丙的持股比例分别为40%、40%和20%。2013年2月1日，由于企业发展形势良好，为了扩大生产经营规模，当日，所有的投资者甲、乙、丙三人决定按照原出资比例将资本公积1 000 000元转增实收资本。

要求：根据上述经济业务，为B企业作账务处理。

6. 2013年4月1日，B小企业作为有限责任公司，经过股东大会决议批准，决定将法定盈余公积800 000元转增资本，B企业有三位股东甲、乙、丙，其各自所持的股份比例分别为40%、30%和30%，B企业已经办理好了相关的手续。

要求：根据上述经济业务，为B企业作账务处理。

7. 2013年3月1日，C小企业作为有限责任公司，经过股东大会决议批准，决定将法定盈余公积300 000元弥补经营亏损，C企业已经办理好了相关的手续。

要求：根据上述经济业务，为C企业作账务处理。

8. A企业2013年发生如下业务。

（1）该年实现税后利润500 000元。

（2）按税后利润10%、5%计提法定盈余公积和任意盈余公积。

（3）决定用资本公积300 000元、盈余公积200 000元转增股本。

要求：根据上述经济业务，为A企业作账务处理。

第九章

收入、费用和利润

【学习目标】

知识目标 掌握商品销售收入和提供劳务收入的确认原则与方法，掌握各种期间费用和营业外收支的内容，掌握所得税、利润、利润分配的计算方法。

能力目标 能进行营业收入、营业成本、期间费用、营业外收支、所得税、利润、利润分配的核算；能计算所得税费用、营业利润、利润总额、净利润和应分配的利润。

【导入案例】

【案例一】 **收入该如何确认呢？**

张某是甲公司的市场部经理，他向乙公司出售了12件产品。销售合同是在2013年4月27日签订的。合同规定，每件产品的目录价格为1 200元，但是，由于乙公司是老客户可享有5%的数量折扣，产品将于5月10日交货。如果乙公司能在6月10日之前支付货款，还将给予所欠金额2%的现金折扣。5月10日，甲公司按期交货并于6月9日收到相应货款。

请分析

1. 收入是在4月、5月还是6月确认？确认多少？请解释。
2. 假定甲公司在6月9日收到现金，应如何进行账务处理？
3. 假定其中某一件产品有划痕，甲公司同意从乙公司所欠总金额中减去100元，那么6月9日收到现金时应如何进行账务处理？

【案例二】 **可以这样分配利润吗？**

2010年，工程师陈海与另外两位投资人共同出资500万元创建海达机械科技有限公司，生产摩托车使用的化油器关键部件。该部件由陈海研制开发，公司运作也由他负责，另外两位出资人不经办公司业务。公司创建初期，由于大量投入和试验，到2010年年底亏损150万元。由于该公司产品科技含量高，比其他替代产品具有明显的技术优势，第二年产品很快就在市场上打开销路，2011年年底实现利润120万元。经全体出资人同意，公司将2011年实现的利润全部用于购建固定资产进行扩大再生产，不进行利润分配。2012年，公司经营一直非常稳定，实现利润200万元。由于预见到公司现有的规模已经可以满足客户的产品需求，陈海建议召开全体出资人大会，讨论在2013年上半年进行公司成立以来的第一次利润分配。

在出资人会议上，陈海向另外两位出资人简要介绍了公司2012年度的经营情况，以及对公司未来发展的判断。他认为公司在短期内不会进行大的扩张，建议公司对实现利润进行分配，以保障公司股东的利益。按照陈海的意见，公司将把2012年实现的全部利润200万元，按照投资比例分配给全体股东，其余两位投资人表示同意。陈海按照出资人会议的决定，要求公司财务经理将有关的款项从公司账户中支付给三个出资人。但公司财务经理向陈海提出公司 2012

年实现的利润200万元不可以全部分配给股东。以下是两人的对话。

财务经理：陈总，我不能按照这个决议将200万元利润全部分配给投资人。

陈海：为什么？公司是我们三个人的，没用国家一分钱，也没有少缴国家的税收，为什么我们不能拿走属于我们的东西？

财务经理：按照我国有关规定，公司的利润分配是有顺序的。根据我们公司的情况，出资人不能从公司拿走今年所实现的全部利润，可供股东分配的利润要比200万元少。

陈海：我要看到这些规定，而且我想搞清楚我们到底可分配多少利润，请你向我提供一份报告。

请分析：

1. 海达公司可以将2012年度实现的200万元利润全部分配给股东吗？为什么？
2. 截至2012年末，海达公司账面上可分配的利润是多少？
3. 假定海达公司章程约定不提取任意盈余公积金，该公司最多可以分配给股东多少利润？

第一节 收 入

一、收入的特征及其分类

收入，是指企业在日常活动中形成的、会导致所有者权益增加、与所有者投入资本无关的经济利益的总流入，包括销售商品收入和提供劳务收入。

收入分为狭义收入和广义收入。狭义收入是指企业在销售商品、提供劳务等日常生产经营活动中形成的、会导致所有者权益增加、与所有者投入资本无关的经济利益的总流入。广义收入是指会计期间内经济利益的总流入，其表现形式为资产增加或负债减少而引起的所有者权益增加，但不包括与所有者出资有关的资产增加或负债减少。我国《企业会计准则》和《小企业会计准则》都将收入定义为狭义收入。

（一）收入的特征

根据收入的定义，收入具有以下几方面的特征。

1. 收入是企业在日常活动中形成的

日常活动是指企业为完成其经营目标所从事的经常性活动及其与之相关的活动。例如，工业企业制造和销售产品，建筑业企业建筑房屋，零售业企业销售商品，等等，均属于企业的日常活动。明确界定日常活动是为了将收入与利得区分，因为企业非日常活动所形成的经济利益的流入不能确认为收入，而应当计入利得。例如，企业转让固定资产属于非日常活动，这是因为企业持有固定资产的主要目的是通过使用生产产品而不是为了出售。因此，转让固定资产所形成的经济利益的流入就不应确认为收入，而应计入营业外收入。

2. 收入会导致所有者权益的增加

与收入相关的经济利益的流入应当会导致企业所有者权益的增加，而不会增加企业所有者权益的经济利益的流入不符合收入的定义，不应确认为收入。例如，企业向银行借入款项，尽管也导致了经济利益流入企业，表现为增加了企业的现金或银行存款，但该笔借款的取得并不会增加企业的所有者权益，反而会使企业承担一项现时义务，表现为对银行的欠款。企业对于因借入款项所导致的经济利益的增加，不应将其确认为收入，应当确认为一项负债。收入也不包括为第三方或客户代收的款项。如企业代税务机关向客户收取的增值税（即销项税额）。这些代收的款项，一方面增加企业的资产（如现金），一方面增加企业的负债，而不增加企业的所有者权益，不能作为该企业的收入。

3. 收入是与所有者投入资本无关的经济利益的总流入

收入应当会导致经济利益的流入，从而导致资产的增加。但是在实务中，经济利益的流入有时是所有者投入资本的增加所导致的，所有者投入资本的增加不应当确认为收入，应当将其直接确认为所有者权益的增加。

（二）收入的分类

按企业从事日常活动的性质，可以将收入分为：销售商品收入和提供劳务收入。销售商品收入是指企业通过销售商品实现的收入，如工业企业制造并销售产品、商业企业销售商品等实现的收入。提供劳务收入是指企业通过提供劳务实现的收入，如咨询公司提供咨询服务、软件开发企业为客户开发软件、安装公司提供安装服务等实现的收入。

按企业经营业务的主次分类，收入分为主营业务收入和其他业务收入。主营业务，是指企业日常活动中的主要活动，可以根据企业营业执照上注明的主营业务范围来确定。例如，零售业企业的主营业务是销售商品，交通运输业企业的主营业务是提供道路货物运输和公路旅客运输。主营业务形成的收入就称为主营业务收入。其他业务，是指企业除主营业务以外的其他日常活动，可以通过企业营业执照上注明的兼营业务范围来确定。例如，工业企业销售材料、提供非工业性劳务等。其他业务形成的收入，通常称作其他业务收入。

二、销售商品收入

（一）销售商品收入的确认和计量

销售商品收入是指企业销售商品（或产成品、材料，下同）取得的收入。这里所指的“商品”包括企业为销售而生产的产品和为转售而购进的商品，如工业企业生产的产品、商业企业购进的商品等，企业销售的其他存货，如原材料、包装物等，也视同企业的商品。

1. 销售商品收入的确认

一般情况下，企业应当在发出商品且收到货款或取得收款权利时，确认销售商品收入。因此，确认销售商品收入有两个标志：一是物权的转移，表现为发出商品；二是收到货款或取得收款权利。企业销售商品同时满足这两个条件时，通常就应当确认为收入。发出商品通常是指企业将所售商品交付给购买方或购买方已提取所购商品，但是所售商品是否离开企业并不是发出商品的必要条件。如果企业已经完成销售手续，如购买方直接采取交款提货方式，在发票已经开出，货款已经收到，提货单也已经交给购买方时，无论商品是否已被购货方提取，都应作为发出商品处理。因为此时商品所有权已经转移给购买方，购买方随时可以凭单提货。在实务中，各种销售方式下销售商品收入确认的时点有所不同，详见本节对各种销售方式下销售商品收入账务处理的介绍。

2. 销售商品收入的计量

企业应当按照从购买方已收或应收的合同或协议价款，确定销售商品收入金额。但是，如果销售商品的合同或协议价款中包含了不属于销售方的金额，如企业作为增值税一般纳税人销售商品，应向购买方收取的增值税销项税额，在计量收入金额时应当从价款中扣除。

企业销售商品的过程中往往会涉及现金折扣、商业折扣等问题。企业在计量销售商品收入的金额时，应当考虑这些影响收入金额的因素。

（1）现金折扣是指债权人为鼓励债务人在规定的期限内付款而向债务人提供的债务扣除。现金折扣通常发生在企业以赊销方式销售商品中。企业为了鼓励购买方提前支付货款，与购买方（即债务人）达成协议，债务人在不同的期限内付款可享受不同比例的折扣。销售商品涉及现金折扣的，应当按照扣除现金折扣前的金额确定销售商品收入金额。待到实际发生现金折扣时，将给予购买方的现金折扣金额计入财务费用，视为企业销售商品过程中发生的融资费用。

（2）商业折扣是指企业为促进商品销售而在商品标价上给予的价格扣除。商业折扣与现金折扣的区别在于，商业折扣是在确定所售商品价款之前已存在的因素，而现金折扣则是在确定所售商品价款之后在结算过程中出现的因素。企业销售商品涉及商业折扣的，应当按照扣除商业折扣后的金额确定销售商品收入金额。

（二）销售商品收入的账务处理

为了核算企业由于主营业务所取得的收入，应设置“主营业务收入”会计科目。该科目贷方登记企业销售商品、提供劳务等日常活动取得的收入，借方登记企业发生销货退回、销售折让等冲减的收入，或期末结转入“本年利润”会计科目的收入。“主营业务收入”科目月末一般无余额。该会计科目按主营业务种类设置明细账，进行明细核算。

确认销售商品收入时，企业应按已收或应收的合同或协议价款，加上应收取的增值税税额，借记“银行存款”、“应收账款”、“应收票据”等科目；按确定的收入金额，贷记“主营业务收入”、“其他业务收入”等科目；按应收取的增值税税额，贷记“应交税费——应交增值税（销项税额）”科目。

1. 采用现金、支票、汇兑、信用证等方式销售商品

采用现金、支票、汇兑、信用证等方式销售商品，由于不存在购买方承付的问题，商品一经发出即收到货款或取得收款权利，因而在商品办完发出手续时即应确认收入。在这种销售方式下，发出商品是确认收入的重要标志。

2. 托收承付方式销售商品

在托收承付这种销售方式下，企业发出商品并办妥托收手续时，通常表明企业已经取得收款的权利，可以确认为收入。在这种销售方式下，办妥托收手续是确认收入的重要标志。因此，销售商品采用托收承付方式的，在办妥托收手续时确认销售商品收入。

【例 9.1】 2013 年 3 月 12 日，甲公司向乙公司销售一批商品，开出的增值税专用发票上注明的销售价格为 100 000 元，增值税税额为 17 000 元，商品已经发出并办妥托收手续；该批商品成本为 60 000 元。甲公司 2013 年 4 月 20 日收到款项。甲公司应作账务处理如下。

（1）2013 年 3 月 12 日，发出商品时

借：应收账款	117 000	
贷：主营业务收入		100 000
应交税费——应交增值税（销项税额）		17 000
借：主营业务成本	60 000	
贷：库存商品		60 000

（2）2013 年 4 月 20 日，收到款项时

借：银行存款 117 000

贷：应收账款 117 000

学中做

2013 年 1 月 10 日，甲公司采用托收承付结算方式销售一批商品，开出的增值税专用发票上注明售价为 600 000 元，增值税税额为 102 000 元；商品已经发出，并已向银行办妥托收手续；该批商品的成本为 420 000 元。

要求：为甲公司上述经济业务编制会计分录。

（1）借：

贷：

（2）借：

贷：

3. 预收款方式销售商品

预收款方式销售商品，是指购买方在商品尚未收到前按合同或协议约定分期付款，销售方在收到最后一笔款项时才交货的销售方式。在这种销售方式下，企业发出商品即意味着企业作为销售方已经收到了购买方支付的最后一笔款项，应将收到的货款全部确认为收入，在此之前预收的货款应确认为预收账款。因此，销售商品采取预收款方式的，在发出商品时确认为收入，在此之前预收的货款应确认为负债。

【例 9.2】 甲公司与乙公司签订协议，采用预收款方式向乙公司销售一批商品。协议约定，该批商品销售价格为 500 000 元，增值税税额为 85 000 元，乙公司应在协议签订时预付 60%的货款（按不含增值税销售价格计算），剩余货款于两个月后支付。该批商品实际成本为 350 000 元。甲公司应作账务处理如下。

（1）收到 60%货款时

借：银行存款 300 000

贷：预收账款 300 000

（2）收到剩余货款及增值税税额并确认收入时

借：预收账款 300 000

银行存款 285 000

贷：主营业务收入 500 000

应交税费——应交增值税（销项税额） 85 000

借：主营业务成本 350 000

贷：库存商品 350 000

4. 分期收款方式销售商品

分期收款方式销售商品，是指商品已经交付，但货款分期收回的销售方式。该销售方式的特点是：商品价值较大，收款期限较长，收取货款的风险较大。在这种销售方式下，企业按照合同约定开出销售发票是确认收入的重要标志。采用该方式销售商品时，在合同或协议约定的

收款日期分别确认为收入，同时按商品全部销售成本与全部销售收入的比例分期计算并结转销售成本。

【例 9.3】 2013 年 3 月 1 日，A 企业采用分期收款方式销售 B 商品一件，售价 40 万元，成本 20 万元，增值税税率为 17%，合同约定每半年收款一次，款项分 4 次等额收回，发出商品时先收取第一期货款。销货方 A 企业应作账务处理如下。

（1）发出 B 商品。

借：发出商品　200 000

　贷：库存商品——B 商品　200 000

（2）收到第一期货款。

借：银行存款　117 000

　贷：主营业务收入　100 000

　　应交税费——应交增值税（销项税额）　17 000

按比例结转商品销售成本 50 000 元（200 000 ÷ 400 000 × 100 000）。

借：主营业务成本　50 000

　贷：发出商品　50 000

（3）以后各期在合同约定收款日。

借：应收账款（或银行存款）　117 000

　贷：主营业务收入　100 000

　　应交税费——应交增值税（销项税额）　17 000

按比例结转商品销售成本 50 000 元（200 000 ÷ 400 000 × 100 000）。

借：主营业务成本　50 000

　贷：发出商品　50 000

5. 支付手续费方式委托代销商品

销售商品采用支付手续费方式委托代销的，委托方在收到受托方转来的代销清单时确认为收入。受托方应在所受托商品销售后，将按合同或协议约定计算确定收取的手续费确认为收入。

【例 9.4】 甲企业委托乙企业销售 A 商品 200 件，协议约定价为每件 100 元，A 商品成本为每件 50 元，增值税税率为 17%，甲企业收到乙企业开来的代销清单时开具增值税专用发票，发票上注明售价 20 000 元，增值税税额为 3 400 元。协议约定甲企业按售价的 10%支付给乙企业手续费。

甲企业应作账务处理如下。

（1）将 A 商品交给乙企业。

借：委托代销商品——乙企业　10 000

　贷：库存商品——A 商品　10 000

（2）收到代销清单。

借：应收账款——乙企业　23 400

　贷：主营业务收入　20 000

　　应交税费——应交增值税（销项税额）　3 400

借：主营业务成本　10 000

　贷：委托代销商品——乙企业　10 000

借：销售费用——代销手续费 2 000

贷：应收账款——乙企业 2 000

（3）收到乙企业汇来的货款净额。

借：银行存款 21 400

贷：应收账款——乙企业 21 400

乙企业应作账务处理如下。

（1）收到甲企业发来的A商品。

借：受托代销商品——甲企业 20 000

贷：受托代销商品款——甲企业 20 000

（2）实际销售。

借：银行存款 23 400

贷：应付账款——甲企业 20 000

应交税费——应交增值税（销项税额） 3 400

借：应交税费——应交增值税（进项税额） 3 400

贷：应付账款——甲企业 3 400

借：受托代销商品款——甲企业 20 000

贷：受托代销商品——甲企业 20 000

（3）归还甲企业货款并扣收代销手续费（假设代销业务为乙企业的主营业务）。

借：应付账款——甲企业 23 400

贷：银行存款 21 400

主营业务收入 2 000

小知识

"发出商品"会计科目核算企业未满足收入确认条件但已发出商品的实际成本（或进价）或计划成本（或售价）。借方登记未满足收入确认条件的发出商品的实际成本（或进价）或计划成本（或售价）；贷方登记退回商品的实际成本（或进价）或计划成本（或售价），以及满足收入确认条件的发出商品的销售成本结转数；期末借方余额反映企业发出商品的实际成本（或进价）或计划成本（或售价）。该会计科目可按购货单位、商品类别和品种进行。

6. 以旧换新销售商品

以旧换新销售商品，是指销售方在销售商品的同时回收与所售商品相同的旧商品。在这种销售方式下，销售的商品应当按照销售商品收入确认条件确认收入，作为商品销售处理；回收的商品作为购进商品处理。在这种销售方式下，发出新商品和取得旧商品是确认收入的重要标志。

【例9.5】 A家电公司采用以旧换新方式销售给甲企业家电商品200台，单位售价为5 000元，增值税税率为17%，单位成本为3 000元，款项已收入银行；同时收回200台同类家电商品，每台回收价为500元（不考虑增值税）。家电公司应作账务处理如下。

（1）A家电公司将200台家电商品销售给甲企业时：

借：银行存款 1 170 000

贷：主营业务收入 1 000 000

应交税费——应交增值税（销项税额） 170 000

（2）结转商品销售成本时：

借：主营业务成本 600 000

贷：库存商品 600 000

（3）收回 200 台同类家电时：

借：库存商品 100 000

贷：银行存款 100 000

学中做

2013 年 4 月 1 日，A 小企业向 B 公司销售一批商品，开出的增值税专用发票上注明的销售价格为 10 000 元，增值税税额为 1 700 元。为及早收回货款，A 小企业和 B 公司约定的现金折扣条件为“2/10，1/20，*n*/30”。假定计算现金折扣时不考虑增值税税额。

要求：分别假定购货方于 4 月 9 日、4 月 18 日、4 月 30 日付款。请为 A 企业上述经济业务编制会计分录。

7. 销售退回

销售退回是指企业售出的商品由于质量、品种不符合要求等原因发生的退货。对于已确认销售商品收入的售出商品发生销售退回的，不论此销售业务是发生在本年度还是发生在以前年度，企业均应当在该笔退货实际发生时冲减退货当期（通常为当月）的销售商品收入。

【例 9.6】 A 企业于 2010 年 11 份销售一批丙商品给 C 企业，增值税发票上注明货款 20 000 元，增值税税额 3 400 元，收到对方签发转账支票一张，商品已发出。A 企业应作账务处理如下。

（1）企业在销售实现，确认收入时：

借：银行存款 23 400

贷：主营业务收入 20 000

应交税费——应交增值税（销项税额） 3 400

（2）如该批丙商品成本为 17 000 元，A 企业于 11 月底结转销售成本编制会计分录如下。

借：主营业务成本 17 000

贷：库存商品——丙商品 17 000

（3）当年 12 月份，上述丙商品因质量严重不合格被买方 C 企业退回，A 企业收到退回的丙商品，并签发一张转账支票退回货款及税款。A 企业编制如下会计分录。

借：主营业务收入 20 000
　　应交税费——应交增值税（销项税额） 3 400
　　贷：银行存款 23 400
借：库存商品——丙商品 17 000
　　贷：主营业务成本 17 000

学中做

甲公司于2013年2月20日销售商品一批，增值税专用发票上注明售价为350 000元，增值税税额是59 500元；该批商品成本为182 000元。该批商品于2月20日发出，购货方于3月1日付款。甲公司对该项销售确认了销售收入。3月15日，该商品出现严重质量问题，购货方将该批商品全部退回给甲公司。甲公司同意退货，于退货当日支付了退货款，并按规定向购货方开具了增值税专用发票（红字）。

要求：请为甲公司上述经济业务编制会计分录。

8. 销售折让

销售折让是指企业因售出商品的质量不合格等原因而在售价上给予的减让。企业已经确认销售商品收入的售出商品发生的销售折让，不论此销售业务是发生在本年度还是发生在以前年度，企业均应当在该笔折让实际发生时冲减当期（通常为当月）的销售商品收入。

【例9.7】 A企业向B企业销售乙商品1 000件，增值税发票上注明销售单价60元，总计60 000元，增值税税额10 200元。货到后买方B企业发现商品质量不合格，经协商A企业同意在价格上给予B企业4%的折让。A企业应作账务处理如下。

（1）销售实现时：

借：应收账款——B企业 70 200
　　贷：主营业务收入 60 000
　　　　应交税费——应交增值税（销项税额） 10 200

（2）发生销售折让时：

借：主营业务收入 2 400
　　应交税费——应交增值税（销项税额） 408
　　贷：应收账款——B企业 2 808

（3）实际收到款项时：

借：银行存款 67 392
　　贷：应收账款——B企业 67 392

学中做

2013年6月1日，A企业向B公司销售一批商品，开出的增值税专用发票上注明的销售价格为8 000元，增值税税额为1 360元，款项尚未收到；该批商品成本为6 400元。B公司在验收过程中发现商品外观上存在瑕疵，基本上不影响使用，要求A企业在价格上（不含增值税税额）给予5%的减让。假定A企业已确认销售收入，与销售折让有关的增值税税额税务机关允许冲减。

要求：请为A企业上述经济业务编制会计分录。

导入案例解析

案例一　收入该如何确认

1. 收入应该在5月份确认。确认的金额应为13 680元。该金额为扣除商业折扣但未扣除现金折扣的金额。计算如下：确认的收入金额=12 × 1 200 × (1−5%)=13 680（元）。

2. 6月9日收到现金时，应编制如下会计分录。

借：银行存款	13 406.40	
财务费用	273.64	
贷：应收账款——乙公司		13 680

3. 6月9日收到现金时，应编制如下会计分录。

（1）给予乙公司100元的销售折让。

借：主营业务收入	100	
贷：应收账款		100

（2）给予乙公司2%的现金折扣。

借：银行存款	13 308.40	
财务费用	271.60	
贷：应收账款——乙公司		13 580

三、提供劳务收入

企业提供劳务的收入，是指企业从事建筑安装、修理修配、交通运输、仓储租赁、邮电通信、咨询经纪、文化体育、科学研究、技术服务、教育培训、餐饮住宿、中介代理、卫生保健、社区服务、旅游、娱乐、加工以及其他劳务服务活动取得的收入。

（一）会计年度内完成的劳务收入的确认和计量

1. 会计年度内完成的劳务收入的确认

同一会计年度内开始并完成的劳务，应当在提供劳务交易完成且收到款项或取得收款权利时，确认提供劳务收入。这一确认原则包含了两个条件，并且两个条件应当同时具备：①收入确认的前提是劳务已经完成。②收到款项或取得收款的权利，表明收入金额能够可靠地确定并且该经济利益能够流入小企业。

2. 会计年度内完成的劳务收入的计量

提供劳务收入的金额为从接受劳务方已收或应收的合同或协议价款。由于会计年度内完成的劳务与销售商品非常类似，只是所提供商品的形态不同，一个是不具有实物形态，一个是具有实物形态。因此，对会计年度内完成的劳务收入的确认和计量原则，与销售商品收入的确认和计量原则完全相同。

企业对外提供劳务，如果属于企业的主营业务，所实现的收入应作为主营业务收入处理，结转的相关成本应作为主营业务成本处理；如果属于主营业务以外的其他经营活动，所实现的收入应作为其他业务收入处理，结转的相关成本应作为其他业务成本处理。企业对外提供劳务发生的支出一般先通过“劳务成本”科目予以归集，待确认为费用时，再由“劳务成本”科目转入“主营业务成本”或“其他业务成本”科目。

对于一次就能完成的劳务，企业应在提供劳务完成时确认收入及相关成本。对于持续一段时间但在同一会计年度内开始并完成的劳务，企业应在为提供劳务发生相关支出时确认劳务成本，劳务完成时再确认劳务收入，并结转相关劳务成本。

【例 9.8】 2013 年 3 月 10 日，企业甲公司接受一项设备安装任务，该安装任务可在 3 月底完成，合同总价款为 20 万元，实际发生安装成本 12 万元，均为职工薪酬。假定安装业务属于甲公司的主营业务，甲公司在安装完成时应作账务处理如下。

借：应收账款　　200 000
　　贷：主营业务收入　　200 000
借：主营业务成本　　120 000
　　贷：应付职工薪酬　　120 000

假定上述安装业务当年 8 月安装完成，假定甲公司不对外提供季度报表。

（1）3—8 月累计发生成本时：

借：劳务成本　　120 000
　　贷：应付职工薪酬　　120 000

（2）安装完成确认所提供劳务收入并结转该项劳务总成本时：

借：应收账款　　200 000
　　贷：主营业务收入　　200 000
借：主营业务成本　　120 000
　　贷：劳务成本　　120 000

（二）跨会计年度完成的劳务收入的确认和计量

1. 跨会计年度完成的劳务收入的确认

跨会计年度完成的劳务，通常是指企业受托加工制造机械设备等，以及从事建筑、安装、装配工程业务或者提供劳务等，持续时间超过 12 个月。劳务的开始和完成分属不同会计年度的，应当按照完工进度确认提供劳务收入。企业确定提供劳务交易的完工进度，可以选用下列方法。

（1）测量已完工工作量，如完成的工程形象进度。这是一种比较专业的测量方法，由专业测量师对已经提供的劳务进行测量，并按一定方法计算确定提供劳务交易的完工程度。

（2）测算已经提供的劳务量占应提供劳务总量的比例。

（3）计算已经发生的成本占估计的提供劳务成本总额的比例。这种方法主要以成本为标准，确定提供劳务交易的完工程度。

2. 跨会计年度完成的劳务收入的计量

在年度资产负债表日，按照提供劳务收入总额乘以完工进度扣除以前会计年度累计已确认提供劳务收入后的金额，确认为本年度提供劳务收入；同时，按照估计的提供劳务成本总额乘以完工进度扣除以前会计年度累计已确认劳务成本后的金额，结转本年度营业成本。用公式表示如下：

本期确认的收入= 劳务总收入 × 本期末止劳务的完工进度 - 以前期间累计已确认的收入

本期确认的成本 = 劳务总成本 × 本期末止劳务的完工进度 - 以前期间累计已确认的成本

在采用完工百分比法确认提供劳务收入的情况下，发生劳务成本时，借记“劳务成本”科目，贷记“应付职工薪酬”科目；按计算确定的提供劳务收入金额，借记“应收账款”、“银行存款”等科目，贷记“主营业务收入”科目。结转提供劳务成本时，借记“主营业务成本”科目，贷记“劳务成本”科目。

【例 9.9】 A 公司于 2013 年 12 月 1 日接受一项设备安装任务，安装期为 3 个月，合同总收入为 400 000 元，至年底已预收安装费为 250 000 元，实际发生安装费用为 150 000 元（假定均为安装人员薪酬），估计还会发生 150 000 元。假定 A 公司按实际发生的成本占估计总成本的比例确定劳务的完工进度，不考虑其他因素。

实际发生的成本占估计总成本的比例=150 000 ÷（150 000+150 000）=50%

2013 年 12 月 31 日确认的提供劳务收入=400 000 × 50%−0=200 000（元）

2013 年 12 月 31 日结转的提供劳务成本=（150 000+150 000）× 50%−0

=150 000（元）

A 公司应作账务处理如下。

（1）实际发生劳务成本时：

借：劳务成本 150 000

贷：应付职工薪酬 150 000

（2）预收劳务款时：

借：银行存款 250 000

贷：预收账款 250 000

（3）2013 年 12 月 31 日，确认提供劳务收入并结转劳务成本时：

借：预收账款 200 000

贷：主营业务收入 200 000

借：主营业务成本 150 000

贷：劳务成本 150 000

【例 9.10】 甲公司于 2013 年 10 月 1 日与丙公司签订合同，为丙公司定制一项软件，工期大约 5 个月，合同总收入为 5 000 000 元。至 2013 年 12 月 31 日，甲公司已发生成本 2 400 000 元（假定均为开发人员薪酬），预收账款 3 000 000 元。甲公司预计开发该软件还将发生成本 600 000 元。2013 年 12 月 31 日，经专业测量师测量，该软件的完工进度为 60%，甲公司应作账务处理如下。

2013 年 12 月 31 日确认提供劳务收入=5 000 000 × 60% − 0 = 3 000 000（元）

2013 年 12 月 31 日确认提供劳务成本=(2 400 000+600 000) × 60%−0

= 1 800 000（元）

（1）实际发生劳务成本时:

借：劳务成本　　2 400 000

　　贷：应付职工薪酬　　2 400 000

（2）预收劳务款项时:

借：银行存款　　3 000 000

　　贷：预收账款　　3 000 000

（3）2013 年 12 月 31 日确认劳务收入并结转劳务成本时:

借：预收账款　　3 000 000

　　贷：主营业务收入　　3 000 000

借：主营业务成本　　1 800 000

　　贷：劳务成本　　1 800 000

（三）同时销售商品和提供劳务交易

企业与其他企业签订的合同或协议同时包含销售商品和提供劳务时，销售商品部分和提供劳务部分能够区分且能够单独计量的，应当将销售商品的部分作为销售商品处理，将提供劳务的部分作为提供劳务处理。销售商品部分和提供劳务部分不能够区分，或虽能够区分但不能够单独计量的，应当全部作为销售商品处理。

【例 9.11】 A 企业与乙公司签订合同，向乙公司销售一部机器并负责安装。A 企业开出的增值税专用发票上注明的价款合计为 200 000 元，其中机器销售价格为 196 000 元，安装费为 4 000 元，增值税税额为 34 000 元。机器的成本为 110 000 元；机器安装过程中发生安装费 3 000 元，均为安装人员薪酬。假定机器已经安装完成并经验收合格，款项尚未收到；安装工作是销售合同的重要组成部分。A 企业应作账务处理如下。

（1）机器发出结转成本 110 000 元。

借：发出商品　　110 000

　　贷：库存商品　　110 000

（2）实际发生安装费用 3 000 元。

借：劳务成本　　3 000

　　贷：应付职工薪酬　　3 000

（3）确认销售机器和提供劳务收入 200 000 元。

借：应收账款　　234 000

　　贷：主营业务收入——销售商品　　196 000

　　　　　　　　　　——提供劳务　　4 000

　　　　应交税费——应交增值税（销项税额）　　34 000

结转销售商品成本 110 000 元和安装成本 3 000 元。

借：主营业务成本　　110 000

贷：发出商品 110 000

借：主营业务成本 3 000

贷：劳务成本 3 000

【例 9.12】 承例 9.11，假定机器销售价格和安装费用无法区分。A 小企业应作账务处理如下。

（1）机器发出结转成本 110 000 元。

借：发出商品 110 000

贷：库存商品 110 000

（2）发生安装费用 3 000 元。

借：劳务成本 3 000

贷：应付职工薪酬 3 000

（3）销售实现，确认收入 200 000 元，并结转成本 113 000 元。

借：应收账款 234 000

贷：主营业务收入 200 000

应交税费——应交增值税（销项税额） 34 000

借：主营业务成本 113 000

贷：发出商品 110 000

劳务成本 3 000

第二节 费　用

一、费用的特征

费用是指企业在日常生产活动中发生的、会导致所有者权益减少、与向所有者分配利润无关的经济利益的总流出。企业的费用包括营业成本、营业税金及附加、销售费用、管理费用、财务费用等。

费用也分为狭义费用和广义费用。狭义费用是指企业在日常活动中为了取得狭义收入而发生的耗费。广义费用是指会计期间经济利益的总流出，其表现形式为资产减少或负债增加而引起的所有者权益减少，但不包括与向所有者分配等有关的资产减少或负债增加。本章所涉及的费用均为狭义定义的费用，相对而言有以下三个特征。

1. 费用是企业在日常活动中发生的

日常活动是指企业为完成其经营目标所从事的经常性活动以及与之相关的其他活动。费用必须是企业在其日常活动中所发生的。费用形成于企业日常活动的特征使其与产生于非日常活动的损失相区分。企业从事或发生的某些活动或事项也能导致经济利益流出企业，但不属于企业的日常活动。例如，企业处置固定资产、无形资产等非流动资产的损失，因违约支付罚款，对外捐赠等。这些非日常活动所形成的经济利益的流出不能确认为费用，而应当计入营业外支出（即损失）。

2. 费用会导致企业所有者权益的减少

与费用相关的经济利益的流出应当会导致所有者权益的减少。费用既可能表现为资产的减少，也可能表现为负债的增加。因此根据会计恒等式，费用一定会导致企业所有者权益的减少。不会导致所有者权益减少的经济利益的流出不符合费用的定义，不应确认为费用。例如，企业以银行存款偿还一项负债，只是一项资产和一项负债的等额减少，对所有者权益没有影响，因此，不构成企业的费用。

3. 费用与向所有者分配利润无关

企业向所有者分配利润也会导致经济利益流出企业，而该经济利益的流出属于对投资者投资回报的分配，是所有者权益的直接抵减项目，不应确认为费用，应当将其排除在费用的定义之外。

二、费用的确认和计量

企业的费用应当在发生时按照其发生额计入当期损益。企业销售商品收入和提供劳务收入已予确认的，应当将已销售商品和已提供劳务的成本作为营业成本结转至当期损益。

1. 费用的确认原则

具体应用费用确认原则时，应重点掌握两点。

第一，符合费用的定义。

第二，费用确认的时点是费用发生之时。费用的“发生”包括以下三种情形。

（1）实际支付相关费用。如企业向保险公司投保财产险支付的财产保险费。

（2）虽然没有实际支付，但是企业应当承担相应义务。例如，企业行政管理部门当月使用自来水和电力，到月末虽然还没有通过银行转账支付，但也应于使用水和电的当月将应承担的水电费作为管理费用予以确认，记入“管理费用”科目。

（3）虽然没有实际支付，但是为与收入相配比，结转已销售商品的成本或已提供劳务的成本。主要体现为营业成本的确认，表现为记入“主营业务成本”或“其他业务成本”科目。

2. 费用的计量原则

企业的费用应当按照其发生额计入当期损益。通俗地讲，就是据实列支原则。这里的“实”主要包括两种情况：一是实际发生或者真实发生，不是虚假的或虚构的；二是既包括实际支付又包括虽未实际支付但已经发生的支付。企业费用的发生额通常有以下三种确定方式。

（1）实际支付的金额。如企业到超市购买办公用品实际花费的金额。

（2）外部凭据列明的金额。如企业收到的电话费收费单据上列明的应支付的电话费。

（3）内部凭据列明的金额。如企业自制工资分配表或工资单列明的工资金额。

三、营业成本

营业成本是指企业所销售商品的成本和所提供劳务的成本。

1. 营业成本可以是企业所销售商品的成本

企业所销售商品的成本主要是针对制造业企业和批发、零售业企业而言。企业（工业）使用材料、人工、机器设备生产产品，最终通过销售产品实现收入和利润。产品未完成之前，生产所耗费的材料费、人工费、机器设备的折旧费和修理费以及生产车间的制造费用等构成了产品的成本，体现为存货（生产成本、库存商品）。企业对外销售了所生产的产品，实现了销售收入，在这种情况下，应结转所售产品的生产成本，就构成了销售产品的当期营业成本。企业（批发业、零售业）购入商品是为了对外销售实现收入和利润。该类企业所购入商品在未对外销售之前体现为存货（库存商品）。企业对外销售了所购入的商品，实现了销售收入，在这种情况下，应结转所售商品的购入成本，就构成了销售商品的当期营业成本。

2. 营业成本也可以是企业所提供劳务的成本

企业所提供劳务的成本主要是针对服务业企业而言。企业（如交通运输业等）通过对外提供服务实现收入和利润。企业在对外提供服务过程中也要耗费材料、人工和机器设备等，在服务未履行完成之前，形成了企业的存货（如劳务成本）。企业履行完成了服务，实现了收入，在这种情况下，应结转所提供服务的成本，就构成了提供劳务的当期营业成本。

3. 营业成本的确认和计量

营业成本与营业收入之间存在相互匹配关系。因此，企业销售商品或提供劳务实现了收入，应当将已销售商品的成本或已提供劳务的成本作为营业成本结转至当期损益。也就是说，只有在对外销售商品实现了收入或对外提供劳务实现了收入，才能将与其相关的商品成本或劳务成本作为营业成本结转至当期损益。销售商品或提供劳务收入实现是确认营业成本的前提条件。

为了反映商品销售和提供劳务的成本，需要设置“主营业务成本”科目。该科目属于损益类科目，核算企业销售商品、提供劳务等日常活动发生的实际成本。该科目借方登记已销售的商品成本和提供劳务的成本，贷方登记月末结转到“本年利润”科目的商品成本和提供劳务的成本，月末一般无余额。本科目应按商品销售及劳务业务的种类设置明细账，进行明细核算。

【例 9.13】 2013 年 7 月 25 日，甲公司销售一批商品，开出的增值税专用发票上注明售价为 300 000 元，增值税税额为 51 000 元；该批产品成本为 240 000 元。商品已发出，货款已收到并存入银行。甲公司应作账务处理如下。

借：银行存款	351 000	
贷：主营业务收入		300 000
应交税费——应交增值税（销项税额）		51 000
借：主营业务成本	240 000	
贷：库存商品		240 000

对于非主营业务成本，则需要通过设置“其他业务成本”科目进行核算，“其他业务成本”科目的结构与“主营业务成本”科目基本相同。

【例 9.14】 2013 年 8 月 5 日，某工业小企业销售一批原材料，开具的增值税专用发票上注明的售价为 30 000 元，增值税税额为 5 100 元，款项已由银行收妥。该批原材料的实际成本为 20 000 元。该工业企业应作账务处理如下。

借：银行存款	35 100	
贷：其他业务收入		30 000
应交税费——应交增值税（销项税额）		5 100
借：其他业务成本	20 000	
贷：原材料		20 000

四、营业税金及附加

营业税金及附加是指企业开展日常生产经营活动应负担的消费税、营业税、城市维护建设税、资源税、土地增值税、城镇土地使用税、房产税、车船税、印花税和教育费附加、矿产资源补偿费、排污费等。

1. 营业税金及附加的内涵

（1）营业税金及附加是兜底概念，实际上是指企业除企业所得税、允许抵扣的增值税以外的各种税金及附加。企业所得税在“所得税费用”科目反映，允许抵扣的增值税在“应交税费——应交增值税（进项税额）”科目反映。

（2）营业税金及附加通常是企业与税务机关或财政部门之间发生税务关系。但是企业向税务机关交纳的税收滞纳金及罚款不构成营业税金及附加，而应作为营业外支出。

（3）在进行账务处理时，企业无论是主营业务还是其他业务发生的营业税金及附加，均在“营业税金及附加”科目核算，而不应在“主营业务成本”科目和“其他业务成本”科目核算。但是，与最终确认为营业外收入或营业外支出的交易或事项（即企业非日常活动产生的）相关的税费均不在“营业税金及附加”科目核算，而分别在“固定资产清理”、“营业外收入”、“营业外支出”等科目核算。

2. 营业税金及附加的账务处理

为了完整地反映营业税金及附加的核算，需要设置“营业税金及附加”科目。该科目属于损益类科目，用以核算企业日常主要经营活动应负担的税金及附加，包括营业税、消费税、城市维护建设税、资源税、土地增值税和教育费附加等。房产税、车船税、土地使用税、印花税在“管理费用”科目核算。该科目借方登记销售商品等日常主要经营活动应交的各项销售税金及附加，贷方登记月末结转到“本年利润”科目的各项销售税金及附加，结转后本科目月末应无余额。

【例 9.15】 某企业 10 月份销售小轿车 20 辆，出厂价为 16 万元/辆，价外收取有关费用为 11 200 元/辆。该企业 10 月份增值税进项税额为 220 000 元。消费税税率为 8%，城建税税率为 7%，教育费附加率为 3%。有关的计算如下。

应纳消费税税额 = (160 000+11 200) × 8% × 20 = 273 920（元）

增值税销项税额 = (160 000+11 200) × 17% × 20 = 582 080（元）

应纳增值税税额 =582 080 − 220 000=362 080（元）

应纳城建税税额 = (273 920+362 080) × 7%=44 520（元）

应纳教育费附加 = (273 920+362 080) × 3%=19 080（元）

根据上述有关数据，应作账务处理如下。

科目	借方	贷方
借：银行存款	4 006 080	
贷：主营业务收入		3 424 000
应交税金——应交增值税（销项税额）		582 080
借：营业税金及附加	337 520	
贷：应交税费——应交消费税		273 920
——应交城建税		44 520
——应交教育费附加		19 080

学中做

A 小企业 12 月份应交营业税 200 元，应交城市维护建设税 644 元，应交教育费附加 276 元。要求：请为 A 企业上述经济业务编制会计分录。

借:

贷:

五、销售费用

销售费用，是指企业在销售商品或提供劳务过程中发生的各种费用，包括销售人员的职工薪酬、商品维修费、运输费、装卸费、包装费、保险费、广告费、业务宣传费、展览费等费用。小企业（批发业、零售业）在购买商品过程中发生的费用（包括运输费、装卸费、包装费、保险费、运输途中的合理损耗和入库前的挑选整理费等）也构成销售费用。

1. 销售费用的内涵

由销售费用的定义可知，销售费用的内涵体现在以下方面。

（1）销售费用是企业在销售商品或提供劳务过程中发生的各种费用。这是区分销售费用与营业成本、管理费用和财务费用的关键所在。

（2）小企业（批发业、零售业）在购买商品过程中发生的费用（包括运输费、装卸费、包装费、保险费、运输途中的合理损耗和入库前的挑选整理费等）也构成销售费用。这一规定与《企业会计准则》的规定不同，《企业会计准则》要求这些费用计入所购入商品的成本，在所购入商品未对外销售之前构成企业的存货。

（3）企业在实务中如果实际发生了销售佣金、代销手续费、经营性租赁费、销售部门的差旅费等费用，也计入销售费用。

2. 销售费用的账务处理

企业应通过“销售费用”科目核算销售费用发生和结转的情况。该科目是损益类科目，借方登记企业发生的各项销售费用，贷方登记期末转入“本年利润”科目的销售费用，结转后该科目应无余额。该科目应按销售费用的费用项目设置明细账，进行明细核算。

【例 9.16】 2013 年 9 月，A 企业发生下列有关销售费用的业务，A 企业应作账务处理如下。

（1）3 日，签发转账支票一张支付广告费 18 000 元。

借：销售费用——广告费	18 000	
贷：银行存款		18 000

（2）8 日，根据工资结算汇总表，本月应付专设销售机构人员工资为 10 000 元。

借：销售费用——工资	10 000	
贷：应付职工薪酬——工资		10 000

（3）9 日，计提专设销售机构人员福利费 1 400 元，工会经费 200 元。

借：销售费用——福利费	1 400	

——工会经费 200

贷：应付职工薪酬——职工福利 1 400

——工会经费 200

（4）19 日，销售商品一批，以现金支付应由本企业负担的运输费 700 元，保险费 100 元。

借：销售费用——运输费 700

——保险费 100

贷：库存现金 800

（5）30 日，计提销售部门的固定资产折旧费 6 000 元。

借：销售费用——折旧费 6 000

贷：累计折旧 6 000

（6）30 日，将本月发生的销售费用转入“本年利润”会计科目。

借：本年利润 36 400

贷：销售费用 36 400

六、管理费用

管理费用是指企业为组织和管理生产经营发生的其他费用。包括：企业在筹建期间发生的开办费，行政管理部门发生的费用（包括固定资产折旧费、修理费、办公费、水电费、差旅费、管理人员的职工薪酬等），业务招待费，研究费用，技术转让费，相关长期待摊费用摊销，财产保险费，聘请中介机构费，咨询费（含顾问费），诉讼费等费用。

1. 管理费用的内涵

由管理费用的定义可看出以下几点特征。

（1）管理费用是企业为组织和管理生产经营发生的其他费用。这是区分管理费用与营业成本、销售费用和财务费用的关键所在。企业发生的费用，在具体界定其类型时，如果不属于营业成本，不属于营业税金及附加，不属于销售费用，也不属于财务费用，则应全部归为管理费用，从而保证了企业费用范围的完整性。

（2）管理费用所包括的内容非常广泛，不仅仅是指企业行政管理部门发生的费用，还具体包括以下几个方面：①企业在筹建期间发生的开办费；②行政管理部门发生的费用；③研究费用、技术转让费；④相关长期待摊费用摊销；⑤财产保险费；⑥法律、会计事务方面的费用；⑦其他费用。

（3）对于企业在筹建期内发生的开办费，直接作为管理费用，计入筹建当期的管理费用，而不得分期计入管理费用。

（4）管理费用中的聘请中介机构费，是指企业聘请会计师事务所或资产评估事务所进行查账、验资、资产评估、清账等发生的费用。咨询费是指企业向有关咨询机构进行生产技术经营管理咨询所支付的费用或支付给其经济顾问、法律顾问、技术顾问的费用。诉讼费是指企业向人民法院起诉或应诉而支付的费用。

（5）管理费用中相关长期待摊费用摊销，是指企业对相关长期待摊费用进行摊销时，计入管理费用的金额。

（6）企业在实务中如果实际发生了行政管理部门的物料消耗和低值易耗品摊销、土地使用费、土地补偿损失费、消防费、绿化费、外事费和商标注册费等费用也计入管理费用。

2. 管理费用的账务处理

企业应设置“管理费用”科目，核算本期发生的管理费用。“管理费用”科目是损益类科目，核算管理费用的发生和结转情况，借方登记各项管理费用发生额，贷方登记期末结转到“本年利润”科目的管理费用，结转后该科目无余额。该科目按管理费用的费用项目设置明细账，或按费用项目设置专栏进行明细核算。

小企业管理费用不多的，可不设置“管理费用”科目，本科目的核算内容可并入“销售费用”科目核算。

（1）小企业在筹建期间发生的开办费，包括人员薪酬、办公费、培训费、差旅费、印刷费、注册登记费以及不计入固定资产成本的借款费用等，在实际发生时，借记“管理费用——开办费”科目，贷记“银行存款”等科目。

【例 9.17】 A 小企业筹建期间发生办公费、差旅费等开办费 30 000 元，均用银行存款支付。根据《小企业会计准则》核算，应作账务处理如下。

借：管理费用——开办费　　30 000
　　贷：银行存款　　30 000

（2）行政管理部门人员的职工薪酬及其他职工薪酬（包括因解除与职工的劳动关系给予的补偿），借记“管理费用”科目，贷记“应付职工薪酬”科目。

（3）行政管理部门计提的固定资产折旧和发生的修理费，借记“管理费用”科目，贷记“累计折旧”、“银行存款”等科目。

（4）管理部门发生的办公费、水电费、业务招待费、聘请中介机构费、咨询费、诉讼费、技术转让费、排污费等费用，借记“管理费用”科目，贷记“银行存款”等科目。

（5）企业按规定计算确定的应交矿产资源补偿费、房产税、车船税、土地使用税，借记“管理费用”科目，贷记“应交税费”等科目。

【例 9.18】 A 小企业当月按规定计算确定的应交房产税 4 000 元，应交车船税 2 600 元，应交土地使用税 3 400 元。根据《小企业会计准则》核算，应作账务处理如下。

借：管理费用　　10 000
　　贷：应交税费——应交房产税　　4 000
　　　　　　　　——应交车船税　　2 600
　　　　　　　　——应交土地使用税　　3 400

七、财务费用

财务费用是指企业为筹集生产经营所需资金发生的筹资费用，包括利息费用（减利息收入）、汇兑损失、银行相关手续费、企业给予其他企业的现金折扣（减去享受的现金折扣）等费用。

1. 财务费用的内涵

由财务费用的定义，可看出以下几点。

（1）财务费用是指企业为筹集生产经营所需资金发生的筹资费用。这是区分财务费用与营业成本、销售费用和管理费用的关键所在。

（2）利息费用（减去利息收入）、汇兑损失、银行相关手续费计入财务费用的前提是不符合借款费用资本化的条件。

（3）财务费用中的利息费用应从以下几个方面来理解：①企业的利息费用既包括企业向金融企业借款的利息费用，也包括向非金融企业或个人借款的利息费用。②企业的利息费用既包括短期借款的利息费用，也包括长期借款的利息费用，还包括企业将持有的未到期商业汇票向银行贴现支付的贴现利息。③企业从金融企业或非金融企业取得的利息收入，应冲减当期财务费用。对于债券的利息收入应当计入投资收益，而不是冲减财务费用。④最终计入财务费用的利息费用实际上是利息净支出，利息费用扣除利息收入后的净额，如果一旦出现了利息净收入的情况，也应计入当期财务费用，即冲减财务费用。

（4）财务费用中的银行相关手续费，是指企业与银行开展中间业务而向银行支付的手续费。如企业向银行支付承兑汇票的手续费。

（5）汇兑损失计入财务费用，如果产生的是汇兑收益，按《小企业会计准则》规定应当计入营业外收入，而不是冲减财务费用。

2. 财务费用的账务处理

企业应设置“财务费用”科目，核算本期发生的财务费用。该科目是损益类科目，核算财务费用的发生和结转情况，借方登记财务费用的发生额，贷方登记期末结转到“本年利润”科目中的财务费用，结转后该会计科目无余额。该会计科目按财务费用的费用项目设置明细账进行明细核算。

小企业发生的财务费用，借记“财务费用”科目，贷记“银行存款”、“应付利息”等科目。发生的应冲减财务费用的利息收入等，借记“银行存款”科目，贷记“财务费用”科目。

第三节 利 润

一、利润的构成

利润是指企业在一定会计期间的经营成果。

利润由收入减去费用后的净额、投资收益、营业外收入、营业外支出和所得税费用共同构成。其中，收入减去费用后的净额和投资收益反映企业日常活动的经营业绩，营业外收入和营业外支出反映企业非日常活动取得的收入和发生的支出。

利润是一个净额概念，利润的确认主要依赖于收入和费用以及营业外收入和营业外支出的确认，其金额的计量也主要取决于收入、费用、营业外收入、营业外支出金额的计量。

利润根据其构成内容的不同，具体可以分为营业利润、利润总额和净利润。

1. 营业利润

营业利润是指营业收入减去营业成本、营业税金及附加、销售费用、管理费用、财务费用，加上投资收益（或减去投资损失）的金额。其中，营业收入是指企业销售商品和提供劳务所实现的收入总额。营业收入与营业成本之间存在配比关系。投资收益，由企业股权投资取得的现金股利（或利润）、债券投资取得的利息收入和处置股权投资和债券投资取得的处置价款与成本之间的差额三部分构成。

营业利润的构成可用公式表示如下：

营业利润＝营业收入－营业成本－营业税金及附加－销售费用

－管理费用－财务费用+投资收益(－投资损失)

其中，

营业收入＝主营业务收入+其他业务收入＝销售商品收入+提供劳务收入

营业成本＝主营业务成本+其他业务成本＝销售商品成本+提供劳务成本

投资收益＝现金股利(或利润)+债券利息收入

＋处置股权投资和债券投资取得的价款与成本之间的差额

2. 利润总额

利润总额是指营业利润加上营业外收入，减去营业外支出的金额。利润总额的构成可用公式表示如下：

利润总额＝营业利润＋营业外收入－营业外支出

其中，营业外收入和营业外支出反映企业非日常活动取得的收入和发生的支出。

3. 净利润

净利润，是指利润总额减去所得税费用的净额。净利润的构成可用公式表示如下：

净利润＝利润总额－所得税费用

其中，所得税费用是指小企业按照《税法》规定计算的当期应纳税额。小企业应当在利润总额的基础上，按照《企业所得税法》规定进行纳税调整，计算出当期应纳所得税额，按照应纳税所得额与适用所得税税率为基础计算确定当期应纳税额，然后确认所得税费用。

二、营业外收支

（一）营业外收入

营业外收入是指企业非日常生产经营活动形成的、应当计入当期损益、会导致所有者权益增加、与所有者投入资本无关的经济利益的流入。

1. 营业外收入的特征

企业的营业外收入同时具有以下四个特征。

（1）营业外收入是企业在非日常活动中形成的。与营业收入相比，营业外收入实际上是一种纯收入，而不是毛收入，不可能也不需要与有关费用进行配比。在会计处理上，应当严格区分营业外收入与营业收入的界限。

（2）营业外收入应当计入当期损益。这一特征是指营业外收入应当计入利润，作为小企业利润的重要组成部分，而不是计入所有者权益。这一特征的存在主要是为了将营业外收入与“直接计入所有者权益的利得”区别开来。

（3）营业外收入会导致所有者权益的增加。

（4）营业外收入是与所有者投入资本无关的经济利益的流入。

2. 营业外收入的范围及内涵

小企业的营业外收入，包括非流动资产处置净收益、政府补助、捐赠收益、盘盈收益、汇兑收益、出租包装物和商品的租金收入、逾期未退包装物押金收益、确实无法偿付的应付款项、已作坏账损失处理后又收回的应收款项、违约金收益等。小企业按照规定实行企业所得税、增值税、消费税、营业税等先征后返的，应当在实际收到返还的企业所得税、增值税（不含出口退税）、消费税、营业税时，计入营业外收入。

小企业各项营业外收入的内涵如下。

（1）非流动资产处置净收益。包括处置固定资产、无形资产、生产性生物资产、长期待摊费用等，但不包括处置长期债券投资和长期股权投资实现的净收益，后者应计入投资收益。

（2）政府补助。是指小企业从政府无偿取得货币性资产或非货币性资产。前面章节已有阐述，本节不再赘述。

（3）捐赠收益。是指小企业接受来自其他企业、组织或者个人无偿给予的货币性资产和非货币性资产。

（4）盘盈收益。是指小企业在清查财产过程中查明的各种财产盘盈，包括材料、产成品、商品、现金、固定资产等溢余。通俗地讲，就是小企业的所有资产出现了实存大于账存的情况都计入营业外收入。

（5）汇兑收益。是指小企业在资产负债表日将外币交易所产生的外币货币性项目进行折算时由于汇率不同而产生的汇兑收益。

（6）出租包装物和商品的租金收入。是指小企业由于暂时闲置，将不用的包装物或库存产成品、商品出租给第三方使用并取得的使用费。

（7）逾期未退包装物押金收益。包装物押金是指小企业为销售商品而向购买方出租或出借包装物所收取的押金。销售方不返还押金不是小企业的一项日常活动，具有偶发性，因此，应确认为小企业的营业外收入。

（8）确实无法偿付的应付款项。在市场经济条件下，小企业应当诚实守法经营，小企业发生的各种应付款项应当按期予以偿还或支付。但是，一旦出现了确实无法支付的情况，就可能会产生确定无法偿付的应付款项，从而构成小企业的营业外收入。

（9）已作坏账损失处理后又收回的应收款项。小企业在日常生产经营中发生的应收款项的坏账损失计入当期营业外支出。如果以后期间，小企业又收回了全部或部分该笔已核销坏账损失的应收款项，应当作为小企业的资产进行入账，计入营业外收入。

（10）违约金收益。违约金是合同一方当事人不履行合同或者履行合同不符合约定时，向另一方当事人支付的用于赔偿损失的金额。小企业取得的对方支付的违约金应当计入营业外收入。

3. 营业外收入的确认

小企业的营业外收入应当在实现时按照其实现金额计入当期损益。在具体应用营业外收入确认原则时，应当重点掌握两点：第一，符合营业外收入的定义；第二，确认营业外收入的时点是实现之时。

营业外收入的“实现之时”包括以下三种情形。

（1）有关交易事项完成之时。例如，在固定资产清理完毕时，将净收益作为非流动资产处置净收益确认为营业外收入。

（2）所要求的相关条件满足之时。例如，小企业收到财政补贴资金符合财政部门规定的条件时，作为政府补助确认为营业外收入。

（3）在约定或特定的日期。例如，小企业根据《小企业会计准则》的规定，在资产负债表日将外币交易所产生的外币货币性项目进行折算由于汇率不同而产生汇兑收益，确认为营业外收入。

4. 营业外收入的计量

通常情况下，小企业的营业外收入应当按照实现金额计入当期损益。实现金额应当能够反映最终给小企业带来的经济利益，通常是一个净额概念，也就是扣除相关金额后的净额。因此，在确定营业外收入的实现金额时，应根据产生的来源不同，区分以下情况分别确定。

（1）实际收到或应收的金额。例如，政府补助中的货币性资产、捐赠收益中的货币性资产、盘盈收益的现金、出租包装物和商品的租金收入、逾期未退包装物押金收益、确实无法偿付的应付款项、已作坏账损失处理后又收回的应收款项和违约金收益等。

（2）市场价格或评估价值。例如，政府补助中的非货币性资产、捐赠收益中的非货币性资产和盘盈收益中的非现金资产等。

（3）根据《小企业会计准则》计算确定的金额。例如，非流动资产处置净收益和汇兑收益等。

5. 营业外收入的账务处理

为了核算企业营业外收入的取得和结转情况，应设置“营业外收入”科目。该科目属于损益类科目，该科目贷方登记企业确认的各项营业外收入，借方登记期末转入“本年利润”科目的营业外收入，期末结转后该科目无余额。该科目应按营业外收入项目设置明细账，进行明细核算。

企业确认营业外收入，借记“固定资产清理”、“银行存款”、“待处理财产损溢”等科目，贷记“营业外收入”科目。期末，将“营业外收入”科目余额转入“本年利润”科目，借记“营业外收入”科目，贷记“本年利润”科目。

【例 9.19】 企业按规定转销确实无法支付的应付账款 3 000 元，应作账务处理如下。

借：应付账款　　3 000

　　贷：营业外收入　　3 000

【例 9.20】 企业在购销业务中，由于对方违约，收到对方单位支付违约金 20 000 元。应作账务处理如下。

借：银行存款　　20 000

　　贷：营业外收入　　20 000

6.《企业会计准则》在营业外收入的确认上与《小企业会计准则》存在的差异

《企业会计准则》在营业外收入的确认上，与《小企业会计准则》存在如下差异。

（1）《企业会计准则》规定，库存现金盘盈收益计入营业外收入，固定资产的盘盈收益计入前期差错调整，其他流动资产的盘盈收益冲减管理费用。而《小企业会计准则》规定，所有资产的盘盈收益都计入营业外收入。

（2）《企业会计准则》规定，企业的汇兑收益应冲减财务费用。而《小企业会计准则》规定，小企业的汇兑收益应当计入营业外收入，而不是冲减财务费用。

（3）《企业会计准则》规定，出租包装物和商品的租金收入计入其他业务收入。而《小企业会计准则》规定，出租包装物和商品的租金收入计入营业外收入。

（4）逾期未退包装物押金收益。《企业会计准则》规定，对于逾期未退包装物没收的押金，应按扣除应交增值税后的差额，记入“其他业务收入”科目。而《小企业会计准则》规定，逾期未退包装物押金收益应确认为小企业的营业外收入。

【例 9.21】 某企业会计核算执行《企业会计准则》。2010 年 10 月，企业仓库发出一批新的包装物，实际成本 10 000 元，用于出租和出借的各占 50%。出租包装物的期限为 1 个月，应收租金 400 元；

出借包装物的期限为 3 个月。包装物采用一次摊销法。出租、出借的押金各为 6 000 元已收存银行。

（1）结转发出包装物的成本，编制会计分录如下。

借：其他业务成本——包装物出租 5 000

销售费用 5 000

贷：包装物 10 000

（2）收到押金，编制会计分录如下。

借：银行存款 12 000

贷：其他应付款——存入保证金——某单位 12 000

（3）1 个月后按期如数收回出租的包装物，在 6 000 元的押金中扣除应收取的租金 400 元和按规定应交的增值税 68 元后，余额 5 532 元已通过银行转账退回。编制会计分录如下。

借：其他应付款——存入保证金——某单位 6 000

贷：其他业务收入——包装物出租 400

应交税费——应交增值税（销项税额） 68

银行存款 5 532

（4）3 个月后出借的包装物只收回 50%，没收押金 3 000 元，其中应交的增值税为 435.90 元 [3 000 ÷(1+17%)×17%]，同时，通过银行转账退回押金 3 000 元。

没收逾期未退包装物押金，编制会计分录如下。

借：其他应付款——存入保证金——某单位 3 000

贷：应交税金——应交增值税（销项税额） 435.90

其他业务收入 2 564.10

退回已收回包装物的押金，编制会计分录如下。

借：其他应付款——存入保证金——某单位 3 000

贷：银行存款 3 000

（5）已作坏账损失处理后又收回的应收款项。《企业会计准则》规定，企业收回了全部或部分已核销坏账损失的应收款项，应借记“应收账款”科目，贷记“坏账准备”科目，同时借记“银行存款”科目，贷记“应收账款”科目。而《小企业会计准则》规定，小企业收回了全部或部分已核销坏账损失的应收款项，应计入营业外收入。

（二）营业外支出

营业外支出是指企业非日常生产经营活动发生的、应当计入当期损益、会导致所有者权益减少、与向所有者分配利润无关的经济利益的净流出。

1. 营业外支出的特征

企业的营业外支出同时具有以下四个特征。

（1）营业外支出是企业在非日常活动中发生的。明确界定非日常活动是为了将营业外支出与费用相区分。与费用相比，营业外支出实际上是一种纯损失，不可能也不需要与有关收入进行配比。因此，在会计处理上，应当严格区分营业外支出与费用的界限。

（2）营业外支出应当计入当期损益。这一特征是指营业外支出应当计入利润，作为企业利润减少的重要组成部分，而不是计入所有者权益。这一特征的存在主要为了将营业外支出与“直接计入所有者权益的损失”区别开来。

（3）营业外支出会导致所有者权益的减少。

（4）营业外支出是与向所有者分配利润无关的经济利益的净流出。

2. 营业外支出的范围及内涵

小企业的营业外支出，包括存货的盘亏、毁损、报废损失，非流动资产处置净损失，坏账损失，无法收回的长期债券投资损失，无法收回的长期股权投资损失，自然灾害等不可抗力因素造成的损失，税收滞纳金，罚金，罚款，被没收财物的损失，捐赠支出，赞助支出等。

小企业各项营业外支出的内涵如下。

（1）存货的盘亏、毁损和报废净损失。存货的盘亏损失，是指小企业在清查财产过程中查明的存货短缺。存货的毁损净损失，是指小企业因工人操作过程中的操作和使用失误等所引起的损失。存货的报废净损失，是指因磨损、技术进步等原因引发的报废存货产生的损失。

（2）非流动资产处置净损失。小企业处置非流动资产发生的净损失，包括处置固定资产、无形资产、生产性生物资产、长期债券投资、长期股权投资、长期待摊费用等，但不包括无法收回的长期债券投资损失和长期股权投资损失，后者应单独作为损失计入营业外支出。

（3）坏账损失和无法收回的长期债券投资损失。坏账损失，是指小企业无法收回或者收回的可能性极小的应收及预付款项。无法收回的长期债券投资损失，与处置长期债券投资净损失存在一些细微差异，无法收回的长期债券投资损失是被动所为，由于债务人无法偿还而不得不承担的损失，而处置长期债券投资净损失则是小企业主动而为，不一定是债务人出现了违约等情况。

（4）无法收回的长期股权投资损失。无法收回的长期股权投资损失与处置长期股权投资净损失存在一些细微差异。无法收回的长期股权投资损失是一种被动所为，是由于被投资单位破产清算等无法退回而不得不承担的损失，而处置长期股权投资净损失则是小企业主动而为，不一定是因为被投资单位出现了问题。

（5）自然灾害等不可抗力因素造成的损失。如发生火灾将厂房烧毁，地震造成房屋塌陷，泥石流冲毁库存原材料，等等。

（6）税收滞纳金。税收滞纳金是税务机关对未按规定期限缴纳税款的纳税人按比例附加征收的。

（7）罚金。罚金是人民法院判处犯罪人强制向国家缴纳一定数额金钱的刑罚方法，主要适用于破坏经济秩序和其他谋取非法利益有联系的犯罪，以及少数较轻的犯罪。

（8）罚款。罚款是行政处罚的一种，是指行为人的行为没有违反刑法的规定，而是违反了治安管理、工商行政、税务等行政法规的规定，行政执法部门依据行政法规的规定和程序决定对行为人采取的一种行政处罚。

（9）被没收财物的损失。没收财产，是指将犯罪人的财物、现金、债权等财产收归国家所有，以弥补因其犯罪造成的损失，同时断绝其犯罪活动的经济来源。

（10）捐赠支出。捐赠支出，是指小企业对外进行捐赠发生的支出，包括《企业所得税法实施条例》允许税前扣除的公益性捐赠支出，《企业所得税法实施条例》不允许税前扣除的公益性捐赠支出，以及非公益性捐赠支出。

（11）赞助支出。赞助支出，是指小企业发生的与生产经营活动无关的各种非广告性质支出。

3. 营业外支出的确认

通常情况下，小企业的营业外支出应当在发生时计入当期损益。在具体应用营业外支出确认原则时，应当重点掌握两点：第一，符合营业外支出的定义；第二，营业外支出确认的时点是发生之时。

营业外支出的“发生之时”，包括以下两种情形。

（1）有关交易事项完成之时。例如，小企业财产清查完成之时，将财产清查中出现的实存小于账存的材料、产成品、商品、现金、固定资产等短缺作为盘亏损失，确认为营业外支出。

（2）所要求的相关条件满足之时。例如，小企业发生的坏账损失、无法收回的长期股权投资损失在符合《小企业会计准则》规定的条件并经税务机关批准后，将这些损失确认为营业外支出。

4. 营业外支出的计量

通常情况下，小企业的营业外支出应当在发生之时按照其发生额计入当期损益。发生额应当能够反映最终给小企业造成的经济利益流出，通常是一个净额概念，也就是扣除相关收入金额后的净额。

在确定营业外支出的发生额时，应根据产生的来源不同，区分以下情况分别确定。

（1）实际发生的金额。例如，税收滞纳金、罚金、罚款、以现金对外捐赠、以现金对外赞助。

（2）账面价值。例如，存货的盘亏、毁损、报废损失，非流动资产处置净损失，坏账损失，无法收回的长期股权投资损失，自然灾害等不可抗力因素造成的损失，被没收财物的损失，以非现金资产对外捐赠，以非现金资产对外赞助等。

5. 营业外支出的账务处理

为了核算企业营业外支出的发生和结转情况，应设置“营业外支出”科目。该科目属于损益类科目，借方登记企业发生的各项营业外支出，贷方登记期末转入“本年利润”科目的营业外支出，期末结转后该科目无余额。该科目应按支出项目进行明细核算。

企业发生营业外支出时，借记“营业外支出”科目，贷记“固定资产清理”、“待处理财产损溢”、“库存现金”等科目。期末，将“营业外支出”科目余额结转“本年利润”科目，借记“本年利润”科目，贷记“营业外支出”科目。

【例 9.22】 2013 年 6 月 8 日，A 小企业用银行存款支付税款滞纳金 3 000 元。A 企业应作账务处理如下。

借：营业外支出	3 000	
贷：银行存款		3 000

6.《企业会计准则》在营业外支出的确认上与《小企业会计准则》存在的差异

《企业会计准则》在营业外支出的确认上，与《小企业会计准则》存在以下差异。

（1）存货的盘亏、毁损和报废净损失。《企业会计准则》规定，存货的盘亏、毁损和报废净损失要根据不同情况进行账务处理，有的计入营业外支出，有的计入管理费用。而《小企业会计准则》规定，小企业发生存货的盘亏、毁损和报废净损失都计入营业外支出。

（2）坏账损失和无法收回的长期债券投资损失。《企业会计准则》规定，企业按备抵法计提的坏账损失，应借记“资产减值损失”科目，贷记“坏账准备”科目。企业按备抵法计提的持有至到期投资损失，应借记“资产减值损失”科目，贷记“持有至到期投资减值准备”科目。而《小企业会计准则》规定，小企业坏账损失和无法收回的长期债券投资损失都在实际发生时计入营业外支出。

（3）无法收回的长期股权投资损失。《企业会计准则》规定，企业按备抵法计提的无法收回的长期股权投资损失，应借记“资产减值损失”科目，贷记“长期股权投资减值准备”科目。而《小企业会计准则》规定，小企业无法收回的长期股权投资损失在实际发生时计入营业外支出。

三、所得税费用

《小企业会计准则》规定，小企业应当按照《企业所得税法》规定计算的当期应纳税额，确认当期的所得税费用。小企业应当在利润总额的基础上，按照《企业所得税法》规定进行纳税调整，计算出当期应纳税所得额，按照应纳税所得额与适用所得税税率为基础计算确定当期应纳税额。

（一）所得税费用的计算原则

小企业应当按照《企业所得税法》规定计算的当期应纳税额，确认所得税费用。

（1）计算依据是《企业所得税法》而不是《小企业会计准则》。小企业应当根据《企业所得税法》的规定计算当期所得税费用。由于计算所得税费用时依据的是《企业所得税法》而不是《小企业会计准则》，因此需要进行必要的纳税调整。

（2）应纳税额等于所得税费用。应纳税额是一个税法概念，《企业所得税法》规定的应纳税额，是指企业依法应当缴纳的企业所得税税额，直接关系到纳税人企业的实际税负水平，关系到企业的切身利益。《小企业会计准则》规定，将应纳税额直接确认为当期所得税费用，即“所得税费用”科目的发生额与“应交税费——应交所得税”科目的发生额相同。

（二）所得税费用的计算方法

小企业应当在利润总额的基础上，按照《企业所得税法》规定进行纳税调整，计算出当期应纳税所得额，以应纳所得税额与适用所得税税率为基础计算确定当期应纳所得税额。

1. 计算基础

小企业在计算所得税费用时，应当以利润总额为基础进行计算。

2. 计算方法

《企业所得税法》第二十一条规定：“在计算应纳税所得额时，企业财务、会计处理办法与税收法律、行政法规的规定不一致的，应当依照税收法律、行政法规的规定计算。”因此，在计算应纳税所得额时，需要对《小企业会计准则》与《企业所得税法》的规定不一致的项目进行调整，即纳税调整。

（1）纳税调整的事项。小企业纳税调整的事项包括收入类调整项目和扣除类调整项目。

收入类调整项目和扣除类调整项目在会计上通常称为永久性差异，这种差异包括以下四种类型。

第一类：按《小企业会计准则》规定，核算时作为收入或营业外收入计入利润总额，在计算应纳税所得额时不确认为收入，不需要交纳企业所得税。

第二类：按《小企业会计准则》规定，核算时不作为收入或营业外收入计入利润总额，在计算应纳税所得额时作为收入，需要交纳企业所得税。

第三类：按《小企业会计准则》规定，核算时确认为费用或营业外支出冲减利润总额，在计算应纳税所得额时不允许扣减，需要交纳企业所得税。

第四类：按《小企业会计准则》规定，核算时不确认为费用或损失不冲减利润总额，在计算应纳税所得额时允许扣减，不需要交纳企业所得税。

（2）纳税调整的方式是调表不调账。就是以小企业会计账簿记录的构成利润总额的资料为依据，不改变会计账簿记录的结果，按照《企业所得税法》的要求编制《企业所得税年度纳税申报表》，从而在《企业所得税年度纳税申报表》上实现企业所得税法要求，并计算出应纳税额，这一过程并不改变或影响会计账簿记录的结果。

（3）纳税调整的时点是年度汇算清缴时。根据《企业所得税法》规定，我国的企业所得税实行按年计征，分月或分季预缴，年终汇算清缴的方式。纳税人在纳税年度终了后，依照税收法律、法规、规章及其他有关企业所得税的规定，自行计算全年应纳税所得额和应纳所得税额，根据月度或季度预缴所得税的数额，确定该年度应补或者应退税额，并填写年度企业所得税纳税申报表，向主管税务机关办理年度企业所得税纳税申报、提供税务机关要求提供的有关资料、结清全年企业所得税税款。

3. 计算公式

根据《企业所得税法》第二十二条和《企业所得税法实施条例》第七十六条的规定，应纳税额的计算公式如下：

应纳税额 = 应纳税所得额 × 适用税率 − 减免税额 − 抵免税额　　（式 9.1）

4. 计算步骤

计算步骤分为四步。

第一步，计算出小企业的应纳税所得额。

根据《企业所得税法》第五条的规定，小企业的应纳税所得额的计算公式如下：

应纳税所得额 = 收入总额 − 不征税收入—免税收入 − 扣除额 − 允许弥补的以前年度亏损（式 9.2）

根据《企业所得税年度纳税申报表》的要求，小企业的应纳税所得额的计算公式通常可表示如下：

应纳税所得额 = 利润总额 + 纳税调整增加额 − 纳税调整减少额 − 弥补以前年度亏损（式 9.3）

由式 9.3 可以看出，根据《企业所得税法》的规定计算应纳税所得额的过程实际上就是在小企业会计核算的利润总额的基础上，按照《企业所得税法》的规定，进行纳税调整的过程。

式 9.3 还可以表示如下：

纳税调整后所得 = 利润总额 + 纳税调整增加额 − 纳税调整减少额　　（式 9.4）

在式 9.4 中，各个项目的具体确定方法如下。

（1）利润总额。利润总额的计算，其数据直接取自小企业的“利润表”。

（2）纳税调整增加额。构成小企业纳税调整增加额的项目主要是扣除类调整项目，其中主要项目如下。

1）职工福利费支出。小企业当年发生的职工福利费支出，如果大于工资薪金总额的 14%，则超出部分应进行纳税调整，作为纳税调整增加额计入应纳税所得额中。

2）职工教育经费支出。除国家财政、税务主管部门另有规定外，企业发生的职工教育经费支出，不超过工资薪金总额 2.5%的部分，准予扣除；对于超过标准的部分，允许无限期地往以后的纳税年度结转扣除。

3）工会经费支出。企业拨缴的工会经费，不超过工资薪金总额 2%的部分，准予扣除。与职工教育经费支出不同的是，工会经费超过标准的部分，不准在以后纳税年度结转扣除。

4）业务招待费支出。企业发生的与生产经营活动有关的业务招待费支出，按照发生额的 60%扣除，但最高不得超过当年销售（营业）收入的 5‰。

5）广告费和业务宣传费支出。企业发生的符合条件的广告费和业务宣传费支出，除国家财政、税务主管部门另有规定外，不超过当年销售（营业）收入 15%的部分，准予全额扣除；对于超过这一扣除限额的部分，允许无限期地往以后的纳税年度结转扣除。

6）捐赠支出。捐赠支出包括公益性捐赠支出和非公益性捐赠支出。企业发生的公益性捐赠支出，不超过年度利润总额 12%的部分，准予扣除；超出扣除限额的部分，不得在税前扣除，需要进行纳税调整，计入纳税调整增加额。对于非公益性捐赠支出不得在税前扣除，需要全部进行纳税调整，计入纳税调整增加额。

需要纳税调整增加的项目还有利息支出，罚金、罚款和被没收财物的损失，税收滞纳金，赞助支出，以及取得收入无关的支出。

（3）纳税调整减少额。构成小企业纳税调整减少额的项目主要是收入类调整项目和扣除类调整项目中的加计扣除合计 4 个项目，具体包括如下几种项目。

1）免税收入。免税收入是指属于企业的应纳税所得但按照《税法》规定免予征收企业所得税的收入。免税收入与小企业直接相关的主要是国债利息收入和符合条件的居民企业之间的股息、红利等权益性投资收益。但需要指出的是，对于企业在二级市场转让国债获得的收入，还需作为转让财产收入计算缴纳企业所得税。

2）减计收入。减计收入是指按照《税法》规定准予对企业某些经营活动取得的应纳税收入，按一定比例减少计入收入总额，进而减少应纳税所得额的一种税收优惠措施。《企业所得税法》所称减计收入，是指企业以《资源综合利用企业所得税优惠目录》规定的资源作为主要原材料，生产国家非限制和禁止并符合国家和行业相关标准的产品取得的收入，减按 90%计入收入总额。

3）减、免税项目所得。《企业所得税法》规定：减、免税项目所得包括免税所得，减税所得，从事国家重点扶持的公共基础设施项目投资经营的所得，从事符合条件的环境保护、节能节水项目的所得，符合条件的技术转让所得和其他六个部分，但是与目前小企业有关的主要有免税所得，减税所得，从事符合条件的环境保护、节能节水项目的所得，符合条件的技术转让所得四个部分。

4）加计扣除。《企业所得税法》规定：加计扣除包括开发新技术、新产品、新工艺发生的研究开发费用，安置残疾人员所支付的工资和国家鼓励安置的其他就业人员所支付的工资三个部分。

根据式 9.4 确定了“纳税调整后所得”的金额，再考虑“弥补以前年度亏损”的金额，就可以最终确定应纳税所得额，见下列公式：

应纳税所得额 = 纳税调整后所得 − 弥补以前年度亏损　　（式 9.5）

其中，弥补以前年度的亏损，是指根据《企业所得税法》的规定可用以后年度所得弥补以前年度的亏损。

第二步，计算出减除减免所得税额和抵免所得税额前的应纳税额。

根据应纳税额的计算公式（式 9.1）可知，在确定了应纳税所得额后，就可以计算出减除减免所得税额和抵免所得税额前的应纳税额，计算公式如下：

减除减免所得税额和抵免所得税额前的应纳税额 = 应纳税所得额 × 适用税率　　（式 9.6）

第三步，计算出小企业享受的减免所得税额和抵免所得税额等优惠税额。

根据应纳税额的计算公式（式 9.1）可知，在确定了减除减免所得税额和抵免所得税额前的应纳税额后，还需要计算小企业可以享受的减免所得税额和抵免所得税额这两项优惠税额。

（1）减免所得税额的确定。《企业所得税法》规定：符合条件的小型微利企业，减按 20%的税率征收企业所得税。国家需要重点扶持的高新技术企业，减按 15%的税率征收企业所得税。民族自治地区政府对本民族自治地区的企业应缴纳的企业所得税中属于地方分享的部分，可以决定减征或者免征。

（2）抵免所得税额的确定。根据《企业所得税法》的规定，小企业可能会享受的抵免所得税额的项目主要有三项，包括购置用于环境保护专用设备的投资额抵免的税额、购置用于节能节水专用设备的投资额抵免的税额和购置用于安全生产专用设备的投资额抵免的税额。

第四步，最终计算出应纳税额，即所得税费用。

根据应纳税额的计算公式（式 9.1）可知，在确定了减除减免所得税额和抵免所得税额前的应纳税额和小企业可以享受的减免所得税额和抵免所得税额这两项优惠税额后，就可以最终确定小企业当年的应纳税额，从而确定出小企业当年的所得税费用。

应纳税额 = 应纳税所得额 × 适用税率 − 减免税额 − 抵免税额 （式 9.7）

（三）所得税费用的账务处理

小企业根据式 9.1 计算的金额，借记“所得税费用”科目和贷记“应交税费——应交所得税”科目。

【例 9.23】 A 公司 2013 年度按《小企业会计准则》计算的税前会计利润为 7 700 000 元，适用所得税税率为 25%。A 公司当年管理费用中有 400 000 元为内部研究开发费用，根据《税法》规定可以按照 50%加计扣除；营业外支出中有 5 000 元为税收滞纳金，根据《税法》规定在计算应纳税所得额时不得扣除。假定 A 公司全年无其他纳税调整因素。本例中，A 公司有两项纳税调整因素，一是会计上按实际发生额计入当期管理费用但《税法》规定允许加计扣除的研究开发费用，应调整减少应纳税所得额；二是会计上按实际发生额已计入当期营业外支出但《税法》规定不允许扣除的税收滞纳金，应调整增加应纳税所得额。

应纳税所得额=7 700 000 − (400 000 × 50%)+5 000=7 505 000（元）

当期应交所得税=7 505 000 × 25%=1 876 250（元）

A 公司应作账务处理如下。

借：所得税费用 1 876 250

　贷：应交税费——应交所得税 1 876 250

四、所得税费用核算的资产负债表债务法

《企业会计准则第 18 号——所得税准则》要求对所得税费用采用资产负债表债务法进行核算。

资产负债表债务法是指从资产负债表出发，通过比较资产负债表上列示的资产、负债按照《企业会计准则》规定确定的账面价值与按照《企业所得税法》规定确定的计税基础，对于两者之间的差异分别确定为应纳税暂时性差异与可抵扣暂时性差异，从而确认相关的递延所得税负债与递延所得税资产，并在此基础上确定每一会计期间利润表中的所得税费用的核算方法。

（一）计税基础

企业在取得资产、负债时，应当确定其计税基础。资产、负债的账面价值与其计税基础存在差异的，应当确认所产生的递延所得税资产或递延所得税负债。

1. 资产的计税基础

资产的计税基础是指企业在收回资产账面价值过程中，计算应纳税所得额时按照《税法》规定可以自应税经济利益中抵扣的金额，如果这些经济利益不需要纳税，那么该资产的计税基础即为其账面价值。理论上说，资产取得时其入账价值与计税基础既可以相同，也可以不同。我国目前存在大量资产取得时其入账价值与计税基础不同的情况，即使资产取得时其入账价值与计税基础相同，但因后续计量时会计准则规定与《税法》规定不同，也可能造成账面价值与计税基础的差异。

例如，甲公司2012年年末无形资产（土地使用权）账面余额为4 000万元，其原账面余额为3 000万元，在企业改制评估中增值1 000万元。按《税法》规定，评估增值不能抵税，可抵税的是原始成本，即无形资产的计税基础为3 000万元。因此，无形资产账面价值4 000万元与计税基础3 000万元的差额，形成的暂时性差异为1 000万元。资产的账面价值、计税基础、暂时性差额比较见表9.1。

表9.1 资产账面价值、计税基础、暂时性差额比较表 （单位：万元）

项　目	账面价值	计税基础	暂时性差额	暂时性差额类别
无形资产	4 000	3 000	1 000	应纳税暂时性差额（将来应纳税）

2. 负债的计税基础

负债的计税基础，是指负债的账面价值减去未来期间计算应纳税所得额时按照《税法》规定可予抵扣的金额。一般而言，短期借款、应付票据、应付账款、其他应付款等负债的确认和偿还，不会对当期损益和应纳税所得额产生影响，其计税基础即为账面价值。某些情况下，负债的确认可能会涉及损益，进而影响不同期间的应纳税所得额，使得其计税基础与账面价值之间产生差额。如企业因或有事项确认的预计负债，会计上对于预计负债，按照最佳估计数确认，计入相关资产成本或者当期损益。按照《税法》规定，与预计负债相关的费用在实际发生时税前扣除，该类负债的计税基础为零，形成会计上的账面价值与计税基础之间的暂时性差额。

如甲公司2012年预计负债账面金额为100万元（预提产品保修费用），假设《税法》规定产品保修费用在实际支付时抵扣，该预计负债计税基础为0万元（负债账面价值100万元－其在未来期间计算应税利润时可予抵扣的金额100万元）。因此，预计负债账面价值100万元与计税基础0的差额，形成暂时性差额100万元。负债账面价值、计税基础、暂时性差额比较见表9.2。

表9.2 负债账面价值、计税基础、暂时性差额比较表 （单位：万元）

项　目	账面价值	计税基础	暂时性差额	暂时性差额类别
预计负债	100	0	100	可抵扣暂时性差额（将来可抵扣）

3. 暂时性差额

暂时性差额是指资产或负债的账面价值与其计税基础之间的差额。根据暂时性差额对未来期间应税金额影响的不同，分为应纳税暂时性差额和可抵扣暂时性差额。

（1）应纳税暂时性差额。应纳税暂时性差额，是指在确定未来收回资产或清偿负债期间的应纳税所得额时，将导致产生应税金额的暂时性差额。按应纳税暂时性差额确认的就是递延所得税负债。应纳税暂时性差额，可分为以下两类：一是资产的账面价值大于其计税基础产生的应纳税暂时性差额；二是负债的账面价值小于其计税基础产生的应纳税暂时性差额。

（2）可抵扣暂时性差额。可抵扣暂时性差额，是指在确定未来收回资产或清偿负债期间的应纳税所得额时，将导致产生可抵扣金额的暂时性差额。按可抵扣暂时性差额确认的就是递延所得税资产。可抵扣暂时性差额，可分为以下两类：一是负债的账面价值大于其计税基础产生的可抵扣暂时性差额；二是资产的账面价值小于其计税基础产生的可抵扣暂时性差额。另外，按照《税法》规定允许抵减以后年度利润的可抵扣亏损，视同可抵扣暂时性差额。

（二）资产负债表债务法下所得税的计算程序

资产负债表债务法下所得税的计算程序如下。

（1）确定每项资产或负债的计税基础。

（2）依据该资产或负债的账面价值与其计税基础之间的差额，确定暂时性差额。

（3）暂时性差额乘以适用税率，得到递延所得税资产或递延所得税负债的期末余额。

（4）确定本期发生和转回的递延所得税资产或递延所得税负债，二者的计算公式分别如下。

递延所得税资产 = 发生的可抵扣暂时性差额的所得税影响金额

−已转回的可抵扣暂时性差额的所得税影响金额±调整金额

递延所得税负债 = 发生的应纳税暂时性差额的所得税影响金额

−已转回的应纳税暂时性差额的所得税影响金额 ± 调整金额

（5）确定所得税费用。所得税费用，是指递延所得税负债大于递延所得税资产的金额。理论上讲，递延所得税资产大于递延所得税负债（也即递延所得税负债小于递延所得税资产的金额），可称为递延所得税收益。当期所得税费用计算式为

当期所得税费用 = 当期应纳所得税税额 + (期末递延所得税负债 − 期初递延所得税负债)

− (期末递延所得税资产 − 期初递延所得税资产)

= 当期应纳所得税税额 + 递延所得税净负债 − 递延所得税净资产

（三）所得税的核算

1. 科目设置

“所得税费用”科目属于损益类科目，核算企业确认的应从当期利润总额中扣除的所得税费用。该科目借方反映企业计入本期损益的所得税费用，贷方反映转入“本年利润”科目的所得税费用。本科目按“当期所得税费用”、“递延所得税费用”进行明细核算。

“递延所得税资产”科目属于资产类科目，核算企业确认的可抵扣暂时性差额产生的递延所得税资产。该科目借方登记递延所得税资产增加额，贷方登记递延所得税资产减少额。该科目借方余额表示将来可以少交的所得税金额。有关计算式为

递延所得税资产期末余额=可抵扣暂时性差额期末余额×所得税税率

本期递延所得税资产发生额=递延所得税资产期初余额 − 递延所得税资产期末余额

本科目应按可抵扣暂时性差额等项目进行明细核算。

“递延所得税负债”科目属于负债类科目，核算企业确认的应纳税暂时性差额产生的递延所得税负债。该科目贷方登记递延所得税负债增加额，借方登记递延所得税负债减少额。贷方余额表示将来应交所得税金额。有关计算式为

递延所得税负债期末余额 = 应纳税暂时性差额期末余额 × 所得税税率

本期所得税负债发生额 = 递延所得税负债期末余额 − 递延所得税负债期初余额

本科目可按应纳税暂时性差额的项目进行明细核算。

2. 所得税的主要账务处理

（1）所得税费用的主要账务处理。资产负债表日，企业按照《税法》规定计算确定的当期应交所得税，借记“所得税费用——当期所得税费用”科目，贷记“应交税费——应交所得税”科目。

（2）递延所得税负债的主要账务处理。资产负债表日递延所得税负债的应有余额大于其现有账面余额的，应按其差额确认，借记“所得税费用——递延所得税费用”科目，贷记“递延所得税负债”科目；资产负债表日递延所得税负债的应有余额小于其现有账面余额的，编制相反的会计分录。

小知识

企业合并中取得资产、负债的入账价值与其计税基础不同形成应纳税暂时性差额的，应于购买日确认递延所得税负债，同时调整商誉，借记“商誉”等科目，贷记“递延所得税负债”科目。与直接计入所有者权益的交易或事项相关的递延所得税负债，借记“资本公积——其他资本公积”科目，贷记“递延所得税负债”科目。

【例 9.24】 2012 年 1 月 1 日，甲公司向乙公司投资并持有乙公司 30%的股份，采用权益法核算。甲公司适用的所得税税率为 25%，乙公司适用的所得税税率为 20%，甲公司按乙公司 2012 年税后净利润的 30%计算确认的投资收益为 80 万元，甲公司除此项目外无其他纳税调整。甲公司不能够控制暂时性差额转回的时间，该暂时性差额在可预见的未来能够转回。

甲公司 2012 年应确认的递延所得税负债 = 80 ÷ (1 − 20%) × (25% − 20%) = 5（万元）

借：所得税费用　　50 000

　　贷：递延所得税负债　　500 000

（3）递延所得税资产的主要账务处理。资产负债表日递延所得税资产的应有余额大于其现有账面余额的，应按其差额确认，借记“递延所得税资产”科目，贷记“所得税费用——递延所得税费用”科目；资产负债表日递延所得税资产的应有余额小于其现有账面余额，编制相反的会计分录。

知识拓展

企业合并中取得资产、负债的入账价值与其计税基础不同形成可抵扣暂时性差额的，应于购买日确认递延所得税资产，借记“递延所得税资产”科目，贷记“商誉”等科目。与直接计入所有者权益的交易或事项相关的递延所得税资产，借记“递延所得税资产”科目，贷记“资本公积——其他资本公积”科目。

资产负债表日，预计未来期间很可能无法获得足够的应纳税所得额用以抵扣可抵扣暂时性差额的，按原已确认的递延所得税资产中应减记的金额，借记“所得税费用——递延所得税费用”、“资本公积——其他资本公积”等科目，贷记“递延所得税资产”科目。

【例 9.25】 某企业在 2009 年至 2012 年间，每年应纳税收益分别为−400 万元、100 万元、200 万元、100 万元，适用税率始终为 25%。假设在 2009 年发生的亏损弥补期内很可能获得足够的应纳税所得额用来抵扣可抵扣暂时性差额，无其他暂时性差额。该企业所得税会计处理应作如下会计分录。

（1）2009 年。

借：递延所得税资产（400 × 25%）　　100 万元

　　贷：所得税费用　　100 万元

（2）2010 年。

借：所得税费用（100 × 25%）　　25 万元

　　贷：递延所得税资产　　25 万元

（3）2011 年。

借：所得税费用（200 × 25%）　　50 万元

　　贷：递延所得税资产　　50 万元

（4）2012 年。

借：所得税费用（100×25%） 25 万元

贷：递延所得税资产 25 万元

【例 9.26】 甲股份有限公司（下称“甲公司”）2012 年有关所得税资料如下。

（1）甲公司所得税采用资产负债表债务法核算，所得税税率为 25%，年初递延所得税资产为 49.5 万元。

（2）本年度实现利润总额 500 万元，其中取得国债利息收入 20 万元，因发生违法经营被罚款 10 万元，因违反合同支付违约金 30 万元，工资及相关附加超过计税标准 60 万元，上述收入或支出已全部用现金结算完毕。

（3）年末计提固定资产减值准备 50 万元（年初减值准备为 0），使固定资产账面价值比其计税基础少 50 万元；转回存货跌价准备 70 万元，《税法》规定，计提的减值准备不得在税前抵扣。

（4）年末计提产品保修费用 40 万元，计入营业费用，预计负债余额为 40 万元。《税法》规定，产品保修费在实际发生时可以在税前抵扣。

（5）弥补以前年度亏损 60 万元。假设除上述事项外，没有发生其他纳税调整事项。

甲公司应交所得税会计处理应编制如下会计分录。

（1）计算 2012 年应交所得税。

2012 年应交所得税=应纳税所得额×所得税率

=［(利润总额 500−国债利息收入 20＋违法经营罚款 10＋违约金 30

+工资超标 60＋计提固定资产减值 50－转回存货跌价准备 70

+计提保修费 40)－弥补亏损 60］×25%＝(600−60) ×25%

=540×25%=135（万元）

（2）计算暂时性差额影响额，确认递延所得税资产和递延所得税负债。

固定资产项目影响的递延所得税资产＝50 × 25%＝12.5（万元）

存货项目影响的递延所得税资产＝−70×25%=－17.5（万元）

预计负债项目影响的递延所得税资产＝40 × 25%＝10（万元）

弥补亏损项目影响的递延所得税资产＝－60 × 25%＝－15（万元）

2012 年年末递延所得税资产余额合计＝12.5－17.5＋10－15=－10（万元）

（3）计算 2012 年所得税费用。

2012 年所得税费用＝135－［－49.5－(－10)］＝174.5（万元）

（4）编制会计分录。

借：所得税费用 1 745 000

贷：应交税费——应交所得税 1 350 000

递延所得税资产 395 000

五、本年利润

企业应设置“本年利润”科目，核算企业当期实现的净利润（或发生的净亏损）。企业期末结转利润时，应将各项收入、利得科目的金额转入本科目的贷方，将各项费用、损失科目的金额转入本科目的借方，结平各损益类科目。结转后本科目的贷方余额为当期实现的净利润，借方余额为当期发生的净亏损。

各损益类科目余额结转到“本年利润”科目，可在年末一次结转，平时月份只通过编制利润表计算出各会计期间的利润，不进行损益类科目的结转，这种做法称为“表结法”。也可每月都将损益类科目结转到“本年利润”科目，这种做法称为“账结法”。运用哪种方法可由企业自主决定。

年度终了，应将本年收入、利得和费用、损失相抵后结出的本年实现的净利润，转入“利润分配”科目，借记“本年利润”科目，贷记“利润分配——未分配利润”科目；如为净亏损则作相反的会计分录。结转后“本年利润”科目应无余额。

【例 9.27】A 小企业 2012 年年末有关损益类科目余额见表 9.3。

表 9.3 损益类科目余额

科目名称	本期余额	科目名称	本期余额
主营业务收入	800 000	管理费用	14 000
主营业务成本	400 000	财务费用	2 000
营业税金及附加	60 000	投资收益	9 000（贷）
其他业务收入	50 000	营业外收入	6 000
其他业务成本	10 000	营业外支出	7 000
销售费用	18 000	所得税费用	88 500

结转当期损益，应作账务处理如下。

（1）结转各项费用、损失。

借：本年利润 511 000
  贷：主营业务成本 400 000
    营业税金及附加 60 000
    其他业务成本 10 000
    销售费用 18 000
    管理费用 14 000
    财务费用 2 000
    营业外支出 7 000

（2）结转各项收入、利得。

借：主营业务收入 800 000
  其他业务收入 50 000
  投资收益 9 000
  营业外收入 6 000
  贷：本年利润 865 000

通过上述损益的结转，可知本期企业利润总额为 354 000 元（865 000－511 000）。

（3）将“所得税费用”科目借方余额转入“本年利润”科目。

借：本年利润 88 500
  贷：所得税费用 88 500

（4）年终将“本年利润”科目贷方余额结转到“利润分配——未分配利润”科目。

借：本年利润 265 500
  贷：利润分配——未分配利润 265 500

学中做

某公司年终结转前主营业务收入 539 200 元，其他业务收入 12 800 元，营业税金及附加 4 000 元，销售费用 6 000 元，管理费用 77 080 元，财务费用 3 600 元，营业外支出 10 000 元，所得税税率 25%，无纳税调整项目。假如你是该公司会计人员，你如何进行年终结转损益、结转所得税、结转净利润的账务处理？

六、利润分配

企业以当年净利润弥补以前年度亏损等剩余的税后利润，可用于向投资者进行分配。企业（公司制）在分配当年税后利润时，应当按照《公司法》的规定提取法定公积和任意公积。

（一）企业利润分配顺序

根据有关法律法规的规定，各类企业的利润分配顺序如下。

（1）本年净利润加上年初未分配利润，为本年可供分配的利润。

（2）从可供分配的利润中减去按本年净利润和规定的提取比例提取的法定盈余公积、任意盈余公积、职工奖励及福利基金、储备基金、企业发展基金、利润归还投资后剩余部分，为本年可供投资者分配的利润。

（3）本年可供投资者分配的利润减去当年应付投资者利润，为本年年末未分配利润。

如果年初未分配利润为亏损，则意味着当年实现的净利润首先弥补以前年度的亏损，再向下作为可供分配的利润。"提取法定盈余公积"和"提取任意盈余公积"是指公司制企业按照《公司法》规定进行的利润分配。"提取职工奖励及福利基金"、"提取储备基金"和"提取企业发展基金"是指外资企业和中外合资企业按照相关法律法规规定进行的利润分配。"利润归还投资"是指中外合作经营企业按照法律法规规定在合作期内以税前利润先行归还外国合作者的投资。年末未分配利润可留待以后年度进行分配。企业本年度如发生亏损，可以按规定由以后年度利润进行弥补。

（二）利润分配核算的科目设置

为反映企业利润的分配或亏损的弥补情况，企业应设置以下会计科目。

1. "利润分配"科目

"利润分配"科目为所有者权益类科目，用来核算企业利润的分配或亏损的弥补情况，借方记录已分配的利润及年终亏损的转入数，贷方记录已取得的亏损弥补数及年终由"本年利润"科目转入的净利润。该科目余额在借方，表示积欠的未弥补亏损，其余额在贷方表示历年积存的未分配利润。

公司制企业在进行利润分配时，应当在"利润分配"科目下分别设置"提取法定盈余公积"、"提取任意盈余公积"、"应付股利"和"未分配利润"等明细科目，核算其当年进行的利润分配情况。

外资企业和中外合资经营企业在进行利润分配时，应当分别在"利润分配"科目下设置"提取职工奖励及福利基金"、"提取储备基金"、"提取企业发展基金"、"应付股利"、"未分配利润"等明细科目，核算其当年进行的利润分配情况。中外合作经营企业还可以增设"利润归还投资"明细科目进行核算。

2. "盈余公积"科目

"盈余公积"科目属于所有者权益类科目，用来核算企业从净利润中提取的盈余公积。该科目的贷方登记企业从净利润中提取的法定盈余公积和任意盈余公积，借方登记以盈余公积弥补亏损或转增资本的盈余公积金额。期末余额在贷方，表示盈余公积的结余金额。

3. "应付利润"科目

"应付利润"科目属于负债类科目，用来核算应支付给国家、其他单位、个人等投资者的利润。该科目的贷方登记按照利润分配方案计算的应付利润，借方登记用货币资金或其他资产支付给投资者的利润。期末余额在贷方，表示应付未付的利润。

（三）利润分配的账务处理

利润分配的账务处理主要包括下列内容。

1. 税后利润补亏

税后利润补亏，是指以计算应交所得税后的企业净利润（又称税后利润），弥补企业往年被主管税务机关审核认定不得在税前弥补的亏损额或已超过延续弥补期限的挂账亏损额；企业当年发生亏损，以往年未分配利润或盈余公积弥补，也属于税后补亏的范畴。

企业发生的亏损应由企业自行弥补。企业弥补亏损的渠道有三条：①用以后年度税前利润弥补；②用以后年度税后利润弥补；③用盈余公积弥补。

用利润弥补亏损，在会计核算上，无论是以税前利润还是以税后利润弥补亏损，其会计核算方法都相同，都不需要进行专门的账务处理。这是因为，企业在当年发生亏损的情况下，应将本年发生的亏损从“本年利润”科目的贷方，转入“利润分配——未分配利润”科目的借方；在以后年度实现净利润的情况下，应将实现的净利润从“本年利润”科目的借方，转入“利润分配——未分配利润”科目的贷方，其贷方发生额（即实现的净利润）与借方余额（未弥补亏损额）抵消，自然就弥补了亏损，无须专门编制会计分录。

2. 提取盈余公积

提取盈余公积，引起所有者权益中的有关项目发生此增彼减的变化，涉及“利润分配”和“盈余公积”两个会计科目。提取盈余公积应借记“利润分配”科目，贷记“盈余公积”科目。

【例 9.28】 年末终了，A 企业按当年净利润 265 500 元的 10%提取法定盈余公积。A 企业应作账务处理如下。

借：利润分配——提取法定盈余公积　　26 550
　　贷：盈余公积——法定盈余公积　　26 550

3. 向投资者分配利润

向投资者分配利润引起所有者权益和负债两个项目发生增减变化，涉及“利润分配”和“应付利润”两个会计科目。利润分配应借记“利润分配”科目，贷记“应付利润”科目。

【例 9.29】 A 企业以银行存款向投资者分配利润 200 000 元。A 企业公司应作账务处理如下。

借：利润分配——应付利润　　200 000
　　贷：应付利润　　200 000
借：应付利润　　200 000
　　贷：银行存款　　200 000

4. 年末结转“利润分配”各明细会计科目

年末，应将利润分配的各项内容从“利润分配”各明细会计科目的贷方，转入“利润分配——未分配利润”明细会计科目的借方。结转后，除“利润分配——未分配利润”明细科目有余额外，其余明细会计科目均无余额。

结转后，如果“利润分配——未分配利润”科目为借方余额，则表现为企业累计未弥补的亏损；如为贷方余额，则表现为企业累计未分配的利润。

【例 9.30】 年末终了，甲公司将利润分配各明细科目的余额转入“未分配利润”明细科目。甲公司应作账务处理如下。

借：利润分配——未分配利润	226 550
贷：利润分配——提取法定盈余公积	26 550
——应付利润	200 000

学中做

A 企业年初未分配利润为 0，本年实现净利润 2 000 000 元，本年提取法定盈余公积 200 000 元，宣告发放利润 800 000 元。

要求：请为 A 企业编制年终结转净利润和利润分配的会计分录。

导入案例解析

案例二 可以这样分配利润

1. 海达公司不可以将 2012 年度实现的 200 万元利润全部分配给股东。因为该公司还有以前年度发生的亏损没有弥补完。2010 年亏损 150 万元，2011 年实现的利润 120 万元弥补 2010 年的亏损，2010 年还有 30 万元亏损没有弥补，需要继续用 2012 年实现的利润进行弥补。

2. 截至 2012 年年末，用 2012 年实现的利润弥补 2010 年度发生的亏损后，海达公司账面上可供分配的利润是 170 万元，计算如下：

2012 年年末可供分配的利润 = − 150 + 120 + 200 = 170（万元）

3. 假定海达公司章程约定不提取任意盈余公积，在 2012 年年末可供分配的利润 170 万元中首先要提取法定盈余公积 17 万元（170 万元×10%），所以该公司最多可以分配给股东的利润为 153 万元。

本章小结

收入，是指企业在日常活动中形成的、会导致所有者权益增加、与所有者投入资本无关的经济利益的总流入。按照企业从事日常活动的性质，可以将收入分为销售商品收入和提供劳务收入。一般情况下，企业应当在发出商品且收到货款或取得收款权利时，确认销售商品收入。提供劳务的收入，应根据劳务是否在本年度完成，而采用不同的方法确认劳务收入的实现。企业应设置“主营业务收入”、“其他业务收入”科目核算本期实现的收入及其结转情况。

费用，是指企业在日常生产活动中发生的、会导致所有者权益减少、与向所有者分配利润无关的经济利益的总流出。企业的费用包括营业成本、营业税金及附加、销售费用、管理费用、财务费用等。企业应设置“主营业务成本”、“其他业务成本”、“营业税金及附加”、“销售费用”、“管理费用”、“财务费用”科目核算本期发生的各项成本和费用。

利润，是指企业在一定会计期间的经营成果。利润根据其构成内容的不同，可以分为营业利润、利润总额和净利润三个概念。营业利润，是指营业收入减去营业成本、营业税金及附加、销售费用、管理费用、财务费用，加上投资收益（或减去投资损失）后的金额。利润总额，是指营业利润加上营业外收入，减去营业外支出后的金额。净利润，是指利润总额减去所得税费用后的净额。

营业外收入，是指企业非日常生产经营活动形成的、应当计入当期损益、会导致所有者权益增加、与所有者投入资本无关的经济利益的流入。营业外支出，是指企业非日常生产经营活动发生的、应当计入当期损益、会导致所有者权益减少、与向所有者分配利润无关的经济利益的流出。企业应设置“营业外收入”、“营业外支出”和“所得税费用”科目，核算本期营业外收入、营业外支出和所得税费用的发生及期末结转情况。《小企业会计准则》规定，小企业所得税费用的核算采用应付税款法，而《企业会计准则》规定，企业所得税费用的核算采用资产负债表债务法

企业应设置“本年利润”科目，核算企业当期实现的净利润（或发生的净亏损）。企业期末结转利润时，应将各项收入、利得科目的金额转入“本年利润”科目的贷方，将各项费用、损失科目的金额转入“本年利润”科目的借方，结转后各损益类科目没有余额。结转后“本年利润”科目的贷方余额为当期实现的净利润，借方余额为当期发生的净亏损。年度终了，应将本年实现的净利润，转入“利润分配”科目，借记“本年利润”科目，贷记“利润分配——未分配利润”科目；如为净亏损则作相反的会计分录。

企业本年的净利润加上年初未分配利润为可供分配的利润，可供分配的利润减去按本年净利润的一定比例提取的法定盈余公积和任意盈余公积后，其余额为可供投资者分配的利润，可供投资者分配的利润减去当年分配给投资者的利润为年末未分配利润。为反映企业利润的分配或亏损的弥补情况，企业应设置“利润分配”科目、“盈余公积”科目、“应付利润”科目。利润分配的账务处理主要包括税后利润补亏、提取盈余公积、向投资者分配利润等。

教学做一体化训练

一、单项选择题

1. 企业年末结账后，一定无余额的科目是（　　）。

A. 本年利润　　B. 应付利息　　C. 利润分配　　D. 生产成本

2. 企业对外销售需要安装的商品时，若安装和检验属于销售合同的重要组成部分，则确认该商品销售收入的时间是（　　）。

A. 发出商品时　　B. 收到商品销售货款时

C. 商品运抵并开始安装时 D. 商品安装完毕并检验合格时

3. 在分期收款方式销售商品的情况下，确认收入实现的时间是（ ）。

A. 发出商品时 B. 开出销售发票时

C. 合同规定的收款期 D. 收到全部货款时

4. 销售商品发生的现金折扣，正确的处理方法是（ ）。

A. 增加财务费用 B. 计入销售费用

C. 冲减财务费用 D. 冲减主营业务收入

5. 在采用收取手续费方式发出商品时，委托方确认商品销售收入的时点为（ ）。

A. 委托方发出商品时

B. 受托方销售商品时

C. 委托方收到受托方开具的代销清单时

D. 委托方收到受托方代销商品的销售货款时

6. 代销商品采用收取手续费方式的，委托方支付的手续费应计入（ ）。

A. 财务费用 B. 管理费用 C. 销售费用 D. 营业外支出

7. 对于会计年度内完成的劳务收入，确认收入采用的方法是（ ）。

A. 完成合同法 B. 完工百分比法 C. 分期确认法 D. 配比法

8. 下列各项中，属于小工业企业其他业务收入的是（ ）。

A. 罚款收入 B. 出售固定资产净收益

C. 出售无形资产净收益 D. 销售材料收入

9. 下列收入中不属于小工业企业其他业务收入的有（ ）。

A. 罚款收入 B. 转让无形资产使用权的收入

C. 包装物出租收入 D. 原材料销售收入

10. 小工业企业将暂时闲置的固定资产出租，收取的租金应计入（ ）。

A. 产品销售收入 B. 其他业务收入 C. 投资收益 D. 营业外收入

11. 专设销售机构发生的办公费用，应当计入的会计科目是（ ）。

A. 营业外支出 B. 管理费用 C. 销售费用 D. 财务费用

12. 下列各项中，不应计入销售费用的是（ ）

A. 商品维修费 B. 采购运输费 C. 业务招待费 D. 产品参展费

13. 下列各项应计入管理费用的是（ ）。

A. 出租包装物摊销 B. 无形资产摊销

C. 出借包装物摊销 D. 车间领用低值易耗品摊销

14. 下列各项中，应列为管理费用处理的是（ ）。

A. 聘请中介机构费 B. 坏账准备

C. 专设销售机构人员工资 D. 自然灾害造成的存货净损失

15. 下列不是“管理费用”科目核算的项目是（ ）。

A. 工会经费 B. 印花税 C. 委托代销手续费 D. 业务招待费

16. 下列各项费用中，应计入财务费用的是（ ）。

A. 支付银行承兑手续费 B. 筹建期间长期借款利息

C. 支付购买短期债券的手续费 D. 建造固定资产交付使用前的借款利息

17. 购货企业获得的现金折扣应（　　）。

A. 冲减财务费用　B. 增加财务费用　C. 冲减购货成本　D. 增加购货成本

18. 销售企业发生的销售折让（　　）。

A. 直接冲减主营业务收入　B. 直接增加补贴收入

C. 计入销售折让账户　D. 直接冲减主营业务成本

19. 下列各项投资收益中，按税法规定免交所得税，在计算应税所得额时应予以调整的项目是（　　）。

A. 公司债券利息收入　B. 国债利息收入

C. 股票转让净收益　D. 公司债券转让净收益

20. 企业发生的违约金支出应计入（　　）。

A. 管理费用　B. 营业外支出　C. 财务费用　D. 其他业务支出

21. 企业发生固定资产盘亏，经批准后核销，列入（　　）。

A. 其他业务支出　B. 营业外支出　C. 管理费用　D. 销售费用

22. 下列各项中，应作为营业外支出核算的是（　　）。

A. 无形资产摊销　B. 计提短期借款利息

C. 广告费支出　D. 固定资产盘亏损失

23. 下列各项中，与营业利润无关的是（　　）

A. 其他业务成本　B. 投资收益　C. 财务费用　D. 所得税费用

24. 某工业企业本期营业收入为210万元，营业成本为100万元，管理费用为15万元，投资收益为30万元，所得税为30万元。假定不考虑其他因素，该企业本期营业利润为（　　）。

A. 65万元　B. 125万元　C. 100万元　D. 110万元

25. 企业用当年实现的税前会计利润弥补以前年度亏损时，正确的做法是（　　）。

A. 借：利润分配——未分配利润
　　贷：利润分配——弥补以前年度亏损

B. 借：应交税费——应交所得税
　　贷：利润分配——未分配利润

C. 借：利润分配——盈余公积补亏
　　贷：利润分配——未分配利润

D. 不进行账务处理

26. 按企业利润分配的顺序，排在第一的是（　　）。

A. 弥补以前年度亏损　B. 提取法定盈余公积金

C. 提取任意盈余公积金　D. 向投资者分配利润

27. 暂时性差额造成的纳税影响在资产负债表中列在递延所得税资产和递延所得税负债中，这种方法是（　　）。

A. 应付税款法　B. 利润分配法

C. 资产负债表债务法　D. 分期摊销法

28. 某企业2007年1月1日递延所得税资产余额为9 000元、递延所得税负债余额为12 000元，2007年12月31日递延所得税资产余额为15 000元、递延所得税负债余额为7 000元，2007年应纳所得税额为150 000元，该企业当年所得税费用为（　　）。

A. 135 000 元　B. 150 000 元　C. 165 000 元　D. 155 000 元

29. 某企业本年实现税前会计利润 200 万元，应计入应纳税所得额的永久性差异为 20 万元，期初递延所得税净资产为 7 万元，期末递延所得税净资产为 4 万元。若公司所得税税率为 25%，则本年净利润为（　）。

A. 144.25 万元　B. 142 万元　C. 127 万元　D. 145 万元

30. 利润表中应予以确认的所得税费用为当期所得税+（　）。

A. 递延所得税　B. 期初所得税　C. 期末所得税　D. 本期所得税

31. 资产负债表债务法适用于对所有（　）的处理。

A. 永久性差额　B. 时间性差额

C. 永久性差额和部分时间性差额　D. 暂时性差额

32. 暂时性差额是指资产或负债的账面价值与其（　）之间的差额。

A. 实际价值　B. 公允价值　C. 计税基础　D. 折余价值

二、多项选择题

1. 小企业日常经营活动中取得的收入包括（　）。

A. 销售商品的收入　B. 提供劳务的收入

C. 他人使用本企业资产的收入　D. 出售固定资产的收入

E. 转让无形资产的收入

2. 收入的特点有（　）。

A. 从企业的日常活动中产生

B. 可能使企业资产增加，也可能使企业负债减少

C. 可能导致企业所有者权益增加

D. 只包括本企业经济利益的流入，不包括为第三方或客户代收的款项

E. 肯定能收到现金

3. 下列各项收入中，属于小工业企业的其他业务收入的有（　）。

A. 转让无形资产使用权取得的收入　B. 出租包装物的租金收入

C. 提供运输劳务取得的收入　D. 销售原材料取得的收入

E. 出售固定资产的收入

4. 小工业企业下列各项业务取得的收入通过“其他业务收入”科目核算的有（　）。

A. 出租无形资产取得的租金收入　B. 出租固定资产取得的租金收入

C. 用材料进行非货币性交换实现的收入　D. 用材料进行债务重组实现的收入

E. 销售原材料取得的收入

5. 下列有关成本费用的表述中，正确的是（　）。

A. 费用最终会减少所有者权益

B. 费用应当按照配比原则确认

C. 费用最终会导致企业经济资源的流出

D. 作为制造费用处理的，期末分配计入产品制造成本

E. 费用都是本期用现金支付的

6. 企业销售商品应缴纳的下列各项税金中，应在“营业税金及附加”科目核算的有（　）。

A. 所得税　B. 增值税　C. 消费税

D. 资源税　　　　E. 企业所得税

7. “营业税金及附加”科目核算的税费包括（　　）。

A. 教育费附加　　B. 消费税　　　　C. 城市维护建设税

D. 资源税　　　　E. 增值税

8. 下列税金通过“管理费用”科目核算的有（　　）。

A. 房产税　　　　B. 土地使用税　　C. 销售产品交纳的消费税

D. 印花税　　　　E. 资源税

9. 下列各项支出在发生时应直接确认为当期费用的有（　　）。

A. 固定资产安装工人工资支出　　　　B. 广告费支出

C. 专设销售机构职工工资支出　　　　D. 管理人员工资支出

E. 购买运输卡车的支出

10. 企业发生的下列支出中，应当计入销售费用的有（　　）。

A. 广告费　　　　B. 工会经费　　　C. 专设销售机构办公费

D. 业务招待费　　E. 职工教育经费

11. 企业发生的下列支出中，应当计入管理费用的有（　　）。

A. 土地使用税　　B. 待业保险费　　C. 劳动保险费

D. 业务招待费　　E. 材料盘亏损失

12. 财务费用包括的具体项目有（　　）。

A. 财务部门经费　B. 利息净支出　　C. 汇兑损失

D. 支付银行手续费 E. 销售产品付出的现金折扣

13. 企业取得的下列各项收入中，应计入投资收益的有（　　）。

A. 公司债券的利息收入　　　　B. 银行存款的利息收入

C. 转让股票的净收益　　　　　D. 国债的利息收入

E. 购买产品获得的现金折扣

14. 构成并影响营业利润的项目有（　　）。

A. 营业收入　　　B. 营业成本　　　C. 期间费用

D. 所得税　　　　E. 营业税金及附加

15. 下列各项收入中，可增加企业营业利润的有（　　）。

A. 销售自制半成品的收入　　　　B. 销售固定资产的收入

C. 补贴收入　　　　　　　　　　D. 银行存款的利息收入

E. 长期股权投资获得的投资收益

16. 小企业的下列项目中，应计入“营业外收入”科目核算的是（　　）。

A. 固定资产盘盈收入　　　　　　B. 无法归还的应付账款

C. 出售无形资产净收益　　　　　D. 教育费附加返回款

E. 材料盘盈收益

17. 下列各项中，属于政府补助形式的有（　　）。

A. 财政拨款　　　　　　　　　　B. 税收返还

C. 财政贴息直接支付给受益企业　D. 作为投资者投入资金

E. 费用补贴

18. 小企业下列项目中，应列作营业外支出的是（ ）。

A. 对外捐赠支出　B. 无法收回的应收账款
C. 退休职工的退休金　D. 6个月以上长期病假人员薪酬
E. 材料盘亏损失

19. 下列各项中，应计入小企业营业外支出的有（ ）。

A. 非流动资产处置净损失　B. 无法收回的长期股权投资损失
C. 税收滞纳金　D. 罚金
E. 固定资产盘亏净损失

20. 下列项目中，应计入营业外支出的有（ ）。

A. 对外捐赠支出　B. 处理固定资产净损失
C. 违反经济合同的罚款支出　D. 由于自然灾害造成的资产净损失
E. 无法收回的应收账款

21. 企业利润分配的去向有（ ）。

A. 弥补以前年度亏损　B. 计算应交所得税
C. 提取盈余公积　D. 向投资者分配利润
E. 提取资本公积

22. 在我国，下列各项可以用于弥补企业经营亏损的有（ ）。

A. 任意盈余公积　B. 法定盈余公积　C. 税后利润
D. 税前利润　E. 资本公积

23. 暂时性差额包括（ ）。

A. 时间性差额　B. 永久性差额
C. 应纳税暂时性差额　D. 可抵扣暂时性差额

24. 所得税采用资产负债表债务法核算时，下列各项应当包括在所得税费用中的有（ ）。

A. 当期所得税　B. 递延所得税　C. 当期个人所得税　D. 上期所得税

25. 应纳税暂时性差额通常产生于以下情况（ ）。

A. 资产的账面价值大于其计税基础　B. 负债的账面价值大于其计税基础
C. 负债的账面价值小于其计税基础　D. 负债的计税基础小于其账面价值

26. 下列各项中，企业在计算当期应交所得税时应予考虑的因素有（ ）。

A. 当期实现的净利润　B. 当期实现的利润总额
C. 暂时性差额　D. 永久性差额

27. 资产负债表债务法下的计税基础包括（ ）。

A. 资产的计税基础　B. 负债的计税基础　C. 历史成本基础　D. 实际成本基础

三、判断题

1. 收入是从日常生产经营活动中而不是从偶发的交易或事项中产生的。（ ）

2. 采用分期收款方式销售时，销售的商品的成本，应于发出商品时进行结转。（ ）

3. 企业在销售商品时，如果估计价款收回的可能性不大，即使收入确认的其他条件均已满足，也不应确认收入实现。（ ）

4. 企业采用预收货款结算方式销售商品时，应在收到货款时确认收入实现。（ ）

5. 企业为组织生产经营活动而发生的一切管理活动的费用，包括车间管理费用和公司管理

费用，都应作为期间费用处理。（ ）

6. 商品流通企业在进货、销货过程中发生的运输费、装卸费、包装费、运输途中的合理损耗、入库前的挑选费用等，均可作为销售费用入账。（ ）

7. 增值税的计算错误并不影响企业利润计算的正确性，消费税的计算错误影响企业利润计算的正确性。（ ）

8. 企业按规定用盈余公积弥补以前年度亏损时，应按弥补数额，借记"盈余公积"科目，贷记"利润分配——盈余公积转入"科目。（ ）

9. 与同一项销售有关的收入，其成本不一定在同一会计期间予以确认。（ ）

10. 所得税是国家依法对企业的生产经营所得课征的税，它具有强制性和有偿性。（ ）

11. 税前会计利润是指企业按照税收法规规定计算的应纳税所得额在会计账上反映的利润。（ ）

12. 所得税是企业在生产经营过程中的一部分耗费，是企业的一项费用支出，在净利润中扣除。（ ）

13. 销售商品采用分期收款方式的，在销售商品当天确认收入。（ ）

14. 发生销售退回，不论属于哪个年度销售，均冲减当期销售商品收入。（ ）

15. 企业的利润来源于两个方面：一是来源于日常经营活动，二是来源于非日常经营活动。（ ）

16、所得税费用是指小企业按照企业所得税法规定计算的当期应纳税所得额与适用所得税税率为基础来确认的，应从当期利润总额中扣除的所得税费用。（ ）

17. 资产负债表债务法是适用于对所有永久性差额处理的一种方法。（ ）

18. 如果在资产负债表中资产的账面价值比资产的计税基础高，就是递延所得税负债；反之，是递延所得税资产。（ ）

19. "递延所得税负债"科目核算企业根据所得税准则确认的应纳税暂时性差额产生的所得税负债。（ ）

技能演练

1. 企业大明公司为增值税一般纳税人，增值税税率为17%。2013年6月发生如下经济业务。

（1）3日，采用银行承兑汇票的结算方式向黄河公司销售A产品30件，价款30 000元，增值税5 100元，收到还款期限为2个月的银行承兑汇票一张。

（2）7日，采用赊销方式向长江公司销售B产品20件，价款40 000元，增值税6 800元，付款条件为2/10、1/20、*n*/30，采用总价法核算。

（3）9日，采用托收承付结算方式向长江公司销售A产品50件，价款50 000元，增值税8 500元，用银行存款代垫运杂费300元，已办妥托收手续。

（4）12日，大华公司因产品规格问题退回上月所购A产品5件，价款5 000元，增值税850元，其成本为3 000元。大明公司签发支票一张，支付退货款，退货产品已收回入库。

（5）16日，由于黄河公司发现所购3件A产品质量存在问题，大明公司同意给予黄河公司10%的销售折让351元，以现金支付。

（6）20日，收到长江公司支付的乙产品货款，存入银行。

要求：根据以上资料，逐笔编制会计分录。

2. 2013年4月5日，甲公司与购货单位签订协议，采用预收款方式向购货单位销售一批商品。协议约定，该批商品销售价格为800 000元，增值税税额为136 000元；购货单位应在协议签订时预付60%的货款（按销售价格计算），剩余货款于2个月后支付。该批商品的实际成本为600 000元。

要求：请为甲公司上述经济业务编制会计分录。

3. A公司于2013年3月1日采用分期收款方式向B公司销售大型产品一件，价款300 000元。合同约定，B公司必须在成交时支付货款的40%，其余的在以后五个月内平均付款。该产品成本为180 000元，A公司为一般纳税人，增值税税率为17%。

要求：请为A公司上述经济业务编制会计分录。

4. 2013年5月10日，甲公司委托丙公司销售商品200件，商品已经发出，每件成本为60元。合同约定丙公司应按每件100元对外销售，甲公司按售价的10%向丙公司支付手续费。当年，丙公司对外实际销售100件，开出的增值税专用发票上注明的销售价款为10 000元，增值税税额为1 700元，款项已收到。12月30日，甲公司收到丙公司开具的代销清单时，向丙公司开具一张相同金额的增值税专用发票。假定，甲公司发出商品时纳税义务尚未发生；甲公司采用实际成本核算，丙公司采用进价核算代销商品。

要求：请分别为甲公司和丙公司上述经济业务编制会计分录。

5. 甲公司响应我国政府有关部门倡导的汽车家电以旧换新的相关政策，积极开展家电以旧换新业务。2013年9月份，甲公司共销售彩色电视机100台，每台不含增值税销售价格2 000元，每台销售成本为1 200元，同时回收100台旧型号彩色电视机，每台回收价格为234元（含增值税），款项均已收付。

要求：请为甲公司上述经济业务编制会计分录。

6. 2013年12月1日，甲公司与丁公司签订一项为期6个月的非工业性劳务合同，合同总收入为400万元，当天预收劳务款100万元。至12月31日，实际发生劳务成本50万元（以银行存款支付），估计为完成合同还将发生劳务成本150万元。假定甲公司按实际发生的成本占估计总成本的比例确定劳务的完工进度。

要求：请为甲公司上述经济业务编制会计分录。

7. A网络公司于2013年9月10日为客户研制一项管理用网络工程，工期为半年，合同总收入500 000元。至2013年12月31日已发生成本270 000元（假设全部用银行存款支付），预计完成该项网络工程的总成本为300 000元。2013年12月31日经专业人员测量，该工程已完成80%。A网络公司在开工时预收账款250 000元。

要求：①计算A公司2013年年度应确认的收入和成本；②编制有关会计分录。

8. A企业2013年9月发生下列经济业务：

（1）为宣传新产品发生广告费10 000元，用银行存款支付。

（2）销售人员薪酬100 000元，销售部专用办公设备折旧费50 000元。

（3）销售产品过程中发生运输费5 000元、装卸费2 000元、保险费70 000元，均用银行存款支付。

要求：请为A企业上述经济业务编制会计分录。

9. 资料：兴荣公司2013年12月发生下列经济业务：

（1）用银行存款支付产品的广告费20 000元。

（2）摊销无形资产价值2 000元。

（3）企业管理部门使用的固定资产计提折旧5 000元，销售部门使用的固定资产计提折旧3 000元。

（4）分配职工工资，其中，企业管理部门人员工资30 000元，专设销售机构人员工资40 000元。

（5）计算本月短期借款利息20 000元，长期借款利息60 000元（工程已完工并交付使用）。

（6）计提管理部门职工教育经费3 000元，工会经费2 000元。

（7）将闲置未用的包装物出借给大华公司使用，出借包装物的实际成本为700元。

要求：根据上述经济业务，编制会计分录。

10. A企业2013年9月发生下列经济业务：

（1）用现金为厂部购买办公用品200元。

（2）以银行存款支付行政管理部门通信费800元。

（3）财务部张某报销差旅费2 000元，以现金付讫（张某未预借差旅费）。

（4）以现金购买印花税票600元。

（5）分配本月管理部门人员工资10 000元。

（6）根据管理部门人员工资计提福利费1 400元。

（7）根据管理部门人员工资计提工会经费200元、职工教育经费250元。

（8）将本月发生的管理费用转入“本年利润”科目。

要求：请为A企业上述经济业务编制会计分录。

11. A企业2013年6月发生有关经济业务如下：

（1）支付本季度短期借款利息6 000元，其中，前两个月已计提4 000元。

（2）接到银行通知，第二季度存款利息收入为2 000元。

（3）支付银行承兑汇票手续费1 000元。

（4）将本月发生的财务费用转入“本年利润”科目。

要求：请为A企业上述经济业务编制会计分录。

12. A企业本月发生下列经济业务：

（1）A企业现有一台设备由于性能等原因决定提前报废，原价为500 000元，已计提折旧450 000元，报废时的残值变价收入为73 500元，报废清理过程中发生的清理费用3 500元。有关收入、支出均通过银行存款办理结算，不考虑相关的税费。

（2）乙公司在财产清查中盘盈丁材料1 000千克，实际单位成本为60元，经查属于材料收发计量方面的差错。

要求：请为A企业上述经济业务编制会计分录。

13. A企业发生下列经济业务：

（1）在年终进行财产清查时，发现盘亏一架照相机，该照相机原价为2 000元，已提折旧1 000元，经批准作损失处理。

（2）遭遇洪灾，库存某种材料5吨计5万元被毁，报经批准作损失处理。

（3）企业以存款支付因延期纳税的税收滞纳金3 000元。

（4）赞助某足球俱乐部30 000元，款项以存款支付。

要求：请为A企业上述经济业务编制会计分录。

14. 资料：昌平公司为增值税一般纳税人，增值税税率为17%，2013年1月发生部分经济业务如下。

（1）出售不用的原材料一批，售价20 000元，货款尚未收到。该材料采购时的成本为15 000元。

（2）销售商品并领用一批单独计价的包装物，包装物售价1 000元，增值税额为170元，其实际成本为800元。

（3）应付大明公司的款项20 000元由于特殊原因，已经无法支付。

（4）由于延期支付税款而被税务机关处以1 000元的罚款，罚款已交付。

（5）收到政府返还的教育费附加款500元，款项已存入银行。

要求：根据上述经济业务，编制会计分录。

15. A企业全年税法核定的计税工资总额为225万元，该年实际发放的工资为255万元，除此之外没有其他纳税调整项目。企业该年税前会计利润经计算为2 700万元，所得税税率为25%。

要求：计算某A企业本年度应交所得税，并编制会计分录。

16. B企业本年度利润表中利润总额为1 800万元，该公司适用的所得税税率为25%。本年发生的有关交易和事项中，会计与税收之间存在的差别有：

（1）本年1月开始计提折旧的一项固定资产，成本为900万元，使用年限为10年，净残值为0，会计处理按双倍余额递减法计提折旧，税收处理按直线法计提折旧。假定税法规定的使用年限及净残值与会计规定相同。

（2）捐赠现金300万元给关联企业。按照税法规定，企业向关联方的捐赠不允许税前扣除。

（3）当年发生研究开发支出750万元，其中450万元资本化计入无形资产成本。税法规定企业发生的研究开发支出可按实际发生额的110%扣除。假定所开发无形资产于期末达到预定使用状态。

（4）违反环保规定支付罚款150万元，会计上已计入营业外支出。

要求：根据以上资料，计算B企业本年度应交所得税，并编制会计分录。

17. 2012年年度终了，A企业结转本年净利润前各损益类科目余额见表9.4。

要求：请为A企业编制年终结转净利润的会计分录。

表9.4 损益类科目余额 （单位：元）

科目名称	余　额	科目名称	余　额
主营业务收入	12 031 000	管理费用	837 900
主营业务成本	4 206 000	财务费用	51 012
营业税金及附加	600 000	投资收益	164 200（贷）
其他业务收入	1 010 000	营业外收入	867 500
其他业务成本	507 000	营业外支出	65 500
销售费用	30 600	所得税费用	1 907 172

18. B企业2012年实现净利润400 000元，2012年12月30日的“利润分配——未分配利润”科目有贷方余额50 000元，2013年2月5日，董事会提出并经股东大会通过的利润分配方案是：

（1）按净利润的10%提取法定盈余公积。

（2）按净利润的5%提取任意盈余公积。

（3）向投资者分配现金股利100 000元。

要求：根据上述利润分配方案，为B小企业编制相关利润分配的会计分录。

19. G公司本年度利润表中利润总额为1 800万元，该公司适用的所得税税率为25%。递延所得税资产及递延所得税负债不存在期初余额。本年发生的有关交易和事项中，会计与税收之间存在的差别有：

（1）本年1月开始计提折旧的一项固定资产，成本为900万元，使用年限为10年，净残值为0，会计处理按双倍余额递减法计提折旧，税收处理按直线法计提折旧。假定税法规定的使用年限及净残值与会计规定相同。

（2）向关联企业捐赠现金300万元。假设按照税法规定，企业向关联方的捐赠不允许税前扣除。

（3）当年发生研究开发支出750万元，其中450万元资本化计入无形资产成本。税法规定企业发生的研究开发支出可按实际发生额的110%扣除。假定所开发无形资产于期末达到预定使用状态。

（4）违反环保规定支付罚款150万元。

（5）期末对持有的存货计提了45万元的存货跌价准备。

要求：根据以上资料，按照资产负债表债务法计算企业所得税费用，并编制相关会计分录。

20. 某企业在第1年至第4年间的每年应税利润分别为−600万元、240万元、210万元、240万元，适用的所得税税率为25%，假设无其他暂时性差额。

要求：根据以上资料，按照资产负债表债务法计算每年递延所得税资产，并编制相关会计分录。

第十章 财务报表

【学习目标】

知识目标 理解财务报表的定义、作用、组成和编制要求。理解资产负债表、利润表、现金流量表的定义和作用；掌握资产负债表、利润表、现金流量表的结构和组成项目；掌握现金流量表的编制基础和现金流量的分类；理解财务报表附注的意义和要求；掌握附注披露的顺序及内容；理解会计政策变更、会计估计变更和会计差错更正的内涵。

能力目标 能进行小企业资产负债表、利润表、现金流量表的编制；能采用未来适用法对小企业的会计政策变更、会计估计变更和会计差错更正进行会计处理。

【导入案例】

阅读分析企业年度财务报告

请从图书馆或互联网上找一家上市公司的本年度财务报告，回答以下问题。

（1）在这家公司的资产负债表上，哪项资产的金额最大？为什么公司在这项资产上作了大笔投资？资产负债表上的项目，本年度哪三个项目发生的变动百分比最大？

（2）该公司利润表上是净利润还是净亏损？净利润或净亏损占营业收入的比重是多少？ 利润表上的项目，本年度哪三个项目发生的变动百分比最大？

（3）从报表附注中选择三项内容，并说明它们对信息使用者做出的决策有何影响？

（4）你认为这家公司的优势和弱项在哪里？

第一节 财务报表概述

鉴于基础会计课程一般已介绍《企业会计准则》下的财务报表编制基础知识，本章着重介绍《小企业会计准则》下的财务报表编制，同时简要介绍两者之间的区别。

财务报表是根据会计账簿记录和有关资料，按照规定的报表格式，总括反映一定期间的经济活动和财务收支情况及其结果的一种报告文件，它是对小企业财务状况、经营成果和现金流量的结构性表述。小企业的财务报表至少应当包括资产负债表、利润表、现金流量表以及附注。通俗地讲，财务报表=3 张会计报表+附注。

《企业会计准则第 30 号——财务报表列报》第二条规定：“财务报表至少应当包括下列组成部分：（一）资产负债表；（二）利润表；（三）现金流量表；（四）所有者权益（或股东权益）变动表；（五）附注。”

《小企业会计准则》没有强制要求小企业对外提供所有者权益变动表。这一点与《企业会计准则》的规定有所差异。

一、财务报表的作用

财务报表是通过对日常核算的资料进行整理、分类、计算和汇总编制而成的，既是小企业会计核算工作的总结，同时，也是沟通投资者、债权人、税务部门等财务报表外部使用者与小企业管理层之间信息的桥梁和纽带。财务报表的具体作用包括以下几个方面。

（1）向投资人提供有关企业的赢利能力和股利分配政策等方面的信息，便于他们做出正确的投资决策。

（2）向债权人提供有关企业的资本结构、资产状况和偿债能力等方面的信息，便于他们做出正确的信贷决策。

（3）向政府有关部门提供有关企业的赢利状况和纳税等方面的信息，为国家的宏观经济决策提供依据。

（4）向企业管理人员提供有关企业某一特定日期财务状况以及某一特定期间经营业绩和现金流量等方面的信息，为企业今后进行生产经营决策和改善经营管理提供依据。

二、财务报表的编制要求

1. 财务报表的编制依据

小企业应当以实际发生的交易和事项为依据，按照《小企业会计准则》的规定进行会计要素的确认和计量，在此基础上编制财务报表。

（1）小企业应将实际发生的交易和事项，根据《小企业会计准则》的规定确认为资产、负债、所有者权益、收入、费用和利润，并如实地反映在财务报表中。

（2）小企业不得根据虚构的、没有发生的或者尚未发生的交易和事项进行确认、计量和报告。

小企业编制财务报表，应根据真实的交易、事项及登记完整、核对无误的会计账簿记录和其他有关资料，按照《小企业会计准则》规定的编制基础、编制依据、编制原则和编制方法，做到数据真实、计算准确。

2. 财务报表的编制时间

小企业的财务报表分为年度、季度和月度财务报表。月度、季度财务报表是指在月度和季度终了时编制和提供的财务报表；年度财务报表是指在年度终了时编制和提供的财务报表。小企业编制和提供财务报表在时间上应把握以下原则。

（1）一般情况下，在一个会计年度内，应当按月编制财务报表。

（2）如果按月编制财务报表有困难，或者小企业财务报表外部使用者不要求企业按月提供财务报表，则可以按季编制财务报表。

（3）除国家另有规定外，小企业对外提供财务报表的频率（即按月、按季、按年提供财务报表）由财务报表外部使用者确定，如税务机关、银行等债权人、工商登记机关、小企业主管部门等确定。

小企业的财务报表必须根据有关规定的期限及时编制和报送，以便报告使用者及时了解和分析企业在报告期内的财务状况、经营成果和现金流量。

3. 财务报表编制的其他要求

除上述要求外，小企业编制的财务报表还应当便于理解、相关可比、全面完整。

（1）便于理解。是指财务报表提供的财务信息清晰易懂，为使用者所理解。

（2）相关可比。是指财务报表提供的财务信息必须与使用者的决策需要相关联并具有可比性。会计报表之间、会计报表各项目之间，凡是有对应关系的数字，应当相互一致，会计报表中本期与上期的有关数字，应当相互衔接。

（3）全面完整。是指必须按照《小企业会计准则》规定的种类、格式和内容填报，以便全面地反映企业的财务状况和经营成果，反映企业经营活动的全貌，不应漏编、漏报报表，也不应漏填报表项目。

财务报表中相关项目所反映的交易和事项，小企业没有发生的，不得在该项目中按“0”填列，而应空置不填。这是因为填“0”和空置不填，两者表示的经济意义不同。以“0”填列，表明该项目所反映的交易或事项当期已经发生但余额为 0，如果某项目所反映的交易或事项当期根本就不存在或没有发生，该项目应不填列任何数字。小企业会计人员、小企业财务报表外部使用者和小企业财务软件开发人员，对于“0”与“空置”的差别，都应当引起足够重视。

第二节　资产负债表

一、资产负债表概述

资产负债表是反映小企业在某一特定日期的财务状况的会计报表。资产负债表主要提供有关小企业财务状况方面的信息，即某一特定日期小企业资产、负债、所有者权益及其相互关系。资产负债表是根据资产、负债和所有者权益之间的相互关系，按照一定的分类标准和顺序，把企业一定日期的资产、负债和所有者权益各项目予以适当排列，并对日常工作中形成的大量数据进行相应的分类、汇总后编制而成的。它表明企业在某一特定日期所拥有或控制的经济资源、所承担的现有义务和所有者对净资产的要求权。

编制资产负债表有以下几项作用。

（1）可以反映某一日期的资产总额及其结构，表明小企业拥有或控制的经济资源及其分布情况，有助于小企业财务报表的外部使用者一目了然地根据资产负债表了解小企业在某一特定日期所拥有的资产总量及其结构。

（2）可以反映某一日期的负债总额及其结构，表明小企业未来需要用多少资产或劳务清偿债务以及清偿的时间。

（3）可以反映小企业的所有者所拥有的权益，从而有助于小企业的所有者判断资本保值、增值的情况以及对负债的保障程度。

二、资产负债表列报的总体要求

（一）分类别列报

资产负债表列报的最根本的目标，就是如实地反映小企业在资产负债表日所拥有的资源、所承担的负债以及所有者拥有的权益。因此，资产负债表应当按照资产、负债和所有者权益（或股东权益）三大类别分类列报。

1. 资产的列报

小企业资产负债表中的资产反映由过去的交易或事项形成并由小企业在某一特定日期所拥有或控制的、预期会给小企业带来经济利益的资源。资产应当按照流动资产和非流动资产两大类别在资产负债表中列示，在流动资产和非流动资产类别下再进一步按性质分项列示。因此，区分流动资产和非流动资产十分重要。

小企业资产负债表中列示的流动资产包括货币资金、短期投资、应收票据、应收账款、预付账款、应收股利、应收利息、其他应收款、存货和其他流动资产。非流动资产包括：长期债券投资、长期股权投资、固定资产、在建工程、工程物资、固定资产清理、生产性生物资产、无形资产、开发支出、长期待摊费用和其他非流动资产。

2. 负债的列报

小企业资产负债表中的负债反映在某一特定日期小企业所承担的、预期会导致经济利益流出小企业的现实义务。负债应当按照流动负债和非流动负债在资产负债表中进行列示，在流动负债和非流动负债类别下再进一步按性质分项列示。

小企业资产负债表中列示的流动负债包括短期借款、应付票据、应付账款、预收账款、应付职工薪酬、应交税费、应付利息、应付利润、其他应付款和其他流动负债等。非流动资产包括：长期借款、长期应付款、递延收益和其他非流动负债等。

值得注意的是，有些流动负债（如应付账款、应付职工薪酬等），属于小企业正常营业周期中使用的营运资金的一部分。尽管这些经营性项目有时在资产负债表日后超过 1 年才到期清偿，但是它们仍应划分为流动负债。

3. 所有者权益的列报

小企业资产负债表中的所有者权益是小企业资产扣除负债后的剩余权益，反映小企业在某一特定日期小企业投资者拥有的净资产总额。资产负债表中的所有者权益类一般按照净资产的不同来源和特定用途进行分类，应当按照实收资本（或股本）、资本公积、盈余公积、未分配利润等项目分项列示。

（二）列报汇总金额

根据所反映信息范围大小的不同，在资产负债表中应单独列示以下汇总金额。

（1）资产负债表中的资产类应当包括流动资产合计和非流动资产合计 2 个合计项目。

（2）负债类应当包括流动负债合计、非流动负债合计和负债合计 3 个合计项目。

（3）所有者权益类应当包括所有者权益的合计项目。

（4）资产负债表应当列示资产合计项目、负债和所有者权益合计项目，并且这两者的金额应当相等。

三、资产负债表的结构和组成项目

1. 资产负债表的结构

资产负债表遵循“资产 = 负债 + 所有者权益”这一会计恒等式的要求，把小企业在特定时日所拥有的经济资源和与之相对应的小企业所承担的债务及偿债以后属于所有者的权益充分地反映出来。因此，小企业的资产负债表采用了账户式结构。

账户式资产负债表是左右结构，左方列示资产，右方列示负债和所有者权益。左方为资产项目，大体按资产的流动性强弱排列，流动性强的资产如"货币资金"、"应收账款"等排在前面，流动性弱的资产如"长期股权投资"、"固定资产原价"等排在后面。右方为负债和所有者权益项目，一般按要求清偿时间的先后顺序排列，"短期借款"、"应付票据"、"应付账款"等需要在1年内或超过1年的一个正常营业周期内偿还的流动负债排在前面，"长期借款"等在1年以上才需偿还的非流动负债排在中间，在小企业清算之前不需要偿还的所有者权益项目排在后面。

账户式资产负债表中的资产各项目的总计等于负债和所有者权益各项目的总计，即资产负债表的左方和右方保持平衡。

需要说明的是，资产负债表的列报格式还有报告式结构，报告式资产负债表是上下结构，上半部列示资产，下半部列示负债和所有者权益，其遵循的原理是"资产−负债＝所有者权益"。

2. 资产负债表的格式和组成项目

小企业资产负债表的格式和组成项目见表10.1。

表10.1 资产负债表

编制单位： 年 月 日 （单位：元）

资　　产	行次	期末余额	年初余额	负债和所有者权益	行次	期末余额	年初余额
流动资产：				流动负债：			
货币资金	1			短期借款	31		
短期投资	2			应付票据	32		
应收票据	3			应付账款	33		
应收账款	4			预收款项	34		
预付账款	5			应付职工薪酬	35		
应收股利	6			应交税费	36		
应收利息	7			应付利息	37		
其他应收款	8			应付利润	38		
存货	9			其他应付款	39		
其中：原材料	10			其他流动负债	40		
在产品	11			流动负债合计	41		
库存材料	12			非流动负债：			
周转材料	13			长期借款	42		
其他流动资产	14			长期应付款	43		
流动资产合计	15			递延收益	44		
非流动资产：				其他非流动负债	45		
长期债券投资	16			非流动负债合计	46		
长期股权投资	17			负债合计	47		
固定资产原价	18						
减：累计折旧	19						
固定资产账面价值	20						

续表

资　产	行次	期末余额	年初余额	负债和所有者权益	行次	期末余额	年初余额
在建工程	21						
工程物资	22						
固定资产清理	23						
生产性生物资产	24			所有者权益（或股东权益）：			
无形资产	25			实收资本（或股本）	48		
开发支出	26			资本公积	49		
长期待摊费用	27			盈余公积	50		
其他非流动资产	28			未分配利润	51		
非流动资产合计	29			所有者权益合计	52		
资产总计	30			负债和所有者权益总计	53		

注：*小企业（中外合作经营）根据合同规定在合作期间归还投资者的投资，应在“实收资本（或股本）”项目下增加“减：已归还投资”项目单独列示。

**表 10:1“年初余额”栏内各项数字，应根据上年末资产负债表“期末余额”栏内所列数字填列。

《企业会计准则第 30 号——财务报表的列报》规定：资产负债表中的资产类至少应当单独列示反映下列信息的项目：（一）货币资金；（二）应收及预付款项；（三）交易性金融资产；（四）存货；（五）持有至到期投资；（六）长期股权投资；（七）投资性房地产；（八）固定资产；（九）生物资产；（十）递延所得税资产；（十一）无形资产。资产负债表中的负债类至少应当单独列示反映下列信息的项目：（一）短期借款；（二）应付及预收款项；（三）应交税金；（四）应付职工薪酬；（五）预计负债；（六）长期借款；（七）长期应付款；（八）应付债券；（九）递延所得税负债。

根据《企业会计准则》要求，企业资产负债表的格式和组成项目见表 10.2。

表 10.2　　**资产负债表**　　会企 01 表

编制单位：　　年 月 日　　（单位：元）

资　产	期末余额	年初余额	负债和所有者权益（或股东权益）	期末余额	年初余额
流动资产：			流动负债：		
货币资金			短期借款		
交易性金融资产			交易性金融负债		
应收票据			应付票据		
应收账款			应付账款		
预付账款			预收账款		
应收利息			应付职工薪酬		
应收股利			应交税费		
其他应收款			应付利息		
存货			应付股利		
一年内到期的非流动资产			其他应付款		
其他流动资产			一年内到期的非流动负债		

续表

资 产	期末余额	年初余额	负债和所有者权益（或股东权益）	期末余额	年初余额
流动资产合计			流动负债合计		
非流动资产：			非流动负债：		
可供出售金融资产			长期借款		
持有至到期投资			应付债券		
长期应收款			长期应付款		
长期股权投资			递延所得税负债		
投资性房地产			其他非流动负债		
固定资产			非流动负债合计		
在建工程			负债合计		
工程物资			所有者权益：		
固定资产清理			实收资本		
无形资产			资本公积		
开发支出			盈余公积		
长期待摊费用			未分配利润		
递延所得税资产					
其他非流动资产					
非流动资产合计			所有者权益（或股东权益）合计		
资产总计			负债和所有者权益（或股东权益）总计		

四、资产负债表的编制

（一）资产负债表的资料来源

资产负债表的各项目均需填列“年初余额”和“期末余额”两栏。其中，“年初余额”栏内各项数字，应根据上年年末资产负债表的“期末余额”栏内所列数字填列。如果本年度资产负债表规定的资产负债表各项目的名称和内容与上一年度不一致，则应对上年年末资产负债表各项目的名称和数字按照本年度的规定进行调整，填入本表“年初余额”栏内。

“期末余额”可分月末、季末或年末的数字，其资料来源有以下几个方面。①总账余额；②明细账余额；③资产负债表的许多项目，需要依据总账和明细账两者的余额计算填列，反映资产科目与有关备抵科目抵消过程，以反映其净额。

（二）资产负债表“期末余额”栏各项目的一般填列方法

资产负债表“期末余额”栏内各项目的一般填列方法有以下几种。

（1）根据总账科目余额填列。如“短期投资”、“应收票据”、“应收股利”、“应收利息”、“其他应收款”、“其他流动资产”、“长期债券投资”、“长期股权投资”、“固定资产原价”、“累计折旧”、“在建工程”、“工程物资”、“固定资产清理”、“开发支出”、“长期待摊费用”、“短期借款”、“应付票据”、“应付账款”、“应付职工薪酬”、“应交税费”、“应付利息”、“应付利润”、“其他应付款”、“其他流动负债”、“长期借款”、“长期应付款”、“递延收益”、“实收资本（或股本）”、“资本公积”、“盈余公积”等项目，应根据有关总账科目的余额直接填列。

（2）根据总账科目期末余额分析计算填列。如“货币资金”项目，应根据“库存现金”、“银行存款”和“其他货币资金”三个总账科目期末余额的合计数填列。又如“存货”项目，应根据“材料采购”、“在途物资”、“原材料”、“生产成本”、“库存商品”、“委托加工物资”、“周转材料”、“消耗性生物资产”等科目的期末余额合计数填列，材料采用计划成本核算，以及库存商品采用计划成本核算或售价核算的小企业，还应按加或减“材料成本差异”、“商品进销差价”后的金额填列。

资产负债表中应根据若干个总账科目期末余额分析计算填列的项目，见表10.3。

表10.3 根据总账期末余额分析计算填列的项目

项 目	填列方法
货币资金	“库存现金”＋“银行存款”＋“其他货币资金”
存货	“在途物资”＋“原材料”＋“周转材料”＋“库存商品”＋“委托加工物资”＋“生产成本”±“材料成本差异”±“商品进销差价”
无形资产	“无形资产”－“累计摊销”
未分配利润	①“本年利润”贷方余额+“利润分配”贷方余额
	②“本年利润”借方余额+“利润分配”借方余额（以“－”号填列）
	③“本年利润”贷方余额-“利润分配”借方余额或“利润分配”贷方余额-“本年利润”借方余额（借方余额大于贷方余额，以“－”号填列）

【例10.1】 2013年6月30日，A小企业“本年利润”科目为贷方余额900 000元，“利润分配”科目为贷方余额100 000元，则

“未分配利润”项目的金额=900 000+100 000=1 000 000（元）

假若“本年利润”科目余额为借方300 000元，其他条件不变，则“未分配利润”项目的金额=100 000−300 000=−200 000（元），资产负债表中“未分配利润”项目应列示为“−200 000”。

（3）根据明细账科目余额计算填列。如“未分配利润”项目，年终结账后应根据“利润分配”科目中所属的“未分配利润”明细科目期末余额填列。

（4）根据明细科目期末余额分析计算填列。

资产负债表中的一些项目需要根据有关科目所属的相关明细科目的期末余额分析计算填列，见表10.4。

表10.4 根据明细科目期末余额分析计算填列的项目

项 目	填列方法
应收账款	“应收账款”科目所属各明细账借方余额+“预收账款”科目所属各明细账借方余额
预付账款	“预付账款”科目所属各明细账借方余额+“应付账款”科目所属各明细账借方余额
应付账款	“应付账款”科目所属各明细账贷方余额+“预付账款”科目所属各明细账贷方余额
预收账款	“预收账款”科目所属各明细账贷方余额+“应收账款”科目所属各明细账贷方余额

【例10.2】 A小企业2013年12月31日结账后的有关明细科目余额见表10.5，根据该资料，填制资产负债表中的有关项目。

“应收账款”项目的金额为

800 000+300 000=1 100 000（元）

“预付账款”项目的金额为

400 000+200 000=600 000（元）

“应付账款”项目的金额为

900 000+60 000=960 000（元）

“预收账款”项目的金额为

750 000+70 000=820 000（元）

表 10.5 有关明细科目余额

科目名称	明细科目借方余额	明细科目贷方余额
应收账款	800 000	70 000
预付账款	400 000	60 000
应付账款	200 000	90 000
预收账款	300 000	750 000

（5）根据有关科目余额减去其备抵科目余额后的净额填列。如“生产性生物资产”、“无形资产”项目，应根据相关科目的期末余额扣减相关累计折旧或累计摊销后的净额填列。“固定资产账面价值”项目则需要根据“固定资产原价”项目金额减去“累计折旧”项目金额后的余额填列。

（6）根据有关项目的合计额填列。如“流动资产合计”、“非流动资产合计”、“资产总计”、“流动负债合计”、“非流动负债合计”、“负债合计”、“所有者权益（或股东权益）合计”、“负债和所有者权益（或股东权益）总计”等项目，应根据资产负债表中的相关项目的合计额填列。

学中做

某企业“应收账款”总账科目月末借方余额400万元，其中，“应收甲公司账款”明细科目借方余额350万元，“应收乙公司账款”明细科目借方余额50万元。“预收账款”科目月末贷方余额300万元，其中，“预收A工厂账款”明细科目贷方余额500万元，“预收B工厂账款”明细科目借方余额200万元。该企业月末资产负债表中“应收账款”项目的金额为多少万元？

（三）资产负债表各类项目的内容及填列说明

1. 资产类项目的内容及填列说明

（1）“货币资金”项目。反映小企业库存现金、银行存款、其他货币资金的合计数。本项目应根据“库存现金”、“银行存款”和“其他货币资金”科目的期末余额合计填列。

（2）“短期投资”项目。反映小企业购入的能随时变现并且持有时间不准备超过1年的股票、债券和基金投资的余额。本项目应根据“短期投资”科目的期末余额分析填列。

（3）“应收票据”项目。反映小企业收到的未到期收款也未向银行贴现的应收票据（银行承兑汇票和商业承兑汇票）。本项目应根据“应收票据”科目的期末余额分析填列。

（4）“应收账款”项目。反映小企业因销售商品、提供劳务等日常生产经营活动应收取的款项。本项目应根据“应收账款”的期末余额分析填列。如“应收账款”科目有的明细科目期末为贷方余额，应当在“预收账款”项目列示。

（5）“预付账款”项目。反映小企业按照合同规定预付的款项。包括：根据合同规定预付的购货款、租金、工程款等。本项目应根据“预付账款”科目的期末借方余额填列。如“预付账款”科目有的明细科目期末为贷方余额，应当在“应付账款”项目分析填列。

属于超过1年期以上的预付账款的借方余额，应当在“其他非流动资产”项目分析填列。

（6）“应收股利”项目。反映小企业应收取的现金股利或利润。本项目应根据“应收股利”科目的期末余额分析填列。

（7）“应收利息”项目。反映小企业债券投资应收取的利息。小企业购入一次还本付息债券应收的利息，不包括在本项目内。本项目应根据“应收利息”科目的期末余额分析填列。

（8）“其他应收款”项目。反映小企业除应收票据、应收账款、预付账款、应收股利、应收利息等以外的其他各种应收及暂付款项。包括：各种应收的赔款、应向职工收取的各种垫付款项等。本项目应根据“其他应收款”科目的期末余额分析填列。

（9）“存货”项目。反映小企业期末在库、在途和在加工中的各项存货的成本。包括：各种原材料、在产品、半成品、产成品、商品、周转材料、消耗性生物资产等。本项目应根据“材料采购”、“在途物资”、“原材料”、“材料成本差异”、“生产成本”、“库存商品”、“商品进销差价”、“委托加工物资”、“周转材料”、“消耗性生物资产”等科目的期末余额分析填列。

（10）“其他流动资产”项目。反映小企业除以上流动资产项目外的其他流动资产（含1年内到期的非流动资产）。本项目应根据有关科目的期末余额分析填列。

（11）“长期债券投资”项目。反映小企业准备长期持有的债券投资的成本和到期一次性收取的利息。本项目应根据“长期债券投资”科目的期末余额分析填列。

（12）“长期股权投资”项目。反映小企业准备长期持有的权益性投资的成本。本项目应根据“长期股权投资”科目的期末余额分析填列。

（13）“固定资产原价”和“累计折旧”项目。反映小企业固定资产的原价（成本）及累计折旧。这两个项目应根据“固定资产原价”科目和“累计折旧”科目的期末余额分析填列。

（14）“固定资产账面价值”项目。反映小企业固定资产原价扣除累计折旧后的余额。本项目应根据“固定资产”科目的期末余额减去“累计折旧”科目的期末余额的金额分析填列。

（15）“在建工程”项目。反映小企业尚未完工或虽已完工，但尚未办理竣工决算的工程成本。本项目应根据“在建工程”科目的期末余额分析填列。

（16）“工程物资”项目。反映小企业为在建工程准备的各种物资的成本。本项目应根据“工程物资”科目的期末余额分析填列。

（17）“固定资产清理”项目。反映小企业因出售、报废、毁损、对外投资等原因处置固定资产所转出的固定资产账面价值以及在清理过程中发生的费用等。本项目应根据“固定资产清理”科目的期末借方余额填列。如“固定资产清理”科目期末为贷方余额，以“-”号填列。

（18）“生产性生物资产”项目。反映小企业生产性生物资产的账面价值。本项目应根据“生产性生物资产”科目的期末余额减去“生产性生物资产累计折旧”科目的期末余额的金额填列。

（19）“无形资产”项目。反映小企业无形资产的账面价值。本项目应根据“无形资产”科目的期末余额减去“累计摊销”科目的期末余额的金额填列。

（20）“开发支出”项目。反映小企业正在进行的无形资产研究开发项目满足资本化条件的支出。本项目应根据“研发支出”科目的期末余额分析填列。

（21）“长期待摊费用”项目。反映小企业尚未摊销完毕的已提足折旧的固定资产的改建支出、经营租入固定资产的改建支出、固定资产的大修理支出和其他长期待摊费用。本项目应根据“长期待摊费用”科目的期末余额分析填列。

（22）“其他非流动资产”项目。反映小企业除以上非流动资产以外的其他非流动资产。本项目应根据有关科目的期末余额分析填列。

按《企业会计准则》要求列报的、与小企业资产负债表不同的资产类项目填列方法如下。

考考你

资产负债表“期末余额”栏各项目的一般填列方法有哪几种？请各举一例加以说明。

“交易性金融资产”项目。反映企业为交易目的而持有的债券投资、股票投资、基金投资等交易性金融资产的公允价值。本项目应根据“交易性金融资产”科目的期末余额填列。

“应收票据”项目。反映企业收到的未到期收款且未向银行贴现的商业承兑汇票和银行承兑汇票等应收票据余额，减去已计提的坏账准备后的净额。本项目应根据“应收票据”科目的期末余额减去“坏账准备”科目中有关应收票据计提的坏账准备的余额的金额填列。

“应收账款”项目。反映企业因销售商品、提供劳务等而应向购买单位收取的各种款项，减去已计提的坏账准备后的净额。本项目应根据“应收账款”和“预收账款”科目所属各明细科目的期末借方余额合计，减去“坏账准备”科目中有关应收账款计提的坏账准备的期末余额的金额填列。

“预付账款”项目。反映企业预付的款项，减去已计提的坏账准备后的净额。本项目根据“预付账款”和“应付账款”科目所属各明细科目的期末借方余额合计，减去“坏账准备”科目中有关预付账款计提的坏账准备期末余额的金额填列。

“持有至到期投资”项目。反映企业持有至到期投资的摊余价值。本项目根据“持有至到期投资”科目期末余额，减去一年内到期的投资部分和“持有至到期投资减值准备”科目的期末余额分析填列。

“固定资产”项目。反映企业固定资产的净值。本项目根据“固定资产”科目期末余额，减去“累计折旧”和“固定资产减值准备”科目期末余额分析填列。

“在建工程”项目。反映企业尚未达到预定可使用状态的在建工程价值。本项目根据“在建工程”科目期末余额，减去“在建工程减值准备”科目期末余额填列。

“工程物资”项目。反映企业为在建工程准备的各种物资的价值。本项目根据“工程物资”科目期末余额，减去“工程物资减值准备”科目的期末余额分析填列。

“无形资产”项目。反映企业持有的各项无形资产的净值。本项目应根据“无形资产”科目期末余额，减去“累计摊销”和“无形资产减值准备”科目的期末余额分析填列。

“递延所得税资产”项目。反映企业因可抵扣暂时性差异形成的递延所得税资产。本项目根据“递延所得税资产”科目的期末余额分析填列。

2. 负债类项目内容及填列说明

（23）“短期借款”项目。反映小企业向银行或其他金融机构等借入的期限在1年内的、尚未偿还的各种借款本金。本项目应根据“短期借款”科目的期末余额分析填列。

（24）“应付票据”项目。反映小企业因购买材料、商品和接受劳务等日常生产经营活动开出、承兑的商业汇票（银行承兑汇票和商业承兑汇票）尚未到期的票面金额。本项目应根据“应付票据”科目的期末余额分析填列。

（25）“应付账款”项目。反映小企业因购买材料、商品和接受劳务等日常生产经营活动尚未支付的款项。本项目应根据“应付账款”科目的期末贷方余额填列。如“应付账款”科目有的明细科目期末为借方余额，应当在“预付账款”项目列示。

（26）“预收账款”项目。反映小企业根据合同规定预收的款项。包括：预收的购货款、工程款等。本项目应根据“预收账款”科目的期末贷方余额填列；如“预收账款”科目有的明细科目期末为借方余额，应当在“应收账款”项目列示。

属于超过 1 年期以上的预收账款的贷方余额，应当在“其他非流动负债”项目列示。

（27）“应付职工薪酬”项目。反映小企业应付未付的职工薪酬。本项目应根据“应付职工薪酬”科目期末余额分析填列。

（28）“应交税费”项目。反映小企业期末未交、多交或尚未抵扣的各种税费。本项目应根据“应交税费”科目的期末贷方余额填列；如“应交税费”科目期末为借方余额，以“-”号填列。

（29）“应付利息”项目。反映小企业尚未支付的利息费用。本项目应根据“应付利息”科目的期末余额分析填列。

（30）“应付利润”项目。反映小企业尚未向投资者支付的利润。本项目应根据“应付利润”科目的期末余额分析填列。

（31）“其他应付款”项目。反映小企业除应付票据、应付账款、预收账款、应付职工薪酬、应交税费、应付利息、应付利润等以外的其他各项应付、暂收的款项。包括：应付租入固定资产和包装物的租金、存入保证金等。本项目应根据“其他应付款”科目的期末余额分析填列。

（32）“其他流动负债”项目。反映小企业除以上流动负债以外的其他流动负债（含 1 年内到期的非流动负债）。本项目应根据有关科目的期末余额分析填列。

（33）“长期借款”项目。反映小企业向银行或其他金融机构借入的期限在 1 年以上的、尚未偿还的各项借款本金。本项目应根据“长期借款”科目的期末余额分析填列。

（34）“长期应付款”项目。反映小企业除长期借款以外的其他各种应付未付的长期应付款项。包括：应付融资租入固定资产的租赁费、以分期付款方式购入固定资产发生的应付款项等。本项目应根据“长期应付款”科目的期末余额分析填列。

（35）“递延收益”项目。反映小企业收到的、应在以后期间计入损益的政府补助。本项目应根据“递延收益”科目的期末余额分析填列。

（36）“其他非流动负债”项目。反映小企业除以上非流动负债项目以外的其他非流动负债。本项目应根据有关科目的期末余额分析填列。

按《企业会计准则》要求列报的、与小企业资产负债表不同的负债类项目填列方法如下。

“交易性金融负债”项目。反映企业发行短期债券等所形成的交易性金融负债公允价值。本项目根据“交易性金融负债”科目的期末余额分析填列。

“应付债券”项目。反映企业尚未偿还的长期债券摊余价值。本项目根据“应付债券”科目期末余额减去一年内到期部分的金额分析填列。

“预计负债”项目。反映企业计提的各种预计负债。本项目根据“预计负债”科目的期末余额分析填列。

“递延所得税负债”项目。反映企业根据应纳税暂时性差异确认的递延所得税负债。本项目根据“递延所得税负债”科目的期末余额分析填列。

3. 所有者权益类项目的内容及填列说明

（37）"实收资本（或股本）"项目。反映小企业收到投资者按照合同协议约定或相关规定投入的、构成小企业注册资本的部分。本项目应根据"实收资本（或股本）"科目的期末余额分析填列。

（38）"资本公积"项目。反映小企业收到投资者投入资本超出其在注册资本中所占份额的部分。本项目应根据"资本公积"科目的期末余额分析填列。

（39）"盈余公积"项目。反映小企业（公司制）的法定公积金和任意公积金，小企业（外商投资）的储备基金和企业发展基金。本项目应根据"盈余公积"科目的期末余额分析填列。

（40）"未分配利润"项目。反映小企业尚未分配的历年结存的利润。本项目应根据"利润分配"科目的期末余额分析填列。未弥补的亏损，在本项目内以"–"号填列。

（四）资产负债表编制示例

【例10.3】2013年12月31日，蓝天公司全部总分类科目和所属明细分类科目余额见表10.6。

表10.6 2013年12月31日总分类科目及明细分类科目余额表

（单位：元）

总账科目	明细科目	借方余额	贷方余额	总账科目	明细科目	借方余额	贷方余额
库存现金		1 000		短期借款			60 000
银行存款		17 000		应付账款			10 000
短期投资		14 000			A工厂		7 000
应收账款		23 000			B工厂	5 000	
	甲公司	10 000			C工厂		8 000
	乙公司		2 000	预收款项			1 000
	丙公司	15 000			A单位		4 000
预付账款		4 700			B单位	3 000	
	甲单位	5 000		其他应付款			9 000
	乙单位		300	应付职工薪酬			34 700
其他应收款		1 000		应交税费			60 000
原材料		27 000		应付利润			23 000
生产成本		8 000		长期借款			30 000
库存商品		20 000		其中一年内到期			10 000
长期债券投资		200 000		实收资本			280 000
固定资产		400 000		盈余公积			22 080
累计折旧			20 000	利润分配	未分配利润		169 920
无形资产		0					
长期待摊费用		4 000					

假设蓝天公司采用《小企业会计准则》，编制的2013年期末资产负债表见表10.7。

表10.7 资产负债表

编制单位：蓝天公司　　2013年12月31日　　（单位：元）

资　　产	期末余额	负债和所有者权益	期末余额
流动资产：		流动负债：	
货币资金	18 000	短期借款	60 000

续表

资　产	期末余额	负债和所有者权益	期末余额
短期投资	14 000	应付账款	10 000
应收票据	0	预收款项	1 000
应收账款	23 000	应付职工薪酬	34 700
预付账款	4 700	应交税费	60 000
应收股利	0	应付利息	0
应收利息	0	应付利润	23 000
其他应收款	1 000	其他应付款	9 000
存货	55 000	其他流动负债	10 000
其他流动资产	0	流动负债合计	207 700
流动资产合计	115 700	非流动负债：	
非流动资产：		长期借款	20 000
长期债券投资	200 000	递延收益	0
长期股权投资	0	其他非流动负债	0
固定资产原价	400 000	非流动负债合计	20 000
减：累计折旧	20 000	负债合计	227 700
固定资产账面价值	280 000		
固定资产清理	0	所有者权益（或股东权益）：	
生产性生物资产	0	实收资本（或股本）	280 000
无形资产	0	资本公积	0
长期待摊费用	2	盈余公积	22 080
其他非流动资产	0	未分配利润	169 920
非流动资产合计	584 000	所有者权益合计	472 000
资产总计	699 700	负债和所有者权益总计	699 700

第三节　利　润　表

一、利润表概述

利润表又称损益表或收益表，是反映小企业在一定会计期间的经营成果的报表。

（一）利润表的作用

利润表主要有以下几项作用。

（1）通过利润表，可以反映企业在一定会计期间收入的实现情况，如实现的营业收入、实现的投资收益、实现的营业外收入，等等。

（2）通过利润表，可以反映一定会计期间的费用耗费情况，如耗费的营业成本、营业税金及附加及销售费用、管理费用、财务费用、营业外支出，等等。

（3）通过利润表，可以反映企业生产经营活动的成果，即净利润的实现情况，据以判断资本保值、增值等情况。

（4）将利润表中的信息与资产负债表中的信息相结合，可以提供进行财务分析的基本资料，如将营业成本与存货平均余额进行比较，计算存货周转率；将净利润与资产总额进行比较，计算资产收益率等；还可以反映企业资金周转情况及企业的赢利能力和赢利增长趋势，便于报表使用者判断企业未来的发展趋势，从而为其作出经济决策提供依据。

（二）利润表中费用的分类

利润表是以“收入-费用=利润”会计恒等式为依据，将一定会计期间（年度、季度、月份）的营业收入与其同一会计期间相关的营业费用进行配比，计算企业在一定时期的净利润（或净亏损）。

费用是利润表的重要组成内容。在利润表中，费用按照不同的分类标准进行分类，可以产生不同格式的利润表。通常，费用有两种分类标准：一是按照功能分类，即按照费用在小企业所发挥的经济功能进行分类列报，可以分为营业成本、营业税金及附加、销售费用、管理费用和财务费用等；二是按照性质分类，即按照费用的经济性质进行分类列报，可以分为材料费、人工费、折旧费、融资费等。

根据《小企业会计准则》的规定，小企业利润表中的费用应当按照其功能进行分类，分为营业成本、营业税金及附加、销售费用、管理费用和财务费用等。

二、利润表的结构

小企业的利润表采用多步式利润表，即通过对当期的收入和费用项目加以归类，按利润形成的主要环节列示一些中间性利润指标，分步计算当期净利润，目的是为了便于财务报表的使用者理解小企业经营成果的不同来源和赢利能力。小企业可以按如下三个步骤编制利润表。

第一步：以营业收入为基础，减去营业成本、营业税金及附加、销售费用、管理费用和财务费用，加上投资收益（减去投资损失），计算营业利润。

第二步：以营业利润为基础，加上营业外收入，减去营业外支出，计算利润总额。

第三步：以利润总额为基础，减去所得税费用，计算净利润（或净亏损）。

小企业的多步式利润表格式见表10.8。

表10.8　利润表

编制单位：　　　　年　月　日　　　　（单位：元）

项　目	行列	本期累计金额	本月金额
一、营业收入	1		
减：营业成本	2		
营业税金及附加	3		
其中：消费税	4		
营业税	5		
城市维护建设税	6		
资源税	7		
土地增值税	8		
城镇土地使用税、房产税、车船税、印花税	9		
教育费附加、矿产资源、排污费	10		

续表

项　目	行列	本期累计金额	本月金额
销售费用	11		
其中：商品维修费	12		
广告费和业务宣传费	13		
管理费用	14		
其中：开办费	15		
业务招待费	16		
研究费用	17		
财务费用	18		
其中：利息费用（收入以“-”号填列）	19		
加：投资收益（损失以“-”号填列）	20		
二、营业利润（亏损以“-”号填列）	21		
加：营业外收入	22		
其中：政府补助	23		
减：营业外支出	24		
其中：坏账损失	25		
无法收回的长期债券投资损失	26		
无法收回的长期股权投资损失	27		
自然灾害等不可抗力因素造成的损失	28		
税收滞纳金	29		
三、利润总额（亏损总额以“-”号填列）	30		
减：所得税费用	31		
四、净利润（净亏损以“-”号填列）	32		

需要说明的是，利润表的列报格式还有单步式利润表。单步式利润表是将当期所有的收入列在一起，然后将所有的费用列在一起，两者相减得出当期净利润。

表 10.8“本期累计金额”栏反映各项目自年初起至报告期末止的累计实际发生额。

表 10.8“本月金额”栏反映各项目的本月实际发生额；在编报年度财务报表时，应将“本月金额”栏改为“上年金额”栏，填列上年度全年实际发生额。

《企业会计准则第 30 号——财务报表列报》第二十七条规定：“利润表至少应当单独列示反映下列信息的项目：（一）营业收入；（二）营业成本；（三）营业税金；（四）管理费用；（五）销售费用；（六）财务费用；（七）投资收益；（八）公允价值变动损益；（九）资产减值损失；（十）非流动资产处置损益；（十一）所得税费用；（十二）净利润。”

根据《企业会计准则》要求，企业利润表的格式和组成项目见表 10.9。

表 10.9　　　　利润表　　　　会企 02 表

编制单位：　　　　年　月　　　　（单位：元）

项　目	本期金额	上期金额
一、营业收入		
减：营业成本		
营业税金及附加		

续表

项　目	本期金额	上期金额
销售费用		
管理费用		
财务费用		
资产减值损失		
加：公允价值变动收益（损失以“-”填列）		
投资收益（损失以“-”填列）		
其中：对联营企业和合营企业投资收益		
二、营业利润（损失以“-”填列）		
加：营业外收入		
减：营业外支出		
其中：非流动资产处置损失		
三、利润总额（损失以“-”填列）		
减：所得税费用		
四、净利润（净损失以“-”填列）		
五、每股收益		
（一）基本每股收益		
（二）稀释每股收益		

三、利润表的编制

（一）利润表各栏目的填列方法

利润表中一般设有“本期累计金额”和“本月金额”两栏，其填列方法如下。

“本期累计金额”栏，反映各项目自年初起至报告期末（月末、季末、年末）止的累计实际发生额。根据上月利润表的“本期累计金额”栏的数字，加上本月利润表的“本月金额”栏的数字，可以得出各项目本月的“本期累计金额”，然后填入相应的项目内。

“本月金额”栏，反映各项目的本月实际发生额。不编制月度利润表的小企业，在编制季度利润表时，应将“本月金额”栏改为“本季度金额”栏，反映各项目的本季度实际发生额。小企业编制年度利润表时，应将“本月金额”栏改为“上期累计金额”栏，填列上年度全年实际发生额。如果上年度利润表的项目名称和内容与本年度利润表不一致，应对上年度利润表项目的名称和数字按本年度的规定进行调整，填入报表的“上期累计金额”栏。

（二）利润表各项目的内容及填列说明

1. 收入类项目的内容及填列说明

“营业收入”项目，反映小企业销售商品和提供劳务所实现的收入总额。本项目应根据“主营业务收入”科目和“其他业务收入”科目的发生额合计填列。

“投资收益”项目，反映小企业股权投资取得的现金股利（或利润）、债券投资取得的利息收入和处置股权投资和债券投资取得的处置价款扣除成本或账面余额、相关税费后的净额。本项目应根据“投资收益”科目的发生额填列。如为投资损失，以“-”号填列。

2. 费用类项目的内容及填列说明

“营业成本”项目。反映小企业所销售商品的成本和所提供劳务的成本。本项目应根据“主营业务成本”科目和“其他业务成本”科目的发生额合计填列。

“营业税金及附加”项目。反映小企业开展日常生产经营活动应负担的消费税、营业税、城市维护建设税和教育费附加、资源税、土地增值税、城镇土地使用税、房产税、车船税、印花税、矿产资源补偿费、排污费等。本项目应根据“营业税金及附加”科目的发生额填列。

“销售费用”项目。反映小企业销售商品或提供劳务过程中发生的费用。本项目应根据“销售费用”科目的发生额填列。

“管理费用”项目。反映小企业为组织和管理生产经营发生的其他费用。本项目应根据“管理费用”科目的发生额填列。

“财务费用”项目。反映小企业为筹集生产经营所需资金发生的筹资费用。本项目应根据“财务费用”科目的发生额填列。

3. 利润类项目的内容及填列说明

“营业利润”项目。反映小企业当期开展日常生产经营活动实现的利润。本项目应根据营业收入扣除营业成本、营业税金及附加、销售费用、管理费用和财务费用，加上投资收益后的金额填列。如为亏损，本项目以“-”号填列。

“营业外收入”项目。反映小企业实现的各项营业外收入金额。包括：非流动资产处置净收益、政府补助、捐赠收益、盘盈收益、汇兑收益、出租包装物和商品的租金收入、逾期未退包装物押金收益、确实无法偿付的应付款项、已作坏账损失处理后又收回的应收款项、违约金收益等。本项目应根据“营业外收入”科目的发生额填列。

“营业外支出”项目。反映小企业发生的各项营业外支出金额。包括：存货的盘亏、毁损、报废损失，非流动资产处置净损失，坏账损失，无法收回的长期债券投资损失，无法收回的长期股权投资损失，自然灾害等不可抗力因素造成的损失，税收滞纳金，罚金，罚款，被没收财物的损失，捐赠支出，赞助支出等。本项目应根据“营业外支出”科目的发生额填列。

“利润总额”项目。反映小企业当期实现的利润总额。本项目应根据营业利润加上营业外收入减去营业外支出后的金额填列。如为亏损总额，本项目以“-”号填列。

“所得税费用”项目。反映小企业根据企业所得税法确定的应从当期利润总额中扣除的所得税费用。本项目应根据“所得税费用”科目的发生额分析填列。

“净利润”项目。反映小企业当期实现的净利润。本项目应根据利润总额扣除所得税费用后的金额填列。如为净亏损，本项目以“-”号填列。

按《企业会计准则》要求列报的、与小企业利润表不同的项目填列方法如下。

“资产减值损失”项目。应根据“资产减值损失”科目发生额分析填列。

“公允价值变动收益”项目。应根据“公允价值变动收益”科目的发生额分析填列，如为净损失，本项目用“-”号填列。

“每股收益”项目。基本每股收益的计算式为

基本每股收益=归属于普通股股东的当期净利润
÷当期发行在外普通股的加权平均数

其中，

发行在外普通股的加权平均数=期初发行在外普通股股数+当期新发行普通股股数
×（已发行时间÷报告期时间）−当期回购普通股股数
×（已回购时间÷报告期时间）

在不影响计算结果合理性的前提下，也可以采用简化的计算方法。稀释每股收益的计算式如下：

稀释每股收益=归属于普通股股东的当期净利润
÷假定稀释性潜在普通股转换为已发行普通股的前提下普通股股数的加权平均数

（三）利润表编制示例

【例 10.4】 东方公司 2013 年度有关损益类科目本年累计发生净额见表 10.10。

表 10.10 2013 年度东方公司损益类科目累计发生净额（单位：元）

科目名称	借方发生额	贷方发生额
主营业务收入		250 0 000
其他业务收入		100 000
主营业务成本	1 500 000	
营业税金及附加	4 000	
其他业务成本	61 800	
销售费用	40 000	
管理费用	314 200	
财务费用	83 000	
投资收益	63 000	
营业外收入		100 000
营业外支出	39 400	
所得税费用	170 600	

表 10.11 利润表

编制单位：东方公司 2013 年 （单位：元）

项　　目	本期金额	上期金额
一、营业收入	2 600 000	（略）
减：营业成本	1 561 800	
营业税金及附加	4 000	
销售费用	40 000	
管理费用	314 200	
财务费用	83 000	
加：投资收益（损失以“−”号填列）	63 000	
二、营业利润（亏损以“−”号填列）	660 000	
加：营业外收入	100 000	
减：营业外支出	39 400	
三、利润总额（亏损总额以“−”号填列）	720 600	
减：所得税费用	170 600	
四、净利润（净亏损以“−”号填列）	550 000	

根据上述资料，编制东方公司 2013 年度利润表，见表 10.11。

第四节 现金流量表

一、现金流量表概述

现金流量表是反映小企业在一定会计期间现金流入和流出情况的报表。对现金流量表的概念，应注意把握以下几个方面。

（1）现金流量表是一张反映某一特定会计期间而不是某一特定时点的会计报表。从会计科目的角度来看，反映的是会计科目在某一特定会计期间的发生额。

（2）小企业在某一特定会计期间的现金流量情况，通常是通过现金流入、现金流出及其相互的关系来反映的。

（3）按年度编制的现金流量表，反映的是小企业每年从 1 月 1 日起至 12 月 31 日止整个会计年度这一会计期间累计发生的现金流量情况。

（4）按月份编制的现金流量表，反映的是小企业在每个月月初第一天起至月末最后一天止这一会计期间发生的现金流量情况。按季度编制的现金流量表，反映的是小企业在每个季度第一天起至本季度末最后一天止这一会计期间发生的现金流量情况。

编制现金流量表的目的是为财务报表使用者提供企业在一定会计期间现金流入和流出的信息，便于报表使用者了解和评价企业获取现金的能力，并据以预测企业未来现金流量。具体来讲，现金流量表的作用主要体现在以下三个方面。

（1）有助于评价小企业的支付能力、偿债能力和周转能力。

（2）有助于预测小企业未来的现金流量。

（3）有助于分析小企业的利润质量及影响现金净流量的因素，为分析和判断企业的财务前景提供有用的会计信息。

二、现金流量表的编制基础和现金流量的分类

（一）现金流量表的编制基础

现金流量表是以现金为基础编制的。这里的现金，是指小企业的库存现金以及可以随时用于支付的存款和其他货币资金。

作为现金流量表中反映的现金，必须是可以随时用于支付的，不能随时用于支付的不属于现金。“可以随时用于支付”意味着该现金的使用不受第三方的限制，小企业有支配权可以使用和支付。据此，小企业的现金主要包括以下几种。

（1）库存现金。是指小企业持有可随时用于支付的现金，与“库存现金”科目的核算内容一致。

（2）银行存款。是指小企业存入银行或其他金融机构、可以随时用于支取的存款，与“银行存款”科目的核算内容一致。

（3）其他货币资金。是指小企业存放在银行或其他金融机构的银行汇票存款、银行本票存款、信用卡存款、信用证保证金存款、外埠存款等，与“其他货币资金”科目的核算内容一致。

《企业会计准则第 31 号——现金流量表》第二条规定：“现金流量表，是指反映企业在一定会计期间现金和现金等价物流入和流出的报表。现金，是指企业库存现金以及可以随时用于支付的存款。现金等价物，是指企业持有的期限短、流动性强、易于转换为已知金额现金、价值变动风险很小的投资。”

《小企业会计准则》根据小企业的实际情况，对现金流量表的列报要求、组成项目和现金的定义进行了适当简化，但是对于现金流量表的定义与《企业会计准则》相一致。

（二）现金流量的分类

现金流量，是指企业现金流入（即收到现金）和现金流出（即支付现金）。如企业销售商品、提供劳务、出售固定资产、向银行借款等取得现金，形成企业的现金流入；购买原材料、接受劳务、购建固定资产、对外投资、偿还债务等支付现金，形成企业的现金流出。现金流量信息能够表明企业经营状况是否良好，资金是否紧缺，企业偿付能力大小，从而为投资者、债权人、企业管理者提供非常有用的信息。

需要说明的是，在现金流量表中，库存现金、银行存款和其他货币资金被视为一个整体，小企业现金形式的转换不会产生现金的流入和流出。例如，小企业从银行提取现金，是小企业现金存款形式的转换，现金并未流出企业，不构成现金流量。

根据小企业日常经营活动的性质和现金流量的来源，现金流量表将小企业在一定期间产生的现金流量分为以下三类。

1. 经营活动产生的现金流量

经营活动，是指小企业投资活动和筹资活动以外的所有交易和事项，包括销售商品或提供劳务、购买商品或接受劳务、收到返还的税费、经营性租赁、支付工资、支付广告费用、缴纳各项税款等。通过经营活动产生的现金流量，可以说明企业的经营活动对现金流入和流出的影响程度，判断企业在不动用对外筹资的情况下，是否足以维持生产经营、偿还债务、支付股利和对外投资等。

2. 投资活动产生的现金流量

投资活动，是指小企业固定资产、无形资产、其他非流动资产的购建和短期投资、长期债券投资、长期股权投资及其处置活动。通过投资活动产生的现金流量，可以判断投资活动对企业现金流量净额的影响程度。

3. 筹资活动产生的现金流量

筹资活动，是指导致企业资本及债务规模和构成发生变化的活动。筹资活动包括接受投入资本、分派现金股利、取得和偿还银行借款等。通过筹资活动产生的现金流量，可以分析企业通过筹资活动获取现金的能力，判断筹资活动对企业现金流量净额的影响程度。

三、现金流量表的组成项目和格式

（一）现金流量表的组成项目

现金流量表的项目主要有经营活动产生的现金流量、投资活动产生的现金流量、筹资活动产生的现金流量、现金净增加额、期初现金余额和期末现金余额等。

1. 经营活动产生的现金流量

小企业经营活动产生的现金流量应当单独列示的项目有：销售产成品、商品、提供劳务收到的现金；购买原材料、商品、接受劳务支付的现金；支付的职工薪酬和支付的税费。

《企业会计准则第 31 号——现金流量表》第八条和第十条规定："经营活动，是指企业投资活动和筹资活动以外的所有交易和事项。经营活动产生的现金流量至少应当单独列示反映下列信息的项目：（一）销售商品、提供劳务收到的现金；（二）收到的税费返还；（三）收到其他与经营活动有关的现金；（四）购买商品、接受劳务支付的现金；（五）支付给职工以及为职工支付的现金；（六）支付的各项税费；（七）支付其他与经营活动有关的现金。"

《小企业会计准则》根据小企业的实际情况，对经营活动现金流量的组成项目进行了适当简化，但在经营活动的认定上与《企业会计准则》相一致。

2. 投资活动产生的现金流量

小企业投资活动产生的现金流量应当单独列示的项目有：收回短期投资、长期债券投资和长期股权投资收到的现金；取得投资收益收到的现金；处置固定资产、无形资产和其他非流动资产收回的现金净额；短期投资、长期债券投资和长期股权投资支付的现金；购建固定资产、无形资产和其他非流动资产支付的现金。

《企业会计准则第 31 号——现金流量表》第十二条和第十三条规定："投资活动，是指企业长期资产的购建和不包括在现金等价物范围的投资及其处置活动。投资活动产生的现金流量至少应当单独列示反映下列信息的项目：（一）收回投资收到的现金；（二）取得投资收益收到的现金；（三）处置固定资产、无形资产和其他长期资产收回的现金净额；（四）处置子公司及其他营业单位收到的现金净额；（五）收到其他与投资活动有关的现金；（六）购建固定资产、无形资产和其他长期资产支付的现金；（七）投资支付的现金；（八）取得子公司及其他营业单位支付的现金净额；（九）支付其他与投资活动有关的现金。"

《小企业会计准则》根据小企业的实际情况，对投资活动现金流量的组成项目进行了适当简化，但是在投资活动的认定上与《企业会计准则》相一致。

3. 筹资活动产生的现金流量

小企业筹资活动产生的现金流量应当单独列示的项目有：取得借款收到的现金；吸收投资者投资收到的现金；偿还借款本金支付的现金；偿还借款利息支付的现金和分配利润支付的现金。

《企业会计准则第 31 号——现金流量表》第十四条和第十五条规定："筹资活动，是指导致企业资本及债务规模和构成发生变化的活动。筹资活动产生的现金流量至少应当单独列示反映下列信息的项目：（一）吸收投资收到的现金；（二）取得借款收到的现金；（三）收到其他与筹资活动有关的现金；（四）偿还债务支付的现金；（五）分配股利、利润或偿付利息支付的现金；（六）支付其他与筹资活动有关的现金。"

《小企业会计准则》根据小企业的实际情况，对筹资活动现金流量的组成项目进行了适当简化，但是在筹资活动的认定上与《企业会计准则》相一致。

（二）现金流量表的格式

小企业现金流量表的统一格式见表 10.12。

表 10.12　现金流量表

编制单位：　　　　　　　　　　　　　　年　月　日　　　　　　　　　　　　　　（单位：元）

项　目	行次	本期累计金额	本月金额
一、经营活动产生的现金流量			
销售产成品、商品、提供劳务收到的现金	1		
收到其他与经营活动有关的现金	2		
购买原材料、商品、接受劳务支付的现金	3		
支付的职工薪酬	4		
支付的税费	5		
支付其他与经营活动有关的现金	6		
经营活动产生的现金流量净额	7		
二、投资活动产生的现金流量			
收回短期投资、长期债券投资和长期股权投资收到的现金	8		
取得投资收益收到的现金	9		
处置固定资产、无形资产和其他非流动资产收回的现金净额	10		
短期投资、长期债券投资和长期股权投资支付的现金	11		
购建固定资产、无形资产和其他非流动资产支付的现金	12		
投资活动产生的现金流量净额	13		
三、筹资活动产生的现金流量			
取得借款收到的现金	14		
吸收投资者投资收到的现金	15		
偿还借款本金支付的现金	16		
偿还借款利息支付的现金	17		
分配利润支付的现金	18		
筹资活动产生的现金流量净额	19		
四、现金净增加额	20		
加：期初现金余额	21		
五、期末现金余额	22		

表 10.12 反映小企业一定会计期间内有关现金流入和流出的信息。

表 10.12“本年累计金额”栏反映各项目自年初起至报告期末止的累计实际发生额。

表 10.12“本月金额”栏反映各项目的本月实际发生额；在编报年度财务报表时，应将“本月金额”栏改为“上年金额”栏，填列上年度全年实际发生额。

四、现金流量表的编制

现金流量表中一般设有“本年累计金额”和“本月金额”两栏，其填列方法如下。

“本年累计金额”栏：反映各项目自年初起至报告期末止（月末、季末、年末）的累计实际发生额。

“本月金额”栏：反映各项目的本月实际发生额。不编制月度现金流量表的小企业，在编制季度现金流量表时，应将“本月金额”栏改为“本季度金额”栏，反映各项目的本季度实际发生额。小企业编制年度现金流量表时，应将“本月金额”栏改为“上年金额”栏，填列上年度全年实际发生额。如果上年度现金流量表的项目名称和内容与本年度现金流量表不一致，应对上年度现金流量表项目的名称和数字按本年度的规定进行调整，填入报表的“上年金额”栏。

（一）经营活动现金流量的列报

各类企业由于行业特点不同，对经营活动的认定存在一定差异。对于工业和批发业、零售业的小企业而言，经营活动主要包括销售商品、提供劳务、购买商品、接受劳务、支付职工薪酬和交纳税费等。

1. 经营活动现金流量的列报方法

经营活动现金流量的列报方法通常有直接法和间接法两种。

所谓直接法，是指按照现金收入和现金支出的主要类别直接反映小企业经营活动产生的现金流量，如销售产成品、商品、提供劳务收到的现金，购买原材料、商品、接受劳务支付的现金等就是按现金收入和支出的类别直接反映的。在直接法中，一般是以利润表中的营业收入为起算点，调节与经营活动有关的项目的增减变动，然后计算出经营活动产生的现金流量。

所谓间接法，是指以净利润为起算点，调整不涉及现金的收入、费用、营业外收支等有关项目，剔除投资活动、筹资活动对现金流量的影响，据此计算出经营活动产生的现金流量。由于净利润是按照权责发生制原则确定的，且包括了与投资活动和筹资活动相关的收益和费用，将净利润调节为经营活动现金流量，实际上就是将按权责发生制原则确定的净利润调整为现金净流入，并剔除投资活动和筹资活动对现金流量的影响。

采用直接法编报的现金流量表，便于分析小企业经营活动产生的现金流量的来源和用途，预测小企业现金流量的未来前景；采用间接法编报的现金流量表，便于将净利润与经营活动产生的现金流量净额进行比较，了解净利润与经营活动产生的现金流量差异的原因，从现金流量的角度分析净利润的质量。

为了更直观地反映小企业经营活动产生的现金流量，增强现金流量相关信息的可理解性，同时也减轻小企业信息披露的负担，《小企业会计准则》在经营活动现金流量的列报上采用了直接法，而没有采用间接法。

2. “销售产成品、商品、提供劳务收到的现金”项目的列报

“销售产成品、商品、提供劳务收到的现金”项目，反映小企业本期销售产成品、商品、提供劳务收到的体现销售收入的现金。该项目的金额主要由以下五部分构成：①本期销售产成品收到的现金，主要是针对工业类小企业而言的，包括销售产成品、半成品收到的现金；②本期销售商品收到的现金，主要是针对批发业类和零售业类小企业而言的；③本期提供劳务收到的现金；④本期收到前期销售产成品、商品、提供劳务的现金；⑤本期预收的货款。

需要说明的有三点。一是销售材料和代购代销业务收到的现金也构成该项目的内容。二是销售产成品、商品、提供劳务收到的增值税销项税额不构成该项目的内容，而应属于“收到其他与经营活动有关的现金”项目的构成内容。三是如果在本期因销售退回（包括本期销售和前期销售）的产成品和商品而支付的现金，应从该项目中扣除。

销售产成品、商品、提供劳务收到的现金可用计算式表示如下：

销售产成品、商品、提供劳务收到的现金=当期销售商品或提供劳务收到的现金收入
+当期收到前期的应收票据+当期收到前期的应收账款
+当期的预收账款－当期因销售退回而支付的现金
+当期收回前期核销的坏账损失

"销售产成品、商品提供劳务收到的现金"项目，可以根据"库存现金"、"银行存款"和"主营业务收入"等科目的本期发生额分析填列。

【例 10.5】A 小企业本期销售商品收到货款 460 000 元；应收票据期初余额为 10 000 元，期末余额为 4 000 元；应收账款期初余额为 20 000 元，期末余额为 8 000 元。另外，本期因商品质量问题发生退货，支付银行存款 2 000 元，货款已通过银行转账支付。

本期销售商品、提供劳务收到的现金计算如下。

	本期销售商品收到的现金:	460 000
加:	本期收到前期的应收票据（10 000−4 000）	6 000
	本期收到前期的应收账款（20 000−8 000）	12 000
减:	本期因销售退回支付的现金	2 000
	本期销售商品、提供劳务收到的现金	476 000

3. "收到其他与经营活动有关的现金"项目列报

"收到其他与经营活动有关的现金"项目，反映小企业除"销售产成品、商品、提供劳务收到的现金"项目以外，收到的其他与经营活动有关的现金。该项目的金额主要由以下六部分构成：①收到的增值税销项税额；②收到的各种税费返还及政府补助的其他现金；③经营租赁收到的现金（体现为租金收入）；④由个人赔偿的现金收入和保险理赔的现金收入；⑤收到捐赠的现金；⑥收取的押金、保证金、违约金等。

"收到其他与经营活动有关的现金"项目，可以根据"库存现金"和"银行存款"等科目的本期发生额分析填列。

4. "购买原材料、商品、接受劳务支付的现金"项目列报

"购买原材料、商品、接受劳务支付的现金"项目，反映小企业本期购买原材料、商品、接受劳务支付的体现购货款的现金。该项目的金额主要由以下五部分构成：①本期购买原材料支付的现金，主要是针对工业类小企业而言，包括购买原材料、周转材料支付的现金以及委托加工材料等支付的现金；②本期购买商品支付的现金，主要是针对批发业类和零售业类的小企业而言，包括购买商品支付的现金以及委托加工商品等支付的现金；③本期接受劳务支付的现金；④本期支付前期购买原材料、商品、接受劳务的未付款项；⑤本期支付的预付款项。

需要说明的有四点。一是购买原材料、商品、接受劳务支付的增值税进项税额不构成该项目的内容，而应属于"支付的税费"项目的构成内容。二是如果在本期因发生购货退回收到的现金，应从该项目中扣除。三是支付的已资本化在存货中的借款费用不构成该项目的内容，而应属于"偿还借款利息支付的现金"项目的构成内容。四是代购代销业务支付的现金也构成该项目的内容。

购买原材料、商品、接受劳务支付的现金可用计算式表示如下：

购买原材料、商品、接受劳务支付的现金=当期购买商品、接受劳务支付的现金
+当期支付前期的应付账款
+当期支付前期的应付票据+当期预付的账款
−当期因购货退回收到的现金

或 =购买商品、接受劳务产生的销售成本和进项税额
+应付账款本期减少额（期初−期末）
+应付票据本期减少额（期初−期末）

+预付款项本期增加额（期末–期初）

+存货本期增加额（期末–期初）+（–）特殊调整业务

“购买原材料、商品、接受劳务支付的现金”项目可以根据“库存现金”、“银行存款”、“其他货币资金”、“原材料”、“库存商品”等科目的本期发生额分析填列。

【例 10.6】A 小企业本期购买原材料，通过银行转账支付材料价款为 150 000 元；本期支付应付票据 10 000 元；购买工程用物资 20 000 元，货款已通过银行转账支付。

购买原材料、商品、接受劳务支付的现金计算如下。

本期购买原材料支付的价款:	150 000
加：本期支付的应付票据	10 000
本期购买原材料、商品、接受劳务支付的现金:	160 000

5. “支付的职工薪酬”项目列报

“支付的职工薪酬”项目，反映小企业本期向职工支付的薪酬。该项目的金额主要由以下七部分构成：①支付给职工的职工工资、奖金、津贴和补贴；②支付给职工或用于职工的职工福利费；③支付给社会保险机构的医疗保险费、养老保险费、失业保险费、工伤保险费和生育保险费等社会保险费；④支付给住房公积金管理机构的住房公积金；⑤支付的或用于职工的工会经费和职工教育经费；⑥因解除与职工的劳动关系给予的现金补偿；⑦其他与获得职工提供的服务相关而支付的现金。

需要说明的是，这里的职工包括小企业中从事在建工程的人员和从事无形资产开发项目的人员。

“支付的职工薪酬”项目，可以根据“库存现金”、“银行存款”、“应付职工薪酬”科目的本期发生额填列。

6. “支付的税费”项目列报

“支付的税费”项目，反映小企业本期支付的税费。包括：增值税、消费税、营业税、城市维护建设税、企业所得税、资源税、土地增值税、城镇土地使用税、房产税、车船税和教育费附加、印花税、矿产资源补偿费、排污费等。该项目的金额主要由以下三部分构成：①本期发生并支付的税费；②本期支付以前各期发生的税费；③本期预交的税金。

需要说明的有三点。一是支付的税收滞纳金也构成该项目的内容。二是代扣代缴的个人所得税也构成该项目的内容。三是本期退回的增值税、所得税等税费不构成该项目的内容，而应属于“收到其他与经营活动有关的现金”项目的构成内容。

“支付的税费”项目，可以根据“库存现金”、“银行存款”、“应交税费”等科目的本期发生额填列。

7. “支付其他与经营活动有关的现金”项目列报

“支付其他与经营活动有关的现金”项目，反映小企业除“购买原材料、商品、接受劳务支付的现金”项目、“支付的职工薪酬”项目和“支付的税费”项目以外，本期支付的其他与经营活动有关的现金。该项目的金额主要由以下十部分构成：①支付的商品维修费；②在销售商品过程中支付的运输费、装卸费、包装费、保险费；③支付的广告费和业务宣传费、展览费；④支付的开办费；⑤支付的行政管理部门发生的费用；⑥支付的业务招待费、研究费用、技术转让费、财产保险费、聘请中介机构费、咨询费（含顾问费）、诉讼费；⑦支付的罚金、罚款；⑧经营租赁支付的现金（体现为租金费用）；⑨对外捐赠的现金；⑩对外赞助的现金。

需要说明的是，小企业（批发业、零售业）在购买商品过程中支付的运输费、装卸费、包装费、保险费等，也构成该项目的内容。

“支付其他与经营活动有关的现金”项目，可以根据“库存现金”、“银行存款”等科目的本期发生额分析填列。

学中做

A 小企业本期销售商品收到货款 980 000 元；应收票据期初余额为 30 000 元，期末余额 40 000 元；应收账款期初余额为 20 000 元，期末余额 50 000 元。另外，本期因商品质量问题发生退货，支付银行存款 20 000 元，货款已通过银行转账支付。

要求：计算 A 小企业本期销售商品、提供劳务收到的现金。

（二）投资活动现金流量的列报

小企业投资活动产生的现金流量应当单独列示下列项目。

（1）收回短期投资、长期债券投资和长期股权投资收到的现金。

（2）取得投资收益收到的现金。

（3）处置固定资产、无形资产和其他非流动资产收回的现金净额。

（4）短期投资、长期债券投资和长期股权投资支付的现金。

（5）购建固定资产、无形资产和其他非流动资产支付的现金。

1. 收回短期投资、长期债券投资和长期股权投资收到的现金”项目列报

“收回短期投资、长期债券投资和长期股权投资收到的现金”项目，反映小企业出售、转让或到期收回短期投资、长期股权投资而收到的现金，以及收回长期债券投资本金而收到的现金，不包括长期债券投资收回的利息。该项目的金额主要由以下四部分构成：①本期出售短期权益性投资收到的现金；②本期出售或到期收回短期债权性投资收到的现金；③本期转让长期股权投资收到的现金；④本期转让或到期收回长期债券投资本金收到的现金。

需要说明的是，到期收回的短期债权性投资和长期债券投资的利息收入不构成该项目的内容，而应属于“取得投资收益收到的现金”项目的构成内容。

“收回短期投资、长期债券投资和长期股权投资收到的现金”项目，可以根据“库存现金”、“银行存款”、“短期投资”、“长期股权投资”、“长期债券投资”等科目的本期发生额分析填列。

【例 10.7】 A 小企业出售某项长期股权投资，收回的全部投资金额为 1 000 000 元；出售某项长期债券投资，收回的全部投资金额为 500 000 元，其中，150 000 元是债券利息。

本期收回投资所收到的现金计算如下。

收回长期股权投资金额	1 000 000
加：收回长期债权性投资本金（500 000−150 000）	350 000
本期收回投资所收到的现金	1 350 000

2. “取得投资收益收到的现金”项目列报

“取得投资收益收到的现金”项目，反映小企业因权益性投资和债权性投资取得的现金股利

或利润和利息收入。该项目的金额主要由以下三部分构成：①本期取得被投资单位发放的现金股利收到的现金；② 本期取得被投资单位分配利润收到的现金；③本期取得短期债权性投资和长期债券投资的利息收入收到的现金。

需要说明的是，取得的股票股利由于不产生现金流量，不构成该项目的内容。

“取得投资收益收到的现金”项目，可以根据“库存现金”、“银行存款”、“投资收益”等科目的本期发生额分析填列。

【例 10.8】 H 小企业期初长期股权投资余额 1 000 000 元，其中 750 000 万元投资于联营企业 A 企业，占其股本的 25%；另外 100 000 元和 150 000 元分别投资于 B 企业和 C 企业，各占接受投资企业总股本的 5%和 10%；当年 A 企业赢利 1 000 000 元，分配现金股利 400 000 元，B 企业亏损没有分配股利，C 企业赢利 300 000 元，分配现金股利 100 000 元。企业已如数收到现金股利。

本期取得投资收益收到的现金计算如下。

取得 A 企业实际分回的投资收益（400 000 × 25%） 100 000

加：取得 B 企业实际分回的投资收益 0

取得 C 企业实际分回的投资收益（100 000 × 10%） 10 000

本期取得投资收益收到的现金 110 000

3. “处置固定资产、无形资产和其他非流动资产收回的现金净额”项目列报

“处置固定资产、无形资产和其他非流动资产收回的现金净额”项目，反映小企业处置固定资产、无形资产和其他非流动资产取得的现金，减去为处置这些资产而支付的有关税费等的净额。该项目的金额主要由以下四部分组成：①本期处置固定资产收到的现金；②本期处置无形资产收到的现金；③本期处置其他非流动资产收到的现金，如处置生产性生物资产收到的现金等；④本期处置固定资产、无形资产和其他非流动资产支付的有关税费等，如支付的契税、运输费。

需要说明的有两点。一是由于自然灾害等原因所造成的固定资产等非流动资产报废、毁损而收到的保险理赔收入不构成该项目的内容，而应属于“收到其他与经营活动有关的现金”项目的构成内容。二是处置固定资产、无形资产和其他长期资产所收回的现金净额如为负数，仍构成该项目的内容。

“处置固定资产、无形资产和其他非流动资产收回的现金净额”项目，可以根据“库存现金”、“银行存款”、“固定资产清理”、“无形资产”、“生产性生物资产”等科目的本期发生额分析填列。

【例 10.9】 C 公司出售一台不需用设备，收到价款 240 000 元，该设备原价 320 000 元，已提折旧 120 000 元。支付该项设备拆卸费用 1 600 元，运输费用 400 元，设备已由购入单位运走。

本期处置固定资产、无形资产和其他非流动资产收回的现金净额计算如下。

本期出售固定资产收到的现金 240 000

减：支付出售固定资产的清理费用 2 000

本期处置固定资产、无形资产和其他非流动资产收回的现金净额 238 000

4. “短期投资、长期债券投资和长期股权投资支付的现金”项目列报

“短期投资、长期债券投资和长期股权投资支付的现金”项目，反映小企业进行权益性投资和债权性投资支付的现金。包括：企业取得短期股票投资、短期债券投资、短期基金投资、长期债券投资、长期股权投资支付的现金。该项目的金额主要由以下六部分组成：①本期取得短期股票投资支付的现金；②本期取得短期债券投资支付的现金；③本期取得短期基金投资支付的现金；④本期取得长期债券投资支付的现金；⑤本期取得股权投资支付的现金；⑥本期取得短期投资、

长期债券投资和长期股权投资支付的相关税费等，如支付的印花税、佣金、手续费。

需要说明的是，小企业购买股票和债券时，实际支付的价款中包含的已宣告但尚未领取的现金股利或已到付息期但尚未领取的债券利息，不构成该项目的内容，而应属于“支付其他与经营活动有关的现金”项目的构成内容。

“短期投资、长期债券投资和长期股权投资支付的现金”项目，可以根据“库存现金”、“银行存款”、“短期投资”、“长期债券投资”、“长期股权投资”等科目的本期发生额分析填列。

【例 10.10】 A 小企业以银行存款 100 000 元投资于 B 企业的股票。此外，购买光大银行发行的金融债券，面值总额 100 000 元，票面利率 8%，实际支付金额为 102 000 元。

本期短期投资、长期债券投资和长期股权投资支付的现金计算如下。

投资于 B 企业的现金总额	100 000
投资于光大银行金融债券的现金总额	102 000
本期短期投资、长期债券投资和长期股权投资支付的现金	202 000

5. “购建固定资产、无形资产和其他非流动资产支付的现金”项目列报

“购建固定资产、无形资产和其他非流动资产支付的现金”项目，反映小企业购建固定资产、无形资产和其他非流动资产支付的现金。包括：购买机器设备、无形资产、生产性生物资产支付的现金，建造工程支付的现金等现金支出，不包括为购建固定资产、无形资产和其他非流动资产而发生的借款费用资本化部分和支付给在建工程和无形资产开发项目人员的薪酬。为购建固定资产、无形资产和其他非流动资产而发生借款费用资本化部分，在“偿还借款利息支付的现金”项目反映；支付给在建工程和无形资产开发项目人员的薪酬，在“支付的职工薪酬”项目反映。该项目的金额主要由以下六部分组成：①本期外购机器设备等固定资产支付的现金，包括融资租入固定资产支付的各期租赁费；②本期外购无形资产支付的现金；③本期外购生产性生物资产支付的现金；④本期建造工程支付的现金；⑤本期自行开发无形资产支付的现金；⑥本期自行营造和繁殖生产性生物资产支付的现金。

“购建固定资产、无形资产和其他非流动资产支付的现金”项目，可以根据“库存现金”、“银行存款”、“固定资产”、“在建工程”、“无形资产”、“研发支出”、“生产性生物资产”、“应付职工薪酬”等科目的本期发生额分析填列。

学中做

H 小企业期初长期股权投资余额 3 000 000 元，其中 2 250 000 万元投资于联营企业 A 企业，占其股本的 25%；另外 300 000 元和 450 000 元分别投资于 B 企业和 C 企业，各占接受投资企业总股本的 5%和 10%；当年 A 企业赢利 2 000 000 元，分配现金股利 800 000 元，B 企业亏损没有分配股利，C 企业赢利 500 000 元，分配现金股利 300 000 元。企业已如数收到现金股利。

要求：计算 H 小企业本期取得投资收益收到的现金。

（三）筹资活动现金流量的列报

小企业的经营需要外部资源（如资金、技术、机器设备、厂房等）的支持，表现为向外部

筹资，不外乎借款和吸收投资。借款通常是向银行等金融机构借款，有固定的期限并要承担利息费用；吸收投资通常向其他企业或个人吸收资本，没有固定的期限但应向其分配利润，以使其得到投资回报。因此，在实务中，小企业的筹资活动主要包括吸收投资、取得借款、分配利润、偿还借款本息等。

需要说明的是，应付账款、应付票据等是由信用购买所产生的，实质上也是一种筹资，但由于其主要是产生于购买原材料和商品，故将其作为经营活动而不是筹资活动来处理。

小企业筹资活动产生的现金流量应当单独列示下列项目：①取得借款收到的现金；②吸收投资者投资收到的现金；③偿还借款本金支付的现金；④偿还借款利息支付的现金；⑤分配利润支付的现金。

1. “取得借款收到的现金”项目列报

“取得借款收到的现金”项目，反映小企业举借各种短期、长期借款而收到的现金。该项目的金额主要由以下两部分构成：①本期取得短期借款收到的现金；②本期取得长期借款收到的现金。

“取得借款收到的现金”项目，可以根据“库存现金”、“银行存款”、“短期借款”、“长期借款”等科目的本期发生额分析填列。

2. “吸收投资者投资收到的现金”项目列报

“吸收投资者投资收到的现金”项目，反映小企业收到的投资者作为资本投入的现金，该资本既可以体现为实收资本，也可以体现为资本公积，但必须是以现金形式投入小企业的。

“吸收投资者投资收到的现金”项目，可以根据“库存现金”、“银行存款”、“实收资本”、“资本公积”等科目的本期发生额分析填列。

3. “偿还借款本金支付的现金”项目列报

“偿还借款本金支付的现金”项目，反映小企业以现金偿还各种短期、长期借款的本金。该项目的金额主要由以下两部分构成：①本期偿还短期借款本金支付的现金；②本期偿还长期借款本金支付的现金。

需要说明的有两点。一是该项目所指的借款本金不需要考虑借款的用途。二是本期偿还的无论是本期到期的借款本金还是前期到期的借款本金，只要以现金进行偿还即属于该项目的构成内容。

“偿还借款本金支付的现金”项目，可以根据“库存现金”、“银行存款”、“短期借款”、“长期借款”等科目的本期发生额分析填列。

4. “偿还借款利息支付的现金”项目列报

“偿还借款利息支付的现金”项目，反映小企业以现金偿还各种短期、长期借款的利息。该项目的金额主要由以下两部分构成：①本期偿还短期借款利息支付的现金；②本期偿还长期借款利息支付的现金。

需要说明的有三点。一是该项目所指的借款利息不需要考虑借款的用途及借款利息是否予以资本化。二是本期偿还的无论是本期到期的借款利息还是前期到期的借款利息，只要以现金进行偿还即属于该项目的构成内容。三是以现金偿还的除利息费用以外的辅助费用等借款费用也构成该项目的内容。

“偿还借款利息支付的现金”项目，可以根据“库存现金”、“银行存款”、“应付利息”等科目的本期发生额分析填列。

5. “分配利润支付的现金”项目列报

“分配利润支付的现金”项目，反映小企业向投资者实际支付的利润。该项目的金额主要由以下两部分构成：①本期以现金向投资者支付本期分配的利润；②本期以现金向投资者支付前期分配的利润。

“分配利润支付的现金”项目，可以根据“库存现金”、“银行存款”、“应付利润”等科目的本期发生额分析填列。

（四）现金流量表编制示例

【例 10.11】 小企业华创公司 2013 年有关资料如下（增值税税率 17%）。

本期主营业务收入 300 万元；收回前期应收账款 36 万元；本期预收账款 15 万元。

本期采购材料成本为 210 万元；支付去年应付账款 15 万元；本期预付账款 33 万元。

本期发放的职工工资总额为 30 万元。其中生产经营及管理人员的工资 21 万元，奖金 4.5 万元；在建工程人员的工资 3.6 万元，奖金 0.9 万元。工资及奖金全部从银行提取现金发放。

本期所得税费用为 4.8 万元；未交所得税的年初数为 3.6 万元，年末数为 3.0 万元（无调整事项）。

为建造厂房，本期以银行存款购入固定资产 30 万元，支付增值税 5.1 万元。

购入股票 30 万股，每股价格 5.2 元，其中包含的已宣告而尚未领取的现金股利每股 0.2 元，作为短期投资核算。

到期收回长期债券投资，面值为 30 万元，3 年期，利率 3%。一次还本付息。

对一台管理用设备进行清理，该设备账面原价 360 万元，已计提折旧 240 万元，以银行存款支付清理费用 0.6 万元，收到变价收入 3.9 万元。该设备已清理完毕。

借入短期借款 60 万元，借入长期借款 100 万元，当年以银行存款支付利息 10 万元。向股东支付上年现金股利 10 万元。

资产负债表上“货币资金”项目的期初余额为 40 万元，期末余额为 97.8 万元。

华创公司编制 2013 年度现金流量表见表 10.13。

表 10.13 现金流量表

编制单位：华创公司 2013 年 （单位：万元）

项 目	行次	本期金额	上期金额
一、经营活动产生的现金流量			
销售产成品、商品、提供劳务收到的现金	1	402	
收到其他与经营活动有关的现金	2	0	
购买原材料、商品、接受劳务支付的现金	3	293.7	
支付的职工薪酬	4	30	
支付的税费	5	5.4	
支付其他与经营活动有关的现金	6	6	
经营活动产生的现金流量净额	7	66.9	
二、投资活动产生的现金流量			
收回短期投资、长期债券投资和长期股权投资收到的现金	8	30	
取得投资收益收到的现金	9	2.7	

续表

项　　目	行次	本期金额	上期金额
处置固定资产、无形资产和其他非流动资产收回的现金净额	10	3.3	
短期投资、长期债券投资和长期股权投资支付的现金	11	150	
购建固定资产、无形资产和其他非流动资产支付的现金	12	35.1	
投资活动产生的现金流量净额	13	−149.1	
三、筹资活动产生的现金流量			
取得借款收到的现金	14	160	
吸收投资者投资收到的现金	15	0	
偿还借款本金支付的现金	16	0	
偿还借款利息支付的现金	17	10	
分配利润支付的现金	18	10	
筹资活动产生的现金流量净额	19	140	
四、现金净增加额	20	57.8	
加：期初现金余额	21	40	
五、期末现金余额	22	97.8	

（1）“销售产成品、商品、提供劳务收到的现金”项目 = 300 ×（1 + 17%）+ 36 + 15 = 402（万元）

（2）“购买原材料、商品、接受劳务支付的现金”项目 = 210 ×（1 + 17%）+ 15 + 33 = 293.7（万元）

（3）“支付的职工薪酬”项目 = 21 + 4.5 + 3.6 + 0.9 = 30（万元）

（4）“支付的税费”项目 = 3.6 + 4.8 − 3.0 = 5.4（万元）

（5）支付其他与经营活动有关的现金=30 × 0. 2=6（万元）

（6）“收回短期投资、长期债券投资和长期股权投资收到的现金”项目 = 30（万元）

（7）“取得投资收益收到的现金”项目 = 30 × 3% × 3 = 2.7（万元）

（8）“处置固定资产、无形资产和其他非流动资产收回的现金净额”项目 = 3.9 − 0.6 = 3.3（万元）

（9）“短期投资、长期债券投资和长期股权投资支付的现金”项目 = 30 × 5 = 150（万元）

（10）“购建固定资产、无形资产和其他非流动资产支付的现金”项目 = 30 + 5.1 = 35.1（万元）

（11）“取得借款收到的现金”项目 = 60 + 100 = 160（万元）

（12）“偿还借款利息支付的现金”项目 = 10（万元）

（13）“分配利润支付的现金”项目 = 10（万元）

第五节　所有者权益变动表

一、所有者权益变动表概述

所有者权益（或股东权益，下同）变动表，是反映企业在某一特定时期所有者权益增减变动情况的报表，还包括所有者权益重要结构性增减变动的信息。特别是要反映直接计入所有者权益的利得和损失。所有者权益（股东权益）变动表的格式见表 10.14。

表 10.14 所有者权益（股东权益）变动表

会企 04 表

编制单位： 年 月 （单位：万元）

项目	行次	本年金额						上年金额					
		实收资本（或股本）	资本公积	盈余公积	未分配利润	库存股（减项）	所有者权益合计	实收资本（或股本）	资本公积	盈余公积	未分配利润	库存股（减项）	所有者权益合计
一、上年年末余额													
1.会计政策变更													
2. 前期差错更正													
二、本年年初余额													
三、本年增减变金额													
（一）本年净利润													
（二）直接计入所有者权益的利得和损失													
1. 可供出售金融资产公允价值变动净额													
2. 权益法下被投资单位其他所有者权益变动的影响													
3. 与计入所有者权益项目相关的所得税影响													
4. 其他													
小计													
（三）所有者投入资本													
1. 所有者本年投入资本													
2. 本年购回库存股													
3. 股份支付计入所有者权益的金额													

续表

项目	行次	本年金额						上年金额					
		实收资本（或股本）	资本公积	盈余公积	未分配利润	库存股（减项）	所有者权益合计	实收资本（或股本）	资本公积	盈余公积	未分配利润	库存股（减项）	所有者权益合计
（四）本年利润分配													
1. 对所有者（或股东）的分配													
2. 提取盈余公积													
（五）所有者权益内部结转													
1. 资本公积转增资本（或股本）													
2. 盈余公积转增资本（或股本）													
3. 盈余公积弥补亏损													
四、本年年末余额													

二、所有者权益变动表的编制方法

所得者权益变动表的各项目，应当根据当期净利润、直接计入所有者权益的利得和损失项目、所有者投入资本和向所有者分配利润、提取盈余公积等情况分析填列。

（一）所有者权益变动表各项目的列报说明

1.“上年年末余额”项目

“上年年末余额”项目，反映企业上年资产负债表中实收资本（或股本）、资本公积、盈余公积、未分配利润的年末余额。

2.“会计政策变更”和“前期差错更正”项目

“会计政策变更”和“前期差错更正”项目，分别反映企业采用追溯调整法处理的会计政策变更的累积影响金额和采用追溯重述法处理的会计差错更正的累积影响金额。

为了体现会计政策变更和前期差错更正的影响，企业应当在上期期末所有者权益余额的基础上进行调整得出本期期初的所有者权益，根据“盈余公积”、“利润分配”、“以前年度损益调整”等科目的发生额分析填列。

3.“本年增减变动金额”项目

“本年增减变动金额”项目分别反映以下内容。

（1）“本年净利润”项目，反映企业当年实现的净利润（或净亏损）金额，并对应列在“未分配利润”栏。

（2）“直接计入所有者权益的利得和损失”项目，反映企业当年直接计入所有者权益的利得和损失金额。其中，“可供出售金融资产公允价值变动净额”项目，反映企业持有的可供出售金融资产当年公允价值变动的金额，并对应列在“资本公积”栏；“权益法下被投资单位其他所有者权益变动的影响”项目，反映企业对按照权益法核算的长期股权投资，在被投资单位除当年实现的净损益以外其他所有者权益当年变动中应享有的份额，并对应列在“资本公积”栏；“与计入所有者权益项目相关的所得税影响”项目，反映企业根据《企业会计准则第 18 号——所得税》规定应计入所有者权益项目的当年所得税影响金额，并对应列在“资本公积”栏。

（3）“所有者投入资本”项目，反映企业当年所有者投入的资本。其中，“所有者本期投入资本”项目，反映企业接受投资者投入形成的实收资本（或股本）和资本溢价或股本溢价，并对应列在“实收资本”和“资本公积”栏；“股份支付计入所有者权益的金额”项目，反映企业处于等待期中的权益结算的股份支付当年计入资本公积的金额，并对应列在“资本公积”栏。

（4）“本年利润分配”下各项目，反映当年对所有者（或股东）分配的利润（或股利）金额和按照规定提取的盈余公积金额，并对应列在“未分配利润”和“盈余公积”栏。其中，“提取盈余公积”项目，反映企业按照规定提取的盈余公积；“对所有者（或股东）的分配”项目，反映对所有者（或股东）分配的利润（或股利）金额。

（5）“所有者权益内部结转”下各项目，反映不影响当年所有者权益总额的所有者权益各组成部分之间当年的增减变动，包括资本公积转增资本（或股本）、盈余公积转增资本（或股本）、盈余公积弥补亏损等项目金额。为了全面地反映所有者权益各组成部分的增减变动情况，所有者权益内部结转也是所有者权益变动表的重要组成部分，主要指不影响所有者权益总额、所有者权益的各组成部分当期的增减变动。其中，“资本公积转增资本（或股本）”项目，反映企业以资本公积转增资本或股本的金额；“盈余公积转增资本（或股本）”项目，反映企业以盈余公积转增资本或股本的金额；“盈余公积弥补亏损”项目，反映企业以盈余公积弥补亏损的金额。

（二）上年金额栏的列报方法

所有者权益变动表“上年金额”栏内各项数字，应根据上年度所有者权益变动表“本年金额”栏内所列数字填列。如果上年度所有者权益变动表规定的各个项目的名称和内容同本年度不相一致，应对上年度所有者权益变动表各项目的名称和数字按本年度的规定进行调整，填入本年度所有者权益变动表“上年金额”栏内。

（三）本年金额栏的列报方法

所有者权益变动表“本年金额”栏内各项数字，一般应根据“实收资本（或股本）”、“资本公积”、“盈余公积”、“利润分配”、“库存股”、“以前年度损益调整”等科目的发生额分析填列。

企业的净利润及其分配情况作为所有者权益变动的组成部分，不需要单独设置利润分配表列示。

三、所有者权益变动表的编制举例

【例 10.12】 假设光明有限责任公司 2010 年发生以下业务。

（1）光明有限责任公司是由甲、乙、丙三方各出资 50 万元设立的，设立时的实收资本为 150 万元，已经营若干年，留存收益已达 20 万元。2010 年 1 月 1 日为扩大经营规模，三方决定重组公司，吸收丁投资者加入，同意丁投资者以现金出资 60 万元，投入后占该公司全部资本的 25%，同时公司的注册资本增资为 200 万元。光明公司编制会计分录如下。

借：银行存款　600 000

　贷：股本——丁投资者　500 000

　　　资本公积——资本溢价　100 000

（2）2009 年 12 月 23 日，取得一项可供出售金融资产，取得时成本为 100 万元；12 月 31 日公允价值变为 95 万元。该公司编制会计分录如下：

借：资本公积——其他资本公积　50 000

　贷：可供出售金融资产——公允价值变动　50 000

（3）经股东大会决议，决定将法定盈余公积 2 万元转增资本，按规定增资程序获得批准后，该公司应编制会计分录如下：

借：盈余公积——法定盈余公积　20 000

贷：股本　20 000

（4）2010 年 12 月 31 日，发现 2009 年有一项行政管理部门使用的固定资产漏提了折旧，数额为 100 万元，所得税申报中也未包括这项费用。所得税税率为 25%，按净利润的 10%提取法定盈余公积，假定税法允许 2009 年少计提的折旧可调整应交所得税。该公司应编制如下会计分录。

调整少计提的折旧。

借：以前年度损益调整　1 000 000

贷：累计折旧　1 000 000

调整应交税费。

借：应交税费——应交所得税　250 000

贷：以前年度损益调整　250 000

转入未分配利润。

借：利润分配——未分配利润　750 000

贷：以前年度损益调整　750 000

调整利润分配。

借：盈余公积　75 000

贷：利润分配——未分配利润　75 000

（5）2010 年 1 月 1 日，支付现金 1 000 万元给 B 公司，受让 B 公司持有的 D 公司 20%的股权（具有重大影响），采用权益法核算。假设未发生直接相关费用和税金。2010 年度因 D 公司某经济事项使其资本公积增加 150 万元。假设不考虑对净利润的调整。该公司应编制会计分录如下。

借：长期股权投资——D 公司（其他权益变动）　（150×20%）　300 000

贷：资本公积——其他资本公积　300 000

要求：根据以上业务编制 2010 年光明公司所有者权益变动表。

首先，编制有关会计分录如上所述。

其次，对 2010 年会计报表相关项目年初数或上年数的调整见表 10.15。

再次，编制所有者权益变动表见表 10.16。

表 10.15　会计差错调整表　（单位：元）

项　目	年　初　数	上　年　数
累计折旧	+1 000 000	
应交税费	−250 000	
盈余公积	−75 000	
未分配利润	−675 000	
管理费用		+ 1 000 000
所得税		−250 000
提取盈余公积		−75 000

表 10.16 所有者权益变动表

会企 04 表

编制单位：光明公司　　2010 年 12 月　　（单位：万元）

项　　目	行次	本年金额						上年金额					
		实收资本（或股本）	资本公积	盈余公积	未分配利润	库存股（减项）	所有者权益合计	实收资本（或股本）	资本公积	盈余公积	未分配利润	库存股（减项）	所有者权益合计
一、上年年末余额								300	100	10	105	0	515
1. 会计政策变更													
2. 前期差错更正			−7.5	−67.5									
二、本年年初余额		300	100	25	37.5	0	440						
三、本年增减变金额													
（一）本年净利润					25.522 5								
（二）直接计入所有者权益的利得和损失													
1. 可供出售金融资产公允价值变动净额			−5										
2. 权益法下被投资单位其他所有者权益变动的影响			30										
3. 与计入所有者权益项目相关的所得税影响													
4. 其他													
小计			25		25.522 5		50.522 5						
（三）所有者投入资本													
1. 所有者本年投入资本		50	10										
2. 本年购回库存股													
3. 股份支付计入所有者权益的金额													

续表

项　目	行次	本年金额						上年金额					
		实收资本（或股本）	资本公积	盈余公积	未分配利润	库存股（减项）	所有者权益合计	实收资本（或股本）	资本公积	盈余公积	未分配利润	库存股（减项）	所有者权益合计
（四）本年利润分配													
1. 对所有者（或股东）的分配					−153 135								
2. 提取盈余公积				2.552 25									
（五）所有者权益内部结转													
1. 资本公积转增资本（或股本）													
2. 盈余公积转增资本（或股本）		2		−2									
3. 盈余公积弥补亏损													
四、本年年末余额		352	135	3.052 25	45.156 75	535.209							

第六节 财务报表附注

财务报表附注，是指对在资产负债表、利润表和现金流量表等报表中列示项目的文字描述或明细资料，以及对未能在这些报表中列示项目的说明等。

财务报表附注与资产负债表、利润表和现金流量表等报表具有同等的重要性，是财务报表的重要组成部分。

编制和提供财务报表附注，有利于财务报表使用者全面、正确地理解财务报表。

报表使用者了解企业的财务状况、经营成果和现金流量，应当全面阅读财务报表附注。

一、财务报表附注的要求

财务报表附注信息的披露应符合以下要求。

（1）附注披露的信息应是定量、定性信息的结合，从而能够从量和质两个角度对企业经济事项完整地进行反映，也才能满足信息使用者的决策需求。

（2）附注应当按照一定的结构进行系统合理的排列和分类，有顺序地披露信息。

由于附注的内容繁多，因此更应按逻辑顺序排列，分类披露，条理清晰，具有一定的组织结构，以便于使用者理解和掌握，也更好地实现财务报表的可比性。

（3）附注相关信息应当与资产负债表、利润表和现金流量表等报表中列示的项目相互参照，以有助于使用者联系相关联的信息，并由此从整体上更好地理解财务报表。

二、附注披露的顺序及内容

小企业财务报表附注应当按照下列顺序和内容进行披露。

1. 遵循《小企业会计准则》的声明

小企业应当声明编制的财务报表符合《小企业会计准则》的要求，真实、完整地反映了小企业的财务状况、经营成果和现金流量等有关信息，以此明确小企业编制财务报表所依据的制度基础。

执行《小企业会计准则》的小企业，如发生的交易或者事项因《小企业会计准则》未作规范而执行了《企业会计准则》的相关规定，应当在此部分如实披露如下信息。

（1）发生交易的情况。

（2）参照执行《企业会计准则》的原因。

（3）所依据的《企业会计准则》的相关规定。

（4）该交易的处理结果对企业带来的影响（包括对财务状况和经营成果的影响）。

2. 短期投资、应收账款、存货、固定资产项目的说明

为简化小企业会计核算并尽可能减少纳税调整，《小企业会计准则》要求小企业的资产按照成本计量，不计提资产减值准备。同时，考虑到小企业资产的质量，尤其是其可变现能力对债权人影响较大，因此，《小企业会计准则》要求小企业应在附注中对几项重要资产的市场价格信

息、持有时间的长短和新旧程度进行明细说明，以在一定程度上缓解对资产不计提减值准备可能产生的影响。有关短期投资、应收账款、存货、固定资产项目的详细说明，参见表 10.17 至表 10.20 给定的披露格式。

表 10.17 短期投资明细表

项目	期末账面余额	期末市价	期末账面余额与市价的差额
1. 股票			
2. 债券			
3. 基金			
4. 其他			
合计			

表 10.18 应收款项明细表

账龄结构	期末账面余额	年初账面余额
1 年以内（含 1 年）		
1 年至 2 年（含 2 年）		
2 年至 3 年（含 3 年）		
3 年以上		
合计		

表 10.19 存货明细表

存货种类	期末账面余额	期末市价	期末账面余额与市价的差额
1. 原材料			
2. 在产品			
3. 库存商品			
4. 周转材料			
5. 消耗性生物资产			
……			
合计			

表 10.20 固定资产明细表

项目	原价	累计折旧	期末账面价值
1. 房屋、建筑物			
2. 机器			
3. 机械			
4. 运输工具			
5. 设备			
6. 器具			
7. 工具			
……			
合计			

3. 应付职工薪酬、应交税费项目的说明

应付职工薪酬和应交税费是职工、债权人、税务部门和政府其他部门等相关方面重点关注的内容。因此，《小企业会计准则要求》进行“明细表”形式的披露，有关披露格式参见表 10.21 和表 10.22。这两张明细表构成了资产负债表的附表。

4. 利润分配的说明

小企业的利润分配应当遵循相关法律法规的规定。《小企业会计准则》提供的利润分配表综合考虑了《公司法》、《外商投资企业法》等相关法律的要求，但是小企业在具体应用时应根据其适用的法律进行编制，如果其中有些项目不适用，则不应填列任何数字，空置即可。利润分配表的格式见表 10.23。

表 10.21 应付职工薪酬明细表

会小企 01 表附表 1

编制单位： 年 月 （单位：元）

项 目	期末账面余额	年初账面余额
L. 职工工资		
2. 奖金、津贴和补贴		
3. 职工福利费		
4. 社会保险费		
5. 住房公积金		
6. 工会经费		
7. 职工教育经费		
8. 非货币性福利		
9. 辞退福利		
10. 其他		
合计		

表 10.22 应交税费明细表

会小企 01 表附表 2

编制单位： 年 月 （单位：元）

项 目	期末账面余额	年初账面余额
1. 增值税		
2. 消费税		
3. 营业税		
4. 城市维护建设税		
5. 企业所得税		
6. 资源税		
7. 土地增值税		
8. 城镇土地使用税		
9. 房产税		
10. 车船税		
11. 教育费附加		
12. 矿产资源补偿费		
13. 排污费		
14. 代扣代缴的个人所得税		
……		
合计		

表 10.23 利润分配表

会小企 01 表附表 3

编制单位： 年度 （单位：元）

项 目	行次	本 年 金 额	上 年 金 额
一、净利润	1		
加：年初未分配利润	2		
其他转入	3		
二、可供分配的利润	4		
减：提取法定盈余公积	5		
提取任意盈余公积	6		
提取职工奖励及福利基金*	7		
提取储备基金*	8		
提取企业发展基金*	9		
利润归还投资**	10		
三、可供投资者分配的利润	11		
减：应付利润	12		
四、未分配利润	13		

注：*提取职工奖励及福利基金、提取储备基金、提取企业发展基金三个项目仅适用于小企业（外商投资）按照相关法律规定提取的 3 项基金。

**利润归还投资这个项目仅适用于小企业（中外合作经营）根据合同规定在合作期间归还投资者的投资。

5. 其他相关事项说明

说明事项除上述四项外，还包括以下四项。

（1）用于对外担保的资产名称、账面余额及形成的原因；未决诉讼、未决仲裁以及对外提供担保所涉及的金额。

（2）发生严重亏损的，应当披露持续经营的计划、未来经营的方案。

（3）对已在资产负债表和利润表中列示项目与《企业所得税法》规定存在差异的纳税调整过程。《小企业会计准则》尽可能地与《企业所得税法》实现了一致，但也不可避免地还会存在个别差异。因此，小企业应按照《企业所得税年度纳税申报表 A 类》（见表 10.24）的要求进行纳税调整。

表 10.24 企业所得税年度纳税申报表（A 类）

税款所属期间： 年 月 日至 年 月 日

纳税人名称：

纳税人识别号： ［金额单位：元（列至角分）］

类 别	行次	项 目	金 额
利润总额计算	1	一、营业收入（填附表一）	
	2	减：营业成本（填附表二）	
	3	营业税金及附加	
利润总额计算	4	销售费用（填附表二）	
	5	管理费用（填附表二）	
	6	财务费用（填附表二）	
	7	资产减值损失	
	8	加：公允价值变动收益	
	9	投资收益	
	10	二、营业利润	
	11	加：营业外收入（填附表一）	
	12	减：营业外支出（填附表二）	
	13	三、利润总额（10＋11－12）	
应纳税所得额计算	14	加：纳税调整增加额（填附表三）	
	15	减：纳税调整减少额（填附表三）	
	16	其中：不征税收入	
	17	免税收入	
	18	减计收入	
	19	减、免税项目所得	
	20	加计扣除	
	21	抵扣应纳税所得额	
	22	加：境外应税所得弥补境内亏损	
	23	纳税调整后所得（13＋14－15＋22）	
	24	减：弥补以前年度亏损（填附表四）	
	25	应纳税所得额（23−24）	
应纳税额计算	26	税率（25%）	
	27	应纳所得税额（25×26）	
	28	减：减免所得税额（填附表五）	
	29	减：抵免所得税额（填附表五）	
	30	应纳所得税额（27－28－29）	
	31	加：境外所得应纳所得税额（填附表六）	
	32	减：境外所得抵免所得税额（填附表六）	
	33	实际应纳所得税额（30＋31－32）	

续表

类　别	行次	项　　目	金　额
应纳税额计算	34	减：本年累计实际已预缴的所得税额	
	35	其中：汇总纳税的总机构分摊预缴的税额	
	36	汇总纳税的总机构财政调库预缴的税额	
	37	汇总纳税的总机构所属分支机构分摊的预缴税额	
	38	合并纳税（母子体制）成员企业就地预缴比例	
	39	合并纳税企业就地预缴的所得税额	
	40	本年应补（退）的所得税额（33－34）	
附列资料	41	以前年度多缴的所得税额在本年抵减额	
	42	以前年度应缴未缴在本年入库所得税额	
纳税人公章： 经办人： 申报日期：　年　月　日		代理申报中介机构公章： 经办人及执业证件号码： 代理申报日期：　年　月　日	主管税务机关受理专用章： 受理人： 受理日期：　年　月　日

（4）其他需要在附注中说明的事项。

有关《企业所得税年度纳税申报表》的具体编制，参见《企业所得税年度纳税申报表（A类）》填报说明。

《企业会计准则》也对财务报表的附注作了规定。《企业会计准则第 30 号——财务报表列报》第三十一条规定："附注是对在资产负债表、利润表、现金流量表和所有者权益变动表等报表中列示项目的文字描述或明细资料，以及对未能在这些报表中列示项目的说明等。"第三十三条规定："附注一般应当按照下列顺序披露：（一）财务报表的编制基础。（二）遵循《企业会计准则》的声明。（三）重要会计政策的说明，包括财务报表项目的计量基础和会计政策的确定依据等。（四）重要会计估计的说明，包括下一会计期间内很可能导致资产、负债账面价值重大调整的会计估计的确定依据等。（五）会计政策和会计估计变更以及差错更正的说明。（六）对已在资产负债表、利润表、现金流量表和所有者权益变动表中列示的重要项目的进一步说明，包括终止经营税后利润的金额及其构成情况等。（七）或有和承诺事项、资产负债表日后非调整事项、关联方关系及其交易等需要说明的事项。"第三十四条规定："企业应当在附注中披露在资产负债表日后、财务报告批准报出日前提议或宣布发放的股利总额和每股股利金额（或向投资者分配的利润总额）。"

《小企业会计准则》根据小企业的实际情况并考虑了成本效益原则的要求。一方面要减轻小企业会计核算的工作量，降低小企业财务报表包括附注的编制成本；另一方面也要兼顾各方面对小企业会计信息的需求情况，对小企业附注披露的内容相对于《企业会计准则》进行了大幅度简化。但是小企业必须要树立起附注是财务报表完整组成部分的准则意识，并且必须重视和加强附注的披露工作；小企业财务报表外部使用者应当树立起附注是财务报表完整组成的准则意识，并且重视和加强对附注的使用和评价工作。

第七节　会计政策变更、会计估计变更和差错更正

一、会计政策变更

会计政策是指小企业在会计确认、计量和报告中所采用的原则、基础和会计处理方法。

原则，是指按照《小企业会计准则》规定的、适合于企业会计核算所采用的具体会计原则。如收入确认原则、借款费用资本化原则、自行研发支出资本化原则等。

基础，是指为了将会计原则应用于交易或者事项而采用的基础，主要是计量基础（即计量属性），指历史成本这一计量基础。

会计处理方法，是指小企业在会计核算中按照法律、行政法规或者国家统一的会计制度等规定采用或者选择的、适合于本企业的具体会计处理方法。如确定发出存货的计价方法（先进先出法、加权平均法、个别计价法），长期股权投资采用成本法核算，资产损失采用实际转销法等。需要说明的是，在实务中，对材料核算采用计划成本法，对商品采用售价法，实际上并不构成会计处理方法，而是为了简化核算而采用的会计核算技巧。

1. 会计政策的特点

在我国，《会计准则》属于法规，会计政策所包括的具体会计原则、基础和具体会计处理方法由《会计准则》规定。小企业基本上是在法规所允许的范围内选择适合本企业实际情况的会计政策。所以，会计政策具有强制性和多层次的特点。

（1）会计政策的强制性。由于小企业经济业务的复杂性和多样化，某些经济业务在符合会计原则和基础的要求下，可以有多种会计处理方法。例如，存货的计价，有先进先出法、加权平均法、个别计价法等。但是，小企业在发生某项经济业务时，必须从会计准则允许的会计原则、基础和会计处理方法中选择出适合本企业特点的会计政策。

（2）会计政策的多层次性。会计政策包括会计原则、基础和会计处理方法三个层次。其中，会计原则是指导小企业会计核算的具体原则；会计基础是为将会计原则体现在会计核算中而采用的基础；处理方法是按照会计原则和基础的要求，由小企业在会计核算中采用或者选择的、适合于本企业的具体会计处理方法。会计原则、基础和会计处理方法，三者之间是一个具有逻辑性、密不可分的整体，通过这个整体，会计政策才能得以应用和落实。

2. 小企业常见的会计政策

小企业会计实务中涉及的会计政策主要如下。

（1）短期投资、存货、长期债券投资、长期股权投资、固定资产、无形资产、生产性生物资产等资产，取得时按照成本计量。

（2）发出存货的计价方法，如发出存货成本的计量是采用先进先出法、加权平均法还是采用个别计价法。

（3）将土地使用权与房屋分开核算。

（4）小企业内部研究开发项目开发阶段的支出符合资本化条件确认为无形资产。

（5）债券的折价或者溢价在债券存续期间内于确认相关债券利息收入时进行摊销。

（6）长期股权投资在持有期间采用成本法核算。

（7）投资者投入的非货币性资产按照评估价值计量。

（8）资产损失实际发生时予以确认。

（9）收入确认的原则。

（10）符合资本化条件的借款费用进行资本化。

《小企业会计准则》规定的上述这些会计政策，实际上只有发出存货的计价方法作为会计政策可以由企业进行变更和选择，其他的通常不能由企业进行变更和选择。因为《小企业会计准则》只规定了一种方法，除非《小企业会计准则》作了修订，才可能进行变更。

3. 会计政策变更的内涵

会计政策变更，是指企业对相同的交易或者事项由原来采用的会计政策改用另一种会计政策的行为。为保证会计信息的可比性，使财务报表使用者在比较企业一个以上期间的财务报表时，能够正确地判断企业的财务状况、经营成果和现金流量的趋势，一般情况下，小企业采用的会计政策，在每一会计期间和前后各期之间应当保持一致，不得随意变更。否则，势必削弱会计信息的可比性。但是，满足下列条件之一的，可以变更会计政策。

（1）法律、行政法规或者国家统一的会计制度等要求变更。这种情况是指，按照法律、行政法规、《小企业会计准则》以及财政部的规定，要求小企业采用新的会计政策，则小企业应当按照法律、行政法规、《小企业会计准则》以及财政部的规定改变原会计政策，按照新的会计政策执行。

小知识

《小企业会计准则》第十三条规定，小企业应当采用先进先出法、加权平均法或者个别计价法确定发出存货的实际成本。因此对于原先采用后进先出法进行成本核算的小企业，就要求其按照新规定，将原来以后进先出法核算发出存货成本改为《小企业会计准则》规定可以采用的会计政策。

（2）会计政策变更能够提供更可靠、更相关的会计信息。由于经济环境、客观情况的改变，使小企业原采用的会计政策所提供的会计信息，已不能恰当地反映小企业的财务状况、经营成果和现金流量等情况。在这种情况下，应改变原有会计政策，按变更后新的会计政策进行会计处理，以便对外提供更可靠、更相关的会计信息。例如，A 小企业原来采用期末一次加权平均法核算发出存货成本，现在由于采用计算机信息系统进行会计核算，大大提高了会计管理水平，能够对存货实现精细化管理，此时采用个别计价法可以更及时、更准确地反映发出存货的价值。这种情况下，该企业可以将发出存货的计价方法变更为个别计价法。

需要注意的是，除法律、行政法规以及国家统一的会计制度要求变更会计政策的，应当按照国家的相关规定执行外，小企业满足上述第（2）个条件变更会计政策时，必须有充分、合理的证据表明其变更的合理性，并说明变更会计政策后，能够提供关于小企业财务状况、经营成果和现金流量等更可靠、更相关的会计信息的理由。

4. 不属于会计政策变更的情况

（1）本期发生的交易或事项与以前相比具有本质差别而采用新的会计政策。

【例 10.13】 A 小企业以往租入的设备均为临时需要而租入的，因此按经营租赁会计处理方法核算，但自本年起租入的设备均采用融资租赁方式，则该企业自本年度起对新租赁的设备采用融资租赁会计处理方法核算。由于该企业原租入的设备均为经营性租赁，本年度起租赁的设备均改为融资租赁，经营租赁和融资租赁有着本质差别，因而改变会计政策不属于会计政策变更。

（2）对初次发生的或不重要的交易或者事项而采用新的会计政策。

5. 会计政策变更的会计处理

小企业对会计政策变更应当采用未来适用法进行会计处理，就是在变更日之前发生的交易和事项按照原会计政策进行会计处理，在变更日和变更日之后原先已发生的交易和事项的延续和新发生的交易和事项均按照变更后的会计政策进行处理。即在变更日不调整原先的会计账簿记录和财务报表，在变更日开始按照变更后的会计政策对相关交易和事项进行账务处理。

【例 10.14】 A 小企业原来对发出存货采用后进先出法，由于采用《小企业会计准则》，按其规定，A 小企业从 2013 年 1 月 1 日起开始改用先进先出法。2013 年 1 月 1 日存货的价值为 500 000 元，A 小企业当年购入存货的实际成本为 3 600 000 元，2013 年 12 月 31 日按先进先出法计算确定的存货价值为 900 000 元，按后进先出法计算的存货价值为 440 000 元。当年销售额为 5 000 000 元，假设该年度其他费用为 240 000 元。

A 小企业由于法律环境变化而改变会计政策变更，应对其采用未来适用法进行处理，即对存货采用先进先出法从 2013 年及以后才适用，不需要计算 2013 年 1 月 1 日以前按先进先出法计算存货应有的余额以及对损益的影响金额。

计算确定会计政策变更对当期净利润的影响数见表 10.25。

表 10.25　当期利润总额

（单位：元）

项　目	先进先出法	后进先出法
营业收入	5 000 000	5 000 000
减：营业成本	3 200 000	3 660 000
其他费用	240 000	240 000
利润总额	1 560 000	1 100 000
差额	460 000	

A 小企业由于会计政策变更使当期利润总额增加了 460 000 元。其中，采用先进先出法的销售成本为：期初存货 + 购入存货实际成本－期末存货 = 500 000 + 3 600 000－900 000 = 3 200 000（元）；采用后进先出法的销售成本为：期初存货 + 购入存货实际成本－期末存货 = 500 000 + 3 600 000－440 000 = 3 660 000（元）。

二、会计估计变更

会计估计，是指小企业对结果不确定的交易或者事项以最近可利用的信息为基础所作的判断。由于小企业日常生产经营活动中内在的不确定因素影响，不少交易和事项不能精确地计量，而只能加以估计。

（一）会计估计的特点及常见的会计估计

会计估计有以下几个特点。

（1）会计估计的存在是由于经济活动中内在的不确定性因素的影响。

（2）进行会计估计时，往往以最近可利用的信息或资料为基础。

（3）进行会计估计并不会削弱会计确认和计量的可靠性。

小企业常见的会计估计有以下几项。

（1）固定资产的使用寿命、预计净残值的确定。

（2）生产性生物资产的使用寿命、预计净残值的确定。

（3）无形资产摊销期的确定。

（4）长期待摊费用摊销期的确定。

（5）建造合同或劳务合同完工进度的确定。

（6）债券的折价或者溢价，在债券存续期间内于确认相关债券利息收入的摊销时采用直接法。

（7）市场价格或评估价值的确定。

（二）会计估计变更的内涵

会计估计变更，是指由于资产和负债的当前状况及预期经济利益和义务发生了变化，从而对资产和负债的账面价值或者资产的定期消耗金额进行调整。由于小企业经营活动中内在的不确定因素，许多财务报表项目不能准确地计量，只能加以估计，估计过程涉及以最近可以得到的信息为基础所作的判断。

对于会计估计变更的定义，应注意把握以下几个方面。

（1）会计估计变更的原因，是资产和负债的当前状况及预期经济利益和义务发生了变化。会计估计实际上是依据现有的资料对未来所作的判断。随着时间的推移，如果赖以进行估计的基础发生了变化，或者由于取得了新的信息，积累了更多的经验可能不得不对估计进行修订，但会计估计变更的依据应当真实、可靠。

（2）会计估计变更的结果，是对资产或负债的账面价值或者资产的定期消耗金额进行调整。对于小企业而言，会计估计变更的结果主要体现为对资产的定期消耗金额进行调整。例如，通过改变折旧年限、预计净残值和折旧方法对固定资产的折旧费进行调整。

（3）会计估计变更，并不意味着以前期间会计估计是错误的，只是由于情况发生变化，或者掌握了新的信息，积累了更多的经验，使得变更会计估计能够更好地反映小企业的财务状况和经营成果。如果以前期间的会计估计是错误的，则属于会计差错，应按会计差错更正的会计处理办法进行处理。

（三）会计估计变更的会计处理

小企业对会计估计变更应当采用未来适用法进行处理，就是在变更日之前发生的交易和事项按照原会计估计进行会计处理，在变更日和变更日之后原先已发生的交易和事项的延续和新发生的交易和事项均按照变更后的会计估计进行处理。即意味着在变更日不调整原先的会计账簿记录和财务报表，在变更日开始按照变更后的会计估计进行相关交易和事项进行账务处理即可。

【例 10.15】 A 小企业有一台管理用设备，原始价值为 420 000 元，预计使用寿命为 8 年，净残值为 20 000 元，自 2010 年 1 月 1 日起按直线法计提折旧。2014 年 1 月，由于新技术的发展等原因，需要对原预计使用寿命和净残值作出修正，修改后的预计使用寿命为 6 年，净残值为 10 000 元。假定税法允许按变更后的折旧额在税前扣除。

A 企业对上述会计估计变更的会计处理如下。

（1）不调整以前各期折旧，也不计算累积影响数。

（2）变更日以后发生的经济业务改按新估计使用寿命提取折旧。

按原估计，每年折旧额为 50 000 元，已提折旧 4 年，共计 200 000 元，固定资产净值为 220 000 元，则 2014 年相关科目的期初余额如下。

固定资产	420 000
减：累计折旧	（200 000）
固定资产净值	220 000

改变估计使用寿命后，2014 年 1 月 1 日起每年计提的折旧费用为 105 000 元[（220 000−10 000）÷（6−4）]。2014 年不必对以前度已提折旧进行调整，只需从 2014 年起按重新预计的尚可使用寿命和净残值计算确定的年折旧费用。编制会计分录如下。

借：管理费用	105 000	
贷：累计折旧		105 000

（四）会计政策变更与会计估计变更的划分

小企业可以采用以下具体方法划分会计政策变更与会计估计变更：分析并判断该事项是否

涉及会计确认、计量基础选择或列报项目的变更。当至少涉及一项划分基础变更的，该事项是会计政策变更；不涉及划分基础变更时，该事项可以判断为会计估计变更。

【例 10.16】 某企业在前期将自行购建的固定资产相关的一般借款费用计入当期损益，当期根据会计准则的规定，应将符合条件的有关借款费用予以资本化，企业因此将对该事项进行变更。该事项的计量基础未发生变更，即都是以历史成本作为计量基础；该事项的会计确认发生变更，即前期将借款费用确认为一项费用，而当期将其确认为一项资产；同时，会计确认的变更导致该事项在资产负债表和利润表相关项目的列报也发生变更。该事项涉及会计确认和列报，所以属于会计政策变更。

三、会计差错更正

会计差错，是指在会计核算时，在确认、计量和报告等方面出现的错误，包括计算错误、应用会计政策错误、应用会计估计错误等。需要说明的是，在实务中，编制会计凭证错误、登记会计账簿错误等账簿记录错误虽然属于《会计基础工作规范》所规范的范畴，实际上也是一种会计差错。

小企业对会计差错更正应当采用未来适用法进行会计处理。在具体应用未来适用法时，要区分以下两种情况。

1. 当期发生的会计差错当期发现

当期发生了各种会计差错，在发生的当期（如当日、当月、当季、当年）按照《小企业会计准则》规定的正确会计处理方法进行更正即可。至于是在当日、当月、当季更正还是在当年更正，取决于财务报表编制的时间。如果按月编制财务报表，则应当在当日或当月更正；如果按季编制财务报表，则应当在当日或当月或当季更正；如果按年编制财务报表，则应当在编制年度财务报表之前更正即可。

2. 当期发现以前期间发生的会计差错

如果会计差错发生的当期没有发现，后期才发现了以前期间发生会计差错（包括被外部相关方面如税务机关发现），则应当在发现的当期（如当日、当月、当季、当年）按照《小企业会计准则》规定的正确会计处理进行更正即可。至于说是在当日、当月、当季还是当年来更正，也是取决于财务报表编制的时间。

对账簿记录错误，要按照《会计基础工作规范》的规定进行更正，这里不再赘述。

《企业会计准则第 28 号——会计政策、会计估计变更和差错更正》第六条规定："企业根据法律、行政法规或者国家统一的会计制度等要求变更会计政策的，应当按照国家相关会计规定执行。会计政策变更能够提供更可靠、更相关的会计信息的，应当采用追溯调整法处理。"第七条规定："确定会计政策变更对列报前期影响数不切实可行的，应当从可追溯调整的最早期间期初开始应用变更后的会计政策。在当期期初确定会计政策变更对以前各期累积影响数不切实可行的，应当采用未来适用法处理。未来适用法，是指将变更后的会计政策应用于变更日及以后发生的交易或者事项，或者在会计估计变更当期和未来期间确认会计估计变更影响数的方法。"第九条规定："企业对会计估计变更应当采用未来适用法处理。"第十二条规定："企业应当采用追溯重述法更正重要的前期差错，但确定前期差错累积影响数不切实可行的除外。追溯重述法，是指在发现前期差错时，视同该项前期差错从未发生过，从而对财务报表相关项目进行更正的方法。"第十三条规定："确定前期差错影响数不切实可行的，可以从可追溯重述的最早期间开始调整留存收益的期初余额，财务报表其他相关项目的期初余额也应当一并调整，也可以采用未来适用法。"

《小企业会计准则》根据小企业的实际情况，并考虑了成本效益原则的要求，简化了对会计政策变更、会计估计变更和会计差错更正的会计处理，要求小企业一律采用未来适用法进行相关会计处理，无需考虑相关事项对以前期间的影响；并对未来适用法的定义和应用作了适当简化。

本章小结

财务报表是对小企业财务状况、经营成果和现金流量的结构性表述。企业编制的财务报表，能够为现在和潜在的投资者、债权人、企业管理者以及其他财务报表使用者提供对决策有用的财务信息。小企业财务报表包括资产负债表、利润表、现金流量表和报表附注。小企业的财务报表分为年度、季度和月度财务报表。小企业应按照《小企业会计准则》规定的编制基础、编制依据、编制原则和方法编制财务报表，做到数字真实、计算准确、便于理解、相关可比、全面完整。《企业会计准则》还要求企业必须编制所有者权益变动表。

资产负债表是反映小企业在某一特定日期的财务状况的会计报表。它表明企业在某一特定日期所拥有或控制的经济资源、所承担的现有义务和所有者对净资产的要求权。小企业的资产负债表采用账户式结构。资产负债表应当按照资产、负债和所有者权益（或股东权益）三大类别分类列报。资产和负债应当按照流动性分别分为流动资产和非流动资产、流动负债和非流动负债进行列示。资产负债表"期末余额"各项目的一般填列方法有以下几种：根据总账科目余额填列、根据总账科目期末余额分析计算填列、根据明细账科目余额计算填列、根据明细科目期末余额分析计算填列、根据有关科目余额减去其备抵科目余额后的净额填列、根据有关项目的合计额填列。《企业会计准则》规定资产负债表中资产类还应当单独列示交易性金融资产、持有至到期投资、递延所得税资产；负债类还应当单独列示预计负债、应付债券和递延所得税负债等项目。

利润表是反映小企业在一定会计期间的经营成果的报表。该表是以"收入–费用=利润"会计等式为依据，将一定会计期间（年度、季度、月份）的营业收入与其同一会计期间相关的成本费用进行配比，以计算出企业一定时期的净利润（或净亏损）。小企业利润表的"本期累计金额"栏反映各项目自年初起至报告期末（月末、季末、年末）止的累计实际发生额。根据上月利润表的"本期累计金额"栏的数字，加上本月利润表的"本月金额"栏的数字，可以得出各项目本月的"本期累计金额"，然后填入相应的项目内。"本月金额"栏反映各项目的本月实际发生额。《企业会计准则》规定利润表还应当单独列示公允价值变动收益、资产减值损失等项目。

所有者权益变动表是反映企业在某一特定时期所有者权益增减变动情况的报表，还包括所有者权益重要结构性增减变动的信息。《企业会计准则》要求企业必须编制所有者权益变动表。《小企业会计准则》没有强制要求小企业对外提供所有者权益变动表。

现金流量表是反映小企业在一定会计期间现金流入和流出情况的报表。编制现金流量表的目的是为财务报表使用者提供企业一定会计期间内现金流入和流出的信息，便于报表使用者了解和评价企业获取现金的能力，并据以预测企业未来现金流量。现金流量表是以现金为基础编制的。现金流量，是指小企业现金流入（即收到现金）和现金流出（支付现金）。根据小企业日常经营活动的性质和现金流量的来源，现金流量表将小企业一定期间产生的现金流量分为以下三类：①经营活动产生的现金流量。②投资活动产生的现金流量。③筹资活动产生的现金流量。在具体编制现金流量表时，小企业可以根据有关科目记录分析填列。现金流量表中一般设有"本年累计金额"和"本月金额"两栏。"本年累计金额"栏反映各项目自年初起至报告期末（月末、季末、年末）止的累计实际发生额。"本月金额"栏反映各项目的本月实际发生额。

《企业会计准则》对现金流量表的列报要求、组成项目和现金的定义比《小企业会计准则》详尽，而《小企业会计准则》根据小企业的实际情况进行了适当简化。

财务报表附注是对在资产负债表、利润表和现金流量表等报表中列示项目的文字描述或明细资料，以及对未能在这些报表中列示项目的说明等。编制和提供报表附注，有利于财务报表使用者全面、正确地理解财务报表。小企业报表附注应当按照下列顺序和内容进行披露：①遵循小企业会计准则的声明；②短期投资、应收账款、存货、固定资产项目的说明；③应付职工薪酬、应交税费项目的说明；④利润分配的说明；⑤用于对外担保的资产名称、账面余额及形成的原因；未决诉讼、未决仲裁以及对外提供担保所涉及的金额；⑥发生严重亏损的，应当披露持续经营的计划、未来经营的方案；⑦对已在资产负债表和利润表中列示项目与企业所得税法规定存在差异的纳税调整过程。⑧其他需要在附注中说明的事项。《企业会计准则》要求报表附注披露的内容比《小企业会计准则》要求更为详尽，而《小企业会计准则》对小企业附注披露的内容相对于《企业会计准则》进行了大幅度简化。

小企业对会计政策变更、会计估计变更和会计差错更正应当采用未来适用法进行会计处理。会计政策变更，是指企业对相同的交易或者事项由原来采用的会计政策改用另一种会计政策的行为。会计估计变更，是指由于资产和负债的当前状况及预期经济利益和义务发生了变化，从而对资产或负债的账面价值或者资产的定期消耗金额进行调整。会计差错，是指在会计核算时，在确认、计量和报告等方面出现的错误，包括计算错误、应用会计政策错误、应用会计估计错误等。未来适用法，是指将变更后的会计政策和会计估计应用于变更日及以后发生的交易或者事项. 或者在会计差错发生或发现的当期更正差错的方法。《企业会计准则》要求对会计政策变更一般应当采用追溯调整法处理；对会计估计变更应当采用未来适用法处理；对前期差错应当采用追溯重述法，也可以采用未来适用法。而《小企业会计准则》则要求小企业一律采用未来适用法进行相关会计处理，并对未来适用法的定义和应用也作了适当简化。

教学做一体化训练

知识测试

一、单项选择题

1. 下列各项目中，应包括在“固定资产”项目内的是（　　）。

A. 待安装的固定资产　　B. 经营租入的固定资产
C. 经营租出的固定资产　　D. 尚未清理完毕的固定资产

2. 下列各项目中，不属于流动资产项目的是（　　）。

A. 短期投资　　B. 应收利息
C. 消耗性生物资产　　D. 生产性生物资产

3. 下列资产负债表项目中，应根据其总账科目期末余额直接填列的是（　　）。

A. 预收账款　　B. 实收资本　　C. 长期借款　　D. 应付账款

4. 资产负债表中货币资金项目中包含的项目是（　　）。

A. 银行本票存款　　B. 银行承兑汇票　　C. 商业承兑汇票　　D. 交易性金融资产

5. “应收账款”科目明细账中若有贷方余额，应将其计入资产负债表中的（　　）项目。

A. 应收账款　B. 预收账款　C. 应付账款　D. 其他应付款

6. “预付账款”科目明细账中若有贷方余额，应将其计入资产负债表中的（　　）项目。

A. 应收账款　B. 预收账款　C. 应付账款　D. 其他应付款

7. 某公司年末结账前“应收账款”科目所属明细科目中有借方余额 50 000 元，贷方余额 20 000 元；“预付账款”科目所属明细科目中有借方余额 13 000 元，贷方余额 5 000 元；“应付账款”科目所属明细科目中有借方余额 50 000 元，贷方余额 120 000 元；“预收账款”科目所属明细科目中有借方余额 3 000 元，贷方余额 10 000 元。则年末资产负债表中“应收账款”项目和“应付账款”项目的期末数分别为（　　）。

A. 30 000 元和 70 000 元　B. 53 000 元和 125 000 元

C. 63 000 元和 53 000 元　D. 47 000 元和 115 000 元

8. 下列项目中，属于资产负债表中流动负债项目的是（　　）。

A. 长期借款　B. 长期应付款　C. 应付股利　D. 递延收益

9. 资产负债表中的“应付账款”项目，应（　　）。

A. 直接根据“应付账款”科目的期末贷方余额填列

B. 根据“应付账款”科目的期末贷方余额和“应收账款”科目的期末借方余额计算填列

C. 根据“应付账款”科目和“预付账款”科目所属相关明细科目的期末贷方余额计算填列

D. 根据“应付账款”科目的期末贷方余额和“预收账款”科目的期末贷方余额计算填列

10. 某企业“应付账款”科目月末贷方余额 40 000 元，其中，“应付甲公司账款”明细科目贷方余额 35 000 元，“应付乙公司账款”明细科目贷方余额 5 000 元。“预付账款”科目月末贷方余额 30 000 元，其中，“预付 A 工厂账款”明细科目贷方余额 50 000 元，“预付 B 工厂账款”明细科目借方余额 20 000 元。该企业月末资产负债表中“应付账款”项目的金额为（　　）元。

A. 90 000　B. 30 000　C. 40 000　D. 70 000

11. 资产负债表中的“未分配利润”项目，应根据（　　）填列。

A. “利润分配”科目余额

B. “本年利润”科目余额

C. “本年利润”和“利润分配”科目的余额计算后

D. “盈余公积”科目余额

12. 利润表中，只需根据有关科目的借方发生额填列的项目是（　　）。

A. 营业税金及附加　B. 营业收入

C. 营业利润　D. 其他业务利润

13. 下列项目中，符合现金流量表中现金概念的是（　　）。

A. 企业销售商品收到为期 1 个月的商业汇票

B. 企业存在银行 2 年的定期存款

C. 不能随时用于支付的存款

D. 从购入日开始计算 3 个月内到期的国债

14. 下列项目中，属于经营活动产生的现金流量的有（　　）。

A. 固定资产的购置与处置　B. 支付在建工程材料款

C. 转让股票投资取得的收入　　　　　　D. 以现金购买办公用品

15. 某企业 2013 年主营业务收入为 1 000 万元，增值税销项税额为 170 万元，2013 年应收账款的年初数为 150 万元，期末数为 120 万元。根据上述资料，该企业 2013 年“销售商品、产品和提供劳务收到的现金”为（　）万元。

A. 1 188　　B. 1 178　　C. 1 212　　D. 1 200

16. 下列各项目中，不属于投资活动产生的现金流量的是（　）。

A. 取得投资收益收到的现金

B. 构建固定资产、无形资产和其他非流动资产支付的现金

C. 收回短期投资、长期债券投资和长期股权投资收到的现金

D. 偿还借款利息支付的现金

17. 某公司对外转让一项土地使用权，取得的收入为 900 000 元，土地使用权的账面价值为 560 000 元，转让时以现金支付转让费 30 000 元，支付税金 45 000 元，此项业务在现金流量表中应（　）。

A. 在“收到的其他与经营活动有关的现金”和“支付的其他与经营活动有关的现金”2 个项目中分别填列 900 000 元、75 000 元

B. 在“收到的其他与经营活动有关的现金”和“支付的各项税费”2 个项目中分别填列 900 000 元、75 000 元

C. 在“处置固定资产、无形资产和其他长期资产所收回的现金净额”项目中填列 825 000 元

D. 在“处置固定资产、无形资产和其他长期资产所收回的现金净额”项目中填列 265 000 元

18. 小企业支付的在建工程人员的工资属于（　）活动产生的现金流量。

A. 筹资活动　　B. 经营活动　　C. 汇率变动　　D. 投资活动

19. 处置无形资产影响的现金流量，属于（　）的现金流量。

A. 筹资活动　　B. 投资活动　　C. 经营活动　　D. 汇率变动

20. 编制现金流量表时，企业因资金短缺，变卖厂部用旧汽车收到的现金属于（　）。

A. 经营活动的现金流量　　　　　　B. 投资活动的现金流量

C. 筹资活动的现金流量　　　　　　D. 非正常活动的现金流量

21. 下列各项目中，不属于筹资活动产生的现金流量的是（　）。

A. 吸收权益性投资收到的现金　　　　B. 收回债券投资收到的现金

C. 发行债券收到的现金　　　　　　D. 借入资金收到的现金

22. 下列事项中，引起现金流量净额变动的项目是（　）。

A. 将现金存入银行　　　　　　B. 用现金等价物清偿 30 万元的债务

C. 用存货抵偿债务　　　　　　D. 用银行存款购入三个月到期的债券

二、多项选择题

1. 资产负债表的数据可以通过以下（　）方式取得。

A. 根据总账科目余额直接填列　　　　B. 根据总账科目余额计算填列

C. 根据明细账科目余额直接填列　　　D. 根据明细账科目余额计算填列

E. 根据总账科目发生额计算填列

2. 在编制小企业资产负债表时，可以根据总账科目期末余额直接填列的项目有（　　）。

A. 短期借款　　B. 应收票据　　C. 实收资本

D. 货币资金　　E. 固定资产原价

3. 下列资产负债表项目中，根据总账余额计算填列的有（　　）。

A. 存货　　B. 短期借款　　C. 无形资产

D. 应付利息　　E. 资本公积

4. 下列资产负债表项目中，根据明细科目余额计算填列的有（　　）。

A. 预收账款　　B. 预付账款　　C. 短期借款

D. 资本公积　　E. 在途物资

5. 下列项目中，应列入资产负债表中的“存货”项目的是（　　）。

A. 发出商品　　B. 工程物资　　C. 委托加工物资

D. 在产品　　E. 在途物资

6. 资产负债表中的应付账款项目应根据（　　）填列。

A. 应付账款所属明细账贷方余额合计

B. 预付账款所属明细账贷方余额合计

C. 应付账款总账余额

D. 应付账款所属明细账借方余额合计

E. 预收账款所属明细账贷方余额合计

7. 小企业利润表中，营业收入减营业成本减营业税金及附加，再减去（　　）等于营业利润。

A. 管理费用　　B. 财务费用　　C. 销售费用

D. 制造费用　　E. 资产减值损失

8. 下列各项中，属于小企业现金流量表中“现金”的是（　　）。

A. 银行存款　　B. 银行汇票存款　　C. 外埠存款

D. 3 个月内到期的短期股票投资　　E. 3 个月内到期的短期债券投资

9. 下列交易或事项中，不会影响当期现金流量的有（　　）。

A. 发放股票股利　　B. 计提固定资产折旧

C. 以长期投资偿还长期负债　　D. 以固定资产对外进行投资

E. 进行无形资产摊销

10. 下列交易或事项中，不影响当期经营活动产生的现金流量的有（　　）。

A. 用产成品偿还短期借款　　B. 支付管理人员工资

C. 收到被投资单位利润　　D. 支付各项税费

E. 用银行存款偿还短期借款

11. 下列交易或事项中，不影响企业当期经营活动产生的现金流量的有（　　）。

A. 收到被投资单位利润　　B. 售出固定资产收到现金

C. 支付生产工人工资　　D. 用存货偿还短期借款

E. 上交所得税

12. 下列会计科目中，属于填列现金流量表中“销售商品、提供劳务收到的现金”项目时应予考虑的有（　　）。

A. 主营业务收入　　B. 应交税费——应交增值税（销项税额）

C. 收回应收账款　　D. 偿还应付账款

E. 预收账款

13. 小企业现金流量表中，“支付的职工薪酬”项目包括（　　）。

A. 支付给生产工人的奖金　　B. 支付给在建工程人员的奖金

C. 支付给在建工程人员的工资　　D. 为管理人员支付的养老保险金

E. 支付的或用于职工的工会经费和职工教育经费

14. 下列属于投资活动产生的现金流量的有（　　）。

A. 融资租入固定资产支付的租金　　B. 无形资产的购建与处置

C. 收到联营企业分回的利润　　D. 债权性投资的利息收入

E. 购置固定资产

15. 下列各项中，属于筹资活动产生的现金流量的有（　　）。

A. 偿还借款本金支付的现金　　B. 取得借款收到的现金

C. 吸收投资者投资收到的现金　　D. 分配利润支付的现金

E. 支付借款利息

16. 下列应在财务报表附注中反映的内容有（　　）。

A. 不符合基本会计假设的说明　　B. 或有事项的说明

C. 资产负债表日后事项的说明　　D. 重大会计政策和会计估计的说明

E. 会计报表重要项目的说明

三、判断题

1. 小企业必须对外提供资产负债表、利润表和现金流量表，报表附注不属于必须对外提供的资料。（　　）

2. 资产负债表是反映企业在一定期间财务状况的报表。（　　）

3. 利润表是反映企业在某一特定日期的经营成果的财务报表。（　　）

4. 资产负债表是个静态报表，应根据有关科目余额来编制；利润表是个动态报表，应根据有关科目发生额来编制。（　　）

5. 小企业资产负债表的“应收票据”项目包括已向银行办理贴现的银行承兑汇票。（　　）

6. 我国小企业利润表的结构是单步式利润表。（　　）

7. 小企业现金流量表是反映小企业一定会计期间现金和现金等价物的流入和流出的报表。（　　）

8. 小企业的现金流量表所反映的现金，包括现金等价物。（　　）

技能演练

1. A小企业本期购买原材料，通过银行转账支付材料价款1 500 000元；应付票据期初余额为30 000元，期末余额为40 000元；应付账款期初余额为20 000元，期末余额为50 000元；本期购买工程用物资20 000元，货款已通过银行转账支付。

要求：计算A企业本期购买原材料、商品、接受劳务支付的现金。

2. A小企业出售某项长期股权投资，收回的全部投资金额为2 000 000元；出售某项长期债券投资，收回的全部投资金额为1 000 000元，其中，300 000元是债券利息。

要求：计算A企业本期收回投资所收到的现金。

3. A小企业出售一台不需用设备，收到价款480 000元，该设备原价640 000元，已提折旧200 000元。支付该项设备拆卸费用6 000元，运输费用1 000元，设备已由购入单位运走。

要求：计算A企业本期处置固定资产、无形资产和其他非流动资产收回的现金净额。

4. 小企业H公司为一般纳税企业，其适用的所得税税率为25%，增值税税率为17%，采用应付税款法进行所得税会计处理，销售价格中均不含应向购买者收取的增值税，库存材料采用实际成本核算。其2012年12月31日的科目余额见表10.26。

表10.26 科目余额表

2012年12月31日 （单位：元）

科目名称	借方余额	科目名称	贷方余额
库存现金	7 600	短期借款	300 000
银行存款	580 000	应付票据	50 000
短期投资	500 000	应付账款	890 000
应收票据	15 000	应付职工薪酬	99 000
应收账款	400 000	其他应付款	60 000
其他应收款	17 920	应付利息	5 000
在途物资	18 000	应交税费	26 000
原材料	180 000		
周转材料	80 000	长期借款	1 600 000
库存商品	1 020 000	其中：一年内到期的长期借款	1 000 000
长期股权投资	500 000		
固定资产	1 500 000		
累计折旧	−400 000	股本	4 000 000
在建工程	2 000 000	盈余公积	100 000
无形资产	800 000	利润分配（未分配利润）	187 800
长期待摊费用	100 000		
合计	7 317 800	合计	7 317 800

该公司2013年发生如下经济业务。

（1）购入原材料，用银行存款支付货款300 000元，其中，增值税专用发票上注明购入材料支付的增值税税额为51 000元。货款已付，材料收到。

（2）购入需要安装的设备一台，价款为120 000元，增值税专用发票上注明的增值税税额为20 400元，同时支付包装费、运杂费2 000元，价款及包装、运杂费等均以银行存款支付。

（3）短期债券投资到期进行兑付，收到款项220 000元，该债券账面成本为200 000元，款项已存入银行。

（4）提取现金600 000元准备支付职工薪酬。

（5）以现金支付职工薪酬600 000元。

（6）分配支付的职工薪酬，其中生产人员薪酬400 000元，车间管理人员薪酬100 000元，行政管理人员薪酬50 000元，在建工程人员薪酬50 000元。

（7）按规定比例提取工会经费和职工教育经费。

（8）计算应负担的在建工程的借款利息 110 000 元。

（9）基本生产车间报废一台设备，原价 280 000 元，已提折旧 160 000 元，清理费用 1 000 元，残值收入 2 000 元，已用银行存款收支。

（10）从银行借入 5 年期借款 500 000 元，借款存入银行。

（11）销售产品一批，销售价款 1 800 000 元，应收的增值税税额为 306 000 元，销售产品的实际成本为 620 000 元，货款已收到并存入银行。

（12）采用分期收款方式销售产品一批，销售价款为 450 000 元，本年应收取全部销售价款的 40%；该批产品的销售成本为 300 000 元，本年应收的价款尚未收到。

（13）计提生产车间用固定资产折旧，其原价为 1 000 000 元，折旧年限为 5 年，采用直线法计提折旧，预计净残值为 0。

（14）销售材料一批，销售价款为 380 000 元，增值税税额为 64 600 元，款项已收到并存入银行，该批材料的实际成本为 200 000 元。

（15）计提本年应负担城市维护建设税 80 000 元。

（16）计提本年应负担的教育费附加 4 000 元。

（17）以银行存款支付违反税收规定的罚款 20 000 元，非公益性捐赠支出 100 000 元。

（18）计提应计入本期损益的短期借款利息 50 000 元。

（19）归还短期借款本金 200 000 元及利息 25 000 元。

（20）摊销无形资产 60 000 元。

（21）收回应收账款 200 000 元，款项存入银行。

（22）用银行存款支付广告费 10 000 元、管理部门办公费 50 000 元、其他管理费用 150 000 元。

（23）用银行存款缴纳增值税 80 000 元、教育费附加 4 000 元。

（24）偿还长期借款本金 1 000 000 元，偿还上年所欠货款 390 000 元。

（25）将各损益类科目结转本年利润。

（26）计算结转所得税费用和应交所得税。

（27）按净利润的 10%计提法定盈余公积，按净利润的 10%计提任意盈余公积。

（28）分配现金股利 400 000 元，尚未支付。

（29）支付应付股利 400 000 元。

（30）将利润分配各明细科目的余额转入“未分配利润”明细科目。

要求：

（1）编制该公司 2013 年度经济业务的会计分录。

（2）编制该公司 2013 年 12 月 31 日的资产负债表、2013 年度的利润表和现金流量表。

5. B 小企业有一台管理用设备，原价为 84 000 元，预计使用寿命为 8 年，净残值为 4 000 元，自 2009 年 1 月 1 日起按直线法计提折旧。2013 年 1 月，由于新技术的发展等原因，需要对原预计使用寿命和净残值作出修正，修改后的预计使用寿命为 6 年，净残值为 2 000 元。假定税法允许按变更后的折旧额在税前扣除。

要求：采用未来适用法对 B 企业上述会计估计变更进行会计处理。

主要参考文献

[1] 财政部会计司编写组．2010．企业会计准则讲解 2010[M]．北京：人民出版社.

[2] 财政部会计司编写组．2011．小企业会计准则释义 2011[M]．北京：中国财政经济出版社.

[3] 财政部会计资格评价中心．2007．中级会计实务[M]．北京：经济科学出版社.

[4] 贾永海．2000．财务会计[M]．北京：高等教育出版社.

[5] 贾永海．2000．财务会计（修订本）[M]．北京：中国商业出版社.

[6] 贾永海．2001．财务会计习题集（修订本）[M]．北京：中国商业出版社.

[7] 贾永海．2011．财务会计[M]．北京：人民邮电出版社.

[8] 企业会计准则编审委员会．2012．小企业会计准则解读[M]．上海：立信会计出版社.

[9] 中华人民共和国财政部．2006．企业会计准则[M]．北京：经济科学出版社.

[10] 中华人民共和国财政部．2006．企业会计准则——应用指南[M]．北京：中国财政经济出版社.

配套资料索取说明

购买本书的读者可在 www.ptpedu.com.cn 注册后下载本书配套学习资料。

采用本书授课的老师可发邮件至 wanguoqingljw@163.com 或 education_book@163.com 索取本书配套教学资料。

姓　　名：________ 性　　别：____ 职　　称：__________ 职　　务：__________

办公电话：________ 手　　机：______________ 电子邮箱：______________

学　　校：_________________________________ 院　　系：______________

通信地址：_________________________________ 邮　　编：______________

本课程开设于____学年____学期，原采用________出版社出版________主编的《________》为本课程教材，________________专业_____个班共_____人使用该教材。

证 明 人：_______ 办公电话：_________ 手机：__________ 电子邮箱：__________

21 世纪高职高专财经类规划教材目录

书名（作者）	书　　号	特点简介
管理学基础（季辉）	978-7-115-23521-3	提供课件、教案、习题答案、案例分析
人力资源管理（吴少华）	2013 年 3 月	部分案例采自真实企业实践，正文内安排课堂实训等栏目；提供课件、教案、实训资料、习题答案、教学案例和试卷
经济学基础（邓先娥）	978-7-115-30775-0	教材内容以微观为主，宏观为辅，素材以国内新近现实经济现象为主，提供课件、教案、习题答案、教学案例和试卷
经济学基础（杨洁）	978-7-115-23380-6	案例丰富；提供课件、习题答案、教学案例
会计基础与实务（第 2 版）（杨桂洁）	978-7-115-30254-0	畅销教材再版，校企合作开发，基于会计工作过程；提供教案、课件、习题答案等资料；原始凭证单独成册，方便使用
财务管理（马红光）	978-7-115-23114-7	模块化教材；提供教案、课件、习题答案、案例分析
财务会计（贾永海）	978-7-115-25428-3	提供课件、教案、教学做一体化训练参考答案；重点突出实训环节，模块后配有“教学做一体化训练”项目
成本会计（徐晓敏）	978-7-115-27086-3	提供课件、教案、习题及实训答案、模拟试卷；实训部分单独成册，方便使用
会计综合实训（甄立敏）	978-7-115-26146-5	校企合作开发，根据企业会计的实际情况布置教材内容；提供课件、教案、答案、电子备份文件等全套教学资料
财务报告编制与分析（赵威）	978-7-115-24442-0	以案例解读理论；提供课件、教案、教学案例集、习题答案、试卷样本
统计基础知识与实训（胡宝珅）	978-7-115-29831-7	简明实用，提供授课计划、教学大纲、试卷样本、实训资料、电子教案，省级精品课程网站提供支持
统计实用技术 统计实用技术实训（胡宝珅）	978-7-115-23366-0/23355-4	省级精品课程配套教材；提供授课计划、教学大纲、试卷样本、实训资料、电子教案；两本书互为配套教材

续表

书名（作者）	书　　号	特 点 简 介
国际贸易理论与实务（康芳民）	978-7-115-23395-0	提供课件、教案、习题答案、教学案例
国际贸易实务（张燕芳）	978-7-115-24747-6	提供课件、教案、习题答案、教学案例；教材内容基于国际贸易工作过程
国际贸易单证实务与操作（徐薇）	978-7-115-25009-4	提供课件、教案、习题答案；与全国国际商务单证员考试内容相衔接
报检与报关实务（熊正平）	2013年3月	内容安排与通关实际操作过程相吻合，单据进行仿真处理；提供课件、教案、习题答案和试卷等
商务英语函电（龙朝晖）	978-7-115-28817-2	取材于真实商务信函，学习形式多样；提供课件、大纲、答案、试卷等
经济数学（郭欣红）	978-7-115-23290-8	提供教案、课件、习题答案、模拟试卷
经济法实务（王琳雯）	978-7-115-24764-3	结合会计、银行、证券等从业资格的考试要求；提供课件、教案、习题参考答案、案例分析
经济法概论（刘磊）	2013年4月	内容图表化、案例故事化，实践与实训源于工作实际；提供课件、教案、习题答案和试卷等
金融法理论与实务（罗艾筠）	978-7-115-24715-5	校企合作开发，丰富的互动内容可协助教师调节课堂气氛；提供课件、教案、习题考答案、案例分析、模拟试卷
商务谈判（田玉来）	978-7-115-24962-3	提供课件、教案、习题答案
市场营销理论与实训（方凤玲）	978-7-115-25909-7	提供课件、教案、习题答案、模拟试卷、教学案例、实训支持材料
金融学概论（郭晖）	978-7-115-28574-4	提供课件、教案、答案、案例、试卷等；注重教与学互动，提供扩展学习指导
金融基础知识（韩宗英）	978-7-115-25823-6	以故事提升学习兴趣，以通俗降低学习难度；提供课件、教案、习题答案和模拟试卷等
证券投资理论与实务（吴作斌）	978-7-115-25960-8	提供课件、教案、习题答案、模拟试卷
保险基础与实务（徐昆）	978-7-115-25908-0	校企合作开发，与职业资格证书考核内容和专业岗位要求相衔接；提供课件、案例分析、答案、模拟试卷和实训资料等
演讲与口才实用教程（蒋红梅）	978-7-115-25935-6	注重职场口才的技能培养；提供课件、教案、整体设计、单元设计、课程标准、案例库和案例分析、检测标准
人际沟通艺术（麻友平）	978-7-115-27482-3	讲授与实践相结合，重点解决工作生活中的实际问题；提供课件、教案、习题答案、模拟试卷等

财务会计

——含企业会计准则与小企业会计准则

Caiwu kuaiji

21世纪高职高专财经类规划教材

已 出 版 教 材 书 目

书名	主编	书名	主编
管理学基础	季 辉 主编	统计实用技术	胡宝珅 主编
人力资源管理	吴少华 主编	统计实用技术实训	胡宝珅 主编
经济数学	郭欣红 主编	统计基础知识与实训	胡宝珅 主编
经济学基础	杨 洁 主编	会计基础与实务（第2版）	杨桂洁 主编
经济学基础	邓先娥 主编	基础会计——理论与模拟训练	贺 宁 主编
经济法实务（第2版）	王琳雯 主编	财务管理	马红光 主编
经济法概论	刘 磊 主编	财务会计	贾永海 主编
金融法理论与实务（第2版）	罗艾筠 主编	财务会计——含企业会计准则与小企业会计准则	贾永海 主编
国际贸易理论与实务	康芳民 主编	财务报告编制与分析	赵 威 主编
国际贸易实务（第2版，通则2010）	张燕芳 主编	金融学概论	郭 晖 主编
国际贸易实务（通则2000）	张燕芳 主编	金融基础知识（第2版）	韩宗英 主编
国际贸易单证实务与操作	徐 薇 主编	证券投资理论与实务	吴作斌 主编
商务英语函电	龙朝晖 主编	保险基础与实务（第2版）	徐 昆 主编
报检与报关实务	熊正平 主编	商务谈判	田玉来 主编

21SHIJI GAOZHIGAOZHUAN CAIJINGLEI GUIHUA JIAOCAI

本书特色

同步介绍《企业会计准则》与《小企业会计准则》核算规范的不同。

集教、学、做于一体，突出仿真性和互动性，正文内设置“学中做”等栏目，模块后配有“教学做一体化训练”项目。

提供电子课件、电子教案、参考答案、模拟试卷等配套学习、教学资料，索取方式参见本书末页“配套资料索取说明”。

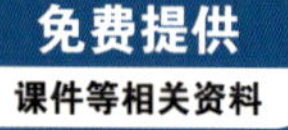

教材服务热线：010-81055256

反馈/投稿/推荐信箱：315@ptpress.com.cn

人民邮电出版社教学服务与资源网：www.ptpedu.com.cn

ISBN 978-7-115-34493-9

定价：49.80 元

封面设计：董志桢